HELGA HENGGE

Abenteuer Seven Summits

HELGA HENGGE

Abenteuer Seven Summits

Über sieben Berge um die Welt

www.helgahengge.com

www.helgahengge.com

Die Folie des Schutzumschlags sowie die Einschweißfolie
sind PE-Folien und biologisch abbaubar.
Dieses Buch wurde auf chlor- und säurefreiem Papier gedruckt.

1. Auflage 2017

Buch Design: Francisca von Walderdorff
Lektorat: Susanne Bunzel-Harris
Satz: Franzis print & media GmbH
Druck und Bindung: CPI books GmbH, Leck
Printed in Germany
ISBN 978-3-00-057538-9

Umschlagfotos: Patchi Ibarra, Helga Hengge, Gisela Schenker

FÜR MEINEN MANN UND UNSERE KINDER MARIE UND LUCA TASHI

ABENTEUER SEVEN SUMMITS
Über sieben Berge um die Welt

Einführung

The feats of this story, to gain self, not glory
Recount an adventure which spurned man's indenture,
It's the fabric of life, full of pleasure and strife;
Woven with hopes and fears, much laughter, some tears.
If it seems boring, brother, just one step after another,
You should know beyond any doubt, that's what success is all about.

DICK BASS, SEVEN SUMMITS

Es ist das ursprüngliche, bedürfnislose Leben, das ich am Bergsteigen so liebe, die Zeitlosigkeit des Gehens, ein Schritt nach dem anderen. Die Berge stehen seit Millionen von Jahren mit ihren Füßen fest verwurzelt in der Erde und strahlen eine Ruhe aus, die mir wohl tut. Der Wind trägt Verwirrungen und Zwänge davon und nichts bedrängt mich, wenn ich mit ihm im Rücken ein Schneefeld hinaufsteige. Gedankenfetzen rauschen vorbei, bis sich eine wohlige Leere einstellt, das Gefühl, bei mir zu sein. In solchen Momenten spüre ich, wer ich wirklich bin, und ich schöpfe Vertrauen in die Kraft, die in mir steckt.

Das war nicht von Anfang an so. Bei meiner ersten Himalaya-expedition, die ich mit einem Team von vierzehn Männern antrat, nannten alle mich Barbie-Girl. Der Song spielte gerade im Radio und vielleicht sah ich auch so aus, vor allem im Kontrast zu den Männern, die mit jedem Tag bärtigere und heroischere Züge annahmen. Der große Vorteil war, dass ich nie einen schweren Rucksack tragen musste. Als ich auf meinen ersten Achttausender stieg, fing ich den Namen Himalayaprinzessin ein, weil ich mich am Anfang mit der Höhe schwertat. Das hatte den Nachteil, dass immer jemand an meiner Seite gegangen ist, damit ich nicht verloren gehe. Als ich zum ersten Mal im Karakorum war, sind wir nachts durch den Gletscher aufgestiegen. Ich musste vorne am Seil gehen und den

Weg durch das Labyrinth von Eistürmen und Gletscherspalten bahnen. Henry, unser Bergführer, hatte gesagt: »Die Prinzessin geht vorne, die wiegt nicht viel, die können wir leicht wieder aus der Gletscherspalte herausziehen, falls eine der Schneebrücken bricht.« Das war für mein Team ein Vorteil.

Ich bin kein Alleingänger. Ich liebe das Höhenbergsteigen auch, weil die Menschen, die aufbrechen und gemeinsam ein Abenteuer bestehen wollen, sich verändern, sich vor meinen Augen verwandeln. Der erste Eindruck bleibt fast nie bestehen; ich täusche mich noch immer so oft. Das geht den anderen auch so, denn man muss früh wissen, wer im Team den größten Rucksack tragen kann und wer zur potenziellen Gefahr werden könnte. Und so sortiert jeder aus, sortiert die Menschen in die Schubladen, die er kennt. Sind wir alle auf Augenhöhe? Hat jeder das Recht, im Team dabei zu sein? Aber die wirklichen Stärken und Schwächen eines Menschen sind meist nicht auf den ersten Blick zu erkennen, zu tief sind sie verborgen. Mancher kennt sie selbst noch nicht. Die Höhe bringt sie hervor, denn mit jedem Schritt nach oben fällt ein Stein der Mauer, die wir um uns tragen. Der Wind trägt die Hüllen, die wir um uns schlingen, Böe für Böe davon. Die Kälte dringt ein, wir wehren uns, plustern das Federkleid auf, um uns zu verstecken. Doch dann kommt der Tag, an dem wir plötzlich wie König Lear im Sturm der nackten Elemente stehen. Und der Mensch ist plötzlich Mensch, nicht Mann, nicht Frau, nicht blond, nicht grau, nicht Schein – sondern Sein. Es ist nicht wichtig, dass jeder den größten Rucksack tragen kann, es sind die unterschiedlichen Stärken, Erfahrungen und Talente, die ein Team ausmachen. Der Schwache ist wichtig, weil er Pausen erzwingt, die allen gut tun, der Ängstliche bremst den Übermut und der Kreative beflügelt in Zeiten der Not. Seinen Platz im Team zu finden ist vielleicht das Wichtigste im Leben.

New York, Sommer 1996

Ich erinnere mich noch genau an den Nachmittag, an dem mein Abenteuer »Seven Summits« begann. Es war Samstag und ich hatte frei. Die Sonne brannte erbarmungslos von einem strahlend blauen Himmel herunter und die Stadt glühte vor Hitze. Ich war aus meiner

Dachgeschosswohnung geflüchtet, in die kühlen Hallen von Barnes&Noble, der renommierten New Yorker Buchhandlung, die in einem alten Backsteinhaus auf fünf Stockwerken über dem Union Square Park thront. Dort hatte ich einen der beliebten braunen Ledersessel ergattert und es mir gemütlich gemacht. Ein Turm aufgestapelter Berg- und Kletterbücher stand neben mir. Den Kletterführer, den ich eigentlich wollte, hatte ich im Regal nicht gefunden. Stattdessen hatte ich die Bildbände der Bergsteiger mitgenommen und blätterte nun neugierig darin herum: Das blaue Alaska, wo sich Bergkette hinter Bergkette reihte und die Gletscher in den Farben des Himmels leuchteten. Tibet, das Dach der Welt, Heimat der höchsten Berge und rot gewandeter Mönche, die ihre Klöster in die steilen Felswände gebaut hatten. Die Bilder erinnerten mich an meine Großeltern. Sie waren oft im Himalaya gewesen. Auch in den Anden von Südamerika, wo die weißen Berggipfel direkt aus den Blumenwiesen in den Himmel wuchsen. Peru, Ecuador, Chile und die höchsten Vulkane der Welt. Seite um Seite flog dahin und meine Neugierde wuchs. Je tiefer ich in die Abenteuer der Bergsteiger eintauchte, desto höher klopfte mein Herz. Ich zog noch ein Buch aus dem Stapel und blätterte durch die Bildseiten. Seven Summits. Sieben Gipfel. Jeder Gipfel der höchste auf seinem Kontinent. Dick Bass, ein Amerikaner aus Texas, war der Erste, der 1985 alle sieben bestiegen hatte. Was für eine geniale Idee! Eine Reise um die Erde auf dem Rücken der Berge. Von Afrika nach Nordamerika, von Europa nach Asien, von Südamerika in die Antarktis und zum Schluss nach Ozeanien. Sieben Kontinente, sieben Mal ganz oben stehen und hinunterschauen. Einmal den Fuß auf jeden Kontinent setzen. War die Antarktis überhaupt ein Kontinent? Und warum die Arktis keiner? Gab es hohe Berge in Ozeanien? In der Antarktis? Auf jedem Kontinent der Erde? Gespannt blätterte ich durch die Bildseiten. Es dauerte nicht lange, bis ich die Namen der Seven Summits kannte: Aconcagua, der »Steinerne Wächter« der Anden in Südamerika. Kilimandscharo, der schneebedeckte Vulkan über der afrikanischen Savanne. Elbrus, die Gipfelkrone Europas im wilden Kaukasus. Denali, der »Hohe«, über der arktischen Tundra Alaskas. Mount Vinson in der Gletscherwüste der Antarktis. Die Carstensz-Pyramide mitten im Dschungel von Papua. Und der Mount Everest im Himalaya, der höchste Berg der Erde. 8848

Meter hoch, so hoch, dass er den Jetstrom berührt. Zu seinem Gipfel aufzusteigen würde ich niemals schaffen, das war mir schon klar. Dafür musste man als Bergsteiger geboren sein und das war ich nicht. Aber die »six summits«, das konnte ich mir vorstellen. Das war bestimmt möglich. Dachte ich, in meinem ersten aufflammenden Übermut.

Anstatt mit einem Buch über die Kletterrouten in den Bergen vor den Toren New Yorks wanderte ich an jenem Samstag Nachmittag mit meinem Traum von den Seven Summits über den Union Square nach Hause. Ich grinste vor Glück. Was für ein Abenteuer! Groß, hoch und so weit wie die ganze Welt. Einmal auf jedem Kontinent auf dem höchsten Berg zu stehen, den Himmel zu berühren und weit über das Land hinauszuschauen, mit den Papuanern am prasselnden Feuer zu sitzen, mit den Tibetern und ihren Yaks über das weite Hochland zu wandern, einen Schlitten durch die eisige Gletscherwildnis der Antarktis zu ziehen, den Spuren der Grizzlybären in die Wälder Alaskas zu folgen, durch den Regenwald auf einen schneebedeckten Vulkan zu klettern und in die Wüstentäler der Anden hinaufzusteigen, wo die Kondoren sich durch die Lüfte schwingen!

Schon in der Schule hatte ich davon geträumt, als Reporterin für National Geographic die Welt zu entdecken. Dass ich in einer Moderedaktion landete war eher Zufall. Dass ich dort Karriere machte und die Modewelt lieben lernte, verdankte ich den Fotoreisen, die mich an viele der schönsten Plätze der Erde führten. Dadurch, dass wir oft im Sommer Wintermode und im Winter Sommermode fotografieren mussten, flogen wir meist in entgegengesetzte Klimazonen. Im Sommer in die luftigen Höhen der Berge und im Winter an die Strände in südlichen Gefilden. Ich hatte meine Redakteurskarriere in München bei der Zeitschrift *Vogue* gestartet und war vier Jahre später, 1991, nach New York gezogen, um dort als freie Moderedakteurin zu arbeiten. Mein Vater hatte darauf bestanden, dass ich die Anfangszeit in New York nutzen sollte, um zu studieren.

»Egal was, Hauptsache, du strengst deinen Geist an.«, hatte er gesagt. Er war sich sicher, dass ich diesen für meine Arbeit als Moderedakteurin nicht ausreichend nutzte. Also schrieb ich mich an der New York University für Philosophie, Marketing und Film ein. Ich arbeitete tagsüber für Hochglanzmagazine, Anzeigenkampagnen, Kataloge und Commercials. Abends saß ich in der Uni am Washington Square Park, studierte Wirtschaftswissenschaften und Marketingstrategien, drang in die Tiefen der philosophischen Ideen ein und lernte mit Filmen Geschichten zu erzählen. Als ich im Sommer 1995 den Bachelor of Arts geschafft hatte, konnte ich mich nicht entschließen, tiefer in mein Studium einzusteigen und einen Master zu machen, denn das hätte ein Vollzeitstudium bedeutet. Dafür hätte ich meine finanzielle Freiheit aufgeben müssen und meine Karriere als Moderedakteurin. Das wollte ich nicht, vor allem wegen der Fotoreisen. Ich liebte es mehr als alles andere, mit einem Team an das andere Ende des Landes, des Kontinents oder der Welt zu fliegen, um dort die oft wahnsinnigen Ideen der Kunden und ihrer Artdirektoren zu verwirklichen. Die Ideen, die in den Werbeagenturen in New York vorgetragen wurden, waren immer groß. Stimmungen, Gefühle, Moods, die es galt einzufangen, denn bei den Fotoshootings ging es nicht nur darum, Designermode und Accessoires in einer außergewöhnlichen Location abzulichten, sondern vor allem darum, eine Geschichte zu erzählen und ein Lebensgefühl zu vermitteln: Freiheit, Glück, Liebe, Verführung, Abenteuer. Den Fahrtwind der großen Freiheit in einem SUV, der über die sandigen Straßen Arizonas braust, Verführung in aufregenden Dessous, die Traumfrauen mit Engelsflügeln über den Laufsteg tragen, Liebe zwischen Kartoffelchips und Supermodels auf einer Dachterrassenparty in New York oder das raue Abenteuer einer Bande von Extremskifahrern, die durch steile Schneehänge in schwindelige Tiefen rauschen. Bilder, die Menschen begeistern, inspirieren und verführen, auf Großleinwand, in einem 20-Sekunden-Commercial und in den Fotostrecken der Hochglanzmagazine. Um diese Bilder, oder besser gesagt »Images« zu schaffen, wird ein Team angeheuert. Locationmanager, Caterer und Assistenten kümmern sich um Genehmigungen, Transport und die Verpflegung, während Hairstylisten, Make-up-Artisten und Moderedakteure die Models in Protagonisten verwandeln und Setdesigner, Fotografen und Licht- und Kameraassistenten die Szene ins rechte Licht setzen. Trotz intensiver Vorbereitung, einem Team von Experten und großer Budgets war es oft eine Herausforderung, die Ideen der Werbeagenturen und ihrer Kunden umzusetzen und etwas zu schaffen, das wirklich einzigartig war. Ein Abenteuer war es fast immer. »Geht nicht« gab es nicht. Unmöglich war machbar. Und wer nicht bereit war, sein Bestes zu geben, war beim nächsten Job nicht mehr dabei. Vielleicht haben mich die Fotoreisen besser als alles andere auf das Abenteuer der Seven Summits eingestimmt. Was ich damals nur vage erahnen konnte, war die Faszination, die die Berge auf die Menschen, die ihnen nahe kommen, ausüben. Dass die riesigen Steinhaufen zum Leben erwachen, wenn man sich ihnen nähert.

Berge berühren den Himmel, sie ziehen die Wolken an, spucken das Innerste unserer Erde in heißen Lavaströmen in die luftigen Höhen, sie stehen als Trutzmauern zwischen den Winden und lassen Wolkenfahnen zum Zeichen ihrer Größe wehen. Aufgefaltet durch die Drift der großen Kontinentalplatten vor Millionen von Jahren schieben sie sich noch immer himmelwärts. Vulkane, die so alt sind wie hunderttausend Menschenleben und trotzdem ihren heißen Atem nicht verloren haben. Die Sonne hat ihre Gletscher verbrannt, der Wind die Felsen zerklüftet, Regenstürme die steilen Wände ausgewaschen. Trotzdem sind sie dem Himmel am nächsten und den Menschen, die zu ihren Füßen leben, ein Segen. Sie führen das Wasser zu Tale, nähren die Felder und Tiere und werden von den Bergvölkern verehrt. Wer zu ihren Gipfeln hinaufsteigt spürt den Rausch des Windes, die durchdringende Glut der Sonne, den eisigen Atem der Höhenluft und den Boden unter den Füßen, der uns an den Rand des Himmels trägt.

Südamerika

Es scheint, als schwänge man sich über der Menschen Aufenthalt hinauf und ließe darin alle niedrigen und irdischen Gesinnungen zurück, als nähme die Seele, je mehr man sich den ätherischen Gegenden nähert, etwas von ihrer unveränderlichen Reinheit an. Man ist da ernsthaft ohne Schwermut, ruhig ohne Unempfindlichkeit, zufrieden, dass man ist und denkt; alle zu lebhaften Begierden ermatten, verlieren jene Schärfe, die sie schmerzhaft macht, lassen im Innersten des Herzens nur noch eine leichte, sanfte Aufwallung zurück; und so macht eine glückliche Himmelsgegend die Leidenschaften, die sonst den Menschen peinigen, zu Werkzeugen seines Glücks.

JEAN-JACQUES ROUSSEAU

Cerro Aconcagua

Der Aconcagua ist kein Vulkan, obwohl er aufgrund der häufigen Wolkenfahnen, die von seinem Gipfel wehen, lange dafür gehalten wurde. Der »Steinerne Wächter« der Anden hat seinen Namen aus der Quechua-Sprache und ist von »Ackon Cahuak« abgeleitet. Robert FitzRoy, ein britischer Marineoffizier und Meteorologe, hat ihn 1834 als höchsten Berg der Anden entdeckt. Er war an der Andenkette vorbeigesegelt und hatte den Berg vom Meer aus vermessen und dabei seine exakte Höhe von 23.200 Fuß oder 6962 Metern errechnet.

Die Anden bilden die längste Gebirgskette der Welt. Sie säumen die gesamte Westküste des südamerikanischen Kontinents von Venezuela über Kolumbien, Ecuador, Peru, Bolivien bis nach Argentinien und Chile mit einer Süd-Nord Ausdehnung von 7500 Kilometern. Entstanden sind die Anden vor sechzig Millionen Jahren, doch erst vor drei Millionen Jahren wuchs das Gebirge zur Mächtigkeit eines Hochgebirges heran. Der Auslöser dafür war 150 Millionen Jahre zuvor, als die Nazca-Platte des Pazifischen Ozeans auf die Südamerikanische Platte traf und sich unter den Kontinent schob. An der Subduktionslinie entstanden zwei Tiefseegräben, der 6262 Meter tiefe Perugraben im Norden und der 8065 Meter tiefe Atacamagraben im Süden der Küste. Gleichzeitig wurde der südamerikanische Kontinent angehoben, und entlang der Westküste des Kontinents falteten sich die Anden auf.

Die ersten Bewohner von Südamerika folgten den Anden aus dem Norden in den Süden und siedelten sich von Mexico über Zentralamerika bis Südamerika an. Bedeutende Kulturen wie die Mayas, die Azteken und die Inkas entstanden, deren Spuren man immer noch in den Ruinen einst mächtiger Tempelanlagen findet. Viele der heiligen Plätze und Kultstätten liegen in den Bergen, manche auf Höhen von über sechstausend Metern. Die Berge der Anden wurden verehrt und die Menschen, die zu ihren Füßen lebten, bauten Altäre in die luftigen Höhen und brachten Opfergaben dar. Die Bergvölker betrachteten die hohen Gipfel als heilige Quellen des

Wassers. Berggötter und Geister zogen die Wolken an und brachten den Regen, um Menschen und Tiere zu ernähren. Am Cerro Aconcagua hat man auf einer Höhe von 5167 Metern eine Opferstätte der Inkas entdeckt. Dort wurde die auf Gras, Stoff und Federn gebettete Mumie eines Kindes neben Statuen und Cocablättern gefunden. Ob die einheimischen Bergvölker bis zu den Gipfeln der höchsten Berge aufgestiegen sind, ist nicht bekannt. Wahrscheinlich hielten sie einen respektvollen Abstand zu den Wohnstätten ihrer Götter. Die europäischen Bergsteiger entdeckten den Aconcagua als Gipfelziel erst Ende des neunzehnten Jahrhunderts. Die ersten Versuche blieben jedoch erfolglos. Erst am 14. Januar 1897 konnte der Schweizer Bergführer Matthias Zurbriggen den Gipfel erreichen.

Heute gilt der Aconcagua von der Nordseite als leicht zu ersteigender Berg. Die *ruta normal* über das Basecamp *Plaza de Mulas* ist ohne Verwendung von Klettertechniken zu bewältigen. Böse Zungen sagen sogar, man könne seinen Hund mit hinauf zum Gipfel nehmen. Aber der Aconcagua ist auch gefürchtet wegen seiner extremen Höhe und berüchtigt wegen der *vientos blancos*, die kalten, weißen Winde, die ohne Vorwarnung über den Berg hereinbrechen. Trotzdem schien mir der Aconcagua der richtige Einstiegsberg in das Abenteuer der Seven Summits. Ich sehnte mich danach, einmal in solch himmlische Höhen zu steigen, fast siebentausend Meter hoch und die Welt weit unter mir zu lassen. Außerdem war ich noch nie in Südamerika gewesen, obwohl es fast vor meiner Haustür lag. Ein Nachtflug, keine Zeitumstellung und eine Sprache, die ich zwar nicht fließend beherrschte, aber in der ich mich ganz gut durchschlagen konnte. Die extreme Höhe und die eisige Kälte, die mich am Berg erwarten würden, konnte ich mir nicht vorstellen, deswegen machte ich mir darum keine Sorgen. Kälter als New York im Winter war eigentlich nicht möglich. Und dort oben waren wir der Sonne näher, da musste es eigentlich auch wärmer sein. Das Wichtigste, so schien es mir, waren eine gut organisierte Expedition und dass ich fit genug war, um mit den anderen in meinem Team mithalten zu können. Nun musste ich nur noch eine Expedition finden. Meine Schwester, die in Colorado studierte, schickte mir eine Handvoll Expeditionsflyer, die sie in einem

Kletterladen gefunden hatte. Die Angebote der einzelnen Anbieter waren nahezu identisch und hatten alle in etwa den gleichen Expeditionsablauf. Akklimatisieren an einem kleineren Fünftausender und dann zwölf bis vierzehn Tage für die Besteigung des Aconcagua. Ich entschied mich für eine Expedition über die Weihnachtsfeiertage und Silvester, weil ich das mit meiner Arbeit gut vereinbaren konnte. Bean, einer der beiden Bergführer, die die Expedition leiteten, erstellte mir einen Trainingsplan. Er klang nett am Telefon und unkompliziert. Ich sollte anfangen zu joggen, meinte er, und versuchen, in den folgenden Monaten fünfmal pro Woche auf acht Kilometer zu kommen. Er schlug mir auch vor, mit Gewichten im Rucksack auf das Stepgerät zu steigen.

»Fang mit fünf Minuten und fünf Kilo an und versuch langsam, auf fünfundvierzig Minuten und fünfzehn Kilo zu kommen. Das stärkt deine Beinmuskulatur und den Rücken.«

Außerdem faxte er mir eine Ausrüstungsliste: Daunenjacke, Goretex-Jacke und -Hose, Eispickel, Plastikstiefel und Steigeisen, Fleecepullover und Thermowäsche, einen Schlafsack bis minus dreißig Grad, Daunenfäustlinge, einen Sechzig-Liter-Rucksack und noch vieles mehr. Als meine Schwester, eine professionelle Snowboarderin, nach New York kam, um ihre Sponsoren zu treffen, begleitete sie mich in einen Bergsteigerladen downtown New York. Wir testeten die Schlafsäcke und legten uns mit ihnen in das kleine Gletscherzelt, das im Laden aufgebaut war, nahmen die Plastikstiefel unter die Lupe und probierten verschiedene Steigeisen aus. Der Fachverkäufer erklärte uns ausführlich die Vorteile des längeren gegenüber des kürzeren Eispickels, während ich tunlichst darum bemüht war, die Einzelteile meiner Ausrüstung farblich aufeinander abzustimmen. Als wir dann jedoch zu den Stiefeln kamen, gab ich entmutigt auf und entschied mich für die, die der Verkäufer empfahl, weil er sagte, dass ich mir sonst die Zehen abfrieren würde. Meine Schwester konnte es nicht glauben, dass ich wirklich zum Bergsteigen wollte. »Du weißt schon, dass du deine Pradastiefel da nicht mitnehmen kannst«, sagte sie lachend.

Nachts schlief ich dann in meinem neuen Schlafsack auf der aufblasbaren Schaumstoffmatte am Boden. Zum Frühstück wärmten wir uns eines der alpinen Fertigmenüs auf und aßen es direkt aus der Plastikpackung.

Meine Eltern waren schockiert, als ich ihnen von meinen Plänen erzählte. Meine Mutter meinte, ich solle gefälligst nach Hause kommen und erst mal auf die Zugspitze steigen, bevor ich mich an einen Sechstausender wagte. Dann traf ich jedoch, als ich am Ende des Sommers in Saas Fee für eine Fotokampagne des Schweizer Touristikverbands tätig war, den alten Bergführer meiner Großeltern, César Zurbriggen. Meine Mutter war mit ihm und ihren Eltern oft beim Bergsteigen gewesen und hatte mich gebeten, ihn zu besuchen. Er begrüßte mich freudig, obwohl wir uns gar nicht kannten, und im Verlauf unseres Gesprächs stellte sich heraus, dass auch er im Januar zum Bergsteigen in die Anden reisen wollte. Es war sein Großonkel Matthias Zurbriggen, der 1897 als Erster den Aconcagua bestiegen hatte, und nun wollte César mit seinen Kindern das hundertjährige Jubiläum der Erstbesteigung auf dem Gipfel des Aconcagua feiern. Der Zufall wollte es, dass wir in derselben Woche im Basecamp eintreffen sollten. Plötzlich war meine Idee nicht mehr so verrückt, und meine Mutter war beruhigt, weil César schon auf mich aufpassen würde. Sie vertraute ihm; schließlich hatte er vor vielen Jahren ihren Vater aus einer Gletscherspalte gerettet. Sie erschauderte, als sie mir die Geschichte erzählte.

»Ich werde nie vergessen, wie blau gefroren sein Gesicht war, als César ihn herauszog. Er hatte sich nichts gebrochen, aber er zitterte am ganzen Leib und der blanke Schrecken flackerte in seinen Augen, wie ich es noch nie zuvor bei irgendjemandem gesehen habe. Wir waren nicht angeseilt über ein weites Schneefeld gewandert – mein Vater, meine Freundin und ich –, als er plötzlich vor unseren Augen in der Tiefe verschwand. Er brach mit einem herzzerreißenden Schrei durch den Schnee und war einfach verschwunden. Wir waren wie gelähmt und wagten es nicht, uns auch nur einen Millimeter vom Fleck zu bewegen. Das Seil und die Eispickel befanden sich in seinem Rucksack – tief unten in der Gletscherspalte. Er schrie um Hilfe, aber wir konnten nichts für ihn tun. Nie wieder in meinem Leben habe ich mich so hilflos gefühlt wie damals. Dann kam César, unser Retter in der Not. Er war so böse mit meinem Vater, wütend, dass er uns nicht ans Seil genommen hatte, wie er es ihm hundertmal eingeschärft hatte. Er beugte sich über die Spalte und rief hinunter: ›Hast du den Herrgott getroffen, Wolfgang? Und hat er dir gesagt, wie unverantwortlich du bist?‹ César hatte keinen Funken Mitleid mit meinem Vater, der in der Tiefe wimmerte. Ich glaube, ich habe noch nie jemanden so mit meinem Vater reden hören. Es war eine zutiefst demütigende Erfahrung für ihn.«, sagte meine Mutter. Es war ihre letzte Bergtour gewesen.

Um den physischen Anforderungen meiner ersten Expedition gewachsen zu sein, trainierte ich sechs Monate lang. Ich hatte meine Ausrüstung getestet und war viele Stunden mit meinen Plastikstiefeln und dem neuen Rucksack durch New York gewandert. Am ersten Weihnachtstag war es endlich soweit. Ich hatte die Vorweihnachtstage bei Freunden verbracht. Obwohl es draußen noch grün war und herbstliche Brisen durch den Wald rauschten, schmückten wir einen Weihnachtsbaum, backten ein eingeschneites Knusperhäuschen und tausend Plätzchen. Am Weihnachtsabend gab es einen riesigen Truthahnbraten. Am nächsten Morgen fuhr ich zurück in die Stadt, um meine Sachen zu packen. Die Straßen waren wie leergefegt auf dem Weg zum Flughafen.

26. Dezember 1996, Morgengrauen

Zehntausend Meter Höhe, blauer Himmel und keine Wolke in Sicht. Wir näherten uns langsam Santiago de Chile und ich schaute immer nur hinaus auf die Bergkette am Horizont. Gipfel an Gipfel reihten die Berge sich aneinander. Plötzlich blitzte auf dem Rücken einer großen Pyramide ein Schneefeld in der Sonne auf, näher am Himmel als alle anderen Gipfel. Ob er das war, der Steinerne Wächter mit weißem Haupt? Unter uns breitete sich eine sandfarbene Wüste aus, mit Schluchten und Tälern, durch die sich helle Serpentinen wanden, bis sie hinter dem nächsten Bergkamm verschwanden, tiefer und tiefer im blauen Dunst der Morgenstunde. Ich hatte gut geschlafen trotz einer aufsteigenden Erkältung, die sich bedrohlich ankündigte. Fortschlafen wollte ich sie, ertränken mit Tee und Wasser. Ich durfte jetzt nicht krank werden, nicht an dem Tag, auf den ich so lange gewartet hatte, am Start meiner ersten Expedition. Ich konnte es nicht erwarten, die anderen in meinem Team zu treffen, vor allem die beiden Bergführer Bean und Jon, mit denen ich schon so oft telefoniert hatte. Ich war himmelhoch aufgeregt und schrecklich nervös zugleich. Würde ich das schaffen, den höchsten Berg der Anden?

Santiago, Chile

Als ich um neun Uhr morgens im Hotel eintraf, stand mein Team schon in der Lobby. Jon und Bean kamen mir entgegen und hießen mich willkommen. Sie waren jung, viel jünger, als ich sie mir vorgestellt hatte. Sie hatten keine grauen Bartstoppeln wie César und auch keine tiefen Sonnenfurchen um die Augen, die die raue Bergwelt in ihre Gesichter gebrannt hatte. Die beiden waren höchstens Mitte zwanzig und sahen aus, als wären sie gerade der Bergsteigerschule entsprungen, was den Tatsachen entsprach, wie sich später herausstellte. Bean war etwas kleiner als ich und strahlte die Kraft eines jungen Bergsteigers aus, der einen großen Rucksack tragen konnte. Jon dagegen war lang und schlaksig und erinnerte mich an meinen jüngeren Bruder. Bean stellte mir Tanya vor, eine Ärztin aus New Mexico. Sie war klein und zierlich und ganz in schwarz gekleidet. Und Eric, der in Boulder studierte, wo auch Bean und Jon lebten. Zwei weitere Bergsteiger, Cally und Jan, ein Ehepaar aus Südafrika, würden später noch zu uns stoßen. Da die anderen ihre Expeditionsausrüstung schon im Zimmer verstaut hatten und hinaus in die Stadt wollten, gab ich meine Taschen an der Rezeption ab und ging mit ihnen.

Kühles Aftershave, süße Blumen, frisch gemahlene Kaffeebohnen, rauchige Schwaden von gegrillten Fleischspießchen und hundert andere Gerüche wanderten durch die Straßen von Santiago neben Businessmännern in gestreiften Hemden und dunklen Anzughosen, roten Weihnachtsmännern und der Sonne, die auf das Pflaster brannte. Die Stadt war größer als ich sie mir vorgestellt hatte, und viel moderner. Claudia Schiffer und Cindy Crawford strahlten von den Titelseiten der Modemagazine Elle und Marie Claire. Die Welt der Modemagazine, aus der ich geflüchtet war, lauerte am Zeitungsstand und nahm mir gleich das Gefühl, weit fort zu sein. Wir machten kurz Halt in einem *Café con Piernas*, einer modernen Espressobar »mit Beinen« mitten im Börsenviertel von Santiago, auch Sanhattan genannt. Die Bedienungen trugen kurze schwarze

Röcke und Stöckelschuhe. Es wimmelte von Männern in frisch gebügelten Hemden, die einen kleinen Schwarzen tranken und sich angeregt unterhielten.

Beim Lunch in einem Steakhouse besprachen wir unsere bevorstehende Expedition. Jon und Bean diskutierten mit Tanya über die beste Art und Weise, sich zu akklimatisieren, und Eric und ich lauschten gespannt. Eric war lustig und schien unkompliziert. Es war auch seine erste große Bergtour. Tanya hatte im Jahr zuvor schon den Kilimandscharo bestiegen. Ich saß mit einem dicken Grinsen neben ihnen und war noch gar nicht richtig angekommen. Da das Basecamp am Aconcagua schon auf einer Höhe von 4200 Metern lag, hatten die meisten Expeditionen einen kleineren Fünftausender als Einstiegsberg im Plan. So auch wir. Cerro El Plomo, der 5424 Meter hohe Berg vor den Toren Santiagos, sollte unser Akklimatisierungsberg werden. Um uns an die Höhe zu gewöhnen, wollten wir dort vier Tage verbringen, unsere Kondition testen und uns als Team kennenlernen. Danach, von der Höhenluft gestärkt, wollten wir nach Santiago zurückkehren, Sylvester feiern und am 1. Januar zum Aconcagua aufbrechen.

27. Dezember, Cerro El Plomo

Meine Nase lief und lief und alles tat mir weh, aber ich wollte die Erkältung, die ich aus dem Flugzeug mitgebracht hatte, nicht haben und versuchte sie zu ignorieren und vor allem vor den anderen zu verbergen. Die Fahrt hinauf in die Berge in unserem kleinen Bus tat gut, und mit jeder Kurve ging es mir besser. Ich saß vorne neben unserem Fahrer und ließ mir den Wind um die Ohren wehen.

»Vierzig Haarnadelkurven«, sagte Fernando und lachte. Höher und höher trugen sie uns hinauf, hinein in die Anden von Chile, in die staubige Wüstenlandschaft aus schroffen Bergkämmen und sandigen Geröllfeldern. Ausgangspunkt unserer Einstiegstour auf den Cerro El Plomo war das Skigebiet La Prava auf 2750 Metern, zu dem Fernando uns und unser Gepäck fuhr. Nach genau vierzig Haarnadelkurven tauchten sie unvermutet auf, die modernen Hütten des kleinen Bergdorfes, die auf einem braunen Hügel weit über der Baumgrenze standen. Dort herrsche im Juni und Juli ein Wahnsinnstrubel, erklärte Fernando. Skifahrer aus ganz Südamerika und dem Rest der Welt strömten dann in den kleinen Skiort, um den chilenischen Winter auf den hochgelegenen Pisten zu feiern. Auch meine Schwester war mit ihrem Snowboardteam schon zum Training dort gewesen. Nun, im chilenischen Sommer, waren die Skifahrer in die nördlichen Berge der Welt verschwunden und La Prava ausgestorben, still wie eine Geisterstadt. Die geteerte Straße endete zwischen den letzten Ferienhäusern, aber Fernando bremste nicht. Direkt auf den Sessellift gerichtet nahm er Anlauf und folgte der Trasse, Pfahl um Pfahl, schnaufend und stotternd nach oben, bis der Bus auf einer kleinen Plattform am Liftausstieg zum Stehen kam. Fernando klatschte in die Hände und grinste zufrieden. Dann half er uns beim Ausladen der Taschen und Rucksäcke. Zum Abschied drückte er jedem von uns die Hand.

»Suerte en la expedición. Quatros días aquí!«, rief er noch und brauste davon. Dann waren wir allein. Bis ins Basecamp Piedra Numerada auf 3380 Metern waren es nur dreihundert Höhenmeter, eine gute Tagestour wie Bean am Abend vorher gesagt hatte, denn wir mussten auf dem Weg dorthin einen 3600 Meter hohen Pass überqueren. Wie aus dem Nichts tauchte plötzlich ein kleiner Mann mit zwei Maultieren auf und blieb vor uns stehen. Schweigend band der Arriero dem kräftigeren Tier ein weißes Tuch um den Kopf. Dann lud der Mann mit Beans Hilfe unsere Expeditionstaschen auf den Rücken des Maultieres und schnürte sie fest. Sollte das arme Tier nicht sehen, welch schwere Last es über die steilen Hänge hinauftragen musste? Nein, der Maultierbesitzer schüttelte entschieden den Kopf, als Bean ihn fragte. Er hatte dem Maultier das Tuch um die Augen gebunden, damit es nicht weglaufen konnte; denn wenn ein Maultier nichts sieht, dann bewegt es sich nicht. Nachdem alles verstaut war, nahm der Arriero dem Maultier das Tuch vom Kopf, schwang sich auf den Rücken des zweiten Maultieres und trabte davon. Das Maultier mit unserem Gepäck folgte ihm an einer Leine. Er würde unsere Taschen im Basecamp für uns deponieren.

Leicht bekleidet in Shorts, T-Shirt und Sonnenhut schulterten wir unsere Rucksäcke und folgten den Spuren der Maultiere. Das strenge Fitnessprogramm, das Bean mir vor der Expedition verordnet hatte, war anfangs schwer gewesen, aber mit der Zeit war mein

Training zu einer nicht ungeliebten Routine geworden. Ich wollte schließlich auf den höchsten Berg der Anden steigen. Da musste ich schon etwas dafür tun.

Die ersten zwei Stunden wanderten wir über breite Schottertrassen, bis wir das Skigebiet über einen steilen Bergkamm verließen und in ein weites Hochwüstental hinabstiegen. Weit und breit nur Stein, Geröll und Sand. Wie schlafende Dinosaurier umgaben uns die kargen Hügel, auf deren Rücken zerklüftete Felsentürme wie Schuppen in die Lüfte ragten. Die Mittagssonne brannte herab und es gab nichts zu tun als dem schmalen Trampelpfad Schritt für Schritt in die Unendlichkeit zu folgen. Meine Gedanken, die sich beim Aufstieg zum Pass noch unordentlich übereinander getürmt und schwer auf mein Gemüt gedrückt hatten, konnten sich endlich ausbreiten und verloren Schritt um Schritt an Wichtigkeit. Sie wurden leichter und flogen einer nach dem anderen über die Hügel hinaus. Eine wohltuende Stille entstand in mir. Weit in der Ferne leuchteten die Gletscherfelder von El Plomo, aber schon nach ein paar Schritten ins Tal hinunter verschwanden sie wieder. Dafür tauchte ein kleiner grüner See in der Steinwüste auf. Eine Stunde später saßen wir zum Mittagessen auf der schmalen grünen Grasmatte am See. Aus frischen Avocados, Tomaten, gegrillter Hühnchenbrust, Mayonnaise, Senf und dicken Scheiben Brot zauberten Bean und Jon ein stärkendes Picknick und als krönenden Abschluss gab es Schokolade. Die dumpfen Kopfschmerzen, die mich beim Aufstieg über den Pass geplagt hatten, waren wie fortgefegt und meine Erkältung schien sich in der Höhenluft zu erholen. Wir füllten unsere Trinkflaschen mit Wasser aus dem See und wanderten weiter.

Piedra Numerada, unser Basecamp, lag an einem Gletscherbach, der lustig durch das Geröll plätscherte. Tanya und ich teilten uns ein Zelt. Eric wollte draußen im Gras schlafen, um die Sterne zu sehen. Bean und Jon richteten sich im Küchenzelt ein. Zum Abendessen gab es Hähnchencurry mit Reis, und weil mit der Dunkelheit auch die Kälte kam, verschwanden wir alle nach dem Essen sofort in unseren Schlafsäcken.

28. Dezember, Basecamp El Plomo, 3380 Meter

Ich war noch nie so froh, die Wärme der Sonnenstrahlen zu spüren wie am nächsten Morgen. Endlich konnte ich mich aus dem ungemütlichen Schlafquartier befreien. Meine Nase war zu, mein Hals trocken, der Husten scharf wie eine Rasierklinge und alles tat mir weh. Der Ausblick auf unseren Berg, die Weite und die dampfende Teetasse von Bean stimmten mich trotzdem glücklich. Nach einem ausgiebigen Frühstück packten wir unsere Rucksäcke für einen Tagesausflug. Wir wollten so weit wie möglich Richtung High Camp, das tausend Meter höher lag, aufsteigen, um uns an die sauerstoffarme Luft zu gewöhnen, und dann zurückkehren und eine zweite Nacht im Basecamp verbringen. Zweimal überquerten wir den Gletscherbach unter den Wasserfällen. Hoch oben in den Felstürmen leuchtete der Schnee aus dunklen Schluchten. Wir stiegen weiter in Serpentinen am Wasserfall entlang, über Felsen und Sandpisten, keuchend und hustend in die immer dünner werdende Luft. Die Kamera hatte ich immer bereit, aber ich schaffte es nie, einen der verirrten Schmetterlinge zu erwischen, die schwerelos durch die warmen Lüfte schwirrten, so weit von ihren Blumengärten entfernt. Nach drei Stunden hatten wir die Viertausendmetermarke erreicht und Bean erlöste uns von weiteren Anstrengungen. Tanya tat der Rücken weh und ich hatte leichte Kopfschmerzen. Ich hätte noch weiter aufsteigen können, denn meine Beine fühlten sich stark an und mein Körper kam mit der Anstrengung gut zurecht, aber Bean wollte unsere Kräfte schonen.

»Wir haben schon über die Hälfte geschafft und der Rückweg zum Camp ist jetzt schon weit«, meinte Bean und drehte mit uns um. Eric und Jon stiegen weiter auf, um ein Zelt und unsere Vorräte für den Gipfeltag ins High Camp zu bringen. Am nächsten Tag wollten wir dort übernachten und tags darauf zum Gipfel steigen.

29. Dezember, Basecamp

Die zweite Nacht auf 3380 Metern hätte erholsam sein sollen, denn der Aufstieg in die Höhe und die Rückkehr zu einem niedriger gelegenen Camp halfen bei der Akklimatisierung, und die Anstrengung ließ jeden gut schlafen. Trotzdem hatte ich die ganze Nacht das Gefühl, dass ich über mir schwebte, und kam nicht zur Ruhe. Bean hatte mir zum Abendessen eine starke Suppe gemacht, die meine Erkältung heilen sollte, aber sie hatte ihre Wirkung verfehlt. Am nächsten Morgen war ich richtig krank, brauchte dringend eine heiße Badewanne und starke Medizin.

»Es ist besser, du gibst jetzt auf und wir gehen zurück nach Santiago, wo du dich richtig auskurieren kannst. Sonst hast du am Aconcagua keine Chance«, sagte Bean und sah mich eindringlich an.

Aufgeben? Was für ein schreckliches Wort. Ich spürte, wie Tränen in meine Augen schossen. Tanya sah mich an und nickte zustimmend. Eric zuckte die Schultern.

»Ich kann deinen Rucksack für dich zum High Camp tragen, wenn du es versuchen möchtest«, bot er an. Jon schüttelte energisch den Kopf. »Es wird nicht besser, wenn wir im High Camp sind. Die Höhe macht deine Erkältung nur noch schlimmer. Bean hat recht, besser du gehst mit ihm nach Santiago zurück ins Hotel. Dann können wir in ein paar Tagen alle zum Aconcagua starten.«

Aconcagua. Ich hatte sechs Monate trainiert, sechs Monate an nichts anderes gedacht als an meine Reise in die Berge. Meinen ersten Gipfel der Seven Summits. Ich musste so schnell wie möglich gesund werden, um überhaupt eine Chance zu haben. Also packten Bean und ich unsere Rucksäcke, während die anderen Richtung High Camp aufstiegen. Ich schaute ihnen nach, bis sie in den Felsen neben dem Wasserfall verschwanden. Dann verließ ich mit Bean das Camp am Bach. Langen Schrittes folgten wir dem kleinen Trampelpfad aus der Talsohle hinaus Richtung Pass. Tanya hatte mir zum Frühstück eine Extraportion Kopfschmerztabletten gegeben und ich fühlte mich leicht beschwingt. Schwieriger wurde es erst, als wir uns der Anhöhe zum Pass näherten. Ich stieß meine Stiefel mit voller Wucht ins Geröll und stampfte jeden Schritt in den Berg. Ich würde ohne Akklimatisierung am Aconcagua starten müssen. Der kleinere Fünftausender, wo ich meine Kräfte testen und erste Erfahrungen mit der Höhe machen konnte, würde mir fehlen. Wie sehr wusste ich nicht und darüber nachzudenken war müßig, denn ich konnte es nicht ändern. Also versuchte ich die Gedanken darüber fortzuschieben. Bei unserem Abstieg über die

Skipisten spürte ich, wie die Luft dicker wurde. Wir waren zurück im Leben und mein Kopf fühlte sich leichter an. Der Hals kratzte nicht mehr, und je näher wir zum Dorf kamen, desto besser ging es mir. Und ich wunderte mich plötzlich nicht mehr, warum in den rauen Höhen niemand auf Dauer lebte.

An der Bushaltestelle im Skiort trafen wir eine Gruppe von Bergsteigern. Bean sprach sie an und drehte sich nach einer Weile mit erhobenem Daumen zu mir um.

»Sie können uns mitnehmen«, sagte er.

Wir setzten uns in die Sonne und warteten mit ihnen. Einer der Bergsteiger beschwerte sich gerade lauthals über einen nicht anwesenden österreichischen Koch, der sie begleitet hatte. »Der hat sie wohl nicht alle, Thunfisch mit Tomatensauce. Pfui Teufel. Eine zusammengekochte Pampe. Und so was nennt er Pasta.« Er schüttelte sich und verzog das Gesicht. Ich musste lachen und gluckste still in mich hinein. Einer der anderen Männer pflichtete ihm bei und ließ sich weiter über den Koch aus. Ein älterer Herr mit grauem Schopf schimpfte über sein Zelt, dessen Reißverschluss klemmte. Auch die Schlafmatten waren abgenutzt, die Küchentöpfe schmutzig, der Maultiertreiber kam zu früh, der Transport in die Stadt viel zu spät. Die acht Bergsteiger sahen mitgenommen aus, ihre Gesichter von wildem Bartwuchs gezeichnet, die Hände ungewaschen, die Hosen staubig. Und keiner ließ ein gutes Haar an der Expedition, dem Berg und überhaupt der ganzen Reise. Murren und Knurren aus allen Ecken. Der Wettbewerb war groß, den Beschwerden immer noch eine größere und entsetzlichere Pein draufzusetzen.

»Wart ihr denn am Gipfel?«, fragte ich mitten hinein, in der Hoffnung, etwas über den Aufstieg in Erfahrung zu bringen. Acht Augenpaare starrten mich plötzlich an. Verwirrung. Blicke, die stumm fragten: »Wo kommt die her, was macht die da?«, durchbohrten mich, bis einer zu meiner Rettung das Wort ergriff und meine Frage beantwortete: »Ja wie denn, wir sind ja viel zu spät losgegangen. Ich hab gleich gesagt, dass das nichts wird«, sagte der Bergsteiger verärgert. »Du wieder, hör doch auf«, schimpfte ein anderer.

Sie waren wie ein Rudel hungriger Wölfe, die auf der Jagd nichts erlegt hatten und nun grau und staubig vor ihrer Höhle saßen. Ich war erstaunt, denn ich hatte immer in dem Glauben gelebt, dass Bergsteiger Spaß hatten, wenn sie zusammen auf eine Expedition gingen, gemeinsam anpackten, den Berg erklommen. Aber dieses Rudel hatte hörbar wenig Spaß an der gemeinsamen Jagd gehabt. Am nächsten Tag wollten sie weiter in den Norden Chiles reisen, um auf den höchsten Vulkan der Welt, den 6893 Meter hohen Ojos del Salado zu steigen. Dies war erst der Anfang ihrer Expedition. Vielleicht waren deswegen die Gemüter so angespannt. Als wir Stunden später durch die vierzig Haarnadelkurven Richtung Santiago fuhren, saß ich neben dem Bergsteiger, der Pasta mit Thunfisch und Tomatensauce nicht mochte. Er erzählte mir, dass er jedes Jahr für vier Wochen auf Expedition in die Anden fuhr. Ich fragte ihn, warum er sich das antat, wo er doch aufrichtig unglücklich über das karge Expeditionsleben zu sein schien.

»Weißt du«, sagte er nach einer Weile zu mir, »meine Freunde fahren jedes Jahr für viel Geld in die Karibik. Luxusurlaub, Fünfsternehotel mit allem Drum und Dran. Eine Woche! Für das Geld gehe ich vier Wochen auf Expedition. Die kommen dann nach Hause und beschweren sich den Rest des Jahres, dass es daheim nicht so schön ist wie im Urlaub. Und ich komme zurück in meine kleine Wohnung, die plötzlich groß ist wie ein Palast; mit heißer Dusche, weichem Bett und Daunendecke und freue mich das ganze Jahr, wie gut ich es habe.«

Da musste ich lachen. Dem ließ sich nun wirklich nichts entgegensetzen. Und je mehr ich über seine Worte nachdachte, desto mehr merkte ich, wie sehr ich mich auf den Luxus, der mich im Hotel erwartete, freute.

30. Dezember, Santiago

Heiße Badewanne, Daunenbett, Tee mit Honig und CNN auf Spanisch. Himmlischer Luxus, der nicht nur mein Gemüt, sondern auch meine Gesundheit entscheidend beflügelte. Bean hatte die Medizin, die Tanya für mich aufgeschrieben hatte, in der Apotheke geholt und ich erholte mich zusehends. Ich telefonierte lange mit meiner Mutter. Eigentlich wollte ich sie nicht anrufen, weil ich mich fühlte wie ein Versager, aber es tat gut, mit ihr zu sprechen. Sie machte mir Mut und am Aconcagua würde ich César treffen. Der würde mich unter seine Fittiche nehmen, meinte sie.

Jon, Tanya und Eric waren auf dem Weg zum Gipfel des El Plomo und sollten am nächsten Tag zurückkommen. Cally und Jan, die zwei Südafrikaner, wollten am Tag darauf auch im Hotel eintreffen. Dann konnten wir endlich zum Aconcagua starten.

1. Januar 1997

Jon, Tanya und Eric hatten den Gipfel des El Plomo nicht erreicht, aber sie waren bis zu den Gletschern aufgestiegen und mit sonnenverbrannten Gesichtern zurückgekommen. Wir hatten bis spät in die Nacht das neue Jahr gefeiert und auf unsere bevorstehende Expedition angestoßen. Am Morgen kam Lucho ins Hotel und frühstückte mit uns. Lucho war einen Kopf kleiner als ich, von kräftiger Statur und strahlte die Ruhe eines Mannes aus, der in den Bergen zu Hause war. Sein Gesicht hatte hundert Sonnenfalten. Er führte seit vielen Jahren Expeditionen auf den Aconcagua und erzählte uns, dass er schon acht Mal auf dem Gipfel war. Da Bean und Jon zum ersten Mal eine Expedition auf einen Sechstausender leiteten und selbst noch nie auf einem so hohen Berg waren, hatten sie Lucho gefragt, ob er unser Team als Bergführer begleiten würde. Solide Aconcagua-Erfahrung würde unserem Team gut tun, und außerdem war Lucho ein ausgezeichneter Koch.

Auf dem Weg aus der Stadt zeigte Lucho uns stolz die neuen Gebäude und Fabriken die in den letzten fünf Jahren, seit Pinochets Abgang, vor den Toren Santiagos entstanden waren. Noch lange konnten wir hinter uns das Wahrzeichen von Santiago sehen, die berühmte weiße Marienstatue, die hoch über der Stadt auf einem Hügel stand, dem Cerro de Cristóbal. Wir fuhren Richtung Norden, am Fuße der Andenkette entlang. Nach zwei Stunden Fahrt führte uns eine lange, gewundene Straße in einen steilen Canyon hinauf. Plötzlich leuchtete in der Ferne ein weißer Gipfel auf. Unser Berg, still wie eine schlafende Schönheit inmitten der kargen Bergketten. Die Grenze zu Argentinien war nicht weit. Lucho führte uns auf kürzestem Weg durch die Zollformalitäten. Und eine Stunde später saßen wir schon in einem großen Reisebus mit Chilenen und Argentiniern und fuhren Richtung Mendoza.

Puente del Inca, 2700 Meter

Der kleine Ort Puente del Inca ist nur einen Kilometer von der Grenzstation entfernt und der Ausgangspunkt für alle Expeditionen auf den Aconcagua. Der Ort besteht zur Hälfte aus einer Kaserne und zur anderen Hälfte aus einer Hosteria mit zwei Sternen. Mittendurch führen eine breite Straße und Bahngleise, zu beiden Seiten steigen Felsen steil hinauf in den Himmel. Berühmt ist der kleine Ort durch die Puente del Inca, die Brücke des Inkas, die am Rand des Ortes über den Rio Mendoza führt. Die Brücke ist kein Bauwerk der Inkas, sondern ein durch Erosion gebildeter Bogen, der sich fast fünfzig Meter hoch und dreißig Meter weit über den Fluss spannt. Dort entspringt eine heiße schwefelhaltige Quelle, die das graue Gestein golden gefärbt hat. Lucho erzählte, dass an einem Schrein neben der Quelle die Heilige Maria verehrt wird und wir alle in der Therme ein Bad nehmen sollten. Das brächte Glück für die Expedition. Zuerst jedoch mussten wir zu Pablo, um unser Expeditionsgepäck wiegen zu lassen. Pablo regierte in einer großen Holzscheune neben der Hosteria. Bei ihm mussten die Maultiere bestellt werden, die Expeditionsvorräte für den Transport verpackt, geschnürt und abgewogen werden. Seine Scheune war ein riesiges Lager. Hunderte von Lederriemen und Steiggürteln säumten die Wände. Klappstühle, zusammengerollte Zelte, Schlafmatten, Kerosinlampen, Toilettenpapier, Töpfe, Pfannen, Kisten mit Orangen und Wassermelonen lagen ordentlich sortiert übereinander. Egal, was man vergessen hatte, bei Pablo konnte man alles für die Expedition kaufen oder ausleihen. Mit strenger Miene führte er Buch über das Gewicht, das unsere Ausrüstung auf die Waage brachte, und teilte dann alles in kleinere Ladungen für die Maultiere ein. Damit war unser Expeditionsgepäck auf den Weg gebracht und wir bezogen unsere Hochbetten in der Schlafkammer der Hosteria. Mit Badeshorts und Bikini ausgerüstet machten wir uns auf den Weg zur Therme. Wir waren alle, außer Lucho, zum ersten Mal auf einer großen Expedition und wollten alles tun, um den Berg und seine Götter sanftmütig zu stimmen.

Das Wasser im Bad in der Therme war lauwarm, die Stimmung ausgelassen und jeder von uns trug seinen großen Wunsch vor den Altar der Heiligen Maria. Lucho zeigte sich zufrieden. Abends saßen wir zusammen im Restaurant der Hosteria. Es gab Steak, Salat, Pommes und Bier. Das Restaurant war voll mit Bergsteigern und wir konnten auf einen Blick erkennen, wer von »oben« kam. Es waren die mit den sonnenverbrannten Gesichtern und ausgemergelten Körpern, die sich wie hungrige Wölfe auf ihr Steak stürzten. Sie sprachen wenig und starrten oft ins Leere, während ihre Kauknochen sich ständig bewegten.

Das Basecamp auf 4350 Metern Höhe, auch Plaza de Mulas genannt, war zwei Tagesetappen von Puente del Inca entfernt. César war schon dort. Pablo hatte mir erzählt, dass er mit seinen Kindern und einem Freund zwei Tage zuvor sein Gepäck abgegeben hatte und aufgestiegen war. Am Tisch neben uns saß Kirk. Er war gerade von oben zurückgekehrt. Er hatte den Aufstieg zum Gipfel nicht geschafft. »Das Wetter war brutal. Wir sind fast erfroren in Nido de Condores (Camp 1 auf 5400 Metern). Der Sturm hat einfach nicht abgelassen. Wir hatten keine Chance.«, berichtete er. Er überredete mich, seine Wanderstöcke zu kaufen, denn ohne die würde ich beim Abstieg meine Knie ruinieren. Der Preis war hoch, einhundert Dollar. Ich könnte die Stöcke auf jeden Fall weiterverkaufen, wenn ich sie nicht mehr bräuchte, sagte er, um mich über den hohen Preis hinwegzutrösten. Bean schüttelte den Kopf und handelte ihn auf achtzig Dollar herunter. »Du wirst es nicht bereuen und vielleicht kommen sie dann doch noch zum Gipfel«, sagte Kirk lachend und steckte das Geld ein.

2. Januar, Aconcagua Parque Nacional

In den Hochbetten zu schlafen war gemütlich, Eric schnarchte, Cally hustete in ihr Kissen und der Mond schien durch die kleine Dachluke. Trotzdem hatten alle eine gute Nacht. Beim Frühstück war nur halb so viel los wie am letzten Abend, da die zurückgekehrten Gipfelstürmer noch in den Betten lagen. Eric verdrückte sieben Nutellabrote und grinste vor Glück. Aufbruchsstimmung hatte unser Team ergriffen. Sonnencreme, Gletscherbrillen, Käsebrote, Tee in Wasserflaschen, Rucksack festgezurrt, Sonnenhut griffbereit, Stiefel geschnürt, Kamera am Anschlag. Um sieben Uhr stand Lucho in der Tür und wir waren abmarschbereit. Wir verließen die

Hosteria mit den ersten Sonnenstrahlen. Drei bis vier Stunden waren es bis Camp Confluencia auf 3350 Metern Höhe, wo wir die erste Nacht verbringen würden. Glücklich stapften wir hinter Lucho her. Die Luft war still, der Himmel wolkenfrei. Nach einer Stunde erreichten wir die Rangerstation am Eingang des Aconcagua Nationalparks. Hinter der Holzhütte stieg fern am Horizont die Südwand des höchsten Berges der Anden in den Himmel hinauf. Es waren noch über viertausend Höhenmeter bis zum Gipfel, aber da wir fast dreißig Kilometer vom Berg entfernt waren, sah man ihm die gewaltige Höhe nicht an. Lucho zeigte unsere Permits und nahm die Abfallsäcke in Empfang. Sie waren nummeriert und würden bei unserer Rückkehr kontrolliert werden.

Der Aufstieg zum Camp Confluencia führte taleinwärts über Schotterpfade und hängende Brücken, die die braunen Fluten eines reißenden Flusses, der sich in die Bergschlucht gegraben hatte, mehrmals querten. Mal wanderten wir auf der einen Seite, mal auf der anderen an den schiefen Hängen zweier Berge, deren Ausläufer sich wie Finger ineinander wanden. Immer wieder zogen Karawanen von Maultieren an uns vorbei, beladen mit bunten Expeditionstaschen und Rucksäcken. In der Ferne tauchte ab und zu die schneebedeckte Südwand des Aconcagua auf. Es war warm und der Weg führte so gemächlich bergauf, dass wir Camp Confluencia ohne große Anstrengung zur Mittagszeit erreichten.

Camp Confluencia, 3350 Meter

Einige grüne Flecken mit weichem Gras säumten die flache Ebene neben dem Flussbett, sodass sich selbst die Maultiere wohl fühlten und nicht wieder aufstehen wollten. Bei unserer Ankunft versuchten zwei Arrieros vergeblich, eines der Tiere zum Abmarsch zu bewegen, aber es setzte sich immer wieder hin. Das blaue Zelt der Parkranger stand in der Mitte des Platzes und die argentinische Fahne wehte vom Mast. Während Bean und Jon uns beim Aufstellen der Zelte halfen, kochte Lucho eine leckere Suppe. Am späten Nachmittag überredete Bean uns, ein paar Yogaübungen zu machen, um unsere Muskeln zu dehnen. Wir begannen mit dem Sonnengruß in Richtung Aconcagua und endeten im weichen Gras mit dem sehr schwierigen Skorpion, der eigentlich erst im fortgeschrittenen Programm vorkam. Bean traute uns alles zu: Kopfstand, Beine nach hinten fallen lassen und dann aus den Ellbogen den Kopf nach oben drücken. Es war sehr schwer, aber jeder bemühte sich nach Kräften, um das Vertrauen, das Bean unseren Kräften entgegenzubringen schien, nicht vorzeitig zu enttäuschen. Einzig Lucho schüttelte den Kopf. Kleine aufgeplusterte Vögel hopsten durchs Camp und pickten nach Brotkrümeln und Haferflocken. Wir füllten die Trinkflaschen an einer Quelle, die Lucho uns zeigte, und wuschen am Nachmittag unsere Füße im kalten Wasser des Flusses. Als die Sonne unterging, fühlten wir uns schon wie richtige Pfadfinder. Zum Abendessen gab es Rotwein. Der würde uns beim Einschlafen helfen, sagte Lucho, denn für den nächsten Tag stand uns eine große Etappe bevor, tausend Höhenmeter und über zwanzig Kilometer bis zum Basecamp Plaza de Mulas.

3. Januar

Wir stiegen tiefer und tiefer ins Horocones-Tal hinein, in eine Hochlandwüste aus Felsen, Geröll und Sand. Mal führte der Pfad durch ansteigende Schotterhänge in Serpentinen hinauf, dann weiteten sich die Hänge zu flachen Hochtälern aus. Manchmal fühlte es sich so an, als würden wir auf dem Boden eines ausgetrockneten Sees wandern. Vielleicht waren es die sonnengebleichten Farben der Felswände, die kantigen Gesteinsblöcke, die verloren zwischen den Sandbetten standen, oder die unendliche Stille, die alles durchdrang. Die wenigen gelben Grasbüschel verschwanden mit zunehmender Höhe, und vom Flussbett in der Tiefe drang kein Rauschen mehr zu uns herauf. Nur am Morgen war ein Hubschrauber über unsere Köpfe hinweg Richtung Basecamp geflogen und kurze Zeit später zurückgekehrt. Von Zeit zu Zeit trabte eine Karawane von Maultieren an uns vorbei, die ein Arriero mit lauten »hop, hop, hop«-Rufen antrieb. Sonst war es still. Lucho zeigte uns Piedra Grande, den großen Stein, La Torta, den Kuchen, und den schlafenden Dinosaurier, Felsformationen, die wie von Künstlerhand gefertigt aus dem sandigen Geröll ragten und auf dem langen Weg die Fantasie beflügelten.

Wir waren schon viele Stunden gewandert, als uns ein einsamer Arriero auf seinem Maultier entgegenkam. Hinter sich führte er ein zweites Tier am Seil. Ich zog die Kamera heraus und machte ein Foto. Im Hintergrund war wieder die schneebedeckte Südwand des Aconcagua zu sehen. Plötzlich stieß Tanya einen Schrei aus. Ich ließ die Kamera fallen und drehte mich erschrocken um: Entsetzen auf den Gesichtern der anderen. Alle standen wie angewurzelt und starrten Richtung Arriero, der gleichmäßigen Schrittes auf uns zukam. Hinter ihm hing das leblose Bündel, das man auf das zweite Maultier gebunden hatte. Die nackten Hände baumelten aus der blauen Daunenjacke. Ich drückte die Hände auf meinen Mund und merkte, wie ich zitterte. Ich drehte mich weg, so schnell ich konnte. Ein Toter hing über dem Rücken des Maultiers. Ich hatte ein Bild gemacht und ihn durch den Sucher in meiner Kamera gar nicht gesehen. Entsetzt starrte ich die Kamera an. Ich hatte einen Kloß im Hals und kämpfte mit den Tränen. Wie schrecklich, schrecklich, schrecklich! Wie konnte man einen Menschen einfach so auf den Rücken eines Maultiers schnüren? Oder war es nur noch die leblose Hülle eines Menschen? Und seine Seele war hoch oben am Berg schon Richtung Himmel geflogen? Lucho hielt den Arriero an und sprach mit ihm. Der tote Mann war ein Bergsteiger, der am Morgen im Basecamp einen Herzinfarkt erlitten hatte. Wir wussten, dass Menschen an diesem Berg sterben konnten, aber dass wir so plötzlich und unvorbereitet damit konfrontiert wurden, schockierte alle. Wir saßen lange still auf den Felsen neben dem Pfad und starrten vor uns hin. Irgendwann ermahnte uns Lucho, den Schrecken hinter uns zu lassen und wieder aufzubrechen.

Wir wanderten schweigend weiter. Die Sonne brannte auf uns nieder und es fühlte sich an, als hätten wir das irdische Leben bereits verlassen. Aus dem sandigen Wüstenboden wuchsen keine Pflanzen mehr und die Maultiere, denen wir begegneten, zogen zielstrebig an uns vorbei hinunter ins Tal. Nur der Wind trug manchmal kühle Brisen von den fernen Gletschern zu uns. Der Aufstieg war steil und führte durch loses Geröll. Oben lockten schon die bunten Zelte von Plaza de Mulas.

Plaza de Mulas, Basecamp, 4350 Meter

Die Bergsteiger hatten an den steinigen Ausläufern des Gletschers ein buntes Zeltdorf erschaffen, in dem wir uns schnell heimisch fühlten. Wir fanden unweit eines Baches, der durch das Camp plätscherte, ein paar ebene Plätze, die mit Steinmauern umsäumt waren, und stellten dort unsere Zelte auf. Unsere Nachbarn waren zwei Tschechen und eine Gruppe von Argentiniern aus Mendoza. Die Männer aus Mendoza wohnten in einem Motorola-Zelt und hatten die Fahne des Telefonherstellers an einem Masten in ihrem Garten gehisst. Sie waren mit der Einrichtung einer Telefonstation beschäftigt, von der man in alle Welt telefonieren konnte. Bisher war das nur mit einem sehr teuren Satellitentelefon möglich. Wir hatten aus Kostengründen keines dabei.

Am späten Nachmittag fand ich César in einem schicken blauen Gemeinschaftszelt, an das ich hoffnungsvoll geklopft hatte. Drinnen stand eine lange Tafel von aneinander gereihten Campingtischen und -stühlen, wo César gerade mit anderen Bergsteigern bei Tee und Kuchen saß. Er begrüßte mich erfreut und stellte mir seinen Sohn Gabriel, seine Tochter Natalie und einen Freund vor. Die vier waren seit drei Tagen im Basecamp und wohnten im vornehmsten Viertel von Plaza de Mulas. Sie hatten sich in eine Art Hotelservice mit Vollpension eingemietet und wurden jeden Tag mit Drei-Gänge-Menüs verwöhnt. Unsere Quartiere waren dagegen sehr bescheiden. Unser Gemeinschaftszelt bestand aus einem spitzen Zeltdach, das eine Fläche von zwei Quadratmetern überspannte. Darunter wohnten unsere Essensvorräte und die Ausrüstung für die Höhencamps. Im Schutze dieses Zeltdaches kochte Lucho unser Abendessen, das er unter freiem Himmel servierte. Dazu saßen wir im Kreis auf geeigneten Steinen aus dem herumliegenden Geröll. Vor uns stieg die Westwand des Aconcagua wie eine Pyramide in die Höhe und leuchtete in der Abendsonne in allen goldenen und roten Farbtönen des Andenglühens. Da die dünne Höhenluft die Wärme nicht festhielt, wie wir es von langen Sommernächten von zuhause gewöhnt waren, wurde es abrupt kalt, als die Schatten uns erreichten. Wir hasteten zu den Zelten, holten Daunenjacken, Mützen und Schals und trafen uns wieder bei Lucho zum Tee. Die Farben der Westwand waren erkaltet und blauer Abenddunst lag über den Bergrücken, die sich in alle Richtungen bis zum fernsten Horizont aneinanderreihten und langsam in die Tiefen der Nacht tauchten. Ein unendlicher Sternenhimmel breitete sich über uns aus, nah und fern zugleich. Der Himmel war so schwarz, dass ich in dieser Nacht meinte, jeden einzelnen Stern des großen Firmaments sehen zu können, bis in die tiefste Finsternis der Galaxien. Die Milchstraße zog eine dicke Bahn mitten durch den Himmel und in ihrem Nebel glänzten tausend kleine Funkelsterne. Einzelne Sterne wirkten so nah, als könnte man nach ihnen greifen, sie berühren, herunterholen zu uns ins Camp. Ihr weißes Licht strahlte in unseren Steingarten herunter und verbreitete einen Zauber, der uns alle in seinen Bann zog. Wir lagen auf unseren Schaumstoffmatten und versanken in den Tiefen einer wundersamen Nacht. Ab und zu wanderte ein Satellit schnurgerade über unsere Köpfe hinweg und verschwand am anderen Ende des Horizonts, wo der Himmel auf die Erde traf. Irgendwann holte die Müdigkeit des langes Tages uns ein und wir zogen in die warmen Daunenschlafsäcke in unsere Zelte.

4. Januar, Rasttag

Ich war schnell eingeschlafen und erwachte erholt, als die Sonne morgens auf unser Zelt schien. Lucho backte Pfannkuchen zum Frühstück. Nach dem Frühstück wies Bean uns in die Gepflogenheiten eines Rasttags im Camp ein. Die Schlafsäcke wanderten zum Auslüften auf das Zeltdach, die Matratzen nach draußen in die Sonne. Die Unordnung, die sich unmerklich im Zelt ausgebreitet hatte, wurde Stück für Stück beseitigt. Stirnlampe und Toilettenpapier kamen in eine Seitentasche, Süßigkeiten, Kekse und Müsliriegel in eine andere auf der Schattenseite des Zeltes. Tanya und ich sortierten Kleidung und Ausrüstungsgegenstände in Taschen und Säcke und machten unser neues Zuhause so gemütlich wie möglich. Mittags wuschen wir unsere Socken und T-Shirts. Dazu holten wir Wasser aus dem Bach und wärmten es in unseren Plastikflaschen in der Sonne. Bean gab uns einen Eimer aus der Küche und holte auch seine schmutzige Wäsche heraus. Zum Trocknen hängten wir die nassen Sachen auf Wäscheleinen, die wir durch unser Zelt spannten. Die Bergsteiger der anderen Teams um uns herum waren ebenso beschäftigt. Nach der Anzahl der Zelte zu urteilen hatten sich etwa achtzig Bergsteiger im Basecamp häuslich eingerichtet. Am Morgen waren viele zu den höheren Camps aufgebrochen. Man konnte die Aufstiegsroute vom Basecamp aus gut sehen. Sie führte in weiten Schlangenlinien durch einen langen Geröllhang in die Westwand des Aconcagua.

Mittags saßen wir mit unseren Nachbarn vor dem Zelt und spielten Karten. Jan und Dusan kamen ursprünglich aus Prag, lebten aber seit vielen Jahren im Ausland. Dusan arbeitete als Ingenieur für Bombardier in Toronto und Jan hatte ein Restaurant in New York. Es war ihr zweiter Versuch am Aconcagua; sie erzählten von einem nicht mehr endenden Schneesturm, der im letzten Jahr ihre Aufstiegspläne zunichte gemacht hatte.

Lucho überredete uns nachmittags zu einem Ausflug zum großen Horocones-Gletscher. Der Gletscher drängte von den steilen Hängen des 5400 Meter hohen Cerro Cuerno, dem östlichen Nachbarn des Aconcagua, herab und endete wenige Hundert Höhenmeter vor dem Basecamp Plaza de Mulas, das er mit Wasser versorgte. Mit unseren Kameras ausgerüstet stiegen wir am Bach entlang aufwärts. An der weißen Zunge des Gletschers, unter der das Schmelzwasser herausströmte, brach das Eis auf in chaotische Formationen, die wild durcheinander standen und Richtung Himmel ragten, manche so groß wie ein Haus. Die Sonne hatte sich in die Tiefen des Eises gebrannt und Schluchten und Täler geformt, aus denen steile Eistürme herausstachen. Von weitem sahen sie aus wie ein Schwarm Haifischflossen. Eric stieg mit Bean zwischen die Eistürme, um Eispickel und Steigeisen zu testen, während wir mit Lucho in respektvollem Abstand das eisige Naturschauspiel bewunderten. Die Sonne und der warme Wind schmolzen das Eis scheinbar vor unseren Augen, aber aus den eisigen Höhen drängten gigantische Gletschermassen nach, und auch ein argentinischer Sommertag währte nicht lange genug, um das Eis zu schmelzen.

5. Januar, Aufstieg zu Nido de Condores, 5500 Meter

Lucho weckte uns am nächsten Morgen um sieben Uhr. Der Wind schlug an unser Zelt und die Sonne schaffte es nicht, durch die Wolken zu brechen. Ich fror, als wir draußen beim Frühstück saßen, und konnte kaum einen Bissen essen. Wir wollten an diesem Tag zu unserem ersten Höhencamp, zu Nido de Condores auf 5500 Metern aufsteigen und einen Teil unserer Ausrüstung und Proviant für den Gipfelaufstieg hinauftragen. Unser Weg aus dem Camp hinaus folgte einem schmalen Pfad durch aufsteigendes Geröll. Lucho schritt voraus und gab das Tempo vor. Ich fand bald einen guten Rhythmus und spürte, wie mein Körper sich erwärmte. Als die anderen nach einer Stunde pausierten, um Tee zu trinken und Müsliriegel zu essen, wanderte ich einfach weiter. Ich hatte keinen Appetit und fühlte mich so gut, dass ich meinen Schwung nicht aufgeben wollte. Im Gegenteil, ich wollte einen guten Vorsprung herausholen, um später ausgiebig rasten zu können ohne zurückzufallen. Die anderen machten nur kurz Rast und holten mich schon bald wieder ein. Zwei Stunden später stiegen wir an Camp Canada auf 4900 Metern Höhe vorbei. Es war von nur einem Zelt besetzt, aber niemand war zuhause. Wir stiegen weiter auf über endlose Geröllpisten. Längst war das Basecamp unter uns nur noch zu erkennen, weil ich wusste, dass die weiße Gletscherzunge, die man von oben gut sehen konnte, ins Camp ragte. Mein Rucksack war schwer und drückte auf mein Gemüt. Ich hielt zum Verschnaufen an, wenn die anderen rasteten, aber ich hatte keine Lust, etwas zu essen. Einmal holte ich meine Thermoskanne heraus und trank etwas Tee, um zwei Kopfschmerztabletten zu nehmen. Eric ließ mich von seinem Schokoriegel beißen, aber ich konnte kaum genug Spucke im Mund aufbringen, um den Bissen zu zerkleinern und hinunterzuwürgen. Der letzte steile Aufschwung zum Camp war qualvoll, aber schließlich erreichten wir nach sechs Stunden das kleine windgebeutelte Hochplateau Nido de Condores, Kondornest.

Das Camp lag schon höher als die meisten Gipfel der Nachbarschaft. Ein mächtiger, schwarzer Vogel zog seine Kreise hoch über uns. »Ein Andenkondor«, rief Lucho, »sie können stundenlang in den warmen Aufwinden segeln.«

Dicht an einer Gruppe von Felsentürmen standen die bunten Zelte der anderen Teams. Ich saß eine Weile apathisch auf einem Felsvorsprung neben den Zelten und beobachtete den Kondor. Er war schwarz und hatte einen weißen Kragen um den kleinen Kopf. Die Spannweite seiner Flügel war riesig. Er zog immer weitere Kreise und schwang sich dann durch die Lüfte davon. Plötzlich entdeckte ich Jan, der drei Wasserflaschen im Arm hatte. Jan und Dusan, unsere Nachbarn aus dem Basecamp, waren früh am Morgen aufgestiegen und hatten sich schon häuslich eingerichtet. Sie wollten am nächsten Tag weiter Richtung Gipfel aufsteigen. Nicht weit entfernt von den Zelten des Camps war ein kleiner zugefrorener See, aus dem alle Wasser für Tee und Suppe holten. Sonst war das Hochplateau völlig schneefrei und trocken. Wir stellten unser Zelt zu den anderen auf den harten Boden zwischen blankgefegten Felsplatten und Geröll und verstauten unsere mitgebrachten Gipfelsachen darin. Dann machten wir uns auf den Rückweg. Der Anfang war lustig, denn wir konnten mit unseren groben Plastikstiefeln leicht und mit langen Schritten durch die abfallenden Geröllhalden rutschen, die beim Aufstieg so schwer zu bewältigen waren. Dann wurde der Hang flacher und der Schritt schwerer. Als wir das einsame Zelt von Camp Canada schon sehen konnten, wurde mir plötzlich schwindelig. Ich musste mich übergeben, obwohl mein Magen fast leer war. Mein Kopf raste vor Schmerzen und ich setzte mich weinend ins Geröll. Lucho gab mir eine Tasse Tee zu trinken, aber ich konnte nichts bei mir behalten. Ich hatte das Gefühl, als würde mein Kopf zerplatzen vor Schmerz. Jedes Mal, wenn ich die Augen schloss, wurde alles schwarz, als wollte mein Körper mich aus dem Leben ziehen, hinunter in dunkle Finsternis. Lucho nahm meine Hand und fühlte den Puls, aber mir war nur schlecht. So schlecht, dass ich dachte, ich würde nie mehr aufstehen. Alle Kraftreserven waren plötzlich fort und mein Körper fühlte sich leer und hohl an.

»Wir können hier nicht bleiben. Wir müssen weiter«, sagte Lucho und streckte die Hand aus, um mir aufzuhelfen, aber ich konnte meine Beine nicht dazu bewegen, den schweren Körper hochzuheben. »Du hättest mit uns rasten sollen, als du noch bei Kräften warst. Du musst zwischendurch etwas essen und viel mehr trinken. So wie die anderen auch.« Er hielt mir einen Müsliriegel hin. Beim

Anblick der bunten Verpackung würgte es mich. Eric hatte ständig irgendeinen Müsliriegel in der Hand gehabt. Wie konnten die Menschen nur immerzu an Essen denken und irgendetwas in sich hineinstopfen? »Ich mag nicht, bäh. Ich will überhaupt nie mehr etwas essen«, sagte ich trotzig. Lucho lachte und steckte den Riegel wieder ein. »Es ist die Höhe. Wir sind zu schnell aufgestiegen. Du wirst sehen, wenn wir zurück im Basecamp sind, geht es dir gleich viel besser.« »Ich werde trotzdem nie mehr etwas essen.«, entgegnete ich und starrte vor mich hin ohne mich zu bewegen.

Lucho sah mich an und schwieg eine Weile. Dann setzte er sich neben mich ins Geröll. Er hielt mir eine Tasse Tee hin, so lange, bis ich schließlich einen winzigen Schluck nahm. Er wartete geduldig, und da ich den Tee behielt, nahm ich noch einen Schluck und dann noch zwei. Er kramte nochmal den Riegel heraus, aber ich schüttelte den Kopf. »Also gut. Und wenn ich dir verspreche«, dabei legte er seine Hand auf den Platz, wo sein Herz unter der Jacke schlug, und sah mich mit großen Augen an, »dass du nie mehr etwas essen musst, stehst du dann auf und steigst mit mir hinunter?«

Ich nickte. Lucho stand auf, nahm meinen Rucksack und half mir auf die Beine. Sie fühlten sich wacklig an, aber der Wind, der vom Gletscher heraufwehte, tat gut. Schritt für Schritt stiegen wir hinab, einen Fuß vor den anderen. Nach einer Weile wurden die erdrückenden Schmerzen in meinem Kopf leichter und meine Beine bewegten sich wie Gummibänder. Und irgendwann saß ich vor unserem Küchenzelt im Basecamp und wusste nicht mehr, wie ich dort hingekommen war. César saß bei mir und hielt meine Hand. Es tat gut. Seine Stimme war sanft und ruhig. »Deine Mama war schon eine tüchtige Bergsteigerin. Ich war mit ihr auf dem Matterhorn, da war sie gerade einmal fünfzehn Jahre alt«, sagte César und erzählte, wie griesgrämig mein Großvater sich immer in den Bergen geplagt hatte und wie viel leichter es meiner Großmama und meiner Mutter gefallen war.

Er zog einen Apfel aus seiner Tasche und schnitt mit seinem Taschenmesser kleine Scheiben ab.

»Du bist zu schnell gegangen. In der Höhe erholt sich der Körper nicht mehr so leicht wie hier unten. Da musst du viel mehr Pausen machen. Hör auf einen alten Bergfex wie mich«, sagte er und lachte mich an. »Weißt du, du darfst immer nur so schnell gehen, wie du bequem durch die Nase atmen kannst. Wenn du tief Luft holen musst und anfängst, durch den Mund zu atmen, dann gehst du zu schnell. Mach kleine Schritte, finde einen Rhythmus, der dir gut tut, und bleib dabei. Alle halbe Stunde machst du eine Pause, isst ein Stück Keks oder Schokolade und trinkst mindestens eine Tasse Tee. Du wirst sehen, wenn du mehr trinkst, wirst du auch keine Kopfschmerzen mehr bekommen.«

Lucho war erleichtert, dass er seinen Höhenschwur nicht verteidigen musste, und stellte uns eine Schale mit Keksen und Salami auf den Felsen. Es dauerte nur eine kleine Weile, bis mein Appetit zurückkehrte, und dann war mein Hunger riesengroß und ich verstand die Welt nicht mehr. Am Abend lag ich lange still im Zelt. Ich war schockiert, wie unvorbereitet mich die Höhe getroffen hatte. Ich hatte das Gefühl, als wäre ich plötzlich gegen eine Wand gelaufen. Ich hatte alle Anzeichen für den herannahenden Zusammenbruch übersehen, bis ich mir nicht mehr selber helfen konnte. Wenn Lucho nicht bei mir geblieben wäre, wäre ich wahrscheinlich dort oben sitzen geblieben und nie mehr aufgestanden.

6. Januar, Rasttag im Basecamp

Bevor César am nächsten Morgen mit seinen Kindern das Basecamp in Richtung Nido verließ, kam er nochmal zu mir; ich musste ihm versprechen, dass ich den nächsten Aufstieg vernünftig und vor allem sehr, sehr langsam angehen würde. Das versprach ich. Ich schaute ihnen lange nach, bis sie in hellen Nebelschwaden verschwanden. Auch über dem Basecamp zogen Wolkenschwaden heran und verdunkelten die Sonne. Schon am Tag zuvor hatte die Sonne einen Halo um sich gehabt, der in zarten Regenbogenfarben geleuchtet hatte. Es war ein erstes Anzeichen, dass das Wetter sich verschlechtern würde, meinte Lucho. Am Mittag herrschte plötzlich große Aufregung im Camp. Ein Team von deutschen Bergsteigern war dabei, einen kranken Amerikaner von Nido de Condores herunter zu tragen. Die Rettungsaktion, die wir durch ein Fernglas beobachten konnten, sah dramatisch aus. Sechs Bergsteiger trugen den kranken Mann durch die Morgensonne herab, und bei jedem

Schritt staubte der Sand unter ihren Füßen auf wie in der Zigaretenreklame. Der amerikanische Bergsteiger war am Tag zuvor vom Gipfel zurückgekommen und hatte in der Nacht ein Lungenödem entwickelt. Das deutsche Team hatte die Nacht in Nido de Condores verbracht, um am nächsten Tag weiter Richtung Gipfel hinaufzusteigen. Sie hatten zwei Ärzte im Team. Als sie erkannten, wie krank der Bergsteiger war, gaben sie ihren Gipfelsturm auf und trugen ihn hinunter. Im Krankenzelt des Basecamps wurde der Amerikaner in einen Überdrucksack gelegt, wo zwei Bergführer ihn auf eine virtuelle Höhe von etwa 2500 Metern pumpen konnten. Dort konnte er sich im Laufe des Tages erholen. Dem Himmel sei Dank, nicht noch eine Tragödie.

Wir waren alle schockiert von dem Vorfall und diskutierten mit Bean und Jon lange und ausführlich über die Gefahren der Höhenkrankheit.

»Je höher wir aufsteigen, desto niedriger wird der Druck und damit sinkt der Sauerstoffgehalt in der Luft. Schon auf fünftausend Metern Höhe ist er nur noch halb so hoch wie auf Meeresspiegelhöhe. Dadurch können die Lungen weniger Sauerstoff aufnehmen und der Sauerstoffgehalt im Blut sinkt. Der Körper versucht, den Mangel durch einen höheren Pulsschlag und verstärkte Atmung auszugleichen, und erhöht gleichzeitig die Zahl der roten Blutkörperchen, um sich anzupassen, aber das braucht Zeit. Eigentlich sollte man über dreitausend Metern Höhe nicht mehr als dreihundert Höhenmeter pro Tag aufsteigen.«, erklärte Jon. »Das ist meist wegen der Lage der Camps nicht möglich. Deswegen sind wir zu Nido de Condores aufgestiegen, haben etwas Zeit dort verbracht und sind zum Schlafen ins Basecamp zurückkehrt. ›Steige hoch und schlafe niedrig‹ ist das beste Rezept beim Aufstieg in Höhen über fünftausend Meter. Wenn wir morgen wieder aufsteigen, hat der Körper sich schon teilweise an die dünnere Luft gewöhnt und tut sich leichter.« Bean ergänzte: »Ab dreitausend Meter bekommt fast jeder einige der Symptome der Höhenkrankheit zu spüren. Erschöpfung, leichte Kopfschmerzen, Schwindelgefühl, Schlafstörungen, Appetitlosigkeit, das ist alles ganz normal und legt sich meist nach einem Tag wieder. Das Wichtigste ist es, viel zu trinken und Pausen beim Aufstieg zu machen, damit der Körper Zeit hat, sich zu erholen.«

Tanya beschrieb zwei Arten von Höhenkrankheit, das Lungenödem und das Hirnödem. »Beim Lungenödem sammelt sich Wasser in der Lunge. Flüssigkeit tritt aus den Kapillaren ins Lungengewebe aus und behindert die Atmung. Man erkennt es an Rasselgeräuschen beim Atmen und einem leichten Brodeln in der Lunge. Beim Höhenhirnödem kommt zu einer gefährlich hohen Flüssigkeitsansammlung im Gehirn und weil das Gehirn keinen Platz hat sich auszudehnen, zerstört es sich selbst. Der ganze Körper ist im Alarmzustand, mit unerträglichen Kopfschmerzen, Sehstörungen, Gefühllosigkeit in Armen und Beinen, Koordinationsschwierigkeiten, extremer Übelkeit, Erbrechen und Krampfanfällen. Leichte Vorboten sind oft Schwellungen im Gesicht, die Augen und die Backen werden dick. Das ist schon ein Zeichen, dass man auf keinen Fall weiter aufsteigen sollte.«

Bean nickte und fuhr fort: »Es gibt nur ein Mittel, um der Höhenkrankheit zu entkommen, und das ist den Körper ständig zu beobachten, Veränderungen früh festzustellen und gleich entgegenzuwirken. Wenn es einem von euch schlecht geht, dann muss er das sagen. Es hilft nichts, tapfer zu sein und dann später zusammenzubrechen. Ihr habt ja gesehen, wie viel schwieriger es ist, einen Bergsteiger herunterzutragen, der schon ein Lungenödem hat, als mit jemandem abzusteigen, der rechtzeitig gesagt hat, dass es ihm nicht gut geht.« Dabei sah Bean mich an und zwinkerte. Er wollte mir Mut machen, aber die Wahrheit war, dass ich die ersten Anzeichen der Höhenkrankheit nicht erkannt hatte. Ich musste achtsamer sein und besser auf meinen Körper hören.

Lucho zauberte ein leckeres Mittagsmahl, frische Gemüsesuppe, dann Steak mit Tomaten und Kartoffeln. Zum Nachtisch gab es Pfirsiche aus der Dose. Wir durften im Zelt der Schweizer essen, weil diese zu Nido aufgestiegen waren und Lucho mit dem Küchenchef befreundet war. Es war herrlich, auf einem richtigen Stuhl am Tisch zu sitzen. Der Wind wehte nicht im Nu die wohltuende Wärme des Essens davon, wie er es draußen vor unserem Küchenzelt tat. Tanya ermahnte alle, viel zu trinken, um den Flüssigkeitsverlust, der durch die Anstrengung und die trockene Luft entstand, auszugleichen. Denn die Kopfschmerzen, die zu den ersten Anzeichen der Höhenkrankheit gehörten, wurden oft durch Flüssigkeitsmangel hervorgerufen. Wir wollten am nächsten Tag wieder zu Nido de Condores aufsteigen, am übernächsten Tag zu Camp Berlin und von dort einen Gipfelversuch starten. Wenn ich an die langen Geröllfelder dachte, die vor uns lagen, grauste es mir. Ich musste es langsamer angehen und meinen Ehrgeiz, vorne dabei zu sein, zügeln.

7. Januar, Rasttag Basecamp

Der Wind kam in der Nacht. Laut schlug er an unser Zelt, flatterte und trommelte auf die dünne Zeltplane. Es war irgendwie trotzdem gemütlich, auch wenn draußen ein Sturm tobte oder vielleicht gerade deswegen. Mein Schlafsack war himmlisch warm und wir konnten ausschlafen, denn Bean hatte am Morgen durch die Zeltplane gerufen, dass wir unseren Aufstieg um einen Tag verschieben würden. Wir tranken den Tee aus unseren Thermoskannen und aßen Kekse und Süßigkeiten, die wir gehortet hatten, zum Frühstück. Nur zur Toilette mussten wir raus, und da war es bitterkalt. Kaum jemand war draußen unterwegs. Alle versteckten sich vor dem Wind in ihren Zelten. Nachmittags lud uns ein benachbarter Bergführer zum Tee ein. Er hieß Willy und führte zusammen mit seinem Bruder Expeditionen am Aconcagua und an anderen Sechstausendern der Anden. Die beiden kamen aus Patagonien und lebten in Berkeley, Kalifornien, wo sie ihre Kunden rekrutierten. Diese trafen sie dann in Puente del Inca, mieteten sie in das Basecamp Full Service Programm ein, indem auch César und seine Familie residierten, und führten sie zum Gipfel.

»Zwei Nächte im Camp Canada, auf fünftausend Metern, dann zwei Nächte in Nido, eine in Berlin und dann zum Gipfel«, erklärte Willy.

Er war schon fünfzehn Mal am Gipfel gewesen und beschrieb uns die Aufstiegsroute: Zum Camp Berlin war es nur ein »Katzensprung« – zwei bis drei Stunden maximal. Der Aufstieg zum Gipfel war dagegen länger. Viele lange Geröllfelder mit mäßiger Steigung, dann die große Traverse und zum krönenden Abschluss die Canaletta, eine steile Schuttrinne, für die man die Geduld eines Engels und die Kraft eines Bären mitbringen musste. Dabei sah Willy

Tanya und mich augenzwinkernd an. »Ich sehe die Engel schon. Der Bär steckt tief drinnen, den spürt man erst, wenn man ihn braucht.«

Willy war lustig und erzählte von seinen vielen Heldentaten in den Steilwänden des Yosemite Parks. Wir kannten viele der gleichen Kletterrouten und natürlich Camp 4, auch »Sunny Side« genannt, wo sich die Kletterer trafen. Ich war im vergangenen Jahr zum ersten Mal dort gewesen und hatte mir geschworen, dass ich von nun an jeden September dort verbringen würde. Natürlich waren meine Kletterkünste noch klein, aber Willy meinte, er würde mich trotzdem zum Bigwall-Klettern in die Steilwand des El Capitan mitnehmen und mit mir in einer Portaledge übernachten.

Als wir zurück zu unseren Zelten wanderten, hatte der Wind nicht nachgelassen, und das Abendessen war höchst ungemütlich. Jeder saß eingemummt in dicker Daunenjacke, mit Mütze, Handschuhen und einem eng gewickelten Schal über seinem Teller. Es gab Reis mit schwarzen Bohnen, die grauenhaft schmeckten. Bean berichtete, dass er von anderen Bergführern gehört habe, dass der Wind im Laufe des nächsten Tages nachlassen und ein Schönwetterfenster kommen sollte. Das hatte auch Willy uns erzählt, und so beschlossen wir, auf jeden Fall am nächsten Morgen zu Nido de Condores aufzusteigen.

8. Januar, Aufstieg zu Nido de Condores

Die Nacht war wild. Der Wind heulte um unser Zelt und schüttelte die Planen in ungestümen Böen. Ich schlief trotzdem gut und fühlte mich ausgeruht. Cally und Jan hatten noch lange bei uns im Zelt gesessen und mit uns Karten gespielt. Wir hatten vier Thermoskannen Kamillentee getrunken, und unsere Runde war immer lustiger geworden. Wir tranken auf Argentinien, den chilenischen Wein, den wir nicht mitgebracht hatten, auf die Canaletta, die uns bevorstand, und die *vientos blancos*, die uns fern bleiben sollten. Immer wieder wurde unsere Trinkrunde unterbrochen, weil einer das Toilettenhäuschen aufsuchen musste. Es war jedes Mal ein Riesenakt, sich mit Daunenjacke, Stirnlampe, Mütze, Stiefeln und genügend Toilettenpapier zu bewaffnen, um hinaus in den Sturm zu steigen.

Dann eilte derjenige fort und der Wind trug die Schritte davon. Nur ein paar Minuten später kam er wieder, gehetzt und vom Wind zerzaust. Dann ging das Trinkspiel weiter. Um Mitternacht schickten wir Jan und Cally heim, um endlich zu schlafen.

Als Lucho uns um sieben Uhr weckte, strahlte der Morgen im Sonnenschein. Die Winde waren fort und die Westflanke der Gipfelpyramide des Aconcagua leuchtete in hellen Farbtönen. Unser Gipfelsturm konnte beginnen. Ich konnte Eric überreden, meine Steigeisen in seinem Rucksack mitzunehmen. Bean bot Tanya und mir an, unsere zweiten Wasserflaschen zu tragen. Dafür mussten wir versprechen, bei ihm zu bleiben und in gemäßigtem Tempo aufzusteigen. Mein Rucksack war leichter als beim letzten Aufstieg, und als wir um neun Uhr aufbrachen, wanderten meine Beine fast von alleine aus dem Camp hinaus. Ich nahm mir Césars Worte zu Herzen und stieg so langsam auf, dass ich bequem durch die Nase atmen konnte. Jede halbe Stunde machten wir eine Pause und tranken Tee. Lucho, der die Küche noch zusammengepackt hatte, blieb weit hinter uns zurück, und so hatte ich jedes Mal, wenn ich mich umdrehte, das Gefühl, weit voraus zu sein. Als wir die Höhe von Camp Canada erreicht hatten, rasteten wir lange in der Sonne. Kein Hauch von Wind war in der Luft, nicht eine einzige Wolke stand am Himmel. Bergketten reihten sich hintereinander, bis sie im Dunst am Horizont verschwanden. Weit unter uns konnten wir neben dem Gletscherfluss noch die Zelte vom Basecamp sehen, die aussahen, als hätten lauter kleine bunte Käfer sich zu einem Ausflug am Gletschereis getroffen. Sie würden es nie schaffen, zu uns heraufzusteigen, denn dazu waren die Schotterhänge, die wir schon hinter uns gebracht hatten, viel zu lang und weit.

Als wir eine halbe Stunde später wieder aufbrachen, fühlten sich meine Beine schwer an und bewegten sich nur widerwillig. Ich kämpfte mit jedem Schritt und fand keinen Rhythmus. Lucho hatte uns eingeholt und stieg hinter mir auf. Als mich meine Kräfte gänzlich zu verlassen drohten und ich keuchend über meinen Stöcken lehnte, bückte er sich plötzlich und hob einen kleinen Stein auf. Er drückte ihn mir in die Hand. Es war ein kleiner milchiger Kristall, durch den die Strahlen der Sonne tanzten. Als ich mit suchenden Augen durch das Geröll schaute, entdeckte ich, dass viele dieser Kristalle zwischen den anderen Steinen hervorblitzten. Wir verließen den ausgetretenen Pfad und folgten den Kristallen, und meine Entdeckerfreude ließ mich die Anstrengung vergessen. Erst hundert Meter unter dem Hochplateau begann die Schinderei von Neuem. Die Kristalle waren so abrupt verschwunden, wie sie erschienen waren, und die Geröllhalde wurde steil. Unser Aufstieg schwang sich in eckigen Serpentinen hinauf. Ich zählte meine Schritte, jeweils fünfzig, und rastete dann über meinen Stöcken. Zwei Bergsteiger aus dem Schweizer Team, die wir im Basecamp getroffen hatten, überholten uns kurz vor dem Ziel und behaupteten, sie seien in nur zweieinhalb Stunden aus dem Basecamp aufgestiegen. Wir setzten dem entgegen, dass wir hart und tapfer an einem neuen Rekord arbeiteten, dem langsamsten Aufstieg zu Nido de Condores. Sie lachten uns aus und stürmten davon. Eine halbe Stunde später standen wir auf dem Hochplateau. Die längste Etappe war geschafft. Zum Gipfel waren es nur noch 1500 Höhenmeter, aufgeteilt auf zwei Tage.

Wir stellten zwei Zelte neben die anderen in die Nähe des gefrorenen Sees. Die Kopfschmerzen, die mich beim letzten Aufstieg geplagt hatten, waren nicht wieder gekommen. Ich hatte sogar Appetit, was bedeutete, dass mein Körper ausreichend an die Höhe gewöhnt war. Die Schweizer spendierten uns eine Dose Obstsalat. Er sei frisch aus ihrem privaten Obstgarten in Genf, behaupteten sie und mussten selber lachen. Sie waren eine wilde Gruppe von hart gesottenen Bergfexen und wollten in der Nacht von Nido aus direkt zum Gipfel aufsteigen. Davon konnten wir nur träumen. In ein paar Jahren vielleicht, wenn ich noch viel, viel mehr trainiert hatte. Vielleicht würde ich eines Tages mit Männern wie diesen mithalten können. Wahrscheinlich war das nicht. César und Natalie waren ins Basecamp abgestiegen. Zwei stürmische Nächte in Nido hatten sie aller Kräfte beraubt. Nur Gabriel und sein Freund waren zu Camp Berlin aufgestiegen und wollten am nächsten Tag zum Gipfel. Bei Sonnenuntergang standen alle in dicken Daunenjacken zwischen den Felsen und schauten zu, wie der rote Ball am Horizont verschwand. Dann war es schlagartig dunkel und bitterkalt. Tanya und ich teilten uns ein Zelt mit Eric. Meine Füße fühlten sich an wie Eiszapfen und ich steckte sie zum Aufwärmen in meine Daunenhandschuhe. Gute Nacht, Argentinien.

9. Januar, Aufstieg zu Camp Berlin, 6000 Meter

Ich konnte die Schweizer neben uns hören, als sie um vier Uhr morgens aufbrachen. Es war kalt und windig, als ich den Kopf aus dem Zelt hinausstreckte; allein der Gedanke, den warmen Schlafsack verlassen zu müssen, ließ mich erschaudern. Erst als die Sonne kam und unser Zelt wärmte, wagten wir uns hinaus. Eric und ich hackten mit dem Eispickel ein Loch in den See und holten Wasser. Bean hatte die Gaskocher schon angeworfen, um Frühstück zu machen. Nach einem Liter Tee waren die Kopfschmerzen, mit denen ich aufgewacht war, fort. Jan und Dusan, unsere tschechischen Nachbarn vom Basecamp, besuchten uns zum Frühstück. Sie waren am Tag zuvor am Gipfel gewesen und in der Nacht zurückgekommen. Sie hatten prachtvolles Wetter gehabt und strahlten vor Glück. Wir verabredeten uns für den 12. Januar in Santiago, um gemeinsam zu feiern. Sie drückten uns die Daumen und stiegen Richtung Basecamp hinunter.

Als die Sonne die Feuchtigkeit der Nacht aus unseren Zelten getrocknet hatte, packten wir die Rucksäcke. Bean und Lucho füllten unsere Thermoskannen und Wasserflaschen mit Tee für den Aufstieg. Jeder sollte über den Tag verteilt mindestens vier Liter trinken. Das war leicht gesagt und auch leicht getrunken, schwierig war es nur, den vielen Tee wieder von sich zu lassen. Auf der Aufstiegsroute gab es keine Toilettenhäuschen und die Ausbeute an Felsen, hinter die man sich kauern konnte, war mager. Camp Berlin lag nur fünfhundert Meter höher und sah auf den ersten Blick aus wie ein Spaziergang. Bean gab jedem eine Tüte mit Müsli und Nüssen und einen Riegel für den Weg. Unsere Rucksäcke waren schwer beladen, aber der Aufstieg entpuppte sich tatsächlich als ein gemütlicher Spaziergang mit herrlichem Ausblick, und schon nach drei Stunden erreichten wir Camp Berlin.

Das höchste Camp lag wie ein Adlerhorst auf einem großen Felsvorsprung und wir konnten weit über die Berge der Andenkette hinausschauen, nur die Gipfelpyramide des Aconcagua versperrte noch den Ausblick auf den Pazifischen Ozean. Vom Gipfel aus würden wir das Meer am Horizont sehen, hatte Lucho versprochen. Mindestens zwanzig Zelte scharten sich um eine verlassene Schutzhütte aus Holz. Statt eines Sees, aus dem man Wasser für Tee und

Suppen schöpfen konnte, gab es hier ein Schneefeld im Schatten der Felsen, wo sich jeder bediente. Die Plätze für die Toiletten lagen auf der anderen Seite der Felsen und waren mit einem Holzschild markiert, sodass niemand die beiden Plätze verwechseln konnte. Wir stellten unsere Zelte zwischen die anderen. Ein Gruppe von Japanern, Kanadier aus Quebec und ein amerikanisches Team waren da. Alle wollten in der folgenden Nacht zum Gipfel aufsteigen und waren beschäftigt, über den kleinen Gaskochern Schnee zu schmelzen. Zum Gipfel waren es noch 960 Höhenmeter. Acht bis zehn Stunden, meinte Lucho.

Nachmittags kam Willy in Shorts und Turnschuhen heraufspaziert. Er war vom Basecamp aufgestiegen und hatte sein Team in Nido zurückgelassen, um uns zu besuchen. Er sprach mit jedem Team, erkundigte sich, wer wann zum Gipfel aufbrechen wollte, und aß dann gemeinsam mit uns Nudelsuppe. Die meisten Teams wollten sich vor Sonnenaufgang Richtung Gipfel auf den Weg machen. »Wenn ihr um vier Uhr aufbrecht, seid ihr leicht gegen Mittag am Gipfel. Dann habt ihr noch genügend Tageslicht für den Abstieg zu Nido oder sogar, wenn ihr fit seid, bis ins Basecamp«, meinte Willy.

Er kannte die Namen der umliegenden Berge und Gletscher und zeigte uns auch den zweithöchsten Berg Argentiniens, den 6770 Meter hohen Cerro Mercedario, dessen Gipfelschneefeld in der Ferne leuchtete. Als die Sonne Richtung Horizont wanderte, begab sich auch Willy zurück ins Nido Camp, um sich um sein Team zu kümmern. Und wir waren allein. Ich war nervös und wusste nicht, was ich in der Gipfelnacht alles anziehen sollte, um warm zu bleiben. Wie viele Socken, Handschuhe, Lagen von Unterhemden und Fleece? Ich peinigte Bean mit unzähligen Fragen. Tanya war still und schien mit sich beschäftigt. Sie weigerte sich, noch einmal mit Eric in einem Zelt zu schlafen, weil er schnarchte und sie den Geruch, der seinen Socken entströmte, unerträglich fand. Ich mochte die Ruhe, die Eric ausstrahlte, und gab ihm eine Packung Feuchttücher, damit er seine Füße waschen konnte. Wir hatten nur zwei Zelte, und so schlief ich mit Bean, Eric und Jon in einem Zelt. Und Lucho wachte über den Rest des Teams, Cally, Jan und Tanya. Es war eng im Zelt. Mein Herz schlug schnell und es dauerte lange, bis ich zur Ruhe kam und einschlafen konnte.

10. Januar, Gipfelsturm

Wir verließen Camp Berlin um vier Uhr morgens und es fühlte sich an wie Mitternacht. Die Nacht war schwarz und die Sterne leuchteten am Himmel, aber der Wind fauchte wie ein Ungeheuer und es war bitterkalt. Ich war mit Kopfschmerzen aufgewacht und hatte lange gebraucht, um mich anzuziehen. Tanya, Eric und Lucho waren um halb vier aufgebrochen. Eine halbe Stunde später konnten Jan, Bean und ich ihnen folgen. Cally fühlte sich elend und schaffte es nicht aufzustehen. So hatten Bean und Jon entschieden, dass Jon mit ihr zurück im Camp bleiben würde. Als wir die Zelte verließen, waren meine Füße und Finger eiskalt. Mein Herz dagegen kochte und sprang mir fast aus der Brust. Ich schnaufte und keuchte, um genügend Luft in die Lungen zu saugen, aber es reichte kaum, um einen Fuß vor den anderen zu setzen. Meine Stirnlampe leuchtete nur schwach und kämpfte auch mit der Kälte. Bean ging geduldig an meiner Seite und sprach mir Mut zu.

»Der Anfang ist immer schwer. Versuche, einen Rhythmus zu finden. Mit jedem Schritt wird es besser und dann wird dir auch warm.«

Seine Stirnlampe war stärker und warf einen dicken goldenen Lichtkreis auf den schmalen Pfad vor uns. Ich versuchte ihm zu folgen. Die Kälte würde vergehen, wenn ich in Bewegung blieb. Jan ging vor mir, stetig Schritt für Schritt, und ich zwang mich, den Abstand zu ihm gleichmäßig zu halten, nur auf seinen Füße zu schauen und meine im selben Takt zu bewegen. Als wir eine hervorstehende weiße Felsengruppe erreichten, hielt Bean an. Wir tranken im Schutze der Felsen etwas Tee, der mir die Zunge verbrannte, aber ein Stück Wärme durch meinen Körper schickte. Dann stiegen wir weiter in die Nacht. Die Lichterkette von Luchos Team bewegte sich in weiter Ferne durch die Dunkelheit. Wenn nur der Wind von uns ablassen würde. Meine Füße schmerzten vor Kälte. Ich versuchte, die Zehen in Bewegung zu halten, aber sie fühlten sich an wie Eisklumpen, die sich jeder Bewegung verwehrten. Meine Nase lief und bald tropften die ersten Tränen auf meine Daunenjacke. Ich kämpfte mit jedem Schritt, meinen Mut hoch zu halten, mich nicht unterkriegen zu lassen, tapfer zu sein, aber die Dämonen des Selbstmitleids drangen tiefer und tiefer in meine Seele ein. Nach einer gefühlten Ewigkeit kamen wir endlich zur Independencia Hut, einer kleinen Holzhütte auf 6400 Metern Höhe. Jan stieg weiter auf. Bean und ich krochen in die Schutzhütte, um dem Sturmwind zu entkommen. Bean half mir beim Ausziehen meiner Plastikstiefel und wärmte meine Füße unter seiner Daunenjacke. Meine Socken waren nass, weil ich meine Innenstiefel im Schlafsack angelassen hatte, aus Angst, dass ich nachts auf die Toilette müssen und sie dann nicht finden würde. Auch hatte ich zu viele Socken an, Seidensocken, Skisocken und Wollsocken darüber. Bean zog sie alle aus und ließ mir nur die dicken Wollsocken. Er war besorgt. »Vielleicht ist es besser, wenn wir umkehren. Du bist völlig erschöpft und Heulen hilft uns auch nicht weiter«, sagte er und sah mich durchdringend an. Sofort schossen mir noch mehr Tränen in die Augen. Ich fühlte mich elend. Ich wollte nach Hause in mein Bett, zurück nach New York und diesen Alptraum so schnell wie möglich vergessen. Ich sah Bean an und nickte irgendwie erleichtert. Er reichte mir ein Taschentuch.

»Dann gehen wir jetzt zurück«, sagte Bean entschlossen. »Zurück?« Den langen Weg zurück? Es durchfuhr mich plötzlich mit Schrecken, dass ich nicht einfach in meinem Bett daheim in New York unter die Decke kriechen konnte, sondern erst einmal in die kalte Nacht zurück musste, um den langen, den unendlich langen Weg nach unten zu steigen. Ich starrte Bean ungläubig an und schüttelte plötzlich energisch den Kopf. Ich wollte in die Sonne, zum Gipfel und nicht hinunter in das kalte Camp. Wir hatten schon fast die Hälfte des Aufstiegs geschafft. Die große Traverse lag vor uns, die Sonne würde kommen. Der höchste Berg der Anden, der Pazifik am Horizont, der Blick bis hinunter nach Patagonien. Und jetzt, so kurz vor dem Ziel aufgeben? Nein. Entschlossen wischte ich meine Tränen fort.

»Nein Bean, ich will nicht umkehren. Ich werde mich zusammenreißen. Versprochen. Lass es uns wenigstens noch ein Stück versuchen«, sagte ich mit aller Kraft, die ich aufbringen konnte. Und zum Zeichen, dass ich es ernst meinte, schnürte ich meine Stiefel fest und kroch entschlossen zurück in die Nacht. Ich wusste, dass ich einen großen Schritt gewagt hatte. Nun musste ich tief in mich greifen, um irgendwo in mir die nötige Kraft zu finden, wo immer sie auch stecken mochte. Ich wusste auf einmal, dass ich sie besaß. Vielleicht würde sie nicht bis zum Gipfel reichen, aber ich war entschlossen, es wenigstens zu versuchen.

Als wir die große Traverse betraten, legte sich plötzlich der Wind und schwache rosa Lichtstrahlen trennten den Nachthimmel von der Erde. Ich konnte meine Zehen wieder fühlen und spürte, wie sich eine große Erleichterung in mir ausbreitete. Ich hatte in der Nacht so gekämpft, meine Zehen am Leben zu halten. Ich wollte sie auf keinen Fall an die Kälte verlieren, nicht einen Millimeter von ihnen, und hatte alle Kraft darauf verwendet, sie ständig hin- und herzubewegen. Nicht, dass das irgendetwas geholfen hätte. Aber nun waren sie warm, weil die nassen Socken fort waren und Bean sie aufgetaut hatte.

Wir querten ein abfallendes Geröllfeld auf einem schmalen Trampelpfad. Mittendrin lag ein Schneefeld, nicht breiter als dreißig Meter, aber Bean bestand darauf, dass wir zur Überquerung unsere Steigeisen anzogen. Sie machten die Beine so schwer und jeder Schritt war eine Herausforderung. Die Sonne hatte uns noch nicht erreicht, aber sie warf ihr wärmendes Licht schon auf hervorstehende Felsflanken über uns und ich spürte ihre Nähe. Als wir das Ende der Traverse erreicht hatten, zogen wir die schweren Steigeisen wieder aus und verstauten sie in einem kleinen Sack zwischen den Felsen. Und auf einmal waren nicht nur die Beine leichter, sondern auch mein Rucksack.

Mit dem ersten Sonnenlicht betraten wir die Canaletta. Die groben Felsbrocken, die lose übereinander lagen, leuchteten rot in den Strahlen der Sonne. Lucho kam plötzlich auf uns zu, alleine. Er hielt an und sprach mit Bean. Seine Füße seien erfroren, er müsse umdrehen. Er hatte sich die Zehen schon einmal angefroren und hatte Angst, dass die Kälte sie weiter schädigen würde. Bean nickte und sah mich prüfend an.

»Willst du mit Lucho zurückgehen?«, fragte er mich. Beim Anblick der Canaletta hätte ich einen kurzen Augenblick lang fast der Versuchung nachgegeben. Aber dann packte mich der Ehrgeiz und die Sonne tanzte verführerisch warm auf den Felsen. Ich schüttelte den Kopf.

»Nein, ich will weiter aufsteigen und wenn es gut geht, bis zum Gipfel gehen.« Bean nickte und fragte Lucho nach dem Kräftezustand der anderen. Lucho sagte, dass sie sehr langsam, aber stetig vorankämen und nur etwa zehn Minuten weiter wären. Ich konnte sie sehen, die dicke blaue Jacke von Jan, die lilafarbene von Eric und dazwischen die schmale Figur von Tanya, ganz in schwarz. Lucho klopfte mir auf die Schulter, nickte Bean zu und stapfte dann über die Traverse davon.

Ich folgte Beans Schritten, balancierte vorsichtig von Fels zu Fels. Mein Herz pumpte heftig unter meiner Daunenjacke, und ich sog, über meine Trekkingstöcke gebeugt, die dünne Luft mit voller Kraft in meine Lungen, als ob ich Luftballons für eine Gartenparty aufblasen müsste – orangefarbene, rote, grüne und blaue, wie die Farben der Daunenjacken der Bergsteiger, die vor mir das Geröllfeld hinaufstiegen. Ich kämpfte mich entschlossen von Stein zu Stein nach oben. Das Gipfelfieber hatte von mir Besitz ergriffen und die Sonnenstrahlen verliehen mir neue Energie. In der Mitte der Canaletta war ein Schneefeld. Dort trafen wir die anderen, die sich auf ihre Rucksäcke gesetzt hatten und Tee tranken. Ich nahm kurz eine Tasse Tee, die Jan mir reichte, und stapfte gleich weiter, weil ich endlich eine Kraftquelle in mir gefunden hatte und nicht wollte, dass sie ungenutzt verpuffte. Ein älterer Mann in orangefarbener Jacke stieg an der steilsten Stelle mitten durch die Canaletta. Das war der direkte Weg nach oben und ich folgte ihm. Bean rief mir hinterher, dass wir besser am Rand in flacherem Gelände aufsteigen sollten, aber ich war entschlossen, mich an die Fersen des orangefarbenen Mannes zu hängen. Er machte immer dreißig Schritte und rastete dann wenige Minuten, manchmal auf allen vieren, weil es so steil war. Ich fand seine Hauruck-Aufstiegstaktik leichter als den langsamen und gleichmäßigen Aufstieg. Und wir kamen schneller voran. Um halb zwölf erreichten wir den Grat zwischen Süd- und Nordwand und ich konnte plötzlich auf der anderen Seite hinunterschauen. Die Südwand des Aconcagua, eine steile Schnee- und Felswand, rauschte vor meinen Füßen mindestens zweitausend Meter in die Tiefe. Es war die sonnenabgewandte Seite des Berges, ähnlich einer Nordwand in unseren Breitengraden, und die Aufstiegsroute, die direkt durch sie führte, galt als die schwierigste und gefährlichste Route des Berges. Stephane, der Bergführer des Schweizer Teams, hatte sie schon durchstiegen. Sie sah unmöglich aus. Die Gefahr, beim Aufstieg von einer Stein- oder Schneelawine getroffen zu werden, schien riesig. Ich setzte mich in eine Felsennische und wartete auf die anderen. Es wehte nur ein Hauch von Wind und zwischen den Felsen konnte man die Sonne aufsaugen und sich wärmen. Zum Gipfel waren es nur noch fünfzig Meter. Jan kam federnden Schrittes auf mich zu. Tanya kämpfte. Bean stützte sie und zählte die Schritte mit ihr. Eric ging behutsam hinter den beiden, um zu helfen, falls Tanya einknicken sollte.

Gipfel, 6960 Meter

Um zwölf Uhr mittags betraten wir zusammen das Gipfelplateau. Ein kleines Aluminiumkreuz und bunt geschmückte Holzkreuze zierten den höchsten Punkt, der sonst nur aus blankgefegten Felsbrocken bestand. Der Gipfel des höchsten Berges der Anden war erstaunlich groß. Mindestens einhundert Menschen hätten dort Platz gehabt. Bei unserer Ankunft waren nur eine Handvoll Bergsteiger da. Ich musste mich hinsetzen und verschnaufen, bevor ich mit den anderen feiern konnte. Tanya setzte sich zu mir. Wir tranken eine Tasse Tee und prosteten auf den Gipfel. Dann stand ich auf und umarmte Bean, Eric und Jan. Wir hatten es geschafft! Argentinien lag uns zu Füßen und um uns herum war nur noch blauer Himmel. Ich hatte die bösen Geister des Selbstmitleids besiegt und war über mich selbst hinausgewachsen, um auf dem höchsten Gipfel Südamerikas zu stehen.

Weit unter uns schwappten die weißen Bergspitzen der Anden wie schäumende Sturmwellen gegen den blauen Himmel und in der Ferne schimmerte der Pazifische Ozean in der Sonne. Ich glaubte die Erdkrümmung zu sehen, warf meine Arme in die Luft und begann mich zu drehen. Im Gipfelrausch drehte ich mich weiter und weiter. Nun gehörte ich zum exklusiven Club der hart gesottenen Bergsteiger, die nachts in Zelten zusammensaßen und von ihren Abenteuern erzählen konnten. Ich umarmte Bean noch einmal und dankte ihm, dass er in der Nacht meine Füße gerettet hatte. Er hatte Tränen in den Augen. Es war auch sein erster Sechstausender und er war stolz, dass fast alle seine Schäfchen den Aufstieg geschafft hatten. Wir überredeten einen der anderen Bergsteiger, ein Gipfelfoto von uns zu machen, und setzten uns neben das Gipfelkreuz.

Wenn Bean nicht bei uns gewesen wäre, wären wir im seligen Gipfelrausch wahrscheinlich noch bis zum Sonnenuntergang am Gipfel geblieben und hätten staunend auf die Welt hinuntergeschaut. Aber Bean war da und er kannte die Gefahren dieses Rausches. Er mahnte uns zum Aufbruch. Niemand wollte zurück in die grauenhafte Canaletta steigen. Wenn wir nur Flügel gehabt hätten, die uns durch die warmen Lüfte hinuntergetragen hätten wie die Kondoren! Aber nein, wir hatten keine Flügel, nur Beine. Sie mussten die Arbeit tun und Schritt für Schritt über die losen Felsbrocken in den Schlund der steilen Geröllrinne steigen.

Viele Bergsteiger waren noch im Aufstieg, als wir abstiegen. Immer wieder fragte einer, dem wir begegneten. »Ist es noch weit? Wann kommt endlich der Gipfel?« Es gab niemanden, der leichten Herzens und Fußes durch die Canaletta aufstieg. Den meisten sah man bereits aus der Ferne an, wie sehr sie sich plagen mussten. Als wir das Schneefeld in der Mitte der Rinne erreichten, setzte ich mich auf meinen Hosenboden und rutschte durch den weichen Schnee hinunter. Kurz nach dem Schneefeld brach Tanya zusammen. Ihre Beine konnten sie nicht mehr tragen. Sie hatte schon seit einer Weile an Beans Rucksack gehangen, um sich zu stützen, aber nun verließen sie die letzten Kräfte. Sie konnte nicht mehr. Wir machten eine lange Pause. Sie trank heißen Tee in kleinsten Schlucken, bis sie wieder etwas Farbe in den Wangen hatte. Eric packte ihren Rucksack auf seinen. Jan und Bean stützen sie von beiden Seiten und halfen ihr Schritt für Schritt hinunter. Sie war klein und zierlich und hatte nicht viel Gewicht. Als wir die Traverse erreichten, stiegen weiße Wolken wie aus dem Nichts auf und hüllten uns ein: die *vientos blancos*. Der Wind, der sie herantrug, war eiskalt und der Nebel, den sie verbreiteten, so dicht, dass wir kaum erkennen konnten, wo oben und wo unten war. Wir folgten dem breiten Trampelpfad unter unseren Füßen, blieben eng zusammen, sodass niemand verloren gehen konnte.

An der kleinen Independencia Hütte, wo Bean und ich in der Nacht eingekehrt waren, machten wir Rast. Tanya fühlte sich schwach und man sah ihr an, dass sie am Ende ihrer Kräfte war. Die letzten Meter zum Camp Berlin trug Bean sie auf seinem Rücken und Jan stützte ihn von hinten, so gut er konnte. Im Camp packten wir sie in ihren Schlafsack. Sie lag dort bleich und bewegungslos, und manchmal musste ich genau hinschauen, um zu sehen, dass sie sich mit jedem Atemzug ein bisschen bewegte. Während die anderen unsere Zelte und Schlafsäcke zusammenpackten, rannte ich, so schnell mich meine Beine trugen, hinunter, um Lucho zu holen. Bean hatte mit ihm vereinbart, dass er in Nido de Condores auf uns warten würde. Er musste kommen und helfen, Tanya herunterzubringen. Meine Füße glühten vor Hitze und ich konnte mir nicht mehr vorstellen, wie kalt sie noch vor weniger als zwölf Stunden gewesen waren. Meine Beine waren zwar müde, aber von irgendwoher sprudelte eine Kraft in mir, als hätte der Gipfel sie entfacht. In einer Stunde erreichte ich Nido. Lucho klopfte mir anerkennend auf die Schulter und reichte mir eine Tasse mit heißer Suppe.

»Gratuliere zu deinem ersten Gipfel. Das hast du gut gemacht. Wo sind die anderen?«

Ich deutete hinauf und erzählte ihm, dass Tanya und Bean seine Hilfe brauchten. Lucho brach gleich auf und überließ mich der Obhut von Willy, in dessen Küche er gekocht hatte. Unsere Zelte waren schon abgebaut und mit Jon und Cally ins Basecamp gewandert. Ich setzte mich auf einen Felsen und schaute Lucho hinterher. Mein Blick wanderte weiter hinauf über die langen Schotterfelder an den Punkt, wo sie auf das leuchtende Blau des Himmels trafen. Dort oben hatten wir gestanden, am höchsten Punkt des ganzen Kontinents. Ich spürte, wie ein Grinsen sich in meinem Gesicht ausbreitete. Das Gipfelglück, das am Gipfel nur schwer zu fassen gewesen war, entbrannte langsam in mir und mit ihm ein unbändiger Stolz.

Als Jan und Eric in Nido ankamen, leuchtete die Sonne schon in tiefem Orange und wir beeilten uns mit unserem Abstieg ins Basecamp. Gestützt auf unsere Trekkingstöcke schlitterten wir durch die steilen Geröllhalden und dann weiter, so schnell uns unsere müden Beine trugen. Die Sonne versank hinter den Bergketten am Horizont und die Nacht breitete sich aus, kühl und still. Als die ersten Sterne über uns leuchteten, erreichten wir Basecamp. Ich steckte meinen Kopf ins Zelt der Schweizer, die in großer Runde zusammensaßen und ihren Gipfelerfolg feierten. César drückte mich an sich und überreichte mir zu Belohnung eine Orange. Stephane, der Expeditionsleiter der Schweizer, lud uns ein, mit ihnen zu feiern. Das ganze Schweizer Team, César's Sohn Gabriel und dessen Freund hatten gemeinsam am Tag zuvor den Gipfel erreicht. Nur César und Natalie waren nach zwei kalten Nächten in Nido abgestiegen. Aber sie hatten sich schon erholt. In zwei Tagen wollten sie wieder aufbrechen, um am 14. Januar zur hundertjährigen Erstbesteigung von Césars Großonkel am Gipfel zu stehen. Das Wetter sah gut aus.

Kurz vor Mitternacht trafen Bean, Tanya und Lucho ein. Obwohl Tanya vollkommen erschöpft war, huschte ein schmales Lächeln über ihre Wangen, als wir sie umarmten. Eric, Jan, Cally, Jon und ich waren schon eine Weile im Garten der Argentinier gesessen und hatten nach Sternschnuppen Ausschau gehalten, als wir plötzlich drei Irrlichter sahen, die sich wankend durch die Geröllhalden über dem Basecamp kämpften. Endlich. Wir hatten der Nacht schon mit Sorge entgegen gesehen und waren uns nicht sicher gewesen, ob Tanya den langen Abstieg schaffen würde. Sie hatte ihn geschafft. Bean und Lucho hatten ihr letztes Schäfchen heil heruntergebracht und unser Team war wieder zusammen. Jon reichte allen eine heiße Mitternachtssuppe und wir hoben die Tassen, um den Göttern zu danken, dass sie uns ein so großes Gipfelglück beschert hatten.

11. Januar, Basecamp

Ich schlief wie ein Stein, bis die Sonne unser Zelt erleuchtete. Lucho saß schon draußen und kochte, als ich aus dem Zelt kroch. Gefühlte tausend neue Muskeln in meinen Beinen, meinem Rücken und den Armen schrien nach Anerkennung, nach Lob für ihre unendlichen Anstrengungen und nach einer heißen Badewanne. Aber alles, was ich zu bieten hatte, war ein halbes Rührei mit trockenem Toast und die Aussicht auf einen 36 Kilometer langen Spaziergang ins Tal, wo sie sich dann nach Herzenslust an dicker, sauerstoffreicher Luft laben konnten. Zuerst aber mussten wir packen. Das gefiel ihnen nicht. Sie jammerten laut und ohne Unterlass. Auch Tanya tat alles weh. Wir hatten unseren wohlverdienten Rasttag nach dem Gipfel dem Schlechtwettertag vor dem Gipfel geopfert und unsere Zeit am Berg war um. Die Maultiere waren schon da und warteten auf unser

Gepäck. Und in Puente del Inca warteten eine heiße Dusche auf uns und Steak mit Pommes und Salat. Dazwischen lagen 36 Kilometer Steinetreten. Über uns leuchtete die Gipfelpyramide. Es fiel mir schwer zu gehen. César und Natalie kamen, um uns zu verabschieden. Ich dankte César und ließ mich an sein großes Bergsteigerherz drücken.

»Ich drück' euch die Daumen für den 14. Januar, und dann sehen wir uns im Sommer in Saas Fee«, rief ich zum Abschied.

Dann eilte ich den anderen hinterher. Wir stiegen schnellen Schrittes durch die steilen Serpentinen hinunter, bis wir zurück auf dem gefühlten Meeresboden der kargen Sandwüste waren, die talwärts führte. Maultiere mit bunten Gepäckstücken auf dem Rücken strömten uns entgegen. Neue Teams befanden sich im Anmarsch zum Basecamp. Der Fluss rauschte leise herauf. Die Erde hatte uns wieder. Wir überquerten den Fluss nach vier Stunden und landeten auf unserer ersten grünen Wiese, als wir das Camp Confluencia betraten. Ich wusch meine müden Füße in den kühlen Fluten. Lucho teilte Müsliriegel aus. Noch drei Stunden bis zu Rangerstation, meinte Lucho. Zu lange für alle. Die Sonne sank langsam dem Horizont entgegen. Manchmal wanderten wir schon durch die Schatten, die die hohen Felskanten auf unseren Pfad warfen. Dann traten wir wieder in die leuchtend warmen Strahlen der Sonne. Und unsere eigenen Schatten waren zurück. Auf flachem Boden zogen sie sich in die Länge, hager und dürr wie Bohnenstangenmenschen mit Wanderstöcken. Dann stolzierten wir wie Giraffen mit erhobenem Haupt durch die warmen Farben der Wüste. Sobald unser Pfad sich einem steilaufsteigenden Hügel näherte, krochen unsere Schattenmenschen näher, wurden dick und kurzbeinig, bis Eric auf allen Vieren kroch und grunzte. Wir lachten, bis uns die Bäuche weh taten. Der viele Sauerstoff in der Luft machte uns albern und ließ unsere Beine die Anstrengung vergessen. Als wir endlich die Hosteria in Puente del Inca erreichten, war die Sonne verschwunden und alle wollten nur eines: eine heiße Dusche. Das Gefühl des heißen Wasserflusses auf meinen Rücken werde ich nie vergessen, die Wärme, die durch meinen Körper floss, und die unbändige Freude meiner neu entdeckten Muskeln, als ich ihnen sagte, dass sie sich nun wieder in den Tiefschlaf zurückziehen durften, bis zur nächsten Expedition.

Der Himmel war schon schwarz, als wir zum Restaurant humpelten. Alle bis auf Lucho hatten Blasen an den Füßen, Sonnenbrand auf der Nase und Krämpfe in den Waden. Niemand von uns war je zuvor in seinem Leben in zwei Tagen so weit hinauf und wieder hinunter gestiegen. Fast sechstausend Höhenmeter. Dass wir wirklich auf dem Gipfel waren, konnte ich immer noch nicht richtig glauben. Es fühlte sich immer noch an wie der Traum, den ich sechs Monate zuvor in New York geträumt hatte. Ich dachte schaudernd, dass ich plötzlich schweißgebadet in meinem Bett in New York aufwachen könnte und alles nur geträumt hätte. Der Salat, der vor uns auf dem Tisch stand, sah auch aus wie ein Traum: frische Tomaten, geraspelte Karotten, satte, grüne Salatblätter, Avocadostückchen, die auf der Zunge zergingen. Und dann das Steak, das noch leise auf dem Teller brutzelte und einen himmlischen Duft Richtung Nase aufsteigen ließ. Ich tauchte das erste Pommesstäbchen ins Ketchup und biss genüsslich hinein. Himmel auf Erden. Wir hoben die Gläser und stießen auf unseren Berg an.

New York

Dies war mein Einstieg in die raue Bergsteigerwelt. Zurück in New York stürzte ich mich in die Arbeit, um möglichst bald meine nächste Expedition finanzieren zu können. Dass ich bei meinen nächsten Expeditionen von den Bergen der Seven Summits abschweifte, lag daran, dass ich am Aconcagua Bergsteiger kennengelernt hatte, die Berge im Sinn hatten, die nicht zu den Seven Summits gehörten und ich mich von ihrer Begeisterung anstecken ließ. Stephane, der Schweizer Bergführer, den César mir im Basecamp vorgestellt hatte, lud mich im Frühsommer 1997 zu einer Expedition nach Peru ein: Trilogie des Andes – Pisco, Chopiqualqui und Huascarán, der höchste Berg Perus. Wir verbrachten drei Wochen im Schnee und ewigen Eis der Cordillera Blanca und konnten zwei Sechstausender erklimmen. Stephane träumte vom Everest. Er hatte schon mehrere Achttausender im Himalaya bestiegen und schwärmte so sehr von dem höchsten Gebirge der Welt, dass ich ein halbes Jahr später meine erste Himalayaexpedition in Gesellschaft von vierzehn bärtigen Männern antrat: Trekking im Khumbu mit vier Sechstausendern. Wir waren kaum in Lukla auf 2600 Metern Höhe gelandet, als ein gewaltiger Schneesturm losbrach und uns einschneite. Alle anderen Trekker, die noch auf den Pfaden unterwegs gewesen waren, flüchteten so schnell sie konnten nach Kathmandu. Wir schüttelten uns und blieben. Das ganze Tal war tief verschneit, die Teehäuser unter Schneemassen versunken, sodass manchmal nur noch die Dächer herauslugten. Die Sonne aber strahlte von einem tiefblauen Himmel herunter und die Luft war klar wie Kristall. Wir stapften durch den tiefen Schnee und bewunderten die steilen Felswände und Flanken der eisigen Giganten, die um uns herum in den Himmel wuchsen. Ama Dablam, das Schmuckkästchen des Khumbu mit ihrem mächtig überhängenden blauen Gletscher, das spitze Dach des Lobuche und die breiten, dunklen Felsenwände der Lhotse-Südwand. Und dann standen wir an einem mir unvergesslichen Weihnachtsmorgen vor dem höchsten Berg der Welt. Wir waren auf den Kala Pattar, einen 5500 Meter hohen Hügel oberhalb des Basecamps, geklettert, von wo aus wir die steinige Gipfelpyramide des Everest sehen konnten. Lange nachdem die anderen den Rückweg schon angetreten hatten, stand ich noch immer dort und schaute gebannt hinauf. Damals hatte ich schon die Bilder der Gipfelstürmer vor Augen, bunt gewandete Figuren, vermummt in Daunenanzügen und dicken Handschuhen, die Gesichter hinter dunklen Sauerstoffmasken verborgen. Erschöpft lehnten sie über ihren Eispickeln. Jeder Schritt schien ihnen ungeheure Kräfte abzuverlangen – und doch brachte sie jeder Schritt ihrem Traum ein Stück näher. Der weiße Gipfelgrat spiegelte sich in ihren Gletscherbrillen. Unter ihnen ragten die höchsten Berge der Welt in den Himmel, ihre schneebedeckten Gipfel leicht geneigt, als wollten sie sich vor einem großen König verbeugen. Damals wusste ich, dass ich eines Tages eine dieser vermummten Gestalten sein müsste. Es war eine Herausforderung, der ich nicht würde widerstehen können. Ein Traum war erwacht, mächtiger als alle anderen Träume. Aber es war nur ein Traum, unwirklich, fern, unnahbar. Ich wusste, dass nur bärtige Männer mit heroischen Zügen und rauer Stimme am Mount Everest etwas zu suchen hatten und alle anderen ihn lediglich aus der Ferne bestaunen durften. Selbst meine Großeltern, die begeisterte Bergsteiger waren, waren ihm nicht näher gekommen als bis zum Kala Pattar.

Doch dann lernte ich ein paar Monate später in New York Araceli Segarra kennen, die erste spanische Frau, die den Mount Everest erfolgreich bestiegen hatte. Sie kam ins Fotostudio, wo wir mit ihr arbeiten sollten, und begrüßte alle. Als sie mir die Hand schüttelte, brachte ich kein Wort heraus. Ihr Händedruck war kräftig, aber sie war zierlich, eher klein, hatte lange, lockige braune Haare und sah viel mehr aus wie ein Model als wie eine Everest-Bezwingerin. Die Chefredakteurin der Modezeitschrift, für die wir Araceli fotografieren sollten, hatte mir den Job gegeben, weil ich die einzige Moderedakteurin war, die sich mit Bergsteigen auskannte. Araceli war lustig und unkompliziert. Sie zog die schicken Abendkleider genauso gerne an wie Daunenjacken und Klettergürtel. Und sie erzählte komische Geschichten vom Everest. Dass sie im Basecamp den Männern die Haare geschnitten habe und dass sie nachher noch schlimmer aussahen als vorher. Aber da alle meistens eine Mütze trugen, fiel es nicht sonderlich auf. Außerdem hatte niemand einen Spiegel dabei. Und dass sie keine Schwierigkeiten hatte, mit Steigeisen auf Aluminiumleitern über fünf Meter breite und unendlich tiefe Gletscherspalten zu steigen, weil sie auch in Stöckelschuhen gut gehen konnte. Unfair war nur, behauptete sie, dass sie, wenn sie auf die Toilette ging, immer die Hose herunterziehen musste, während ihre männlichen Kollegen das nur manchmal tun mussten. Als sie am späten Nachmittag das Studio verließ, schaute ich ihr lange nach. Und dann dachte ich im Stillen, wenn die das kann, dann kann ich das auch.

Im Frühjahr 1998 stieg ich mit Jan und Dusan, die ich am Aconcagua kennengelernt hatte, auf die höchsten Berge in Ecuador, den 6310 Meter hohen Chimborazo und den kleineren Cotopaxi. Ermutigt durch meine Begegnung mit Araceli wagte ich danach gleich einen großen Schritt und meldete mich für meinen ersten Achttausender an, den 8201 Meter hohen Cho Oyu in Tibet. Auf dieser Expedition lernte ich eine Handvoll Bergsteiger kennen, die schon am Mount Everest gewesen waren, und viele andere, die Bergsteiger kannten, die bereits auf den Everest gestiegen waren. Das Leuchten in den Augen derer, die ihm schon nah gewesen waren, egal, ob sie zu ihm hinauf oder von ihm hinunter geschaut hatten, zog mich jedes Mal in den Bann. Ich konnte den Geschichten von den Abenteuern am höchsten Berg der Welt stundenlang zuhören. Oft mussten wir das auch, denn wenn ein Sturm über den Berg fegte, gab es nichts anderes zu tun, als dicht gedrängt im Zelt zu sitzen und Tee zu trinken – und den Mut nicht zu verlieren.

Wir schafften den Aufstieg zum Gipfel des Cho Oyu nicht, aber in den acht Wochen im Himalaya wuchs meine Begeisterung für den König der Berge in ungeahnte Höhen hinauf. Dass meine Bergsteigerkarriere mich auf direktestem Weg zu ihm führen würde, hätte ich nicht für möglich gehalten, als ich drei Jahre zuvor die Seven Summits entdeckt hatte. Und im Nachhinein wäre mir die Vollendung dieses Abenteuers vielleicht nicht gelungen, wenn ich nicht direkt Kurs auf den höchsten Berg der Welt genommen hätte. So tat ich, was getan werden musste, solange ich noch Single war und nur für mich allein verantwortlich.

Vielleicht war es auch so, dass der Mount Everest von allen Bergen meinem Herzen am nächsten war. Meine Großeltern waren dort gewesen, hatten an seinen Gletscherfüßen gestanden und auch voll Sehnsucht zum Gipfel aufgeschaut. Vielleicht hatte sich der Nachmittag, an dem ich seinen Namen zum ersten Mal gehört hatte, zu tief in mein Herz gebohrt. MOUNT EVEREST. Ich war sieben Jahre alt. Meine Großeltern waren gerade von einer Trekkingreise aus Nepal zurückgekommen und hatten uns zu einer Diashow eingeladen. Die Augen meines Großvaters leuchteten, als er uns vom höchsten Berg der Welt erzählte, aber das Einzige, was uns Kinder interessierte, waren die Tibeter mit ihren zotteligen Yaks und die goldenen Gebetsmühlen am Wegesrand. Man konnte sie drehen und dann flogen die Gebete in den Himmel. Meine Großmama nannte den Mount Everest *Chomolungma*. Sie hatte eine goldene Schale aus dem Himalaya mitgebracht und rührte mit einem Holzstab darin, bis ein außerirdischer Klang zu uns ins Wohnzimmer drang. Sie rief die Göttin Miyo Lungsangmo, die am Gipfel des Berges wohnte und ihn bewachte. Und ich blickte damals voller Staunen auf die Wolkenfahne, die vom Gipfel wehte. Es sah aus, als würde die Göttin tanzen und den ganzen Schneestaub aufwirbeln.

Mein Training für die Berge wurde in meinem Großstadtleben bald zu einem festen Bestandteil. Ich joggte in den frühen Morgenstunden zwölfmal um den Washington Square Park herum und grüßte die anderen Läufer mit einem Lächeln. Dreimal die Woche stieg ich mit Gewichten im Rucksack auf dem Stepgerät in die nicht so luftigen Höhen meines Fitnessstudios, und jede andere Freizeit verbrachte ich beim Klettern, entweder an der Kletterwand des Chelsea Piers Gyms oder in den Gunks, im Bundesstaat New York, an den richtigen Felsen. Es sollten zwar noch mehr als zehn Jahre vergehen, bis ich durch die steile Felswand der Carstensz-Pyramide klettern würde, dem technisch schwierigsten Berg der Seven Summits, aber auch der Mount Everest hatte eine steile, wenn auch kurze, Kletterpassage im Aufstieg.

Meine Freunde mussten sich daran gewöhnen, dass ich nur noch von den Bergen sprach, und viele ertrugen es nicht allzu lange. Andere freuten sich auf die Gipfeldinner in meinem Apartment, wo ich die Bilder von den Expeditionen zeigte und von den Abenteuern erzählte. Ich arbeitete, soviel ich konnte, und nahm jeden Job an, auch wenn das bedeutete, dass ich ständig unterwegs war, um meine Expeditionskasse immer wieder zu füllen. Ich fuhr mit meinen Rollerblades von den Showrooms zu den Pre-production Meetings mit den Kunden und weiter ins Fotostudio, um fit zu bleiben. Auf den vielen Reisen hatte ich immer meine Laufschuhe dabei. Sobald die Sonne unterging und die Kameras eingepackt waren, machte ich mich auf den Weg, um noch eine Stunde zu trainieren. Und dann stand ich eines Tages in Jamaika am Strand und grinste vor mich hin. Es war unerträglich heiß, der Artdirektor peinigte das Team mit immer neuen Ideen, der Fotograf fluchte, die Models jammerten und Ströme von Schweißperlen liefen mir über den Rücken. Wahrscheinlich hätte ich dem Artdirektor den Hals umdrehen sollen, weil er mich wieder und wieder aussandte, um neue Accessoires herbeizuschaffen, aber mein Herz war schon auf dem Weg in die eisigen Höhen des Himalaya, und nichts konnte mein Glück mehr trüben. Noch zehn Tage, dann war es soweit, die größte Reise meines Lebens stand bevor.

Es gibt hundert Gründe, nicht auf den Mount Everest zu steigen. Ich hatte die meisten von ihnen gehört, hatte die haarsträubenden Berichte anderer Bergsteiger, sogenannter »Überlebender«, gelesen. Und ich hatte zuhause auf meinem Sofa durch die Winterstürme und die eisigen Temperaturen, die die Bergsteiger in der Todeszone ertragen mussten, mitgezittert. Es war verrückt, gestört, wahnsinnig. Kein Mensch, der all seine Sinne beisammen hatte, würde auf die Idee kommen, dort hinaufzusteigen. Margret, meine frühere Chefin bei einer Modezeitschrift, wurde blass, als ich ihr von meinen Everest-Plänen erzählte. Wir waren aus einer späten Fashion-Show geflüchtet, um in unserem Lieblingsrestaurant Sushi zu essen. Bis zu meiner Everest-Expedition waren es nur noch drei Wochen und mitten im Abendessen platzte ich mit meinem Geheimnis heraus. Ich dachte, sie würde sich mit mir freuen und meine Begeisterung teilen. Stattdessen starrte sie mich an, als wäre ein schreckliches Unglück geschehen, und in den langen Minuten ihres Schweigens wurde mir mit Schrecken bewusst, dass ich es ihr niemals hätte sagen dürfen, dass ich ihr die Sorgen, die sie die nächsten zwei Monate mit sich tragen würde, niemals hätte aufbürden dürfen.

»Du hast einen Todeswunsch«, sagte sie und ihre Stimme klang hart. »Warum der Everest? Warum in aller Welt musst du auf den Everest steigen?« Mein Herz sank und ich hörte schweigend zu, wie sie eine Tirade von Argumenten auf den Tisch häufte. Sie waren alle richtig, vernünftig, klangen überzeugend. Und doch rührten sie mich nicht. »Ich weiß auch nicht warum, Margret. Ich weiß nur, dass ich in meinem Leben noch nie so glücklich war wie seit meinem Entschluss zu dieser Expedition. Es ist das, wovon ich schon immer geträumt habe.«

Sie schüttelte den Kopf. Da entschied ich, meinen Eltern nichts zu erzählen und sie in dem Glauben zu lassen, ich würde zum Trekking nach Tibet fahren. Ich wollte nicht, dass meine Mutter sich so lange so große Sorgen macht.

Asien

Alles in Tibet hängt mit dem Wind zusammen. Nur der Wind lässt die Gebetsfahnen und ihre Fürbitten gen Himmel flattern, nur der Wind bringt Kälte, Wärme und lebenspendendes Wasser über das Land, und nur der Wind versetzt sogar die Berge in Bewegung, indem er Wolken über die steilen Hänge treibt. Erst in Tibet wird die menschliche Seele sich ihrer selbst bewusst, denn hier weht der Wind unaufhörlich über die Menschen hinweg und veranlasst sie, sich ihm und der Welt entgegenzustemmen, wodurch ihre Seelen definiert werden und an Kontur gewinnen.

ELIOT PATTISON

Mount Everest

Chomolungma – *Muttergöttin der Erde* – nennen die Tibeter den höchsten Berg der Welt. Für die Sherpas ist er die *Stirn des Himmels* – Sagarmatha. Als Mount Everest kennt der Rest der Welt ihn, den König der Berge, benannt nach Sir George Everest, dem Surveyor General of India. Sir George Everest, der von 1817 bis 1843 in Indien wirkte, hat den Berg nicht selbst vermessen und ihn auch nie gesehen, aber er hat sich mit unermüdlicher Ausdauer der Großen Trigonomischen Vermessung des indischen Subkontinents, einem der größten wissenschaftlichen Projekte jener Zeit, gewidmet. Im Zuge dieses Vorhabens nahmen Vermessungstrupps Peilungen zu den weit entfernten, hohen Gipfeln des Himalaya vor. Radhanath Sikdar, der mathematische Assistent, den Sir Everest dafür eingestellt hatte, kam 1852 zu dem Ergebnis, dass Peak XV mit einer Höhe von 8840 Metern der höchste der angepeilten Gipfel und damit wahrscheinlich der höchste Berg der Welt sei. Nach zahlreichen Überprüfungen und Kontrollrechnungen gab Andrew Waugh, der Nachfolger von Sir Everest, 1856 das Ergebnis an die Royal Geographical Society in London bekannt. Da aus der großen Entfernung nicht festzustellen war, wie die örtliche Bevölkerung den Berg nannte, benannte er ihn zu Ehren seines Vorgängers Mount Everest.

Der Himalaya ist das größte Hochgebirge der Erde und auch das jüngste. Noch immer wachsen seine Bergspitzen jedes Jahr ein kleines Stück weiter Richtung Himmel hinauf. Entstanden ist der Himalaya in der letzten globalen Gebirgsbildungsphase der Erdgeschichte, der Alpidischen Orogenese. Als sich die indische Landmasse vor etwa zweihundert Millionen Jahren vom Urkontinent Gondwana trennte, lag das Tethysmeer zwischen dem indischen und dem eurasischen Kontinent. Die indische Platte driftete mit einer Geschwindigkeit von etwa neun Zentimetern pro Jahr Richtung Norden. Als sie schließlich vor etwa vierzig Millionen Jahren die eurasische Platte rammte, war sie fast 6400 Kilometer gewandert, das Tethysmeer war geschlossen und die Auffaltung des Himalayas begann. Die Kollision mit dem eurasischen Kontinent verlangsamte zwar die Geschwindigkeit der Drift nach Norden auf nur noch fünf Zentimeter jährlich, aber die Drift der indischen Platte dauert bis heute an und der Himalaya wächst immer noch um mehr als einen Zentimeter pro Jahr.

Die Gebirgskette des Himalaya erstreckt sich auf einer Länge von rund dreitausend Kilometern von Pakistan bis Burma. Zehn der vierzehn höchsten Berge der Welt, deren Gipfel höher als achttausend Meter sind, liegen im Himalaya. Die restlichen Achttausender, darunter der K2, der zweithöchste Berg der Welt, stehen im Karakoram Gebirge, das sich nordöstlich des Himalaya über den Norden Pakistans, Indiens und den Westen Chinas erstreckt. Der Himalaya hat einen entscheidenden Einfluss auf das Klima des indischen Subkontinents und des tibetischen Hochlands. Wie eine Mauer versperrt er den trockenen, arktischen Winden den Weg in den Subkontinent, sodass das südliche Asien viel wärmer ist als entsprechende Regionen auf anderen Kontinenten. Gleichzeitig bildet der Himalaya eine Barriere für die vom Süden kommenden Monsunwinde, die den indischen Subkontinent mit Regen versorgen, und so bleibt das Hochland von Tibet trocken und kalt. Die Monsunwinde bestimmen auch das Wetter im Himalaya. Es gibt die Vormonsunzeit im April und Mai und die Nachmonsunzeit im September und Oktober, in der geeignete Wetterfenster einen Aufstieg zu den Gipfeln der Achttausender möglich machen. Von Juni bis September unterliegt der Himalaya ganz dem Einfluss des Monsuns, und heftige Niederschläge und Schneestürme prägen das Wetter. Im Winter und Frühling herrschen Winde aus westlichen Richtungen vor. Die feuchtigkeitsbeladene Luft kondensiert zu weißen Wolken, die von den Gipfeln der höchsten Berge wehen. Früher hielt man den Himalaya wegen dieser Wolkenfahnen für eine Vulkankette, aber es gibt dort keine Vulkane. Anhand der Wolkenfahne am Mount Everest können die Bergsteiger die Windgeschwindigkeit auf dem Gipfel abschätzen: Bei etwa achtzig Stundenkilometern steht sie rechtwinklig zum Gipfel, bei höheren neigt sie sich nach unten und bei niedrigeren nach oben. Im Winter prallt der südwestliche Jetstrom auf den Gipfel und kann Windgeschwindigkeiten von bis zu 285 Kilometern pro Stunde verursachen. Die besten Gipfeltage am Mount Everest sind im Mai, wenn der herannahende Monsun die Jetströme Richtung Norden verlagert und die Gipfelpyramide für ein paar Tage relativ warm und windstill wird. Dieses Wetterfenster gilt es zu erwischen. Deswegen reisen die meisten Everest-Bergsteiger spätestens Ende März an den Berg, um in den noch stürmischen Aprilwochen die Route und die Höhencamps vorzubereiten und sich zu akklimatisieren.

Es gibt zwei prominente Aufstiegsrouten zum Gipfel des Mount Everest, die Südroute, die über Nepal hinaufführt und von Tenzing Norgay und Sir Edmund Hillary 1953 erstbestiegen wurde, und die Nordroute über Tibet, die von George Mallory und seinem Team 1921 entdeckt wurde. Erfolgreicher und beliebter ist die Südseite. Aber der Aufstieg führt durch den berüchtigten Khumbu-Eisfall, der unberechenbare Gefahren birgt. Jederzeit kann einer der haushohen Eistürme herabstürzen und die Bergsteiger unter sich begraben. Die Nordseite gilt als die schwierigere Route und ist technisch anspruchsvoller. Russell führte seine Expeditionen über die Nordroute, weil er sie für sicherer hielt.

Ich hatte mir nicht die Route ausgesucht, sondern das Team, mit dem ich gehen wollte. Am Cho Oyu hatte ich den neuseeländischen Bergführer Russell Brice kennengelernt. Die Zelte seines Teams standen im Basecamp neben unseren und ich hatte mehr Zeit bei den Sherpas in Russells Küche verbracht als in unserer. Damals war der Everest noch ein ferner Traum für mich, zu groß, um in naher Zukunft Wirklichkeit zu werden. Aber damals dachte ich schon, wenn ich je auf den Mount Everest steigen würde, dann würde ich das nur mit Russell und seinem Sherpateam tun. Ich fühlte mich wohl bei ihnen. Sie brachten dem Berg großen Respekt entgegen und verloren nie die Geduld, auch wenn das Wetter wild und ungestüm war und alle anderen jammerten. Dass ich schon ein halbes Jahr später mit ihnen zum größten Abenteuer meines Lebens aufbrechen würde, dachte ich damals in der Basecampküche des Cho Oyu nicht. Aber dann kam alles anders. Unser Gipfelsturm, zu dem wir nach sieben Wochen am Berg endlich aufgebrochen waren, endete im letzten Camp auf 7500 Metern in einem Schneesturm. Erst kam der Wind und trieb feinen Wolkenstaub durch die dünne Luft. Da saß ich noch glücklich im Schnee und träumte von einer stillen Gipfelnacht, in der wir endlich den Aufstieg über achttausend Meter wagen wollten. Dann kam um Mitternacht der Schnee und fiel in dicken Flocken. Schon nach einer Stunde mussten wir unser Zelt schütteln, um nicht von den Schneemassen erdrückt zu werden. Es schneite und schneite, und am nächsten Morgen konnten wir nur noch unsere Zelte ausgraben und uns auf den Rückweg machen. Der Aufstieg zum Gipfel des Cho Oyu führte durch lawinengefährdetes Gelände, und dort hatte sich in der Nacht zu viel Schnee aufgehäuft, der uns mit sich in die Tiefe zu reißen drohte. Damals stieg ich singend ins Basecamp ab, weil ich wusste, dass ich es hätte schaffen können. Mir ging es gut in der Höhe, endlich, nachdem ich zu Beginn der Expedition gekämpft hatte, meinen Körper an die sauerstoffarme Luft zu gewöhnen, aber dort oben auf über siebentausend Metern spürte ich plötzlich eine Leichtigkeit, die mir Flügel verlieh. Als ich damals im Basecamp an Russells Küchenzelt vorbeiwanderte, streckte dieser den Kopf heraus und schaute mich entgeistert an. Ich verstummte und grinste ihn an. Eine große Sängerin war ich nie, trotzdem hinterließ ich in diesen Minuten einen alles entscheidenden Eindruck bei ihm. Es schneite noch drei Tage weiter und das Wetterfenster des Nachmonsuns ging in diesem Jahr frühzeitig zu Ende. Unsere Vorräte und Kräfte waren aufgebraucht und wir mussten abreisen.

Zurück in New York brodelte es in mir. Ich begann schon vor Weihnachten wieder mit dem Training, denn ich wollte im Sommer auf den 8051 Meter hohen Broad Peak in Pakistan. Ein paar kleinere Achttausender musste ich schon noch erklimmen, um mehr Erfahrung mit der Höhe und der extremen Kälte zu sammeln, bevor ich mich an den höchsten Berg der Welt wagen und mir sicher sein konnte, dass ich eine Chance auf Erfolg hatte. Aber kann man sich überhaupt jemals wirklich ganz sicher sein? Sicher, eine Herausforderung anzunehmen, die um ein Vielfaches größer ist als man selbst? Mut bedeutet, dass man sich traut und fähig ist, etwas zu wagen. Um herauszufinden, ob mein Mut jemals groß genug sein würde, wollte ich mir den höchsten Berg der Welt genauer anschauen. Vor ihm stehen, von Angesicht zu Angesicht, spüren, ob ich ihm gewachsen war. Und so beschloss ich Ende Januar, zum Trekking nach Tibet zu fahren und mir den Ausgangspunkt meiner zukünftigen Expedition schon mal anzuschauen. Eine Trekkingreise zur Nordseite des Mount Everest dauert knapp

drei Wochen. Man fliegt von Kathmandu über die Himalayahaupt-
kette nach Lhasa, in die Hauptstadt von Tibet, und fährt mit dem
Expeditionsteam vier Tage über das Hochland, besucht mehrere
Klöster und landet schließlich im Basecamp auf 5200 Metern. Zwei
Tage und zwei Nächte verbringt man am Fuße des höchsten Berges
der Welt und reist dann wieder nach Hause.

»Vom Basecamp aus kann man die ganze Nordwand des Berges
sehen, von den Gletschern bis hinauf zum Gipfelgrat«, hatte Russell
geschwärmt.

Ich freute mich unendlich. Bis zu jener Nacht, als ich schlaflos in
meinem Bett lag. Es war Mitte Februar, noch sechs Wochen bis zu
meiner Trekkingreise nach Tibet. Immer wieder wanderten meine
Gedanken zum Everest. Schon bald würde ich vor ihm stehen.
Unten im Basecamp. Zu ihm aufschauen, seine Kraft spüren. Und
dann würde ich den Bergsteigern, den wagemutigen Abenteurern,
hinterherschauen und winken, wenn sie an einem frühen Morgen
zum Aufstieg aufbrachen? Würde dann in den Jeep steigen und nach
Hause fahren? Nein, das konnte ich nicht. Entsetzt schüttelte ich
den Kopf. Nein, das war nicht möglich, das war grausam, unmensch-
lich. Wild entschlossen stand ich auf und schrieb Russell eine Mail.

»Hallo, Russell, vergiss meine letzten E-Mails. Ich bin keine
Trekkerin. Ich möchte mit auf den Everest. Ich will als Bergsteigerin
an Deiner Expedition teilnehmen. Was hältst Du davon? Helga.«

Russells Antwort kam am nächsten Morgen: Seine Everest-
2000-Expedition sei noch nicht ausgebucht, und er würde sich
freuen, wenn ich dann mitkäme. 2000 – aber das war doch erst im
nächsten Jahrtausend! Nein, ich wollte in diesem Jahr mitkommen
– jetzt, in sechs Wochen.

»Auch das ist möglich«, schrieb er mir, vielleicht verwundert
über meinen Tatendrang, aber ich müsse mich schnell entscheiden,
weil er Vorkehrungen treffen müsse bezüglich meines Visums und
anderer Dinge. Ich war wild entschlossen. Ich hatte noch sechs
Wochen, um zu trainieren, und ich musste mir eine Daunenhose
und neue Plastikstiefel besorgen, musste meiner Agentur Bescheid
sagen, dass ich statt drei Wochen fast drei Monate weg sein würde.
Der Countdown in meinem Kopf lief schon, als ich um den Park
joggte. Immer wieder stahl sich ein Lächeln der Vorfreude auf mein
Gesicht. Die Unruhe, die mich während der letzten Wochen geplagt

hatte, war auf einmal verflogen. Meine kleine Schwester war die Einzige, die ich in mein Vorhaben einweihte. Ich rief sie jeden Abend an, um ihr zu sagen, dass ich schier platzen würde vor Glück. Russell hatte geschrieben, dass er mir gute Chancen einräume. Er habe mich am Cho Oyu beobachtet und als stark empfunden. Ich hätte eine gute, realistische Einstellung, und er würde sich freuen, mich in seinem Team dabeizuhaben.

Während der folgenden Wochen, als mein Entschluss noch ein streng gehütetes Geheimnis war, erfüllte mich ein berauschendes Glücksgefühl. Meiner Schwester Lu hatte ich ein Schweigegelübde abgenommen, aus Angst, dass dieser Traum plötzlich wie eine Seifenblase zerplatzen könnte.

Tibet, März 1999

Das Hochland von Tibet ist kahl und schier grenzenlos. Verloren in der kargen Landschaft scheint jegliches irdische Treiben fortgefegt in die sandigen Hügel, die sich über den Horizont erstrecken. Die Weite des leeren Raumes zieht einem den Boden unter den Füßen fort, man schickt seine Gedanken hinaus und kein Echo kommt zurück, nur Stille, die sich in sanften Wellen ausbreitet. Durch seine Weite verströmt das Hochland ein Gefühl von unendlicher Freiheit. Die Luft ist kristallklar, der Himmel leuchtet in tiefem Blau über dem Horizont, der sich in der Ferne, weiter als das Auge erfassen kann, über die Krümmung der Erde hinunterbeugt. Die matten Farben der sandigen Hügel strahlen in der kräftigen Hochlandsonne. Einzig die Wolken zeichnen dunkle Schatten in die Landschaft. Der Wind treibt sie in Herden wie wollige Schafe über die Anhöhen hinweg und zaubert den Klang des Hochlands in die blauen Lüfte. Im Wechselspiel der Wolken ertönt die tiefe Bassstimme der dunklen Schatten abwechselnd mit den hellen Klängen der Sonnenstrahlen, die golden über die gewölbten Hänge tanzen.

Ken, Geoff, Herr Kosuka, Herr Kobayashi, Herr Mosa, unser chinesischer Guide, und ich hatten Lhasa verlassen und waren über das Hochland Richtung Himalaya gefahren. Die Tibeter sagen, dass ihre Wolken Berge haben, und wir eilten ihnen entgegen. Als wir die

Hochebene kurz vor Tingri erreichten, konnten wir unseren Berg schon sehen, die dunkle Steinpyramide, die manchmal zwischen den Wolken aufblitzte. Am Lamna-La-Pass auf 5150 Metern Höhe bat Herr Mosa unseren Fahrer anzuhalten und wir stiegen aus. Der Wind wehte mich fast um.

«Was wollt ihr hier in meinem Reich?», schien der Wind aufbrausend zu rufen und schlug uns mit voller Wucht entgegen. Die strohfarbenen Bambusstangen, die in einem Chörten aus weißen Steinen steckten, ratterten. Hunderte von bunten Stofffetzen klammerten sich an ihnen fest, um nicht davonzufliegen. Der tibetische Wind ist mehr als nur ein Wind. Er ist der Himmelsbote, der die Gebete der Tibeter in den Himmel trägt und das irdische Reich mit dem Göttlichen verbindet. Auf den hohen Pässen schlägt er einem ins Gesicht, als sei er der Alleinherrscher auf dem Dach der Welt. Unbändig regiert er das Hochland, als wolle er nur die Härtesten durchkommen lassen, die anderen jagt er davon. Er zerklüftet die Felsen und verwandelt sie in spitze Himmelstürme, wirbelt goldene Sandböen auf, lässt sie tanzen und trägt sie dann davon. Er zerzaust die schwarzen Zöpfe der Tibeter und zerrt an ihren Schaffelljacken. Unermüdlich jagt er die Wolken über das Dach der Welt. Ist er in Hochform, dann schüttelt er die weißen Kronen der höchsten Berge auf in feinste Schneekristalle und lässt sie fliegen zum Zeichen seiner Macht. Wer sich ihm entgegenstellt, dem zerrt er an den Nerven, zermürbt den Leib, verwirrt den Geist und macht ihn morsch wie altes Holz. Viel leichter ist es, mit ihm zu fliegen, die Arme ausgebreitet, hingegeben. Dann spürt man seine Lebenskraft, lässt sich treiben in ein Abenteuer, zu dem er mit rauer Stimme ruft.

Ein Reiter staubte in wildem Galopp auf uns zu. Kurz vor dem Chörten riss er die Zügel zurück, brachte mit lauten Rufen sein Pferd zum Stehen und schwang sich vom Sattel. Der Wind ließ nicht ab. Der Reiter lüftete seine Wollmütze und verbeugte sich vor dem Chörten. Aus seiner Jacke kramte er eine Gebetsfahne und band sie an einer der Bambusstangen fest. Dann griff er in den Lederbeutel an seinem Gürtel, blickte auf und warf eine Handvoll Körner in die Luft. «Szo, szo, szos», rief er ihnen hinterher. Daraufhin schwang er sich auf sein Pferd und stob davon. Am Lamna-La-Pass begann auch meine Reise ins Abenteuer und ich bat die Götter um ihr Wohlwollen.

Wir stiegen zurück in unseren Jeep und folgten dem gewundenen Lauf eines vertrockneten Baches ins Rongbuk-Tal. Kahle Felswände ragten wie Zinnen steil und unerreichbar in den Himmel, darunter wanderten weich gewölbte Hänge in die Talsenke. Zwischen ihnen stand ein kleines Dorf. Die weißen Häuser waren eng zusammengedrängt und die dunklen Fenster blickten uns neugierig an. Ein paar Kinder stürmten uns aus einem der Hoftore entgegen. «Tashi-Deleh», riefen sie uns zu und winkten in der Hoffnung, dass wir anhalten würden. Aber Herr Mosa schüttelte entschieden den Kopf und deutete hinunter zum Fluss. «Chu», sagte er und hob seine ausgestreckte Hand höher hinauf, um uns zu erklären, dass das Wasser schon so hoch gestiegen sei. Ich fragte ihn nach dem Namen des Dorfes. «Tzombuk», sagte er und dann fuhren wir davon.

Im Juni 1921 war George Mallory am Lamna-La-Pass aus der damals vorliegenden Landkarte hinausgewandert, um einen Weg zum Fuß des höchsten Berges der Welt zu finden. Monate zuvor hatte der Dalai Lama der britischen Royal Geographic Society endlich die langersehnte Erlaubnis zur Erkundungs- und Besteigungsexpedition ausgesprochen. Daraufhin hatte die Society eine Expedition zur geologischen Vermessung, Kartierung des Gebietes und einer ersten Erkundung möglicher Aufstiegsrouten entsandt. Als George Mallory mit seinem Erkundungsteam von sechzehn Sherpas und einem Koch am 25. Juni 1921, nach zweimonatiger Wanderung durch Indien, Sikkim und Tibet ins Rongbuk-Tal hinabstieg und dem Lauf des Gletscherflusses folgte, trat der Hofstaat der anderen Berge plötzlich zurück und gab den Blick frei.

»Wir blieben stehen, wie vom Donner gerührt. Der Anblick raubte uns jeden Gedanken. Wir sagten überhaupt nichts und schauten nur. Der höchste der größten Berge der Welt, so schien es, brauchte nur eine einzige prachtvolle Geste, um Herrscher über alles zu sein, unangefochten und alleinstehend in seiner Überlegenheit«, schrieb Mallory in sein Tagebuch.

In den folgenden Wochen stiegen die ersten Everest-Abenteurer über den Rongbuk-Gletscher und an den Flanken des Berges hinauf, um eine geeignete Route zu finden, die sie zum Gipfel führen würde. Erst bei seiner dritten Everest-Expedition, drei Jahre später, am 8. Juni 1924, gelang George Mallory der Aufstieg zum Gipfelgrat durch die eisige Nordwand. Zusammen mit Sandy Irvine verschwand er an jenem Tag in den Wolken und kehrte nie mehr zurück. Ob Sandy und er damals den Gipfel erreichten, bleibt bis heute ein Geheimnis.

9. April 1999, Basecamp, 5200 Meter

Chomolungma breitete am Ende des langen Tales schützend ihre mächtigen Arme über die felsigen Gipfel der umliegenden Berge, als wollte sie das Tal umschließen. Über ihren Felsschultern thronte der Gipfel, elegant, mächtig und unnahbar. Erhaben blickte sie auf uns herab. Ihr Wintermantel war grau und weiß gefleckt und um die Schultern trug sie einen goldenen Schal. Langgezogene Schneefelder rauschten durch ihre Nordwand in die Tiefe. Die steinige, graue Moräne, auf der sich das Basecamp befand, bahnte sich wie ein ausgerollter Teppich einen Korridor zu ihren Gletscherfüßen, und die umliegenden Berge sahen wie Mitglieder eines Hofstaats ehrfürchtig zu ihr empor. Gebannt schaute ich nach oben und sagte auch nichts mehr. Lange nicht. Ich fühlte mich auf einmal klein und spürte, wie mein Herz in die Hosentasche rutschte. Der Berg war noch viel größer als ich ihn mir vorgestellt hatte, die Nordwand steiler, und der Gipfelgrat schien unerreichbar hoch. Vom Gletscher wehte ein eisiger Wind und trug die wärmenden Sonnenstrahlen davon. Mir war plötzlich kalt.

Unser Basecamp lag in einem Geröllfeld, das sich vom Fuße des Gletschers ausbreitete. Die Camps der anderen Teams waren weit verstreut, denn der Platz war riesig. Unsere Zelte standen in einer großen Runde um drei Mannshohe graue Zelte, die das Herz unseres Basecamps bildeten. Eines davon war die Küche, ausgestattet mit Gaskochern und silbernen Töpfen und Pfannen, in dem Lacchu, unser Küchenchef, wie ein König regierte; das zweite war unser Vorratszelt, in dem ein halber Yak nackt am Haken hing und alle Unbefugten verscheuchte, und das dritte war unser Gemeinschaftszelt mit zwei Klapptischen und Campingstühlen, das uns als Restaurant, Wohnzimmer, Teehaus und Bar diente. Eine Expedition auf den Mount Everest dauert zwei Monate. Das bedeutet, zwei Monate in Geröll und Fels, Schnee und Eis unter einer dünnen Zeltplane zu hausen. Der Anfang war nicht schwer. Russell und die

Sherpas hatten für alles gesorgt. Im Gemeinschaftszelt gab es alle erdenklichen Teesorten und große Thermoskannen, in denen immer heißes Wasser war, Kekse, Kuchen und Schokolade sowie Spiele und Lieblingsbücher, um uns die Zeit zu vertreiben, die wir brauchten, um uns zu akklimatisieren und an die dünne Luft zu gewöhnen.

In den ersten Tagen richtete sich jeder häuslich ein und versuchte sich an das Campleben zu gewöhnen. Herr Kozuka war meistens mit seiner Kamera unterwegs auf Motivsuche. Er kam aus Japan, war vierzig Jahre alt und Single, wie er uns auf der Fahrt durch Tibet erzählt hatte, entschiedener Single, weil seine ganze Liebe den Bergen gehörte. Er arbeitete bei Honda und lebte in Tokio. Herr Kobayashi kam auch aus Tokio. Er war Polizeichef, fünfundfünfzig Jahre alt und sah aus wie ein älterer Filmstar, der für eine Rolle in einem Everest-Film der Fünfziger Jahre engagiert worden war. Er hatte zwei Kinder und war begeisterter Bergsteiger, aber noch nie höher als fünftausend Meter gekommen. Seit seiner Kindheit träumte er davon, einmal beim großen Abenteuer Mount Everest dabei zu sein. Geoff saß meistens im Gemeinschaftszelt und schrieb fleißig in sein Tagebuch. Er war Banker, fünfundvierzig Jahre alt und sah sehr fit aus. Zuhause, in Australien, war er mit seinem Rennrad viele tausend Kilometer durch die Blue Mountains gefahren, um zu trainieren. Im Herbst zuvor hatte er den 8013 Meter hohen Shishapangma bestiegen. Er hatte vor kurzem seinen Job gekündigt, um seinen Traum vom Mount Everest zu verwirklichen. Ken, unser Teamarzt, war der Fünfte in unserem Bergsteigerbunde, siebenundvierzig Jahre alt und kam aus Tasmanien. Dies war seine vierte Everestexpedition. Den Gipfel hatte er bisher noch nicht erreicht, weil er als Expeditionsarzt immer anderen Bergsteigern mit Höhenproblemen geholfen und auf seinen Aufstieg zum Gipfel verzichtet hatte. Ken war groß, hatte wilde schwarze Locken und einen durchdringenden Blick. Er liebte Yoga und ernährte sich vegetarisch. Vom Mount Everest konnte er stundenlang erzählen, denn er wusste beinahe alles über den Berg und seine Geschichte. Russell, unser Expeditionsleiter, hatte uns alle zusammengebracht. Er war Ende vierzig, kam aus Neuseeland und lebte in Chamonix in Frankreich. Dies war seine fünfte Everest-Expedition und der Ruf als bester Expeditionsleiter an der Nordseite eilte ihm voraus. Er behandelte die

Sherpas mit väterlicher Fürsorge und Respekt, und wenn er von seinen Abenteuern im Himalaya erzählte, brachte er uns mit seinem trockenen Humor immer wieder zum Lachen. Ein kleiner Gasofen nahm unserem Gemeinschaftszelt die abends aufsteigende frostige Kälte, dennoch bestand die vorgeschriebene Dinnerkleidung von nun an aus Daunenjacken.

Es dauerte ein paar Tage, bis wir uns an die dünne Luft auf 5200 Metern gewöhnt hatten. Anfangs brachte schon ein Sprint von dreißig Metern zum Toilettenzelt jeden außer Atem. Nur die Sherpas fühlten sich vom ersten Tag an wohl. Sie waren im Süden des Mount Everest zu Hause und lebten dort auf einer Höhe zwischen 3500 und 4000 Metern. Sherpa bezeichnet einen Volksstamm und bedeutet »der, der aus dem Osten kam«. Das Volk der Sherpa war vierhundert Jahre zuvor aus Kham im östlichen Tibet über den Himalaya ausgewandert und hatte sich im Norden Indiens um Darjeeling und in Nepal, südlich des Mount Everest, im Khumbu, niedergelassen. Bevor sie im Bergsteiger- und Trekkingbusiness arbeiteten, waren sie Bergbauern, die Yaks und Schafe züchteten und Handel mit Tibet betrieben. Heute leben viele Sherpas ausschließlich von den Expeditionen und Trekkingtouren im Himalaya, die sie organisieren und begleiten, während ihre Frauen Teehäuser und Lodges im Khumbu betreiben. Die ersten Bezwinger des Mount Everest hatten in den Fünfziger Jahren die Entwicklung der Sherpa stark gefördert, allen voran Sir Edmund Hillary, der es sich zu einer Herzensangelegenheit gemacht hatte, Krankenhäuser und Schulen im Khumbu zu bauen. Die meisten Sherpas sprechen deswegen auch sehr gut Englisch. Sie arbeiten als Spezialisten in den Expeditionsteams, helfen beim Erstellen der Route, beim Anbringen von Fixseilen und beim Aufbau der Camps. Sie werden oft »Tiger des Himalaya« genannt, weil sie berühmt sind für ihre Stärke und Kraft am Berg. In unserem Team waren sechs Sherpas. Loppsang war der Sirdar und Leiter des Sherpateams. Er war neunundzwanzig Jahre alt und strahlte eine wohltuende Ruhe aus. 1995 hatte er mit Russell zum ersten Mal den Gipfel erreicht und war in den folgenden Jahren noch zweimal ganz oben gewesen. Karsang war kleiner als Loppsang und spielte oft den Clown. Er war unser wirklicher Everest-Veteran, denn er hatte den Gipfel schon fünf Mal erreicht. Phurba hatte sich seine Sporen im Jahr zuvor auf dem Cho Oyu verdient und Kraft und Stärke bewiesen. Russell hielt große Stücke auf ihn. Sonam war lustig und unbeschwert. Narwang dagegen war stiller und wirkte manchmal fast melancholisch. Der jüngste im Team war mit einundzwanzig Jahren der Küchenboy Chimi. Alle sechs kamen aus dem Khumbu und waren über wenige oder mehrere Ecken verwandt.

Lacchu war unser Chefkoch. Er war kaum einssechzig groß, trug eine Brille und hatte mehr Expeditionen auf seinem Buckel als alle anderen zusammen. Er zählte zu den besten Expeditionsköchen im Himalaya. Kul Badur war sein Assistent. Im Gegensatz zu Lacchu war er groß und kräftig und hatte eigenhändig den halben Yak an den Haken im Vorratszelt gehängt. Zu Lacchus Mannschaft gehörten noch drei Tibeter, die Yakhirten oder Yakpas Choldrim, Kassang und Norbu. Sie lebten im Rongbuk-Tal, züchteten Yaks und zogen mit diesen über den Himalaya, um mit den Sherpas im Khumbu Handel zu treiben. Die drei waren Brüder, hochgewachsen mit wild zerzausten schwarzen Zöpfen, die sie mit roten Bändern um den Kopf gewunden trugen. Sie hatten schon mehrmals bei Russells Expeditionen ausgeholfen, aber im Gegensatz zu den Sherpas wirkten sie scheu und zurückhaltend.

12. April, Puja, Fest für die Götter

Am frühen Morgen spannten die Sherpas Hunderte von bunten Fahnen kreuz und quer durchs Camp. Es waren buddhistische Gebetsfahnen in den fünf Farben der Elemente: Gelb für die Erde, Grün für den Wind, Rot für das Feuer, Weiß für das Wasser und Blau für den Himmel. Sie waren mit Mantras bedruckt, und in ihrer Mitte prangte ein Windpferd. Wenn die Fahnen im Wind wehten, flogen die Gebete in den Himmel. Zwei Mönche, die mit einem Pferdewagen vom Rongbuk-Kloster heraufgefahren waren, bereiteten zusammen mit den Sherpas und unserem Küchenteam die Puja vor. Lacchu frittierte Puja-Brot in heißem Öl. Chimi häufte Apfelstücke, Kekse, Schokolade und andere Süßigkeiten auf einen Teller. Kul Badur formte aus Tsampa, einem Teig aus Buchweizenmehl, Zucker und Butter, einen Berg, der Chomolungma darstellen sollte. Unter dem Gipfel malte er ein Sonnenrad in den

Teig. Daneben platzierte er zwei Yak-Figuren. Für die Sherpas war es wichtig, dass die Puja den Riten gemäß zelebriert wurde, denn es ging darum, die Göttin des Berges günstig zu stimmen und um eine erfolgreiche Expedition zu bitten. Ich zog mein tibetisches Kleid an und stellte meinen Eispickel zu den anderen unter den Steinaltar. Der Everest strahlte im Morgenlicht und die Zeremonie konnte beginnen. Die Mönche saßen bereits vor dem Altar und wiegten sich leise murmelnd im Gebet. Einer der beiden schlug eine kleine Trommel dazu. Immer wieder nahm er einige Reiskörner und warf sie in die Luft. Phurba brannte Zedernbüschel an, deren Rauch uns einhüllte und schlechtes Karma davontrug. Ken saß in stiller Meditation vor dem Altar. Kozuka wanderte herum und filmte. Die Sherpas kannten die Mantras und beteten leise mit. Zum Schluss der Zeremonie erhoben wir uns und warfen Tsampamehl und eine Handvoll Reiskörner in die Luft zum Dank an die Göttin. Loppsang knüpfte jedem ein *sungdhi* um den Hals, ein orangefarbenes Band, das uns während der Expedition vor Unheil bewahren sollte. Die Sherpas verteilten Lhasabier, und wir stießen zusammen auf eine erfolgreiche Expedition an. Danach löste sich unser Team in Heiterkeit auf.

Am Nachmittag saß ich bei Lacchu und Kul Badur vor dem Vorratszelt. Sie hatten unsere gesamten Essensvorräte auf einer großen blauen Plane ausgebreitet: fünfhundert Päckchen Tomatensuppe, Berge von Nudeln, Säcke mit Mehl und Milchpulver, Schachtelkartons mit Eiern, die in Stapeln zusammengebunden waren, Weißbrot in Papier gewickelt, hundertfünfzig Dosen Obst, fünftausend Teebeutel, fünfundsiebzig Kilo Reis, Marmelade, Honig, sechs Gläser Nutella und über tausend Schokoladenriegel und Kekse waren zu mehreren kleinen Hügeln aufgestapelt. Kul Badur notierte die Mengen in sein Buch. Unser vorgeschobenes Basislager, kurz ABC (Advanced Base Camp) genannt, lag auf 6400 Metern, zwölfhundert Meter höher und schon sehr viel näher am Berg. Die Yaks würden unsere Ausrüstung und die Vorräte in den nächsten Tagen dorthin schaffen. Yaks sind Hochlandrinder mit dickem, zotteligem Fell, die ruhigen Fußes schwere Lasten über steile Geröllfelder transportieren können. Sie sind auch heute noch die wichtigsten Tiere im Himalaya und dienen den Tibetern als Lastentier zwischen der Waldgrenze und den Gletschern. Die Yaks sind äußerst widerstandsfähig und genügsam. Sie sind meist schwarz oder dunkelbraun gefleckt, aber es gibt auch weiße Yaks. Sieht man von den gebogenen Hörnern ab, machen sie einen gutmütigen und gelassenen Eindruck. Viele Yaks zu haben bedeutet in Tibet, ein reicher Mann zu sein.

13. April, die Route

Die Yakpas waren mit lautem Geschrei angekommen und trieben ihre Tiere nun an den Gletscherfluss. Sie stellten neben unseren Zelten ein blaues Yakhaarzelt auf, in dem sie alle wohnten. Lacchu kannte die meisten der raubeinigen Männer und empfing sie zum Tee in seinem Küchenzelt. Er hatte schon am Morgen große Kannen mit Buttertee gebraut und schenkte nun jedem eine Tasse ein. Dann begannen die Verhandlungen. Die Yaks, die den ganzen Winter wenig zu grasen gehabt hatten, waren schwächer als sonst, und die Traglast für jedes Tier sollte dieses Jahr von sechzig auf fünfzig Kilo reduziert werden. Ein neuer Plan musste ausgehandelt werden, weil wir nun mehr Yaks brauchten um unsere viertausend Kilo Ausrüstung und Proviant ins ABC zu transportieren. Wir benötigten statt der bestellten sechsundsechzig Yaks nun achtzig. Außerdem galt es, die verschiedenen Clans der Yakpas gleichermaßen zu berücksichtigen, damit alle etwas verdienen konnten. Choldrim und Kassang standen Lacchu bei den hitzigen Debatten zur Seite und halfen, die Verhandlungen voranzutreiben.

Wir brachen mit Russell zu einer Wanderung in die umliegenden Hügel auf, um uns unseren Berg und die Route, die wir für den Aufstieg nehmen wollten, genauer anzusehen. Mit unseren Kameras im Anschlag folgten wir einem Gletscherfluss in ein Seitental. Der Fluss trug eine dicke Eisdecke und wand sich wie eine Schlange durch einen gewaltigen Felsschlund. Obwohl er tief gefroren war, konnten wir aus der Tiefe der Erde das leise Gurgeln des Wassers hören, als wir darüber stiegen. Der Weg, den Russell durch das lose Geröll bahnte, war steil, sodass jeder Schritt nur ein halber war. Die Luft war so dünn, dass ich nur zwei Schritte pro Atemzug tun konnte. Zweieinhalb Stunden kämpften wir uns nach oben, bis wir schließlich einen Felsvorsprung erreichten, der wie ein Adlerhorst über dem Tal thronte. Von dort hatten wir freie Sicht in die Nordwand des Mount Everest. Es genügte ein einziger Blick in die Wand und es war klar, dass niemand in einem Stück durch die Nordwand bis zum Gipfel hinaufsteigen konnte. Dazu waren die Entfernungen zu groß und die Höhenunterschiede zu gewaltig. Deshalb mussten wir unseren Berg in Etappen einteilen und mehrere Camps am Berg errichten. Die erste große Etappe führte vom Basecamp hinauf, seitlich am Gletscher entlang, direkt auf unseren Berg zu. Nach ein paar Kilometern bog die Route vom Hauptgletscher Richtung Osten ab und folgte dem Gletscher des östlichen Rongbuk-Tals über eine steinige Moräne bis auf 6400 Meter hinauf, wo wir unser ABC aufschlagen würden.

»Von dort werden wir vier Höhencamps für den Aufstieg zum Gipfel errichten. Jedes Camp ist genau eine Tagesetappe vom nächsten entfernt. Camp 1 auf dem Nordsattel, auf 7000 Metern, Camp 2 am Ende der lange Traverse auf 7600 Metern und Camp 3 oben in den Felsen auf 7900 Metern. Von dort steigen wir in die Nordwand ein und errichten auf 8300 Metern Camp 4. In der Gipfelnacht geht es dann durch die Felsen des Gelben Bandes zum Nordostgrat hinauf, am Grat entlang, über die Erste und die Zweite Stufe. Wenn wir das kleine Schneefeld dort oben unter dem Gipfel gequert haben, sind es nur noch hundert Meter bis zum Gipfel.« Russell hielt uns das Fernglas hin. Geoff nahm es als Erster und schaute angestrengt hinauf. Man konnte sogar mit bloßem Auge die einzelnen Plätze gut erkennen.

»Die Zweite Stufe ist die Crux auf unserer Route, eine steile Felswand, die fünfundzwanzig Meter fast senkrecht hinaufführt. Durch die müssen wir klettern, um von der Nordwand auf den Grat zu kommen. Dort sind schon viele Bergsteiger umgekehrt«, sagte Russell. »Wahrscheinlich auch Mallory und Irving, als sie 1924 in den Wolken verschwanden und nicht zurückkamen«, fügte Ken hinzu.

»Aber mit der Zweiten Stufe müssen wir uns erst am Gipfeltag, frühestens Mitte Mai auseinandersetzen. Da brauchen wir uns jetzt noch keine großen Sorgen zu machen«, beschwichtigte Russell. »Seht mal da unten. Unsere Yaks und die Yakpas sind schon auf dem Weg nach oben.«

Tatsächlich konnten wir weit unter uns am Rand des Gletschers

Die Nordroute auf den Mount Everest
aus der Sicht des Rongbuk-Tals in Tibet

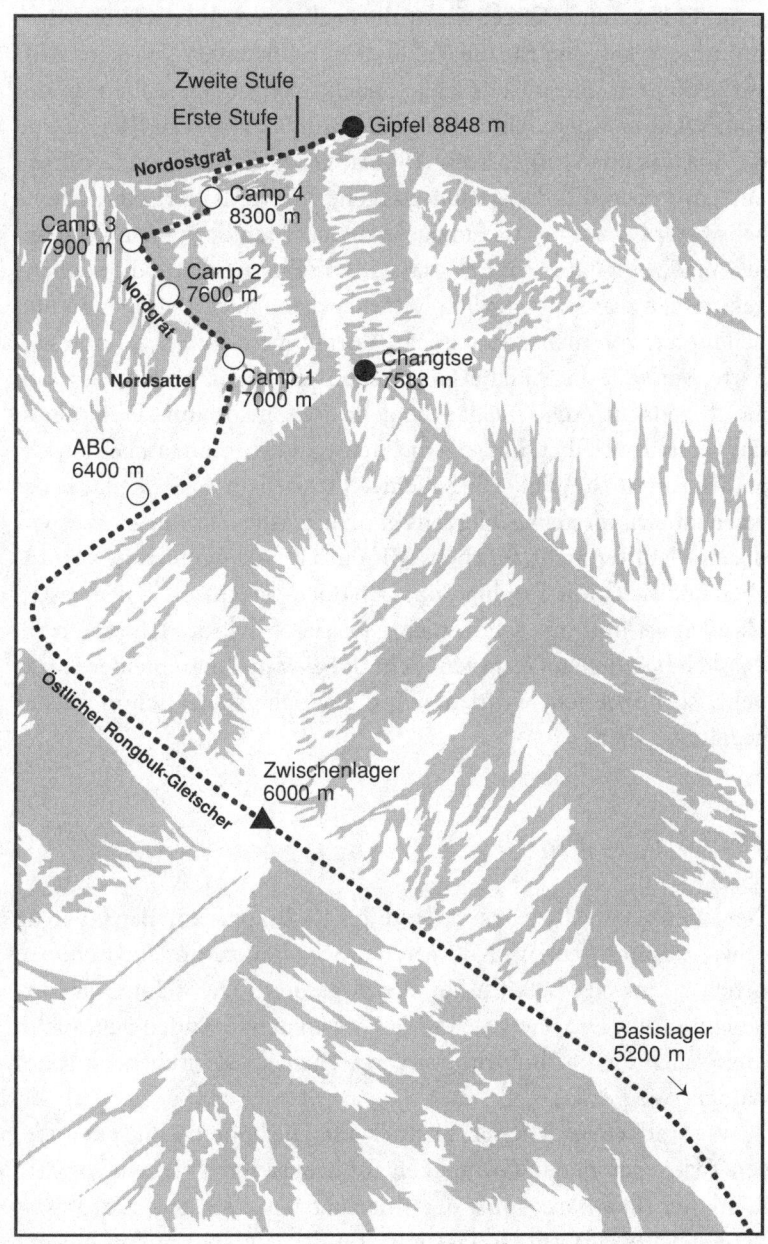

kleine schwarze Punkte sehen, die wie Ameisen auf die Nordwand zuwanderten.

Unter Lacchus strenger Kontrolle packten wir am nächsten Morgen unsere Taschen für die Yaks, die am folgenden Tag vom ABC zurückkehren und unser Gepäck nach oben tragen sollten. In der Sonne war es warm. Und es war ruhig im Camp, weil Russell und die Sherpas am Morgen zum ABC aufgebrochen waren. Geoff saß am Laptop und lud die eingegangenen E-Mails herunter. Meine Schwester Lu, die ich als Einzige in meiner Familie in mein Geheimnis eingeweiht hatte, schrieb, dass unsere Eltern mir auf die Schliche gekommen waren. Natürlich hatte sie zuerst alles abgestritten und behauptet, von nichts zu wissen. Worauf mein Vater zu ihr gesagt hatte, sie solle ihm keine Geschichten erzählen, er hätte es sich gleich gedacht. »Die Helga, die geht doch nicht zum Trekking in das verstaubte Tibet, um sich die Steinwüste dort anzuschauen, das glaubst du doch wohl selber nicht.« Lu schrieb, dass sie glaube, er wäre im Grunde seines Herzens ganz begeistert, könne es aber vor unserer Mutter nicht zugeben. Mit ihr habe sie dann lange gesprochen und sie damit beruhigt, dass ich doch bei Russell in den besten Händen sei und mir schon nichts passieren würde. Ich war froh, dass ich bei diesem Gespräch nicht dabei war. Bis zu meiner Rückkehr, so hoffte ich, würden sich die Wogen sicher schon wieder geglättet haben.

15. April, Aufbruch

Der Weg zum ABC, unsere erste große Etappe am Berg, betrug etwa vierundzwanzig Kilometer. »Ihr könnt in Turnschuhen gehen«, hatte Russell am Funkgerät gesagt. »Der Schnee ist fortgeschmolzen. Die Sherpas und ich haben acht Stunden gebraucht. Lasst euch Zeit. Choldrim versorgt euch im Zwischencamp auf halbem Weg.«

Wir brachen nach dem Frühstück auf. Die bunten Zelte der anderen Teams standen in Grüppchen auf dem riesigen Plateau vor dem Gletscher. Die Basecamps der einzelnen Teams lagen relativ weit voneinander entfernt, sodass wir von den anderen nur in unserer Sherpaküche gehört hatten. Der Felskorridor neben dem Gletscher erstreckte sich fast bis zum Fuß der Nordwand und wir wanderten direkt auf den Everest zu. Der schmale Trampelpfad, dem wir folgten, wand sich durch das langgezogene Tal dicht an aufragenden Felsen vorbei. Nach zwei Stunden bogen wir scharf nach links in eine schmalere Felsenschlucht, die der östliche Rongbuk-Gletscher geformt hatte, und folgten einem reißenden Fluss bergauf. Der Gletscher selbst war noch nicht zu sehen. Wir holten die Yaks ein, die sich ebenso tapfer wie wir durch das Geröll kämpften. Der Pfad führte steil aufwärts. Mitunter gelang es mir, in einem gleichmäßigen Rhythmus zu bleiben, oft hing ich aber schon nach wenigen Schritten über meine Stöcke gebeugt und keuchte. Ich wanderte alleine vor mich hin. Unterhalten konnte man sich beim Luftschnappen nicht. Die Gedanken kamen und gingen. Everest – dass ich wirklich da war, konnte ich noch gar nicht richtig fassen. Manchmal musste ich mich in den Arm zwicken, um wirklich sicher zu sein, dass ich nicht alles nur träumte. Es war, als hätte sich plötzlich eine magische Tür geöffnet, durch die ich nun geschritten war. Ich wusste, dass ich einen großen Schritt gewagt hatte, aber das unendliche Glücksgefühl, das ich nach meiner Entscheidung verspürt hatte, ließ mich das unbekannte Abenteuer unbeirrt angehen. Tief in mir fühlte ich, dass ich bereit war – bereit, neue Grenzen in mir zu erforschen.

Zwischencamp, 6000 Meter

Nach fünf Stunden Aufstieg kam Choldrim uns winkend entgegen und führte uns zu einem geräumigen Zelt mit vielen Sonnenfenstern. Er hatte schon die blauen Schaumstoffmatten ausgelegt und uns eine Bettstatt für die Nacht bereitet. Wir sprachen mit Russell am Funkgerät, der uns schönes Wetter für den nächsten Tag versprach. Meine Stirnlampe zog Kreise in der Nudelsuppe. Choldrim saß auf einem Campingstuhl und murmelte Gebete, die er von einem weißen Zettel las. Die matte Gaslampe wurde immer dunkler, bis alles schwarz war und in der Nacht versank.

Als wir am nächsten Morgen weiter zum vorgeschobenen Basecamp aufstiegen, eilten die Männer in meinem Team schon mit den ersten Sonnenstrahlen kraftvoll voraus und ich schlich langsam hinterher. Ich war mit Kopfschmerzen aufgewacht und kämpfte schon nach einer Stunde mit jedem Schritt. Mein Rucksack hing wie Blei auf meinen Schultern, und ich hatte das Gefühl, dass ich überhaupt nicht vorankam. Der Gletscher zwängte sich durch das schmale Tal und brach auf in glasige, scharf geschliffene Türme, die in der Sonne glitzerten, bedrohlich und faszinierend zugleich. Die Eistürme stachen in die Luft wie Haifischflossen. Manche waren so groß wie ein zweistöckiges Haus. Obwohl wir schon auf über sechstausend Metern Höhe waren, war es in der Sonne heiß. Wasser tropfte überall herunter und immer wieder knackte und krachte es. Manchmal brach einer der Eistürme in sich zusammen und verschwand in einem der Gletscherseen. Dann schwappten die milchig-blauen Fluten über die Steine der Moräne. Die Gletscherlandschaft war voller Wunder und der Einblick in ihre Tiefen magisch schön. Trotzdem waren meine Schritte schwer. Längst schon hatte ich angefangen, sie zu zählen. Fünfundzwanzig, dann beugte ich mich über meine Stöcke, um zu rasten, bei dreimal fünfundzwanzig durfte ich mich kurz hinsetzen – manchmal schon bei zwanzig im dritten Satz, wenn da gerade ein guter Stein zum Sitzen war. Die größeren Steine waren besser, da war das Aufstehen etwas leichter. Unendlich wand sich der schmale Trampelpfad durch das Geröll der Moräne, ein Stein wie der andere. Hinter den Anhöhen kamen immer wieder kleine Täler, wo ich die mühevoll gewonnene Höhe wieder verlor und neu erklimmen musste. Die anderen waren weit voraus, nur manchmal sah ich noch eine ihrer farbigen Jacken zwischen den Hügeln auftauchen. Kassang folgte mir wie ein Schatten. Anfangs war es mir nicht aufgefallen. Aber jedesmal, wenn ich mich hinsetzte, blieb er wie zufällig stehen, immer ein paar Schritte hinter mir. Er nahm seinen Rucksack ab und tat so, als müsste er daran etwas richten. Wenn ich dann immer noch nicht aufgestanden war, setzte auch er sich hin und fädelte einen der Schnürsenkel an seinen grünen Turnschuhen durch eine ausgelassene Schlaufe, als hätte sie sich von selbst gelöst. Immer wartete er geduldig und tat so, als hätte sein Anhalten nicht das Geringste mit mir zu tun. Er drängte mich nicht, sprach mir nicht zu, er war einfach nur da. Ich betrachtete ihn lange, den tibetischen Yakpa, der in all den mühseligen Stunden nicht von meiner Seite gewichen war. Sein sonnenverbranntes Gesicht erinnerte mich an die Portraits, die Edward Curtis zu

Beginn des Jahrhunderts von den Indianern gemacht hatte. Wie sein Bruder Choldrim hätte auch er ein berühmter Indianerhäuptling sein können. Und doch lag etwas Weiches in seinen heroischen Zügen. Die langen schwarzen Zöpfe, die er mit roten Bändern um den Kopf gebunden hatte, waren zerzaust. Rechts und links trug er einen blauen Bergtürkis und einen feuerroten Korallenstein im Ohrläppchen. Seine Wangen leuchteten rotbraun, fast schelmisch. Er war groß und seine Hosenbeine waren zu kurz. Das war mir als Erstes aufgefallen, als ich ihn zu Beginn der Expedition im Basecamp antraf. Er war mir gleich sympathisch, denn auch meine Hosenbeine waren immer zu kurz. «Hochwasserhosen», hatte ich gerufen und auf seine und meine Hosenbeine gedeutet. Aber er war scheu und ließ sich selten blicken, ganz im Gegensatz zu seinen Brüdern und den anderen Yakpas. Kassang sprach kein Englisch und ich damals noch kaum Tibetisch, aber seine Anwesenheit war wohltuend. Immer wenn er meinen Blick bemerkte, lächelte er mich an. Einmal hob er seine Hand in aufschwingenden Bewegungen und rief: »Helikopter – Chomolungma« und deutete Richtung Gipfel hinauf. Er nannte mich Helikopter, weil er Helga als Hellikar verstand und sich daraus für ihn Helikopter ergeben hatte. Das einzige Wort, das er im Englischen kannte, obwohl er in seinem Leben bestimmt noch nie einen Helikopter gesehen hatte, denn die gab es auf der Nordseite des Mount Everest nicht. »Helikopter – Chomolungma«, rief er mir zu und es lag so viel Zuversicht in seinen Worten, dass ich gar nicht anders konnte, als wieder aufzustehen und ein Stück weiter hinaufzusteigen zur Muttergöttin der Erde. Ich weiß nicht, ob er geahnt hat, wie viel er mir an diesem Tag bedeutet hat, einfach, dass er da war, mich Helikopter nannte und dabei die Kraft zu erahnen schien, die in mir steckte – ohne, dass es von außen irgendein Anzeichen gegeben hätte, dass ich sie wirklich besaß. Er hat mir Mut gemacht, als ich das Gefühl hatte, niemals mit den bärtigen Männern in meinem Team mithalten zu können.

ABC, 6400 Meter

Nach einer Ewigkeit tauchten endlich die bunten Zelte des ABC auf, unser Everest-Dorf. Das vorgeschobene Basecamp sah aus wie ein Nomadendorf, große und kleine Zelte standen dicht gedrängt auf dem letzten Stück Moräne neben dem Gletscher, und eine Handvoll Yaks saß mittendrin. Das Gepäck war schon von ihren Rücken geladen und sie ruhten sich vor dem langen Rückmarsch aus. Die Yakpas waren in den einzelnen Küchenzelten verschwunden. Rechts neben dem Camp erhoben sich steile, dunkle Felsen in den Himmel, links neben der Moräne breitete sich der Gletscher aus wie eine riesige Mondlandschaft. Man konnte weit über das flache Eisfeld hinweg in ein breites Tal schauen, an dessen Ende die Nordostflanke des Everest steil und felsig aus dem Eis stieg, wie ein Walfisch, der im Eismeer auftaucht, um nach Luft zu schnappen. Am Ende des langen Grats lag der Gipfel. Er war nicht zu sehen, aber man konnte ihn in den Tiefen der langen Schneefahne, die über den Nordostgrat wehte, erahnen. Ungefähr einhundertfünfzig Bergsteiger und Sherpas hatten sich in den bunten Zelten ein Zuhause errichtet. Insgesamt zwölf Teams waren für die Nordroute angemeldet. Ein polnisches Team, Ukrainer, Georgier, ein großes amerikanisches Team, Tibeter und Chinesen, aber auch viele international gemischte Teams wie das unsrige. Und alle hatten nur eines im Sinn: den Aufstieg zum Gipfel zu schaffen. Die Erfolgsquote auf der Nordseite lag bei zwanzig Prozent. Das bedeutete, dass von den hundertfünfzig Bergsteigern hundertzwanzig enttäuscht nach Hause fahren würden, ohne den Gipfel aus der Nähe gesehen zu haben.

17. April, ABC

Zu behaupten, dass die erste Nacht auf 6400 Metern erholsam war, wäre eine glatte Lüge. Ich war so froh, als die Sonne aufging und Lacchu mit Tee ans Zelt kam. Mein Kopf dröhnte vor Schmerzen, und ich musste meine Gletscherbrille aufsetzen, um nach draußen zu gehen. Der Gletscher, über dem die Sonne aufging, gleißte unbarmherzig im Sonnenlicht. Aus dem grauen Steingeröll der Moräne blitzten die bunten Zelte wie in einem Frühlingsgarten. Die Gebetsfahnen, die andere Teams kreuz und quer durch das Camp gespannt hatten, schlugen laut im Wind. Vor uns lag der Nordsattel, eine bläulich schimmernde, etwa sechshundert Meter hohe Gletscherwand, über der wir unser Camp 1 errichten würden. Schwarze Raben segelten im Sturmwind über dem Zeltlager. Russell und die Sherpas statteten unser Camp bereits mit allem aus, was wir für die nächsten sechs Wochen brauchen würden. Lacchu richtete seine Küche ein und kochte für alle. Lacchu und die Sherpas bewegten sich, als wäre die Luft dick und vor uns kein Gebirgsgletscher, sondern das Meer. Mein Körper dagegen fühlte sich so an, als ob erst die erste Hälfte angekommen wäre. Ich war wackelig auf den Beinen und schwindelig im Kopf und bewegte mich nur im Schneckentempo. Schlafen, Tee trinken, ausruhen war die Devise für die ersten Tage. Wir saßen viel im Gemeinschaftszelt, spielten Karten oder Scrabble und lauschten den Geschichten von Ken. Er konnte stundenlang von seinen Expeditionen erzählen und hatte eine herrlich spitze Zunge, wenn es um andere Bergsteiger ging. Ursprünglich wollte er sich in dieser Saison einer britischen Expedition anschließen und den Everest von der Südseite her besteigen. Die Engländer hatten ihm ein sehr verlockendes Angebot gemacht, denn Ärzte waren bei Everest-Expeditionen so begehrt, dass er statt 45.000 Dollar nur 10.000 Dollar bezahlen sollte. Als er aber hörte, wie viele Bergsteiger an der Expedition teilnehmen sollten, hatte er sich doch für Russell und die schwierigere Nordroute entschieden. Nicht noch einmal wollte er sich die Chance zur Gipfelbesteigung entgehen lassen, weil er sich um einen Kranken kümmern musste. Dafür hatte er es schon zu oft versucht.

Unsere Sherpas stiegen jeden Morgen mit großen Rucksäcken Richtung Nordsattel auf. Sie waren dabei, eine Route durch die Gletscherwand zu errichten und Camp 1 mit Zelten auszustatten. Da es bei uns im ABC nicht viel zu tun gab, folgten wir ihnen fast jeden Tag etwa eine Stunde bis zum Ende der Moräne, die sie als »Crampon Point« bezeichneten, weil man von dort an Steigeisen brauchte. Der Weg führte an den Zelten der anderen Teams vorbei durchs Steingeröll bis hinauf zum Gletscher. Neben der Moräne breitete sich das ewige Eis wie ein tosender Strom aus, der in der

Ferne an der steilen Nordostflanke des Everest hochschwappte. Wie in einem aufbrausenden Sturm schlugen die sich brechenden Wellen nach oben und bildeten hier und da kleine Seen, die in der Sonne leuchteten. Erst am Crampon Point beruhigte sich der Gletscher und stieg sanft an, bis er plötzlich steil zum Nordsattel aufragte. Ich schaute den Sherpas nach, die vor der mächtig in den Himmel ragenden Eiswand immer kleiner wurden. In ein paar Tagen würden wir auch dort hinaufsteigen.

22. April, Rapü La

Beim Abendessen hatten wir besprochen, am nächsten Tag eine Wanderung zum Rapü La zu unternehmen. Der Pass lag am Ende des breiten Gletscherfeldes, wo die Sonne aufging. Von dort konnte man einen Blick in die Kangchung-Wand, die steile Ostwand des Everest, werfen. Vergeblich hatte ich Ken zu überreden versucht, mit uns zu kommen, aber er wollte an diesem Tag unseren Medizinschrank sortieren und sich dabei auch nicht helfen lassen. Kozuka und Kobayashi hatten sich in ihre Zelte zurückgezogen und hörten den Ruf der Ostwand nicht. Geoff war schon weit über die Gletschertürme geklettert, als ich ihm hinterher eilte. »Eilen« war in diesem Zusammenhang nicht wirklich das richtige Wort, denn bei jedem Schritt musste ich einmal tief atmen und dann mit dem nächsten entschlossen meine Steigeisen ins Eis stechen, um voranzukommen. Nach dem zehnten Schritt schon lehnte ich keuchend über meinem Eispickel. Auf 6400 Metern konnte von einer gemütlichen Wanderung keine Rede mehr sein.

Am Pass angekommen rauschte der Gletscher vor mir in die Tiefe bis hinunter in die dunklen Täler von Nepal. Von den nackten Gletscherfüßen stieg die mächtige Ostwand des Mount Everest in den Himmel auf. Endlos türmten sich hängende Gletscher und Felsformationen ungeordnet übereinander. Blankes Eis und schier senkrechte Schneewände stürzten in die Tiefe, als hätte ein Meteorit in die Bergflanke eingeschlagen und sie zerrissen. Der Jetstream über dem Gipfel sonderte immer wieder kleine Wolken ab, die in der steilen Wand hängen blieben. Geoff war bereits umgekehrt, aber ich konnte mich von dem Anblick lange nicht losreißen.

Auf dem Rückweg legte ich mich eine Weile aufs Eis und sah den Wolken nach. Ich dachte an jene Nacht im Mai 1997, in der wir still und einsam aus dem iridschen Leben gestiegen waren, auf dem Weg zum Gipfel des Huascarán in Peru. Auf der gleichen Höhe wie am Rapü La war ich mit meinen damaligen Teamgefährten im Dunkeln über ein weites Gletscherfeld gewandert. Schweigend umringten uns die bleichen Eisriesen wie in einem gigantischen Amphitheater. Ich hatte längst jedes Gefühl für Raum und Zeit verloren. Meine Stirnlampe war kurz zuvor erloschen, und ich folgte nur noch den Schritten der anderen im Mondlicht. Ich fühlte mich damals wie ein winziger Stern, der weit, weit fort am endlosen schwarzen Himmel leuchtete.

Die Sonne stand noch hoch, als ich auf die Moräne kletterte, um zurück zu unseren Zelten zu gelangen. Tekbadur, der Sherpakoch eines internationalen Teams, stand vor seinem blauen Zelt und winkte mir zu. »Möchtest du einen Tee?«, fragte er.

Ich kannte ihn, weil er oft abends bei uns in der Sherpaküche saß, und folgte ihm, nichts Böses ahnend, in das blaue Zelt. Und stand plötzlich vor lauter finsteren Gestalten, die mich aus dem Dunkel des Zeltes anstarrten. Das ganze Team war zu Hause und Tekbadur hatte mich nicht gewarnt. Nun stand ich da und wäre am liebsten gleich wieder gegangen, aber ich konnte schlecht sagen, ich hätte mich nur im Zelt geirrt. Jeder im Camp wusste ganz genau, wer in diesem blauen Zelt zu Hause war. Es war eine Gruppe von Bergsteigern, die erst spät im ABC aufgetaucht waren. Sie hatten ihre Zelte direkt in den Weg des kleinen Trampelpfades gestellt, sodass jeder über die Zeltleinen stolpern musste, um zum Gletscher zu gelangen. Die neu angekommenen Bergsteiger hatten auch gleich lautstark kundgetan, dass sie die Einzigen wären, die ein Recht auf die Everest-Besteigung hätten, weil sie alle schon große Heldentaten in den Anden, in den Alpen und im Himalaya vollbracht hatten und stärker waren als alle anderen zusammen. Wir waren immer bemüht, ihnen aus dem Weg zu gehen, um nicht in Streit mit ihnen zu geraten. Da stand ich nun und mir blieb nichts anderes übrig, als meine Gletscherbrille abzunehmen und Hallo zu sagen.

»Hi, ich bin Helga.«

»Ah, die Deutsche aus Russells Team. Tekbadur hat uns schon von dir erzählt«, sagte einer aus der Runde. »Setz dich zu uns.«

Er stellte mir die anderen vor. Er selbst hieß Philippe und war der Teamarzt. Philippe rückte näher zu den anderen, um mir Platz neben sich zu machen. Ich setzte mich artig zu ihm und nahm meine Tasse Tee in die Hand. Die sechs Männer und zwei Frauen waren gerade dabei zu vergleichen, wer in welcher Rekordzeit vom Basecamp zum ABC aufgestiegen war. Ich lauschte ihren Worten und versuchte, mich dabei so unsichtbar wie möglich zu machen. Nach und nach stellte sich heraus, dass es sich um eine Gruppe von Schweizern, Engländern und Franzosen handelte, die offenbar alle hartgesottene Himalaya-Veteranen waren. Einige hatten schon zwei- oder dreimal versucht, den Gipfel des Everest zu erreichen, und einer hatte schon zehn der vierzehn Achttausender bestiegen. Das Erste, was ein Bergsteiger namens Stevie zu mir sagte, war, dass er jeden Tag zweitausend Klimmzüge als Training für die Berge mache. Zweitausend Klimmzüge am Tag! Ich rutschte etwas tiefer in den Campingstuhl, in der Hoffnung, dass er mich nicht fragen würde, wie viele Klimmzüge ich in meinem ganzen Leben schon gemacht hatte. Aber nachdem er mich prüfend von oben bis unten gemustert hatte, schlug er plötzlich einen niedlichen Ton an und fragte: »Was machst du eigentlich hier am Berg?«

Dabei blickte er mich von der Seite an und ich wusste, dass er mich nicht in die Klasse der Gipfelstürmer zählte. Und ich wusste auch, dass mein Team mir nicht zu Hilfe eilen würde. Also blieb mir nichts anderes übrig, als nur die halbe Wahrheit zu erzählen.

»Ich bin zum Trekking mit dabei und mache bei Lacchu in der Küche einen Kochkurs.« Sagte ich und bemühte mich, ernst zu bleiben. Tekbadur sah mich mit großen Augen an und grinste. Die Gesichter der anderen blieben ernst und so kam es, dass ich noch einen Satz hinzufügte. »Ich helfe auch im Camp aus bei der Wäsche und wenn es was zum Nähen gibt natürlich auch.« Vielleicht hoffte ich dabei, dass sie mich doch als Gipfelstürmer entlarven würden. Aber das taten sie nicht. Stevie nickte, während ein schmales Lächeln über sein Gesicht glitt. Und irgendwie hatte ich das Gefühl, dass er froh war, mir oben am Berg nicht begegnen zu müssen.

»Und wer ist euer Boss?«, fragte ich in die Runde, um das Thema zu wechseln.

»Eigentlich keiner, aber Stephane hat alles organisiert«, antwortete Philippe.

»Stephane? Doch nicht Stephane Schaffter?«, fragte ich ungläubig.

»Du kennst ihn?« Stevie sah mich erstaunt an.

»Nicht gut, ich hab ihn mal in einer Bar getroffen«, sagte ich so beiläufig wie möglich und merkte, wie sich mein Gesicht verfärbte. Das Monster Stephane! Mit ihm war ich zwei Jahre zuvor in Peru gewesen. Er hatte mich auf meiner ersten Gletschertour in den Anden schwer rangenommen. Ich war damals sicherlich noch nicht auf der Höhe meiner Eiskletterkünste gewesen, war aber schließlich doch mit unserem Koch zum Gipfel gestiegen, als Stephane krank im letzten Camp zurückbleiben musste. Meiner Erinnerung nach wollte Stephane auf die Südseite des Everest; das hatte er mir zumindest im vorherigen Herbst gesagt, als ich ihn an der Ama Dablam wieder getroffen hatte. Ja, jetzt erinnerte ich mich wieder. Er wollte sich mit einer Gruppe von ernsthaften Bergsteigern zusammentun, ganz im Gegensatz zu mir, was er allerdings der Höflichkeit halber nicht sagte, und eine Everest-Expedition organisieren. Mich hatte er nicht gefragt, denn es war ganz klar, dass ich nicht in dieser Liga mitspielte.

»In einer Bar hast du ihn kennen gelernt? Das hat er mir gar nicht erzählt«, sagte Norbert geheimnisvoll.

Plötzlich vernahm ich Russells Stimme unter meiner Daunenjacke.

»Helga, wo steckst du? Over.«

Ich grub nach dem Funkgerät, das ich längst vergessen hatte. Norbert nahm es mir aus der Hand und drückte auf den Knopf.

»Sie ist hier bei uns zum Kaffeekränzchen. Wer spricht?«

Ich riss ihm das Funkgerät aus der Hand und lief hochrot an. Ich hatte ganz vergessen, mich zurückzumelden, und merkte jetzt erst, dass die Sonne schon untergegangen war.

»Tut mir leid, Russell, ich bin bei den Nachbarn, aber ich komme gleich.«

Russell war verärgert, weil er sich Sorgen gemacht hatte. Geoff war ohne mich ins Camp zurückgekehrt und konnte nicht erklären, wo er mich verloren hatte.

»Ah, der Boss ruft. Muss seine Schäfchen einsammeln, was?«, höhnte Norbert. »Bleib doch noch ein bisschen und erzähl uns von Stephane und dir.«

»Nein, ich kann nicht«, rief ich entsetzt in die Runde und war fort.

Draußen war es schon dunkel. Ich ging in mein Zelt, um mich zum Dinner umzuziehen. Stephane wird ziemlich überrascht sein, mich hier anzutreffen, dachte ich. Die anderen saßen schon beim ersten Gang, den ich so gerne ausließ, weil ich Suppe nicht mochte.

23. April, Aufstieg zum Nordsattel, 7000 Meter

Ich hatte eine furchtbare Nacht, verfolgt von den Geistern, die noch am Berg herumzuirren schienen. Das war eigentlich kein Wunder nach unserer Unterhaltung beim Abendessen. Es war wieder einmal um die Toten gegangen – wie, wo, wann und warum sie auf dem Everest ihr Leben gelassen hatten. Russell, Ken und Geoff liebten dieses Thema. Im Vorjahr seien vier Bergsteiger umgekommen, berichtete Russell und holte weiter aus. Eine Frau sitze immer noch oben an der Ersten Stufe, wo sie beim Abstieg gestürzt sei. Ihr Mann sei am selben Tag noch vom letzten Camp zu ihr aufgestiegen, aber ebenfalls nicht zurückgekommen. Man habe später seine Thermoskanne neben der Frau gefunden, aber von ihm keine Spur. Als einen Tag später eine Bergsteigergruppe sie gefunden habe, hätte sie noch gesprochen, aber nicht mehr gerettet werden können. Auf der Südseite gab es ebenfalls eine Frauenleiche mit langen weißen Haaren. Mir war schlecht, und ich versuchte mir die Ohren zuzuhalten. Russell sah mich besorgt an und meinte nur, das sei nun mal die brutale Realität am Everest. Ich wollte nichts mehr davon hören, doch Russell fuhr fort: »Jeden Morgen, wenn du draußen in der Sonne sitzt und anderen Bergsteigern zuschaust, wie sie mit ihren Rucksäcken und Eispickeln durchs Camp steigen, muss dir klar sein: Einige von ihnen werden auch diesmal nicht zurückkommen. Ich kann dir jetzt schon ein paar Kandidaten nennen.«

Ken nickte beifällig. »Wenn Russell sie nicht vorher rettet«, fügte er hinzu. »Es ist traurig, aber leider wahr.« Das war mir zu viel und ich verließ das Zelt.

Um neun Uhr morgens schulterte ich meinen Rucksack. Gemeinsam verließen wir das Camp. Ich tat mich schwer und war froh, als wir am Gletscher eine lange Pause einlegten. Der Wind pfiff in voller Stärke über das bleiche Eisfeld. Obwohl es kaum anstieg, verlangte jeder Schritt eine enorme Willenskraft. Ich stemmte mich keuchend gegen den Wind. Kozuka ging es nicht besser. Langsam kämpften wir uns voran. Nach etwa einer Stunde – oder auch einer Ewigkeit – standen wir endlich am Fuß der Gletscherwand. Steil türmten sich Schneefelder und glasige Gletscherabbrüche Richtung Himmel. Im Jahre 1922, bei George Mallorys erstem Vorstoß zum Nordsattel, waren sechs Sherpas in einer Eislawine ums Leben gekommen. Obwohl seitdem niemand mehr an dieser Wand zu Tode gekommen war, wurde sie von den meisten Bergsteigern mit großer Ehrfurcht betrachtet. In dieser Saison hatten sich die stärksten Sherpas und Expeditionsleiter aus verschiedenen Teams zusammengetan, gemeinsam den besten Weg durch das eisige Labyrinth gebahnt und diesen dann mit einem Fixseil versichert. Nun mussten wir nur noch unseren Karabiner und die Steigklemme in das Seil klicken, um aufzusteigen. An vielen Stellen brauchte man das Seil nicht wirklich, denn es war nicht so steil, und mit Steigeisen unter den Füßen konnte man nur schwer abrutschen. Aber am Everest gab es schnelle Wetterumstürze, und innerhalb von einer Stunde konnte aus dem tiefsten blauen Himmel ein gewaltiger Wintersturm losbrechen. Und wenn man dann im dichten Schneetreiben absteigen musste, würde man den Weg durch die Gletscherwand niemals finden. Ich klinkte meinen Karabiner ins Seil. Dann schob ich meine Steigklemme mit der rechten Hand so weit wie möglich nach oben und stach mit den Steigeisen in den gefrorenen Schnee. Vor mir waren zahlreiche Fußstapfen, die abwechselnd links und rechts vom Seil kleine Stufen im Eis geformt hatten. Ich folgte ihnen. Die ersten Schritte waren schwer. Alle zwölf Schritte machte ich eine Pause, aber schon bald spürte ich die Anstrengung nicht mehr und verfiel in einen gleichmäßigen Rhythmus. Meine Beine, die sich am Morgen noch störrisch jeder Bewegung widersetzt hatten, glitten nun wie auf Kufen dahin. Die erste Gletscherwand zog sich in einer Vierzig-Grad-Neigung hinauf. Die Sonne brannte erbarmungslos herunter und drohte die Eistürme über uns zu schmelzen. Glasig ragten sie in den blauen Himmel und schwitzten kleine Wasserperlen aus, die der eisige Wind jedoch im selben Moment wieder gefror.

Auf halbem Weg versperrte eine Gletscherspalte das Weiterkommen. Dort machten wir die erste Rast. Aus der Gletscherspalte

ragte eine Eiswand kerzengerade in die Höhe. Um den Weg fortzusetzen, musste man in einem gewagten Schritt über die Gletscherspalte steigen, die gähnend in dunkle Tiefen verschwand, und
an der Eiswand hinaufklettern. Ken nahm sie als Erster in Angriff.
Russell bot einem Bergsteiger aus dem georgischen Team an, vor
mir hinaufzusteigen. Aber ich war schneller, klippte meine Steigklemme ins Seil und stach mit meinem rechten Steigeisen in die
Eiswand. Ich hatte längere Beine als alle anderen und war hier klar
im Vorteil. Ich spürte die erstaunten Blicke im Rücken und stieg,
ein breites Grinsen im Gesicht, elegant davon. Im vergangenen
Herbst hatte ich an der Ama Dablam gelernt, wie man sich im
steilen Eis bewegt. Den Eispickel in der Rechten, die Steigklemme
in der Linken, stach ich mit voller Kraft meine Steigeisen ins harte
Eis. Die Funken flogen, und kleine Eiskörner fielen hinter mir in
die Tiefe. Vier Schritte, kurze Rast und dann wieder eins, zwei,
eins, zwei hinauf. Die kalte Luft brannte in meiner Kehle, und
mein Brustkorb spannte, aber ich stieg tapfer weiter. Nach meiner
anfänglichen Schlappe beim Aufstieg zum ABC musste ich nun
beweisen, dass ich mit den anderen mithalten konnte. Nach fünfzig Schritten lehnte ich mich keuchend ins Seil, um nach Luft zu
schnappen. Aus dem Augenwinkel sah ich, wie Russell hinter mir
aufstieg. Ich atmete noch dreimal und machte vier Schritte. Da ließ
sich plötzlich von oben jemand an einem zweiten Seil herunter und
hielt neben mir an.

»Hi«, rief der Unbekannte mir zu.

»Hi«, gab ich gelangweilt zurück. Der Unbekannte ließ nicht
locker.

»Wo kommst du denn her?«, fragte er mich neugierig.

»Aus dem Himmel.«

Er schaute mich an und überlegte kurz. Ich dachte schon, ich
wäre ihn los, aber ich hatte kein Glück.

»Und wie heißt du?«, fragte er weiter.

»Engel«, antwortete ich und sah ihn herausfordernd an.

»Ah«, rief er freudestrahlend aus. »Ein Engel aus dem Himmel,
natürlich. Ich verstehe. Ich bin Ivan aus Ecuador. Schön, dich zu
treffen, mein Engel.«

Dann erst fiel mir ein, dass Russell bestimmt schon hinter mir
stand. Ich drehte mich um und stellte die beiden einander vor. Dann

verabschiedete ich mich: »Ich muss leider weiter. Es ist gleich Mittagspause.«

Ken saß schon oben und hatte sein Sandwich ausgepackt. Er reichte mir eine Tasse Tee, als ich ankam, und ich setzte mich zu ihm.

»Denen hab ich es aber gezeigt«, strahlte ich voller Stolz. Ken nickte wohlwollend und grinste mich an. Russell kam als Nächster, mit Kozuka im Schlepptau.

»Gute Arbeit«, sagte er zu mir und klippte seinen Karabiner in das Abstiegsseil.»Ich seh mal besser nach, wo Kobayashi bleibt. Ihr könnt schon weitersteigen, folgt einfach den Seilen«, rief er, bevor er wieder in der Tiefe verschwand.

Die schmale Spur wand sich um zahlreiche Eistürme; manchmal endete sie abrupt vor einer Gletscherspalte, über die wir steigen mussten, und führte dann wieder steil hinauf. Nach sechs Stunden Aufstieg konnten wir uns endlich auf den Nordsattel hinaufziehen. Eine riesige Welle aus hart gepresstem Schnee ragte im Westen über den Sattel und bot einen idealen Schutzwall für das erste Höhencamp. Bunte Zelte standen dicht gedrängt auf dem bleichen Schneeplateau. Ich richtete mich in einem unserer drei Zelte ein und rollte die Matten und den Schlafsack aus, die ich heraufgetragen hatte. Es war gemütlich und warm im Zelt. Geoff und Kozuka kamen als Nächste, und zwei Stunden später tauchte Russell auf, der Kobayashi ans Kurzseil genommen hatte. Kobayashi war völlig erschöpft und strahlte trotzdem vor Glück. Noch nie in seinem Leben war er so hoch gestiegen. Wir tranken eine Tasse Tee auf ihn und auf unser Camp 1. Dann packten wir die leeren Rucksäcke auf die Schultern und machten uns auf den Rückweg.

Hinunterzuklettern machte entschieden mehr Spaß. Geoff machte aus dem Abseilen eine Wissenschaft, weil er Angst hatte; ich schwang mich leichten Mutes an ihm vorbei und überließ ihn seiner Doktorarbeit. Ich war das Abseilen vom Klettern gewöhnt und Höhenangst war mir gänzlich fremd. Als wir auf dem Gletscherboden landeten, setzte jedoch ein Alptraum ein. Meine Beine waren entsetzlich müde, und der Wind auf dem flachen Gletscherfeld blies mich fast um. Jeder Schritt war eine Qual. Auf dem steinigen Geröllfeld wurde es auch nicht besser. Zu oft führte der kleine Pfad nach oben, um dann auf der anderen Seite wieder in kleine Täler abzufallen. Eine dünne Eisschicht überzog die großen Felsbrocken, und ich rutschte mit meinen groben Plastikstiefeln immer wieder aus. Ich versuchte, mich leise am blauen Zelt der internationalen Gruppe vorbei zu schleichen, aber just in dem Moment streckte Stephane seinen Kopf aus dem Zelt.

»Helga, meine Freundin aus der Bar«, rief er und drückte mir mit seiner Umarmung fast die Luft ab. »Was machst du denn für Sachen?«, fragte er, als er mich wieder auf den Boden gestellt hatte. Er sei an diesem Tag in siebeneinhalb Stunden vom Basecamp aufgestiegen, erzählte er mit Stolz. «So etwas wie euer Zwischenlager, das gibt es bei uns nicht. Aber du bist doch nicht zum Trekking hier, das kannst du mir nicht erzählen«, sagte er und klopfte mir auf die Schulter. »Komm doch rein zu uns ins Zelt. Ich hab den anderen gerade erzählt, wie du damals in Peru in die Gletscherspalte gefallen bist. Die haben sich totgelacht.«

»Vielen Dank, du Monster«, antwortete ich. Ich hätte ihn am liebsten in den Bauch geboxt, aber dazu war ich viel zu erschöpft. Ich vertröstete ihn auf morgen und schlich zu unserem Camp zurück. Inzwischen fiel leichter Schnee, und mein durchgeschwitztes Unterhemd fing an zu frieren. Ich klopfte den Schnee von meinem Zelt und ließ mich in die weichen Daunen fallen. Als Lacchu zum Abendessen rief, zog ich mir mit letzter Kraft mein Dinner-Outfit an.

ABC

Es schneite die ganze Nacht und am nächsten Morgen glich unser Camp einem Wintermärchen. Die Sonne stand hoch am Himmel, doch es war plötzlich kalt geworden. Viele Bergsteiger waren bereits zur Erholung ins Basecamp abgestiegen. Wir waren seit acht Tagen im ABC und sollten laut Russells Akklimatisierungsplan noch eine Weile bleiben.

»Wir werden morgen im Camp 1 schlafen und am nächsten Tag zu Camp 2 aufsteigen und die Zelte einrichten. Danach ruhen wir uns ein paar Tage aus. Bevor wir zurück ins untere Basecamp gehen, möchte ich, dass jeder von euch einmal im Camp 2 schläft und dann zum Camp 3 aufsteigt, auf 7900 Meter. Ich finde es ganz wichtig, dass wir alle einmal dort hinaufgehen und uns die Route ansehen.

Es ist auch für jeden von euch ein Test, damit ich sehen kann, wie ihr mit der Höhe zurechtkommt.«

Es brachen hitzige Debatten aus. Geoff war nicht überzeugt, dass der Test wirklich notwendig war.

»Es ist doch wahnsinnig, auf fast achttausend Meter hochzusteigen und dann wieder zum Basecamp zurückzugehen. Können wir nicht gleich weiter zum Gipfel aufsteigen?«, fragte er missmutig.

Russell wandte sich an Ken, der seinem Plan sofort zugestimmt hatte. »Ken war vor Jahren schon mal auf 8300 Metern, und er kann euch bestätigen, dass die Auswirkungen der extremen Höhe ganz beträchtlich sind. Ich will nicht, dass ihr erst auf dem Weg zum Gipfel mit ihnen Bekanntschaft macht. Du darfst nicht vergessen, Geoff, dass unser letztes Camp auf 8300 Metern liegt, weit höher als das letzte Camp auf der Südseite. Ich glaube, es ist für euch alle gut, wenn ihr wenigstens den Weg bis ins Camp 3 schon mal kennenlernt. Dann wisst ihr, was beim Aufstieg zum Gipfel auf euch zukommt und könnt eure Kräfte besser einschätzen.«

Ich nickte begeistert. In einigen Tagen schon würden wir höher steigen, als ich jemals zuvor gewesen war, und ich freute mich darauf, auf die Welt hinunterzuschauen. Die Japaner wollten den Test nur mit zusätzlichem Sauerstoff machen. Die Diskussionen dauerten bis tief in die Nacht. Am Ende beschlossen wir, noch einmal eine Tagestour zum Camp 1 zu machen, um mehr Proviant und einen Teil unserer Gipfelausrüstung hinaufzuschaffen, und erst beim dritten Aufstieg die Nacht oben zu verbringen.

28. April, Camp 1, 7000 Meter

Die Sonne erreichte unser Zelt früher als im ABC, weil wir schon sechshundert Meter höher waren. Die Temperatur war in der Nacht auf minus 25 Grad gefallen und die feinen weißen Eiskristalle, die sich von unserem Atem an der Zeltdecke geformt hatten, rieselten auf die Schlafsäcke. Ich warf den Kocher an und begann Schnee zu schmelzen. Kozuka, mit dem ich das Zelt teilte, zog umständlich seinen gelben Daunenanzug an. Im Camp war es windstill und warm, aber sobald wir den Schutz der Schneewand verließen, würde uns der eisige Wind aus dem Westen erfassen und ohne wärmende

Daunen würden wir unsere ganze Kraft an die Kälte verlieren. Deswegen war ab Camp 1 die volle Daunenmontur angesagt. Der Aufstieg, der vor uns lag, führte über den lang gestreckten, zirka fünfzehn Meter breiten Schneegrat des Nordsattels. Er erstreckte sich bis hinauf zu den Felsen, unter denen unsere Zelte vom Camp 2 standen. Insgesamt etwa eineinhalb Kilometer Strecke und rund sechshundert Höhenmeter. Es sah nicht schwierig aus. Wenn ich es nicht besser gewusst hätte, wäre ich versucht gewesen zu behaupten, dass wir nicht länger als zwei bis drei Stunden für den Aufstieg brauchen würden. Aber da die Luft mit der Höhe auch an Atmosphäre verliert, sieht alles immer näher aus als es ist. Dazu kommt, dass auf einer Höhe von über siebentausend Metern der geringe Sauerstoffgehalt der Luft das Tempo diktiert und man ganz bewusst runterschalten und kleinere Schritte machen muss, um bei Kräften zu bleiben.

Um acht Uhr verließ ich vor den anderen das Camp und war bald weit voraus. Ich hatte mich am Anfang der Expedition mit der Höhe schwer getan. Mein Körper hatte sich nur widerwillig an die dünne Luft gewöhnen wollen, sodass ich an manchen Tagen schon dachte, dass ich besser umkehren und nach Hause fahren sollte. Aber an diesem Tag war alles anders. Die Kopfschmerzen waren fort und meine Beine bewegten sich fast von alleine bergauf. Die Morgensonne wärmte die Luft und nur ein feiner Hauch von Wind wehte sanft über den Grat. Ich hatte meine Daunenjacke geöffnet und stapfte mit stolz geschwellter Brust durch den steilen Schneehang hinauf. Plötzlich hörte ich ein scharrendes Geräusch hinter mir. »Kritsch, kritsch, kritsch«, herannahende Steigeisen. Ich dachte schon, jetzt kommen sie und holen mich ein. Aber dann kam nur ein älterer Herr mit grauem Schopf und einem riesigen Rucksack an mir vorbeigestiegen. Er hob kurz den Kopf zum Gruß und wanderte weiter. Seine Schritte waren gleichmäßig und kraftvoll. Erst als er schon fast an mir vorbei war, erkannte ich die rote Jacke wieder. Es war Sergio, der Italiener, den ich vor ein paar Tagen im ABC kennengelernt hatte. Er hatte uns auf einen Espresso eingeladen. Dreizehn der vierzehn Achttausender hatte er schon bestiegen. Dies war sein fünfter Versuch am Mount Everest. Er war mit einer Spanierin und einem Japaner im Team und wollte ohne zusätzlichen Sauerstoff zum Gipfel. Seinen kleinen Espressokocher wollte er bis in die Höhencamps mitnehmen. Wahrscheinlich hatte er sich am Morgen einen anständigen Espresso gebraut statt unserem langweiligen Tee und stieg deswegen so leicht an mir vorbei.

Auf dem langen Schneegrat gab es keine Hindernisse, keine Gletscherspalten, die wir überwinden mussten, keine Eiswand, die es zu durchklettern galt. Es ging immer nur leicht bergauf und hinter jedem Hügel, den ich mühevoll erklomm, stieg einfach nur der nächste Hügel sanft in die Unendlichkeit hinauf. Nach ein paar Stunden fing ich an, meine Schritte zu zählen, um jedem Schritt mehr Bedeutung beizumessen, um ihn herauszuheben aus den Tausenden von Schritten, die ich auf dem Weg zu Camp 2 tun musste. Mehr als fünfzig Schritte am Stück schaffte ich nicht. Dann beugte ich mich nach vorne und rastete über meinem Eispickel. Nach gefühlten tausend Schritten ließ ich meinen Rucksack von den Schultern fallen und setzte mich auf ihn, um zu rasten. Da saß ich dann wie ein Häuflein Elend eingerollt über meinem Eispickel und hechelte nach Luft; es war die schlimmste Haltung, um den dringend benötigten Sauerstoff in meine Lungen zu saugen, aber die einzige, die noch möglich war. Ich musste erst dreißig-, vierzigmal tief ein- und ausatmen, bis sich mein Herz wieder beruhigte. Und dann hob ich den Kopf. Und weil ich mit dem Rücken zum Berg saß, auf meinem Rucksack, schaute ich nicht mehr hinauf auf das unendliche Schneefeld, das sich noch so bedrohlich in die Länge zog, sondern hinaus und vor allem hinunter und konnte auf einen Blick erkennen, wie viel ich schon geschafft hatte. Die Berge, die vom Basecamp noch so mächtig vor uns in die Höhe geragt hatten, waren schon fast zu Gartenzwergen geworden. Der glatzköpfige Pumori, ein kleiner Siebentausender, ragte aus dem wilden Gletschermeer heraus, und weiter im Osten glänzte das flache Haupt des Cho Oyu in der Sonne. Die Zelte von Camp 1 waren nur noch bunte Flecken im Schnee und weiter unten im grauen Geröll der Moräne konnte ich die einzelnen Zelte im ABC schon nicht mehr erkennen. In weiter Ferne zogen Schäfchenwolken über das braune Hochland von Tibet. Ich stand auf und stapfte weiter. Die Nordwand ragte in den Himmel. Hervorstehende Felsen warfen Schatten in die steilen Schneeschluchten, die sie durchdrangen. Über dem Grat konnte ich die Felsstufen erkennen. Die

Erste und die Zweite stachen klar hervor. Der Jetstrom wehte mit voller Kraft um das erhabene Haupt von Chomolungma und ließ die Wolkenfahne wehen. Ich hatte an diesem Vormittag zum ersten Mal das Gefühl, dass ich es tatsächlich schaffen könnte, auf den höchsten Berg der Welt zu steigen. Es waren nur noch knapp vierzehnhundert Höhenmeter und der Gipfel schien zum Greifen nah. Noch viel näher war es zu unserem Camp 2, vielleicht noch fünfzig Meter, aber der Hang war steil, und trotz meiner Ungeduld kam ich nur langsam voran. Eine Stunde später hatte ich endlich das Ende des Schneegrats erreicht und hangelte mich an den Seilen hinüber zu unseren Zelten. Der Platz war gerade groß genug für zwei Zelte. Die anderen Teams hatten ihre Zelte weiter oben in die Felsen gestellt. Ich saß schon im Schnee, als Ken die letzten Meter hinaufkroch, wie eine Schnecke mit einem zu großen Haus. Sein lilafarbener Daunenanzug hatte einen Riss, und mit jedem Windstoß flogen ein paar Federn über den Grat davon.

»Ken, du verlierst deine Federn!«, rief ich ihm zu. Er hörte mich nicht. Der Wind hatte angehoben und trug meine Worte in die entgegengesetzte Richtung davon. Eine halbe Stunde später saß er bei mir und packte seine Thermoskanne aus. Wir hatten knapp sechs Stunden für den Aufstieg gebraucht. Der Schneegrat war viel steiler gewesen, als man das von unten hätte erahnen können. Aber der Ausblick war erhaben. Wir saßen mit dem Rücken zur Nordwand und konnten wie Könige hinunter auf unser Reich schauen. Die kleinen bunten Punkte neben dem Gletscher in dem dunklen Steingeröll waren unser ABC, das Everest-Dorf für so viele Bewohner. Von oben sah es aus wie ein winziges Ameisennest, wenn auch exotisch in seinen Farben. Was die Göttin Miyo Lungsangmo wohl dachte, wenn sie von ihrer himmlischen Gipfelstatt auf uns herunterschaute? Es war eigentlich komisch, dass gerade die Gipfelhelden des Mount Everest so groß wirkten. Obwohl sie mit Sicherheit auch ein Gefühl von Winzigkeit im Angesicht der himalayischen Dimensionen gespürt hatten. Hillary, Tenzing, Messner, Habeler, Junko Tabei – sie alle kamen als Helden zurück, fühlten sich plötzlich größer an. Sie waren über sich selbst hinausgewachsen. Ob die Göttin das in ihnen hervorgerufen hatte? Ob sie auch uns rief? Ken lachte, als ich meine Überlegungen ausbreitete.

»Du glaubst wirklich, dass sie dort oben wohnt und uns ruft? Ich glaube, die sieht uns gar nicht. Hier wird niemand gerufen, Prinzessin, da musst du schon selbst hinaufsteigen.«

Russell wartete mit heißem Tee auf uns im Camp 1. Wir waren in nur einer Stunde abgestiegen und ein kleines Stück sogar auf dem Hosenboden gerutscht.

»Wie war es dort oben?«, fragte er mich. »Du bist ja fast hinaufgeflogen.«

»Wunderbar, ich wäre am liebsten gleich oben geblieben«, antwortete ich.

»Dann würde dir aber ein leckeres Dinner entgehen. Schwingt euch an die Seile. Lacchu wartet schon auf euch.«

Auf dem Weg durch die Eistürme trafen wir unser Sherpateam. Sie hatten die Zelte von Camp 3 und unsere Sauerstoffflaschen für die Gipfelnacht im Rucksack. Sie wollten mit Russell im Camp 1 übernachten und am nächsten Morgen weiter aufsteigen.

29. April, ABC, Schrecken der Nacht

Die Nacht war grauenhaft. Erst kribbelten nur meine Finger und die Arme, dann wanderten die gefühlten tausend Ameisen unter meiner Haut über den Kopf und breiteten sich in meinem Gesicht aus. Mir war schwindelig und mein Herz klopfte zu laut. Ich versuchte, ruhig zu liegen. Vielleicht war es nur eine Überreaktion auf die Tabletten, die Ken mir gegeben hatte. Ich hatte dieses Kribbeln schon früher einmal gespürt, wenn auch nicht so stark. Plötzlich ließ es nach. Es war dunkel und still im Camp. Niemand regte sich mehr. Ich versuchte zu schlafen, aber meine Gedanken waren durcheinander. Ich begann Schafe zu zählen – ein Schaf, zwei Schafe, drei Schafe, vier Schafe … Es half nichts. Mir war schlecht, mein Körper lastete wie Blei auf den Daunen und drückte auf die dünne Schaumstoffmatte. Meine Arme waren schwer, als hätte jemand Eisen hineingegossen. Ich versuchte mit aller Kraft, meinen rechten Arm hochzuheben; er flog nach oben, federleicht, aber sobald ich ihn fallen ließ, wurde er wieder schwer. Die Zeltdecke über mir schien sich immer mehr zu entfernen. Auch mein Bauch und meine Brust wurden immer schwerer, und ich hatte das Gefühl, im Boden zu versinken, immer tiefer in ein schwarzes, finsteres Grab. Ich war schon weit abgedriftet, als mich plötzlich die Angst packte. Ich rief nach Hilfe, aber niemand hörte mich. Dann kroch ich hinaus in die Nacht. Der Mond schien hell und die Kälte tat gut, aber die Angst ließ nicht ab von mir und ich kroch in Panik Richtung Küchenzelt. Lacchu hörte meine Rufe und kam mir entgegen.

»Was ist los mit dir?«, fragte er besorgt.

Ich fing an zu schluchzen. »Ich weiß es nicht, ich habe Angst. Irgendetwas stimmt nicht mit mir. Alles ist so schwer und mein Zelt ist wie ein Grab.«

Lacchu rief nach Kul Badur. Die beiden brachten mich ins Küchenzelt. Kul Badur entzündete die Gaslampe und heizte den Kocher an. Lacchu wickelte einen Schlafsack um mich und hielt mich fest. Lange saß er bei mir, seine Hände hielten meine. »Es wird alles gut. Versuch, etwas Tee zu trinken«, sagte er. »Ich glaube, Ken hat dir Diamox gegeben. Vielleicht zu viel davon. Du musst viel trinken, dann wird es besser. Als es mir vor ein paar Wochen im Zwischenlager so schlecht ging, hat er mir auch Diamox gegeben, und mir ging es hinterher noch viel schlechter. Ich vertrag das Zeug auch nicht.«

Ich war am Nachmittag erschöpft im ABC angekommen. Die Anstrengung des langen Aufstiegs zu Camp 2 war mit einem Mal über mich hereingebrochen. Mein Kopf raste vor Schmerzen und mein Körper zitterte vor Kälte. Ken hatte mir ein paar Pillen in die Hand gedrückt und mich ins Bett geschickt. Aber dort wurde alles nur noch schlimmer.

Als ich am Morgen aufwachte, war der Schrecken der Nacht fort und ich hatte wieder mehr Kontrolle über meine Gedanken. Mein Körper kribbelte immer noch leicht, aber ich wusste nun, dass es eine Reaktion auf die Pillen war, die Ken mir gegeben hatte: Diamox, ein bekanntes Mittel gegen Höhenkrankheit. Ich vertrug es nicht. Ken war schockiert von der Wirkung der Tabletten auf mich und betonte, dass zwei Tabletten Diamox die normale, vorgeschriebene Dosis seien. Ich sprach lange am Funkgerät mit Russell, der mit den Sherpas auf dem Weg zu Camp 2 war. Er sagte, dass es am besten sei, wenn ich ins Basecamp absteigen würde, um mich gründlich zu erholen.

»Mach ein bisschen Urlaub, dann kommst du gestärkt zurück.

Das Wetter soll sowieso schlecht werden. Wir gehen noch zu Camp 3 und steigen dann auch ab.«

Als ich am vorherigen Tag vom Nordsattel zurückgekommen war, hatte ich Philippe, den Arzt der internationalen Gruppe, getroffen. Er war erstaunt gewesen, mich immer noch im ABC zu sehen. »Du siehst fertig aus. Wie lange bist du denn schon hier?«, hatte er mich gefragt.

»Genau zwei Wochen«, antwortete ich ihm.

Er schüttelte den Kopf und nahm meine Hand. »Es ist nicht gut, so lange in dieser Höhe zu bleiben. Hier erholt sich der Körper nicht mehr. Du baust jeden Tag mehr ab. Versprich mir, dass du morgen hinuntergehst.«

Ich nickte. Ja, ich wollte es mir wirklich überlegen, und nun war ich auf dem Weg. Mein Rucksack war schwer, aber es war immer noch besser, mich zu bewegen, als den ganzen Tag in einem Ameisennest zu liegen. Vielleicht würde das Kribbeln dann schneller vergehen. Ich fühlte mich scheußlich und tat mir selbst unendlich leid. Um mich herum erzitterten die Eistürme. Die Steine auf dem Geröllfeld vibrierten. Kobayashi war ebenfalls auf dem Weg ins Basecamp, und wir wanderten still dahin. Sechs Stunden später sah ich die bunten Zelte in der Abendsonne leuchten. Chimi, unser Küchenboy, stand vor dem Zelt und hieß uns willkommen. In der Küche stand schon ein frischer Salat für uns bereit, und gemeinsam mit Chimi machte ich mich daran, Spaghetti zu kochen. Ich holte alle Matratzen aus dem Vorratslager und machte mir ein weiches Bett. Der Everest strahlte im Abendrot, romantischer als ich ihn je zuvor gesehen hatte. Die Luft war wohlig weich. Klitzekleine Blumen wuchsen in den Grasmatten zwischen den Felsen. Spät am Abend stieg der Vollmond langsam in den schwarzen Himmel auf und erleuchtete die Gerölllandschaft. Ich ließ mein Zelt offen und schlief in seinem silbernen Licht ein.

Basecamp

Es war herrlich im Basecamp, warm genug, um im offenen Zelt in der Sonne zu schlafen. Und niemand war da, der mich stören konnte. Ich konnte stundenlang lesen und Musik hören, meine Wäsche waschen oder gar nichts tun. Kobayashi war in seine Bücher vertieft. Da er fast kein Englisch sprach, mussten wir nicht viel reden. Nur manchmal spielten wir »Vier gewinnt« miteinander und hatten viel Spaß. In den Nachrichten von oben hörten wir, dass die Sherpas ihre nächste Tour zu den höheren Camps verschoben hatten, weil der Wind zu stark war und der buddhistische Kalender auch für die nächsten Tage schlechtes Wetter prophezeite. Der Everest hatte eine lange Wolkenfahne, aber im Basecamp blieb es sonnig und warm.

Als Lacchu zwei Tage später zu uns herabstieg, war unser Glück perfekt. Unsere Küche war plötzlich voller Köche und Sherpas aus den verschiedenen Camps, die alle kamen, um von Lacchu die neuesten Nachrichten vom ABC zu hören. Jeden Abend kochte Lacchu ein Festmahl für uns, und zum Nachtisch gab es Apfelkücherl. Ich erholte mich jeden Tag mehr und nahm ein paar der verlorenen Pfunde wieder zu. Nur mein Husten wurde nicht besser. Die Luft kratzte mich im Hals und die Hustenattacken raubten mir die Kraft. Ich beriet mich ausführlich mit Russell am Funkgerät.

»Mach dir keine Sorgen wegen deinem Husten. Ich hab ihn auch. Der geht erst wieder weg, wenn wir in Kathmandu sind«, sagte er. »Der Wetterbericht sagt hohe Winde und Schnee für die nächsten Tage voraus. Sei froh, dass du dort unten bist.«

Er wollte, dass Ken, Kozuka und Geoff an einem der folgenden Tage im Camp 2 übernachteten und dann zu Camp 3 aufstiegen, um ihre Akklimatisierungsphase abzuschließen, bevor sie zur Rast ins Basecamp zurückkehrten.

»Ich gehe dann mit dir, wenn du kommst. Mach dir keine Sorgen. Du verpasst hier gar nichts. Wir haben noch viel Zeit. Das Wetterfenster kommt nach meiner Erfahrung erst Ende Mai. Vorher ist es zu kalt.«

4. Mai, Aufstieg zum ABC

Russell hatte gesagt, dass ich kommen könnte, sobald ich mich besser fühlte. Und am fünften Tag spürte ich, dass es soweit war. Es war zwar gemütlich im Basecamp, aber ich hatte mit jedem Tag mehr das Gefühl, zu weit fort zu sein von unserem Berg und dem Abenteuer. Ich vermisste die Geschichten von Ken und wollte nachmittags wieder mit den anderen in unserer Bar sitzen und Karten spielen. Am meisten vermisste ich die Sherpas, abends bis spät mit ihnen im Küchenzelt zu sitzen und Tee zu trinken Lacchu machte mir zwei Crêpes mit Käse und Tomaten und schickte mich mittags auf den Weg. Er wollte am nächsten Tag nachkommen.

In nur vier Stunden erreichte ich das Zwischenlager, und Choldrim war froh, etwas Gesellschaft zu haben. Wir kochten Nudelsuppe. Choldrim murmelte leise seine Gebete, und ich sah ihm vom Schlafsack aus zu.

»Hier oben schneit es«, berichtete Russell am Funkgerät. Er war mit Ken im Camp 2. Geoff war am Morgen mit den Sherpas bis zum Camp 3 aufgestiegen und dann mit Kozuka ins ABC zurückgekehrt. Sie hatten damit ihre Trainingsphase abgeschlossen. Ich wollte am nächsten Morgen früh aufbrechen und tags darauf nachkommen, um meinen Akklimatisierungsaufstieg zum Camp 3 zu starten.

Choldrim hatte eine Treppe in die steile Geröllwand gebaut, die von unserem Zwischenlager hinaufführte. Eine Himmelsleiter, über die ich im ersten Sonnenlicht stieg. Drei Yakpas überquerten gerade mit ihren Yaks den Fluss, und ich folgte ihnen. Die Gletscherlandschaft hatte sich verändert; der Wasserspiegel der blauen Seen war um einiges angestiegen. Nun musste man in einem waghalsigen Manöver um die eisigen Türme klettern, weil die Moräne im Schmelzwasser versunken war. Zum Mittagessen erreichte ich unser ABC. Geoff und Kozuka saßen stumm im Gemeinschaftszelt und sahen erschöpft aus. Beim Abstieg von Camp 3 waren sie in einen heftigen Schneesturm geraten und in knietiefem Neuschnee an den Seilen entlanggekrochen.

»Es war grauenhaft. Ich konnte die Hände nicht vor den Augen sehen und bin einfach nur dem Seil hinterhergestiegen«, berichtete Geoff.

Kozuka war bleich wie Kreide und murmelte immer nur: »50 % dead, 50 % dead.« Am späten Nachmittag kam auch Russell von oben zurück. Er stürmte wie eine Furie ins Gemeinschaftszelt. Ich freute mich, ihn zu sehen, und strahlte ihn an, aber er war in einer furchtbaren Laune. Er hatte am Morgen mit den Sherpas versucht, Fixseile oberhalb von Camp 3 anzubringen, aber der Wind war so stark gewesen, dass die Männer nicht einmal aufrecht stehen konnten.

»Wenn du glaubst, dass ich da morgen noch mal mit dir hinaufgehe, dann hast du dich getäuscht. Ich hab genug von deinen Dramen. Die Sherpas arbeiten so hart. Wenn du deine Kräfte nicht einschätzen kannst, dann hast du hier nichts zu suchen. Der Everest bedeutet harte Arbeit, Urlaub musst du schon woanders machen!«, fauchte er mich wütend an.

Ich schaute ihn entgeistert an, weil mir die Worte fehlten. Er fuhr fort, dass er seine Zweifel an mir hätte, dass ich ihm erst beweisen müsse, dass ich das Zeug dazu hätte, um auf den Everest zu steigen, dass ich mich ernsthafter bemühen müsse.

»Du gehst morgen mit den Sherpas mit und ich werde mir berichten lassen, wie du dich anstellst. Wenn es irgendein Drama gibt, dann schicke ich dich nach Hause!«, schnaubte er und verließ das Zelt.

Ich saß wie gelähmt vor meinem Tee und rührte lange in der Tasse. Ich hätte heulen können vor Wut. Schließlich hatte Ken mir das Drama eingebrockt mit seinen Tabletten. Ich fand, dass ich mich tapfer geschlagen hatte und niemandem zur Last gefallen war. Warum Russell mir plötzlich nichts mehr zutraute, konnte ich nicht verstehen.

Als Ken vom Nordsattel zurückkam, war auch er in einem Stimmungstief. Man sah ihm an, dass der Aufstieg ihn viel Kraft gekostet hatte. Aber das war es nicht allein. Er machte sich Sorgen. Oben auf dem Nordsattel war eines unserer Zelte davongeflogen – ob durch Windeinwirkung oder mutwillig von einem anderen Team in den Abgrund befördert, war unklar. »Wir haben es zwischen den Eistürmen gefunden und gerettet, aber Russell war entsetzt. Es hat ihn schwer getroffen, dass seine Mühen, für Sicherheit am Berg zu sorgen, von anderen mit den Füßen getreten werden.«, sagte Ken.

Vor Tagen hatte ein Meeting aller Expeditionsleiter im ABC stattgefunden. Russell und Eric, der Expeditionsleiter des amerikanischen Teams, wollten, dass sich alle Gruppen an Routenerstellung und Anbringen der Fixseile beteiligten und ihre Kräfte vereinten, entweder indem sie Sherpas für die Arbeit oder zumindest Seile zur Verfügung stellten, oder dass sie sich mit hundert Dollar an Erics und Russells Teamarbeit beteiligten, damit diese ihren Sherpas einen Bonus für die harte Arbeit bezahlen konnten. Viele erklärten sich mit einer Beteiligung in Höhe von hundert Dollar einverstanden, weil sie selbst weder Sherpas noch Seile dabei hatten; sie waren froh, dass jemand sich um die Sicherheit der Route kümmern wollte. Andere hingegen meinten, sie bräuchten keine Seile und Eric und Russell würden ohnehin ein so dickes Geschäft mit ihren Kunden machen, dass sie sich daran nicht auch noch beteiligen wollten. Diese Kommerzialisierung des Everest würden sie nicht unterstützen. Natürlich gehörte die internationale Gruppe aus dem blauen Zelt zu den Letzteren, aber auch einige andere Teams wollten Russells und Erics Seile nicht nutzen. Sie kämen alleine zurecht, meinten sie. Böse Worte flogen hin und her, sodass die Teams im ABC schließlich im Streit auseinandergingen. Die Sherpas und die Köche kannten sich alle untereinander und waren gar nicht glücklich über das Verhalten ihrer Expeditionsleiter.

»Klar können wir alle bei gutem Wetter ohne Seile zu den höheren Camps hinaufsteigen, aber lass einen Schneesturm kommen! Wenn wir dann keine Fixseile haben, finden viele nicht zurück und sterben dort oben«, sagte Ken. »Es sei denn, Russell rettet sie«, setzte Geoff hinzu. »Schlechtes Karma«, meinte Ken nachdenklich.

Ich ging zu Lacchu in die Küche. Die Sherpas saßen in ihren dicken Daunenjacken eng zusammen. Wie Russell hatten auch sie ein paar harte Tage hinter sich, aber man merkte es ihnen nicht an. Musik ertönte aus dem Kassettenrekorder und in den Tassen dampfte Tee.

»Komm her, Helikopter, flieg zu mir«, rief Phurba und machte mir Platz.

»Wie war es oben im Sturm?«, fragte ich.

»Gut«, sagte Loppsang, »wir haben drei Zelte, Seile und über zwanzig Flaschen Sauerstoff ins Camp 3 gebracht. Von der Südseite sind heute die ersten Bergsteiger auf den Gipfel gestiegen, aber wir wissen noch nicht, wer. Wir gehen morgen wieder zum Nordsattel. Kommst du mit?«

Ich nickte und war erleichtert, dass sie mich mitnehmen würden. Draußen heulte der Wind ums Zelt. Lacchu teilte Sherpa-Curry aus und ich fühlte mich endlich wieder daheim.

5. Mai, der Test

Es war ruhig im ABC, fast alle Bewohner waren im unteren Basecamp, um sich vor dem Aufstieg zum Gipfel noch einmal gründlich zu erholen. Die Sonne hatte den Schnee getaut, der am Tag zuvor unser Camp weiß gezuckert hatte. Ein kleiner Bach wand sich am Rande des Gletschers plätschernd durch die Steine. Es war zum ersten Mal windstill, als ich über das lange Gletscherfeld wanderte. Wenn Engel reisen. Ich hatte am Morgen kurz mit Russell gesprochen. Er hatte immer noch schlechte Laune und einen harten Ton, aber ich konnte seine Not, für maximale Sicherheit am Berg sorgen zu wollen, und seinen Ärger, dass viele gegen ihn arbeiteten, verstehen. Er sah mitgenommen aus. Ich dagegen war gut erholt und sah meinem Aufstieg zu Camp 3, »dem Test«, wie er ihn nannte, mit Zuversicht entgegen.

»Ich werde mich ernsthaft bemühen. Die Sherpas nehmen mich mit und es wird kein Drama geben«, versprach ich ihm und ging dann fort.

Die »harte Arbeit«, wie Russell sie nannte, machte mir nichts aus. Meine harte Arbeit hatte ich in New York zurückgelassen, und ich dachte halb schaudernd, halb sehnsüchtig daran zurück. Vor ein paar Monaten hatte ich an einem Werbespot fürs Fernsehen mitgearbeitet. Es war ein Commercial für den größten Kartoffelchipshersteller in Amerika. Die Kosten für den Spot betrugen über eine Million Dollar, und jede Minute am Set war kostbar. Die Filmausstatter hatten im Studio eine Dachterrasse und ein riesiges Luxusappartement errichtet, und auf einer großen Leinwand im Hintergrund war die nächtliche Skyline von New York zu sehen. Ich hatte ein Kleid für Miss Piggy von der Muppets Show entworfen, die drei Supermodels auf eine glamouröse New Yorker Party begleiten sollte. Darüber hinaus musste ich über hundert Gäste einkleiden, und das im neuesten Look von den Laufstegen in Mailand und Paris. Der Boxer Evander Holyfield und ein berühmter Komödiant waren auch als Gäste geladen und sollten sich die Kartoffelchips schmecken lassen, die von einem Butler in einer goldenen Schüssel gereicht wurden. Die Supermodels und die Berühmtheiten mussten in den dreißig Sekunden, die der Werbespot dauerte, unter den Gästen sofort zu erkennen sein, aber auch die Statisten mussten Designerkleidung tragen, um dem Ganzen ein glamouröses Ambiente zu verleihen. Die Supermodels waren mit einer Entourage von Pressesprechern, Managern, Make-up-Artisten, Hairstylisten und Assistenten angereist, und alle gaben, was die Kleider anbetraf, ihren Senf dazu. Verena, eines der Supermodels, passte jedoch nicht mehr in die Designerkleider hinein und weigerte sich, irgendeine andere Farbe als Schwarz zu tragen, um ihre überflüssigen Pfunde zu kaschieren. Steve, der Regisseur, aber hatte ausdrücklich verlangt: kein Schwarz für die Supermodels.

Evander stand am Set und trug blaue Socken zu seinem Smoking. »Ich brauche schwarze Socken, merkt das denn niemand«, rief ich meiner Assistentin zu und schüttelte den Kopf. Evander lachte. Miss Piggy trug ein pinkfarbenes Samtkleid mit Federbesatz. Ein Supermodel trug leuchtendes Grün, das andere Orange und für das dritte blieb nur Rot, Gelb oder Silber, wenn es mit den anderen leuchten sollte. Ich hatte in zehn Vorbereitungstagen über zweihundert Abendkleider aus den Showrooms der führenden Designer angeschleppt – und es hatte mir schlaflose Nächte bereitet. Es hatte mich viel Überredungskunst gekostet, damit die Designer ihre Kleider für einen Werbespot zur Verfügung stellen, in dem es um Kartoffelchips ging. Schwierig wurde es vor allem dann, wenn die Modezeitschrift *Vogue* eines der Kleider bereits für ein Fotoshooting haben wollte.

Am Set ging der Alptraum weiter. Steve brüllte; er wollte seine Stars perfekt gestylt sehen, und Verena weigerte sich, meine Kleider anzuprobieren. Sie hatte ihren eigenen Stylisten aus Los Angeles mitgebracht, aber der Regisseur hatte ihn zum Teufel gejagt und mir die gesamte Verantwortung übertragen. Nun musste ich sie irgendwie dazu bringen, ihren etwas fülligen Körper in eines meiner Kleider zu zwängen. Ich hatte fünf Assistenten, die sich um die hundert Gäste kümmern mussten und alle paar Minuten angelaufen kamen, um von mir die Outfits absegnen zu lassen, bevor die Gäste hinaus aufs Set geschickt wurden. Ich war genervt; alle redeten auf mich ein, und draußen musste ich mich nicht nur mit Steves hochfliegenden Ideen herumschlagen, sondern auch noch mit den Kartoffelchipsherstellern, mit der Werbeagentur und dem gesamten Filmteam. Der Regieassistent kam in die Garderobe und sagte: »Die Leute von der Werbeagentur wollen den Dalai Lama als Partygast. Steve fragt, ob du einen der Statisten als Dalai Lama verkleiden kannst. Er will aber mit den Supermodels anfangen. Du hast also eine Stunde Zeit.«

»Eine Stunde für einen Dalai Lama?«, fragte ich entsetzt. »Wo soll ich denn in einer Stunde eine Lama-Robe herbekommen?« Es herrschte Chaos. Ich telefonierte mit sämtlichen tibetischen Läden, die ich kannte, während ich Verena gut zuredete und ein rotes Abendkleid von Versace hinten aufschnitt. Mit Sicherheitsnadeln befestigte ich die Seitenteile an ihrem Büstenhalter und drapierte dann einen Schal über den klaffenden Schlitz auf ihrem Rücken. Vermutlich lag es an meiner Verzweiflung über die neue Idee mit dem Dalai Lama, dass sie sich plötzlich auf meine Seite schlug. Meine Assistentin hatte inzwischen einen der Statisten dazu überredet, sich den Kopf rasieren zu lassen, eine andere war wegen der Robe unterwegs. Eine Stunde später schritt der Dalai Lama durch die Appartementtür am Set, und den Werbeleuten fielen fast die Augen aus dem Kopf. Ich verbeugte mich und ließ mich erschöpft auf einen Stuhl fallen. Das war harte Arbeit für mich.

Durch die glasigen Eistürme hinauf zum Nordsattel zu klettern war dagegen himmlisch. Sonam holte mich bald ein, und wir setzten uns über der Eiswand in den Schnee. Er bot mir eine Zigarette an, und ich nahm dankend an, weil ich in Gedanken immer noch mit Verena und der Lama-Robe beschäftigt war. Die Welt unter uns strahlte im Sonnenlicht, und eine wohltuende Stille breitete sich aus. Plötzlich kamen Ivan und Heber von oben angeschnauft.

»Mein Engel!«, rief Ivan, als er mich sah, und lachte mich an.

Die beiden hatten im Camp 2 geschlafen und schon ein Zelt hinauf zum Camp 3 getragen. »Wir haben alles getan, um unseren Gipfelsturm vorzubereiten. Jetzt müssen wir nur noch die Götter um gutes Wetter bitten«, sagte Ivan.

»Ich muss es erst noch zum Camp 3 schaffen, sonst schickt Russell mich nach Hause«, gestand ich und erzählte ihm von meinem »Test«.

»Das schaffst du leicht, du hast doch Flügel«, sagte Ivan augenzwinkernd und nahm mich in den Arm. »Mein Engel kann doch fliegen.«

Zwei Stunden später bezogen Sonam und ich unser Zelt auf dem Nordsattel und fingen an, Schnee zu schmelzen. Es war still im Camp, bis spät abends die Sherpas kamen. Ich konnte Phurba im Zelt neben uns noch lange hören. Er murmelte leise seine Gebete in die Stille der Nacht, während ich in Gedanken mit dem Aufstieg zu Camp 3 beschäftigt war. Fast achttausend Meter hoch lag das Camp. Im Grunde meines Herzens wusste ich, dass der Aufstieg dorthin weit mehr fordern würde als all das, was ich mir in meiner Bergsteigerlaufbahn bisher zugemutet hatte. Und dennoch wollte ich mich nicht erdrücken lassen von dem Erfolgszwang, den ich tief in meinem Innern verspürte. Ich wollte mein Bestes geben und wenn das nicht bis zum Camp 3 reichte, dann war ich wahrscheinlich auch nicht gut genug, um zum Gipfel zu gehen. Aber es musste reichen. Es waren doch schließlich nur dreihundert Höhenmeter mehr als beim letzten Aufstieg. Ob ich sie spüren würde, die sogenannte Todeszone? Phurba und Loppsang hatten gesagt, dass ich es leicht schaffen würde. Und Lacchu hatte mir eine extra Portion Sherpa-Curry ausgeteilt. Aber Russell hatte seine Bedenken.

7. Mai, Camp 1, 7000 Meter

Die Gaskocher fauchten wie heisere Katzen, lange bevor die Sonne ans Zelt kroch. Draußen waren die Sherpas schon zugange. Um sechs Uhr verließen Phurba, Karsang und Loppsang das Camp und ich lauschte ihren Schritten hinterher. Sonam hatte schon Tee gekocht. Eine Stunde später zog ich meine Steigeisen an.

Der Himmel war vollkommen klar. Die Eiswand stand schon in der Sonne. Nur mein Kopf brummte ein wenig, aber ich hatte gut geschlafen und fühlte mich fit. Der stürmische Wind, mit dem ich auf dem Sattel gerechnet hatte, blieb an diesem Tag aus. Es war im Gegenteil völlig windstill und der neue Schnee war hart gefroren. Ein Hügel erstreckte sich nach dem anderen, und als sie steiler wurden, machte ich einfach weniger Schritte zwischen den Pausen. Nichts konnte mich an diesem Tag aus der Ruhe bringen. Der Wolkenschweif, der sonst immer vom Gipfel wehte, war nicht zu sehen. Ich konnte unsere Zelte von weitem schon entdecken. Fabrizio, unser Nachbar aus dem ABC, saß bei ihnen in seinem von Sponsorenstickern übersäten Daunenanzug. Er winkte mir zu, aber ich brauchte lange, um zu ihm zu gelangen, weil das letzte Stück so steil war. Außer Atem setzte ich mich zu ihm. Fabrizio war gerade vom Camp 3 zurückgekommen. Er hatte sein Zelt dort aufgestellt und befand sich auf dem Rückweg. Ein paar Ukrainer waren bereits im Camp 3 und wollten noch an diesem Tag weiter zu Camp 4 aufsteigen. Sie waren die Ersten, die sich in dieser Saison zum Gipfel vorwagen wollten. Das Wetter war ideal, aber Fabrizio meinte, es würde nicht halten.

»Das Fenster ist zu klein. Schon für morgen sagt der Wetterbericht wieder hohe Winde voraus. Es ist noch zu früh in der Saison.«

Ich erinnerte mich, dass Russell etwas Ähnliches gesagt hatte, doch noch war alles ruhig. Die Sonne brannte auf mein Zeltdach und zwischen den vielen Daunenschlafsäcken war es gemütlich warm. Der Kocher schnurrte leise vor sich hin, und als Sonam ins Zelt kroch, kochte unser Wasser schon. Der Wind kam, als die Sonne gerade in die Wolken tauchte. Er rüttelte am Zelt, während wir überlegten, was wir uns zum Essen kochen sollten. Tomatensuppe oder Nudeln? Vielleicht eines der vorgekochten Curries aufwärmen? Am Ende machten wir nur Tee und aßen Kekse und Schokolade, weil mir der Appetit fehlte. Sonam kaute getrocknetes Yakfleisch. Die Welt draußen war wild geworden, und die Überreste von zerrissenen Zelten flatterten aufgeregt im Schnee. Wie lange sie wohl schon da oben den Naturgewalten ausgesetzt waren? Vielleicht waren es noch Zeltfetzen von Mallorys und Irvines Expedition. Ihr Camp hatte vor fünfundsiebzig Jahren an genau derselben Stelle gelegen.

Camp 2, 7600 Meter

Sonam wachte mit starken Kopfschmerzen auf. Bei mir hielten sie sich in Grenzen, weil ich in der Nacht schon Ibuprofen genommen hatte. Ich erinnerte mich wieder an Russells Worte, dass dies der härteste Tag meines Lebens werden würde. Ob er wohl Recht behalten sollte? Noch nie war ich auf dieser Höhe gewesen, 7600 Meter über dem Meeresspiegel. Am Cho Oyu hatte unser letztes Camp auf 7500 Metern gelegen, und von dort waren wir im Schneesturm umgekehrt. Und nun sollte ich hinauf auf 7900 Meter. Es war die kürzeste Etappe am Berg, nur knapp über dreihundert Höhenmeter, aber auch die schwierigste, wie Ken und Geoff berichtet hatten. Felsgelände, abschüssige Gesteinsbrocken, die sich teilweise lose, teilweise festgefroren übereinander stapelten. Ken und Geoff hatten gekämpft, Kozuka hatte nach hundert Metern seinen Aufstieg abgebrochen und war zurückgekehrt. Kobayashi hatte es gar nicht erst versucht.

Außer Tee konnte ich an diesem Morgen nichts zu mir nehmen. Es war besser, nichts zu essen, dann konnte mir wenigstens nicht schlecht werden. Ich steckte die kleine Wasserflasche in meine Daunenjacke, damit sie nicht einfror. Schlafsack, Fleecejacke, Sonnencreme, Gletscherbrille, Traubenzucker und eine Hand voll Hustenbonbons kamen in den Rucksack. Der Wind hatte kein bisschen nachgelassen und blies mich fast um, als ich aus dem Zelt stieg. An den Felsen zog ich die Steigeisen aus und ließ sie zurück. Sonam meinte, wir bräuchten sie nicht. Ich war froh, denn meine Füße waren viel leichter ohne die Eisen. Ich klippte meinen Karabiner ins Seil und die Steigklemme dazu. Dann streckte ich meine Hand weit nach oben und atmete noch einmal tief ein, bevor ich den ersten Schritt wagte. Die Felsen waren rutschig vom Nachtfrost, Wolken verhüllten die Sicht auf die Berge unter uns. Nur der Cho Oyu ragte im Westen aus ihnen heraus. Eine dicke weiße Wolke stieg durch die Nordwand neben uns zum Gipfel hinauf. Kein gutes Omen. Die ganze Flanke des Berges bestand aus zerborstenen Felsplatten, die der Sturmwind fast blank gefegt hatte. Sie stapelten sich übereinander wie lose Dachziegel, und das Gelände auf dem exponierten Nordgrat war genauso abschüssig. Der Grat fiel nach allen Seiten steil ab, und der Wind pfiff bösartig. Jeder Schritt kostete immense

Kraft. Ich versuchte, von einem Dachziegel zum nächsten zu balancieren. Immer wieder rutschten Steinbrocken unter meinen Füßen weg. Ich drehte mich um und rief Sonam zu, dass er warten solle, weil ich ihn nicht durch Steinschlag gefährden wollte. Er hörte mich nicht und hielt die Hand ans Ohr. Seine Lippen bewegten sich, doch der Wind trug seine Worte davon, noch bevor sie mich erreichen konnten. Ich probierte es mit Handzeichen, und Sonam nickte mir zu. Die Daunenkapuze flatterte mir um den Kopf, und ich zählte nicht mehr die Schritte, sondern die Handgriffe am Seil über mir. Meine Nase lief und die Gläser meiner Gletscherbrille beschlugen, weil ich mir den Schal bis über die Nase hochgezogen hatte. Meine Daunenhandschuhe waren zu dick und passten nicht richtig in die Steigklemme, aber ausziehen konnte ich sie nicht, meine Finger waren schon so kalt. Die bunten Zelte der anderen Teams kamen näher. Bedrohlich knatterten sie im Takt des Windes. Sie schienen sich mit aller Kraft an den Felsen festzukrallen. Manche hingen in einem Geflecht aus Seilen wie in einem Spinnennetz und zitterten trotzdem. Es war das ungemütlichste Camp, das ich je gesehen hatte. Abgebrochene Zeltstangen lagen herum und übriggebliebene Zeltfetzen flatterten sinnlos im Sturmwind. Sonam hatte vier Flaschen Sauerstoff im Rucksack und überholte mich trotzdem. Ob Loppsang, Phurba und Karsang zum Camp 4 aufgestiegen waren? Die weiße Wolke neben uns hatte nun dunkle Flecken und sah mich dämonisch an. Vielleicht war es besser umzukehren? Aber diese Blöße wollte ich mir nicht geben. Geoff und Ken hatten es auch geschafft und ich musste beweisen, dass ich gut genug war für den Aufstieg zum Gipfel. Ich steckte mir ein Zelt nach dem anderen zum Ziel. Immer einen neuen Gipfel. Ich benannte sie nach der Achttausenderriege und stieg dann nur zu ihnen hinauf, setzte mich eine Weile davor und trank einen Schluck Gipfeltee. Erst dann brach ich zu meinem nächsten Gipfel auf. Ein rotes Zelt, das ich Annapurna getauft hatte, hing mehr als dass es stand auf einer abfallenden Steinplatte. Wie es sich darin wohl schlief? Aus einem orangefarbenen Zelt stiegen zwei vermummte Bergsteiger und machten sich auf den Weg nach unten. Sonam war weit voraus. Die Wolke neben mir wurde immer dunkler und schien an der Nordwand festzukleben. Sie war ständig in Bewegung, kam aber trotzdem nicht vom Fleck. Noch hundert Meter. Ich sah, wie Sonam seinen Rucksack abnahm.

Er packte die Sauerstoffflaschen aus und verstaute sie in einem oliv-farbenen Zelt. Noch fünfzig Meter. Sonam zog seinen Rucksack wieder an und setzte sich auf die Felsen vor den Zelten. Die Luft war so dünn, dass ich nie mehr als acht Schritte hintereinander machen konnte. Schon jetzt war ich völlig erschöpft. Die kalte Luft kratzte mir im Hals, und mein Husten wurde schlimmer. Als ich Sonam erreichte, war sein Blick besorgt.

»Das Wetter wird schlecht, wir steigen besser schnell ab. Ich habe mit den Sherpas oben gesprochen, sie sind schon auf dem Rückweg. Ich gehe voraus und mache uns Tee. Kommst du allein zurecht?«, schrie Sonam direkt neben mir in den Wind.

Ich nickte nur. Der geringe Sauerstoffgehalt der Luft wirkte wie ein Gefängnis mit unsichtbaren Gitterstäben. Am liebsten hätte ich meine Jacke aufgemacht, weil ich mir einbildete, sie würde mir die Luft abdrücken. Den Schal, die Mütze und die Brille wollte ich ausziehen, aber das wäre nur ein kurzer Akt der Befreiung gewesen, bevor mich der Frost in seinen eisigen Klauen gehabt hätte. Also zog ich den Kopf zurück in mein geschütztes Daunenhaus und schaute von dort in die Welt nach draußen, die erbarmungslos war. Ich konnte die Kraft der Natur bis in mein Innerstes spüren, eindring-lich, berauschend, angsteinflößend. Die Wolken unter mir sahen so unschuldig aus, weich und weiß, doch das Monster neben mir wurde zusehends dunkler und biss sich drohend in der Steilwand fest. Auf dem dreieckigen Schneefeld unterhalb des Gipfels waren zwei schwarze Punkte zu sehen. Langsam bewegten sie sich nach oben. Das mussten die Ukrainer sein. Was für ein Wahnsinn, bei diesem Sturm zum Gipfel aufzusteigen. Vielleicht war der Wind dort oben weniger stark, vielleicht war es aber auch immer so stür-misch. Wenn ich mir vorstellte, dass ich an diesem Morgen nur etwa dreihundert Höhenmeter geschafft hatte, verließ mich der Glaube an einen Aufstieg zum Gipfel. Zwölf Stunden so hinaufzusteigen, das würde ich nie schaffen. Russell hatte Recht. Ich hatte mich völlig überschätzt. Ich hatte keine Ahnung. Nicht umsonst nannte man ihn »Mount Everest« und atmete bedeutsam ein, bevor man seinen Namen aussprach.

Als ich das Ende der Felsen erreicht hatte, zog ich meine Steigei-sen wieder an und stapfte gleich weiter. Es war anstrengend, bergab im Schnee zu gehen, und meine Beine waren müde, aber es half alles nichts. Das Wetter wurde zunehmend schlechter. Der Wind wehte schon in heftigen Böen über den Sattel. Die dunkle Wolke hinter mir, die den ganzen Morgen brodelnd in der Nordwand gehangen hatte, begann auszubrechen. Steil nach oben stiegen Wolkenfetzen weg, und ich konnte das Schneefeld, auf dem ich kurz zuvor die beiden schwarzen Punkte gesehen hatte, nicht mehr erkennen. Der Gipfel war verschwunden. Noch schien die Sonne vor mir auf den Schnee, aber hinter mir drängten die Wolkenfetzen immer dichter heran. Ich konnte es nicht fassen, als ich weiter unten drei Bergsteiger ausmachte, die sich immer noch aufwärts bewegten. Vermutlich Sherpas, die Lasten zum Camp 2 trugen, dachte ich. Ich schloss die Augen und wünschte mir, mit einem Fingerschnippen den Platz mit ihnen tauschen zu können. Sie wünschten sich vielleicht dasselbe, aber es funktionierte nicht. Vielleicht sollte ich mir lieber jemanden im ABC aussuchen, dann könnte ich mich gleich zu Kul Badur in die Küche setzen.

Die drei Männer unter mir bewegten sich langsam und machten viele Pausen. Ich traf den ersten über seinen Eispickel gebeugt an und fragte ihn nach der Zeit. Er suchte so umständlich nach seiner Armbanduhr, dass es mir schon wieder leid tat, ihn gefragt zu haben. Seine Freunde seien auf dem Weg zum Gipfel, sagte der Mann in gebrochenem Englisch und deutete stolz nach oben in die Wolken. Er gehörte zur dritten Gruppe der ukrainischen Expedition, die zweite Gruppe war auf dem Weg zu Camp 4.

»Das Wetter sieht nicht gut aus«, erwiderte ich und zeigte auf die Wolken. Er zuckte mit den Schultern und ging weiter.

Als ich Camp 1 erreicht hatte, holten mich die Wolken ein. Die Zelte bewegten sich wie dunkle Schatten durch den dichten Nebel. Ich war froh, dass Sonam schon Tee gekocht hatte. Auch er hatte die zwei Ukrainer auf dem Schneefeld unter dem Gipfel gesehen und konnte sich nicht erklären, warum sie in diesem Wetter zum Gipfel aufstiegen. Ich schaute lange den drei schwarzen Punkten auf dem Nordgrat nach. Immer höher hinauf stiegen sie, den dunklen Felsen entgegen, höher und höher, bis die vorbeistürmenden Wolkenfetzen sie eingeholt hatten und sie darin verschwanden. Der Gipfel war längst nicht mehr zu sehen. Es hatte angefangen zu schneien, dicke weiße Flocken wirbelten um uns, als wir durch den Eisfall abstiegen, und ich musste mich konzentrieren, um an den Seilen keinen

Fehler zu machen. Am Gletscherfeld wartete Sonam auf mich; als er voranging, stapfte ich einfach seinen Schritten hinterher. Wenn ich mich erschöpft über meinen Eispickel lehnte, wartete er geduldig. Der Wind war stark, das Gehen im Neuschnee eine Qual. Ich versuchte nicht nachzudenken, keine Schritte zu zählen, sondern nur Sonams Schritten zu folgen. Als Sonam stoppte und ich aus meiner Trance wieder aufwachte, standen wir bei Kul Badur in der Küche.

Kul Badur hatte Kartoffeln gekocht, und sie wärmten meine kalten Hände. Er servierte uns Chilipaste und Butter dazu. Riki nannte man diese Mahlzeit, die die Sherpas oft zum Frühstück schon aßen. Draußen schneite es heftig, und der Wind rüttelte am Zelt. Kurze Zeit später kamen auch Phurba, Loppsang und Karsang zurück. Es war gemütlich in unserer Küche; die gute Laune der drei war ansteckend. Auch wenn man sie in einem Schneesturm bis zum Nordpol schicken würde – sie würden fröhlich schwatzend zurückkommen, die Musik anmachen und Kul Badur beim Kochen helfen. Geoff, Kozuka und Ken waren ins Basecamp abgestiegen. Russell saß mit Kobayashi im Gemeinschaftszelt und tüftelte an einer Strategie für den Aufstieg zum Gipfel.

9. Mai, ein Alptraum beginnt

Am nächsten Morgen lag unser Camp in tiefem Schnee. Es war so still wie am ersten Weihnachtstag.

»Guten Morgen, jetzt können wir endlich mal einen Schneemann bauen«, begrüßte ich Russell, der mit dem Fernglas angestrengt nach oben schaute. Insgeheim hoffte ich, nicht schon an diesem Tag wieder ins Basecamp absteigen zu müssen. Mir taten sämtliche Knochen weh. Ich war in den letzten fünf Tagen täglich über fünfhundert Höhenmeter auf- und abgestiegen und nicht nur meine Beine brauchten dringend einen Ruhetag. Russell ließ das Fernglas sinken und sah mich besorgt an.

»Das wird kein guter Tag heute. Ich will, dass du deine Sachen packst und mit den Sherpas hinunter ins Basecamp gehst. Je früher ihr aufbrechen könnt, um so besser.«

Der Himmel war bedeckt, und dicke graue Wolken versperrten

die Sicht auf den Gipfelbereich des Everest. Russell blickte wieder angestrengt in die Wolken.

»Nur einer von den drei Ukrainern ist gestern Abend vom Gipfel zurückgekommen. Die anderen sind noch irgendwo da oben. Wir haben im Laufe der Nacht den Funkkontakt mit ihnen verloren. Es sieht schlecht aus, und das Wetter dort oben ist furchtbar«, murmelte er und stapfte davon.

Nein, das war kein guter Tag. Ich ging in die Küche. Kul Badur machte gerade Frühstück für Russell und Valentin, den Expeditionsleiter der Ukrainer. Die beiden waren dabei, eine Rettungsaktion in die Wege zu leiten. Unsere Sherpas hatten am Tag zuvor Camp 4 mit Zelten, Schlafsäcken und neunzehn Flaschen Sauerstoff ausgestattet. Russell versuchte herauszufinden, wer sich im letzten Camp aufhielt und stark genug war, hinaus in den Sturm zu gehen, um die beiden Ukrainer zu suchen. Es war nicht einfach, alle Beteiligten auf die gleiche Funkfrequenz zu bekommen. Drei andere Ukrainer aus dem zweiten Gipfelteam waren im Camp 4 angekommen und wurden angewiesen, die Zelte abzusuchen, um herauszufinden, wer dort oben war, ob jemand vielleicht die beiden Vermissten gesichtet habe und ob irgendjemand stark genug war, um zu helfen. Sie sollten unseren Sauerstoff nehmen und eine Rettungsmannschaft ausrüsten. Es war nicht einfach, alles zu koordinieren, weil die Zelte im Camp 4 relativ weit voneinander entfernt standen, und für diejenigen, die nun dort oben waren, bedeutete es eine unglaubliche Anstrengung, Daunenanzug, Plastikstiefel und Steigeisen anzuziehen und in den Sturm hinauszugehen. Viel Zeit blieb ihnen jedoch nicht, wenn sie die beiden noch lebend finden wollten.

Am Tag zuvor waren die drei stärksten Bergsteiger der Ukrainer auf dem Weg zum Gipfel gewesen. Zwei von ihnen hatte ich auf dem Schneefeld unter dem Gipfel gesehen. Der Dritte war zwar weit hinter den beiden zurückgefallen, aber immer noch auf dem Weg nach oben gewesen. Die beiden Ersten hatten am Nachmittag den Gipfel erreicht. Auf dem Rückweg trafen sie auf den Dritten. Einer der beiden beschloss zu bleiben und auf den Dritten zu warten, der weiter zum Gipfel aufsteigen wollte. Der andere kämpfte sich bei beginnender Dunkelheit durch die Felsen nach unten und traf abends im letzten Camp ein. Während der Nacht rief er um Hilfe.

Wo die beiden anderen steckten war unklar und oben tobte immer noch ein Schneesturm. Plötzlich war die hohe Bergwelt aus den Fugen geraten und drohte in der Tat zur Todeszone zu werden. Ich begann meinen Rucksack zu packen. Auch die Sherpas waren in Aufruhr. Auf der einen Seite wollten sie hinauf, um zu helfen, auf der anderen Seite waren sie erschöpft und erholungsbedürftig. Russell traf die Entscheidung, dass wir alle sofort zum Basecamp absteigen sollten. Die Sherpas waren seit fünfundzwanzig Tagen im ABC und hatten in den letzten Wochen in den oberen Camps hart gearbeitet, hatten in ihren Rucksäcken Sauerstoffflaschen, Zelte, Kocher und Seile hinaufgeschafft. Camp 4 lag mindestens zwei Sherpa-Tagesetappen entfernt vom ABC, und Russell konnte ihnen nicht zumuten, noch einmal dort hinaufzusteigen, um zu helfen, ohne sie in Lebensgefahr zu bringen.

»Macht, dass ihr runterkommt und ruht euch aus«, sagte er und verschwand wieder im Zelt der Ukrainer.

Um acht Uhr verließen wir das Camp. Der Pfad war wegen des Neuschnees schwer zu finden, und die Steine waren rutschig. Phurba stapfte voran und bahnte uns einen Weg durch die Eistürme. Es fing wieder an zu schneien, und dicke Wolken verschleierten die blauen Haifischflossen des Gletschers, der uns umgab. Erst als wir das östliche Rongbuk-Tal hinter uns gelassen hatten, brachen die Wolken auf. Die Luft roch plötzlich nach Sommer, und das Gurgeln des Gletscherbaches ertönte durch die Lüfte.

Basecamp

Lacchu erwartete uns im Basecamp und hielt mir stolz ein Stück Wassermelone entgegen. Das war wie Geburtstag und Weihnachten zugleich. Ken und Geoff sahen schon richtig erholt aus. Unser Generator funktionierte nicht, und Kozuka, der Einzige, der sich damit auskannte, war am Morgen nach Zangmu abgereist, weil er ein Bad nehmen wollte. Lacchu hatte sich den ganzen Tag schon an der Maschine versucht, aber sie gab keinen Laut von sich. Was genau hinter Kozukas plötzlichem Bedürfnis nach einem Bad in Zangmu steckte, war allen unklar; wir spekulierten, dass er vielleicht auch an einer Massage interessiert war, weil er über Verkrampfungen in seinen Beinen gejammert hatte. Zangmu war wahrscheinlich der letzte Ort auf der Welt, an dem ein normaler Mensch Urlaub machen würde. Aber er lag auf nur 2500 Metern Höhe, und es gab dort ein paar scheußliche Touristenhotels. Russell hatte vergeblich versucht, ihm diese anstrengende Reise von über vierhundert Kilometern auf Schotterstraßen auszureden, aber Kozuka hatte darauf bestanden und immer wieder seine Studien zur besten Art und Weise der Akklimatisierung ins Feld geführt. Kobayashi war nicht dazu zu bewegen gewesen, mit uns abzusteigen, weil er erst vor ein paar Tagen den langen Aufstieg ins ABC gemacht hatte.

Erhaben und gänzlich ungerührt von dem Drama, das sich gerade an seiner Nordflanke abspielte, erglühte der Everest im letzten Abendrot. Wir aßen bei Kerzenlicht. Ob die zwei vermissten Ukrainer inzwischen aufgetaucht waren? Wir hatten ein paar aus ihrem Team vor vielen Wochen im Basecamp getroffen. Sie hatten uns eine Broschüre gezeigt, in der jeder Teilnehmer der Expedition mit einem Foto vorgestellt wurde. Sogar der Staatspräsident der Ukraine hatte die Broschüre mit ein paar salbungsvollen Worten geschmückt. Nun schwebten zwei der Bergsteiger in Lebensgefahr. Die Funkgeräte schwiegen, und so hatten wir keine Nachrichten von oben. Hoffentlich hatten sie die beiden inzwischen gefunden. Tausende von Sternen strahlten am schwarzen Himmel, und ich sah lange den Sternschnuppen nach, die kreuz und quer durchs All flogen.

Russell kam am nächsten Tag bei Sonnenuntergang ins Basecamp. Er hatte schlechte Nachrichten. Nur einer der beiden vermissten Bergsteiger war wieder aufgetaucht. Die Ukrainer des zweiten Gipfelteams hatten ihn an der Ersten Stufe gefunden und zurück ins Camp 4 gebracht. Dorthin waren Bergsteiger des amerikanischen Teams aufgestiegen, um den Verletzten in Empfang zu nehmen und ihn weiter hinunterzutragen. Er hatte schwere Erfrierungen an den Händen und Füßen und konnte sich selbst kaum bewegen.

»Es war ein Alptraum«, sagte Russell. Er hatte die letzten sechsunddreißig Stunden nicht geschlafen, hatte eine Bahre gebaut und die Rettungsaktion geleitet. Ein schwieriges Unterfangen seinem Bericht zufolge, weil jeder alles besser gewusst habe und keiner auf ihn habe hören wollen. Letztendlich konnte er die Amerikaner und zwei italienische Bergsteiger überreden, den kranken Bergsteiger mit Hilfe der Sherpas hinunterzubringen.

»Am Nordsattel wollten sie ihn in ein Zelt legen, weil sie dachten, er könnte sich dort erholen. Es hat zwei Stunden gedauert, bis wir sie endlich davon überzeugen konnten, ihn trotz der Dunkelheit weiter nach unten zu tragen. Es war seine einzige Chance. Er hätte die Nacht dort oben nicht überlebt. Er war bewusstlos, als wir ihn endlich bei uns im Camp hatten. Sein Blutdruck war vierzig zu zwanzig. Er sah aus wie ein verbranntes Stück Fleisch. Wir haben ihn gleich an einen Tropf gehängt und angefangen, seine Hände und Füße wieder aufzutauen. Man kann Amputationen vermeiden, wenn man die Gliedmaßen gleich richtig behandelt. Aber der Arzt der Ukrainer hat keine Ahnung. Zum Schluss stand ich nur noch daneben und hab den Kopf geschüttelt. Er wird seine Hände verlieren und die Füße auch«, berichtete Russell traurig.

Er fuhr fort, die Nacht in allen Einzelheiten zu beschreiben. Die anderen hingen an seinen Lippen. Mir wurde übel, die ganze Nacht musste ich mich übergeben und hustete mir beinahe die Lunge aus dem Leib. Es war kalt, und draußen rüttelte ohne Unterlass der Wind am Zelt.

12. Mai, das alte Rongbuk-Kloster

Die traurigen Ereignisse machten uns allen zu schaffen. Der zweite vermisste ukrainische Bergsteiger war immer noch nicht aufgetaucht, und oben auf dem Grat tobte ein wütender Sturm, sodass alle weiteren Rettungsaktionen abgebrochen werden mussten. Dichter Nebel wehte durchs Camp. Wir mussten uns erholen, aber die Stimmung war gedrückt. Geoff und Ken waren besorgt. Niemand wusste, wie viele von unseren Sauerstoffflaschen für die Rettungsaktion gebraucht worden waren.

»Wir werden alle mit weniger Sauerstoff zurechtkommen müssen. Wer weiß, ob wir jetzt überhaupt noch eine Chance haben, zum Gipfel zu gehen«, gab Ken zu bedenken. Geoff stimmte ihm zu, und gemeinsam versuchten sie auszurechnen, wie viele Flaschen Sauerstoff uns noch bleiben würden. Wie gnadenlos die Welt der Bergsteiger doch war, wenn es um den Gipfel ging.

Nach dem Frühstück zog ich mein tibetisches Kleid an. Die Sherpas hatten einen Besuch des alten Rongbuk-Klosters geplant und ich wollte sie begleiten. Lacchu packte uns einen Picknickkorb. Wir folgten dem Fluss hinunter ins Tal. Auf einer kleinen Anhöhe wehten bunte Gebetsfahnen im Wind. Das alte Rongbuk-Kloster war in der Kulturrevolution zerstört worden und viel war nicht übrig von seiner einstigen Pracht. Ein einziger Lama wohnte noch in den Ruinen. Er eilte uns entgegen und schien sich über den unerwarteten Besuch zu freuen. Durch die Gebetsfahnen hindurch, die über seinem Haus flatterten, konnte man den Everest sehen. Der Lama hieß Nawang und trug eine rote Robe, die schon sehr abgetragen und schmutzig war. Eine kleine graue Katze miaute am Eingang und sprang davon, als er uns in sein Haus führte. Wir betraten eine dunkle Kammer, die die Kapelle des Klosters zu sein schien. Die Wände waren schwarz vom Ruß der Butterlampen. An einer Wand stand ein kleiner Buddha, umrahmt von aufgeklebten Bildern, die verschiedene Gottheiten darstellten. Nebenan hatte der Lama eine kleine Vorratskammer eingerichtet, in die ein paar schwache Sonnenstrahlen fielen. Ein Haufen gedörrtes Zedernholz und Wüstenbüsche lagen neben unordentlich aufgetürmten Yakdungfladen. In einem weiteren Raum lag eine graue Matratze auf dem Boden, und in einer Ecke stand ein alter Ofen, aus dem ein schwarzes Rohr in die Decke führte. Über seiner Bettstatt bewahrte der Lama in einem schmalen Holzschrank seine Habseligkeiten auf: Räucherstäbchen, eine goldene Klangschale, kleine Buddhastatuen, eine silberne Gebetsmühle und eine Gebetskette.

Durch ein Felsentor hinter seinem Haus betraten wir die Ruinen der ehemaligen Klosteranlage. Die Zerstörung glich dem Einschlag eines Meteoriten. Über uns ragten steile Felswände in den Himmel und blickten unschuldig herab. Eine Herde wilder blauer Schafe lief plötzlich davon, als wir uns näherten. Der Lama führte uns an roten quaderförmigen Steintürmen vorbei, die teilweise noch halbe Mauern bildeten und eine vage Vorstellung davon vermittelten, wie prächtig dieses Kloster einst gewesen sein musste. Ein einziger Raum war noch überdacht und seine vergilbten Wände waren von breiten Rissen durchzogen. Dies war das Studierzimmer des alten Klosters, erzählte Nawang, aber die Wandgemälde waren alle fortgewaschen. Nur eine Abbildung war noch schwach zu erkennen:

die Göttin Miyo Lungsangmo, die auf einem Tiger reitet. Über ihr ragte die weiße Gipfelpyramide in einen Kranz von Wolken. Sie sei eines Tages wie durch ein Wunder aus der Wand zurückgekommen, berichtete der Lama. Sie trug ein rotes Kleid. Ihr langer blauer Schal wehte im Wind. Ich stand lange vor der Malerei, gebannt von dem Zauber, den die Göttin vollbracht hatte.

Nawang führte uns weiter hinauf zu den Felsen hinter den Ruinen. Vor einer Höhle stoppte er plötzlich, bückte sich und sammelte ein paar Steine auf. Dann drückte er jedem von uns einen weißen und einen schwarzen Stein in die Hand. Er sagte, dass wir nun durch Himmel und Hölle gehen würden. Ein Haufen weißer Steine türmte sich am Höhleneingang vor einem schwarzen Loch, das weit hinunter in die Tiefe fiel. Dort hinein warfen wir die schwarzen Steine, und sie fielen lange, bevor wir sie unten aufschlagen hörten. Den weißen Stein sollten wir zu den anderen auf den Himmelshaufen legen. Dann betraten wir die Höhle und stiegen in ein dunkles Labyrinth hinab. Mal mussten wir steil in die Tiefe klettern, mal durch enge Gänge auf allen vieren kriechen. Plötzlich blies Nawang seine Kerze aus; es war vollkommen schwarz um uns. Einer der Sherpas kicherte, und dann war es auf einmal still. Wir lauschten in die Tiefe, in das Nichts der Unendlichkeit. Die Zeit stand plötzlich still, nichts bewegte sich mehr. Nach einigen Minuten des Schweigens zündete der Lama die Kerze wieder an und leuchtete in einen schmalen Gang, an dessen Ende alle Wände, der Boden und die Decke in einem Punkt zusammenliefen.

»Der Berg Kailash, man kann ihn von hier aus sehen«, übersetzte Phurba und kroch den Gang entlang.

Ich hörte, wie er mit einem Stein an etwas kratzte. Er kam wieder und hielt uns kleine Eisstücke hin. Der Lama lächelte, nahm eines in den Mund und faltete die Hände zum Gebet. Wir taten es ihm nach. Der Kailash ist der heiligste aller Berge in Tibet.

Wir stiegen weiter. Bald drang mehr Licht in die dunklen Gänge, und auf einmal standen wir wieder vor dem weißen Himmelshaufen und blinzelten in die Sonne. Nun durften wir einen Wunsch äußern. Einer nach dem anderen nahmen wir einen der weißen Steine, berührten damit die Stirn und verbeugten uns vor dem Himmelshaufen, um einen Wunsch von den Göttern zu erbitten. Ich wandte mich Hilfe suchend an Phurba.

»Meinst du, es ist in Ordnung, wenn ich ...?« Ich deutete zum Everest hinauf. Ich wagte es gar nicht auszusprechen, so benommen war ich noch nach unserem Rundgang durch die Hölle. Er nickte mir zu, und ich wünschte mir, dass wir alle gesund und glücklich vom Gipfel wiederkehren würden.

Im Basecamp war es ruhig, als wir zurückkamen. Die anderen hatten sich in ihre Zelte zurückgezogen, und ich ging zu unseren Nachbarn zum Tee. Alain, Pascal und Joel, alle drei hart gesottene Alpinisten und Himalaya-Experten, gehörten einer internationalen Gruppe an, die von Pascal geleitet wurde. Pascal und Alain kamen aus Belgien, Joel aus Portugal. Sie waren schon zum dritten Mal am Everest. Ich war überwältigt von den vielen Abenteuern und den Stürmen, die ihnen Jahr für Jahr den Aufstieg zum Gipfel verwehrt hatten. Ein Feuer blitzte in ihren Augen, wenn sie vom Everest erzählten, eine unendliche Sehnsucht, den höchsten aller Berge zu erklimmen, schien in ihrer Seele zu brennen. Nie hatte ich bei Bergsteigern eine solche Begierde und Abenteuerlust verspürt wie bei diesen dreien. Es war faszinierend und erschreckend zugleich. Pascal war im letzten Jahr an der Zweiten Stufe umgekehrt, weil er seine Füße nicht mehr spürte und seine Zehen nicht verlieren wollte.

»Diesmal werde ich es schaffen«, sagte er bestimmt und ein fast unheimliches Feuer loderte in seinen Augen.

Mir war plötzlich kalt. Von draußen drang schon die Nachtluft herein. Ich verabschiedete mich und wanderte zu unseren Zelten zurück. Chomolungma hielt die letzten roten Strahlen der Sonne auf ihrer Nordflanke gefangen und tauchte dann langsam ihr immer weißer werdendes Kleid in den Himmel. Ich sah lange zu ihr hinauf. Wie erhaben der Berg der Berge in den Nachthimmel ragte. Ich würde es bestimmt nicht bis zum Gipfel schaffen, dachte ich traurig, denn ein solches Feuer, wie ich es in den Augen der anderen gesehen hatte, brannte nicht in meiner Seele. Aber irgendetwas hatte auch mich ergriffen. Ob sie mich schon in ihren Bann gezogen hatte? Ein paar Sterne, Tausende von Lichtjahren entfernt, fingen an zu leuchten. Der Mond war in dieser Nacht nicht zu sehen.

13. Mai, Gipfelfieber

Ken, Geoff und Kozuka waren am Packen. Sie wollten nachmittags schon zum Zwischenlager aufbrechen. In den vergangenen Tagen waren sie zunehmend rastloser geworden, weil sie nicht mehr wussten, was sie mit all der freien Zeit anfangen sollten. Sie wollten endlich hinauf zum Gipfel. Wir hörten immer wieder Nachrichten von der Südseite. Eine Team war angeblich am Tag zuvor auf dem Gipfel gewesen, aber niemand wusste, wer es geschafft hatte. Ich genoss die Sonnenstrahlen und die dicke Luft im Basecamp, die mich auch bei einem kurzen Sprint nicht außer Atem kommen ließ. Meine Wäsche hing zum Trocknen draußen. Der Everest war nicht zu sehen; dicke Wolken hüllten ihn ein. Der Wetterbericht sagte hohe Winde voraus, und die Gebetsfahnen flatterten schon bedrohlich über den Zelten. Raben segelten durch die Luft und ließen sich im Aufwind treiben. Ich wollte diesmal mit Lacchu und Kassang in einem Tag zum ABC aufsteigen und die anderen tags darauf oben treffen.

Kobayashi kam nachmittags vom ABC zurück ins Basecamp und redete lange mit Russell. Er wollte die Expedition verlassen.

»Ich bin nicht stark genug, nicht genug Erfahrung. Nicht gut zu bleiben«, stammelte er entschuldigend, als er mit Russell ins Gemeinschaftszelt kam. Er sagte, er habe den Mut verloren, als er sah, wie sie den verletzten Ukrainer heruntergebracht haben. »Es war schrecklich und er war viel stärker als ich. Ich fahre zu meiner Familie. Es ist besser so.«

Damit war klar, dass er nicht mehr umzustimmen war. Er hatte zweimal unter entsetzlich großen Mühen Camp 1 erreicht und jedes Mal über acht Stunden für den Aufstieg gebraucht. Russell schien erleichtert über seine Entscheidung.

»Das ist sehr mutig von dir, Kobayashi-san. Du hast diesmal viel erreicht – siebentausend Meter. Das war gute Arbeit. Du kannst sehr stolz sein.«

Kobayashi lächelte verlegen und bedankte sich dann bei jedem mit einer Verbeugung. Dann ging er mit Russell hinaus, um seine Abreise zu organisieren.

ABC

Lacchu, Kassang und ich erreichten das ABC nach nur acht Stunden. Ich war stolz, endlich zu den hartgesottenen Bergsteigern zu gehören, die den Aufstieg an einem Tag schafften. Kassang hatte immer wieder gerufen: »Helikopter Chomolungma« und zum Gipfel hinaufgezeigt. Er war genauso stolz wie ich und schien sich zu freuen, dass er das schon bei unserem ersten Aufstieg gespürt hatte. Trotzdem taten mir alle Muskeln weh, als wir zu Kul Badur in die Küche traten. Ein eisiger Wind hatte uns durch die Gletscherlandschaft begleitet. Der Winter war zurück. Draußen braute sich ein Sturm zusammen und schlug ans Zelt. Ich fror in dieser Nacht wie nie zuvor in meinem ganzen Leben. Auch am nächsten Tag stürmte es und weiße Böen wirbelten durchs Camp. Erst am dritten Tag kam die Sonne zurück und begrüßte uns endlich mit Wärme und himmlischen Aussichten. Sofort herrschte Aufbruchsstimmung im Everest-Dorf. Das Gerücht von einem zweitägigen Wetterfenster hatte sich verbreitet, und viele folgten dem Ruf des Berges, auf den sie schon so lange gewartet hatten. Eine Vorhut der Amerikaner, die zwei Tage bei Sturm in Camp 3 ausgeharrt hatte, wollte zu Camp 4 aufsteigen, um dann in der Nacht zum Gipfel zu starten. Andere waren ihnen dicht auf den Fersen. Auch Ken und Geoff saßen keine Minute still. Ob wir nicht das Wetterfenster verpassen würden, fragten sie Russell.

»Vielleicht«, antwortete er gelassen, »aber mir gefällt die Vorhersage nicht, sie gilt nur für zwei Tage, und dann soll es wieder stürmen. Ich möchte warten, bis die Wetterlage stabiler wird. Wir haben noch Zeit. Meistens wird das Wetter erst in der letzten Maiwoche wirklich gut. Wir brauchen mindestens vier Tage gutes Wetter, und das sehe ich noch nicht. Ihr müsst euch noch etwas gedulden.«

Das fiel uns allen schwer, deswegen öffnete Russell die Bar an diesem Tag schon vor dem Lunch. Es gab Tee und Käse, und er überredete uns zu einem Kartenspiel, Everest-Rommé, das sich über viele Stunden hinzieht und die Gedanken ablenkt. Ob sie es schaffen würden, all diejenigen, die nun oben in den Camps auf ihre Chance warteten? In der kommenden Nacht wollten sich die Ersten auf den Weg zum Gipfel machen. Es hatte während der vergangenen Tage viel geschneit, und schon mittags stiegen dicke Wolken aus den Tälern in die Höhe. Mein Husten war wieder schlimmer geworden, meine Nase lief, und meine Füße waren kalt. Ich spürte, wie die Höhe meinem Körper allmählich zu schaffen machte, aber ich fühlte ich mich noch voller Energie. Wir hatten noch eine gute Chance, wenn ein stabiles Hoch kommen würde.

Ich hatte nach dem Abendessen mit Russell und den Sherpas noch in der Küche gesessen, mich aber schon bald verabschiedet, weil ich meine erneut aufkommende Erkältung ausschlafen wollte. Ken saß am Satellitentelefon, und noch lange hörte ich in meinem Zelt die Stimmen von Russell, Ken, Kozuka und Geoff. Sie waren in lebhafte Diskussionen verstrickt, aber ich konnte nicht verstehen, worum es dabei ging. Beim Abendessen hatten wir ausführlich über unseren Aufstieg gesprochen. Kozuka wollte ab Camp 1 mit Sauerstoff gehen. Russell war dagegen und versuchte Kozuka zu erklären, warum er es für eine schlechte Idee hielt. Aber Kozuka ließ sich nicht überzeugen. Seit er von seinem Bad aus Zangmu zurückgekehrt war, schien er ein anderer Mann zu sein. Er saß stundenlang im Zelt und starrte vor sich hin. Immer wenn ich ihn fragte, ob er mit mir »Vier gewinnt« spielt, winkte er ab und sagte, er müsse nachdenken. Dann versank er in Schwermut. Nichts konnte ihn aufheitern. Der Gipfel des Everest hing wie ein Damoklesschwert über ihm. Seine ganze Zukunft schien davon abzuhängen. Ohne den Gipfelsieg nach Hause zu kommen, das konnte er sich nicht erlauben. Er machte sich Sorgen über seine Kondition, dabei war er um ein Mehrfaches kräftiger als ich. Aber seit Zangmu hatte ihn der Mut verlassen. In der vergangenen Nacht hatten Russell, Kozuka, Geoff und Ken aber von ganz anderen Dingen gesprochen. Ken hatte schlechte Nachrichten von zu Hause – ganz schlechte. Sein Sohn lag mit einer schweren Hirnhautentzündung auf der Intensivstation. Er war erst acht Jahre alt. Seine Frau befürchtete das Schlimmste. Die ganze Nacht hatte Ken mit sich gerungen. Er war zum vierten Mal am Everest, hatte ein Jahr lang jeden Cent gespart, um mit einer voll ausgerüsteten Expedition, mit Sauerstoff und dem erfahrensten aller Bergführer endlich den Gipfel zu erklimmen, und plötzlich war alles zu Ende.

»Aber wenn ich nicht heimfahre und mein Sohn stirbt, dann werde ich mir mein Leben lang Vorwürfe machen. Nicht, dass ich wirklich etwas für ihn tun könnte. Aber ich bin schließlich sein Vater und auch noch Arzt«, sagte er.

Damit war alles klar. Russell hatte schon einen Jeep organisiert, der im Basecamp auf ihn wartete. Kassang stand bereit, um sein Gepäck hinunterzutragen. Ken hielt sich tapfer, er schaute noch einmal hinauf und gab dann jedem die Hand. Mich drückte er zum Abschied an sich. »Wenn es einer von euch Clowns schafft, dann du. Du hast deine Flügel, vergiss das nicht«, flüsterte er mir ins Ohr.

In diesem Augenblick hätte ich am liebsten mit ihm getauscht. Er hatte es mehr als wir alle verdient, endlich einmal auf dem Gipfel zu stehen. Aber es sollte nicht sein. Immer wieder hatten die Götter ihm einen Stein in den Weg gelegt, aber diesmal hatte ihn der Stein mitten ins Herz getroffen.

Fabrizio, Heber und Ivan kamen nachmittags zu uns zu Besuch und wir eröffneten die Teebar. Russell brachte die neuesten Wettermeldungen.

»Tägliche Schneeschauer und hohe Winde für die nächsten fünf Tage«, las er vor. »Es sieht so aus, als ob wir uns noch eine Weile gedulden müssten.«

Außer zwei amerikanischen Bergsteigern hatte niemand den Gipfel erreicht. Die meisten waren inzwischen erschöpft ins ABC zurückgekehrt und ruhten sich nun aus für einen zweiten Versuch. Einige waren in der vergangenen Nacht erneut nach oben aufgebrochen, andere warteten noch im letzten Camp. So genau wusste das niemand, weil jede Expedition eine eigene Funkfrequenz hatte. Am späten Nachmittag kamen Stephane und Norbert bedrückt ins Camp zurückgeschlichen. Die Enttäuschung darüber, es nicht bis zum Gipfel geschafft zu haben, war ihnen an den Gesichtern abzulesen. Stephane war schon kurz nach Camp 4 umgekehrt, weil er zu langsam war und das Wetter schlechter wurde.

»Vielleicht hätte ich es sogar bis zum Gipfel geschafft, aber dann hätte ich keine Kraft mehr gehabt, zurückzukommen. Es ist mörderisch da oben. Ohne zusätzlichen Sauerstoff machst du dort nur einen Fehler, und der ist tödlich. Da gibt es keine zweite Chance«, sagte er ernst und sah mich eindringlich an.

Norbert war nicht viel weiter gekommen. Der Everest hatte ihn erneut in die Knie gezwungen. Stevie musste seinen Gipfelanstieg schon im Camp 3 aufgeben und ließ seinen ganzen Frust an den Amerikanern aus.

»Die veranstalten einen Zirkus dort oben. Allein die Anzahl der Sauerstoffflaschen, die sie haben, ist ungeheuerlich. Das hat doch mit Bergsteigen nichts mehr zu tun«, schnaubte er ungehalten.

Unsere Puristen. Der Everest hatte ihnen den Wind aus den Segeln genommen und schon zogen sie beleidigt davon. Ich konnte nicht verstehen, warum sie sich so schnell geschlagen gaben. Das Wetter und die Schneeverhältnisse hatten ihren Plan durchkreuzt, an einem Stück bis zum Gipfel zu steigen. Aber war das ein Grund, gleich ganz aufzugeben?

»Das Wetter wird Ende Mai besser werden. Wenn ihr euch ein paar Tage ausruht, dann habt ihr bestimmt noch eine gute Chance«, sagte ich zu Stephane. Schließlich hatten sie die weite Reise gemacht, sich monatelang auf diese Expedition vorbereitet und sich wochenlang akklimatisiert.

»Wenn diese Clowns da alle raufsteigen, was bedeutet der Everest dann noch? Das ist doch ein einziger Affenzirkus hier. Mir langt's«, erwiderte er und wandte sich ab.

Ihm war nicht zu helfen. Ich hatte das Gefühl, dass er auch mich zu den Clowns zählte, und ließ ihn allein. Kurz bevor Stephane sich auf den Rückweg zum Basecamp machte, kam er noch einmal zu mir, um sich zu verabschieden.

»Wenn du es zum Gipfel schaffst, dann gebe ich das Bergsteigen auf«, sagte er, wünschte mir aber dennoch viel Glück.

19. Mai, Hilferufe vom Gipfel

Als ich aufwachte, schneite es wieder; heftig trommelten die Flocken aufs Zelt. Das Stimmengewirr der vergangenen Nacht war plötzlich wieder da und die zweite Rettungsaktion war bereits in vollem Gange, als ich schlaftrunken in die Küche stolperte. Pascal und Joel, die am Vortag um sechzehn Uhr den Gipfel erreicht hatten, waren immer noch nicht zurückgekommen und ihr Funkgerät schwieg. Ein Bergsteiger aus dem polnischen Team wurde ebenfalls vermisst. Der polnische Expeditionsleiter saß seit zwölf Stunden irgendwo an der Ersten oder der Zweiten Stufe, niemand wusste es genau. Er hatte in der Nacht um Hilfe gerufen; seine Finger seien gefroren und er könne nicht mehr aufstehen. Dann hatte Russell auch mit ihm den Funkkontakt verloren. Vielleicht waren die Batterien leer. Die ganze Nacht hatte Russell mit anderen Bergsteigern in unserem Gemeinschaftszelt gesessen und gehofft, dass sich die Vermissten noch einmal meldeten. Doch die Funkgeräte blieben still. Nun versuchte Russell wieder herauszufinden, wer oben im Camp 4 war und wer helfen konnte. Wenn man die Vermissten schnell finden würde, könnte ihnen noch geholfen werden. Aber oben am Berg tobte ein Sturm.

Als wir alleine waren, wurde Russell sehr ernst.

»Die Zeitungen werden wieder von Tragödien am Everest berichten. Die Polen haben oben am Gipfel Interviews an die Presse gegeben und auch vorher schon einen Medienrummel veranstaltet. Jetzt wird einer von ihnen vermisst, und wahrscheinlich ist er tot. Joel ist im Camp 4 aufgetaucht, aber er redet nur wirres Zeug und hat schwere Erfrierungen. Von Pascal und dem Polen fehlt jede Spur. Ich kann euch nur sagen, dass unsere Expedition besser ausgerüstet ist als die anderen. Wir haben genug Sauerstoff, stärkere Sherpas und strikte Regeln für den Gipfeltag. Von uns steigt keiner nach zwölf Uhr mittags zum Gipfel auf. Wir kehren vorher um, wenn wir merken, dass wir es nicht schaffen. Der Wetterbericht war bisher sehr zuverlässig, aber ganz genau weiß man es nie. Ihr müsst euch darüber im Klaren sein, dass auch uns etwas passieren kann, obwohl wir versuchen werden, alle Fehler zu vermeiden. Wenn ihr zum Gipfel aufsteigen wollt, dann müsst ihr das euren Familien erklären«, sagte Russell.

Mir wurde schlecht, als ich mir ausmalte, was meine Familie in der Zeitung lesen würde. Aber Russell hatte Recht, unsere Expedition war anders organisiert und mehr als alle anderen auf Risikominimierung ausgerichtet. Ich konnte mir einfach nicht vorstellen, dass uns etwas passieren würde. Trotzdem lag die einzige Chance auf eine heile Rückkehr bei jedem selbst. Wir mussten unsere eigenen Kräfte einschätzen und selbstständig die Entscheidung zur Umkehr treffen, wenn wir deutliche Anzeichen von Erschöpfung spürten. Das Problem war nur – wie erkennt man, dass die Erschöpfung bereits so weit vorangeschritten ist, dass man nicht mehr bis zum Gipfel aufsteigen kann, aber noch in der Lage ist, eigenständig zum letzten Camp zurückzukehren?

Ich lag lange wach in dieser Nacht und kämpfte mit mir. Da gab es eine Stimme in mir, die mir sagte, dass ich dem Aufstieg zum Gipfel mit Zuversicht entgegensehen könne, dass ich stark genug sei, die Herausforderung anzunehmen, um einmal ganz oben zu stehen, dem Himmel so nah zu sein. Die andere Stimme in mir klang entschieden verhaltener. Warum ich? Was musste ich mir beweisen? Von zehn Bergsteigern, die den Aufstieg zum Gipfel geschafft hatten, waren drei nicht zurückgekommen. Die Vorstellung, über den einen oder anderen Toten hinwegsteigen zu müssen, war furchtbar. So direkt vor dem Tod, vor der eigenen Vergänglichkeit zu stehen – mich schauderte. Die Männer hatten Ambitionen gehabt wie ich und nun waren ihre Träume mit ihnen erloschen. Ihre bunten Daunenjacken würden in der Sonne ausbleichen, ihr Grab lag einsam in eisiger Kälte. Würde ich wirklich erkennen können, wann es Zeit war umzukehren? Auf keinen Fall wollte ich, dass einer der Sherpas oder Russell sein Leben aufs Spiel setzen musste, weil ich meine Kräfte überschätzt hatte. Wie weit konnte ich gehen? So, wie ich mich fühlte, sollte ich am besten nach Hause gehen und den Berg Berg sein lassen. Was gab es denn noch zu gewinnen? War der Gipfel mir wirklich so wichtig? Hing mein Lebensglück davon ab? Natürlich nicht. Nichts würde sich dadurch ändern in meinem Leben. In der Modewelt würde es keinen Unterschied machen, ob ich den Gipfel erreicht hatte oder auf halbem Weg umgekehrt war; eine Trekkingtour zum Basecamp war für die meisten schon so gut wie der Gipfel. Ich öffnete mein Zelt und schaute lange zum Mond hinauf. Chomolungma strahlte geheimnisvoll in seinem Licht; die Schneefelder leuchteten und kein Hauch von einer Wolke trübte ihre Aussicht. Und da war er wieder, der Ruf der Göttin, das unbeschreibliche Glücksgefühl, das mich durchdrang. Am Nachmittag, als Ivan und Heber bei uns saßen, hatte ich es auch gespürt – die verschworene Gemeinschaft, das Leuchten in unseren Augen, wenn wir von »unserem« Berg sprachen; die gemeinsame Passion, die uns zusammengebracht hatte. Eine unendliche Sehnsucht erwachte wieder in mir. Meine Großeltern hatten schon zu ihm aufgeschaut. Der Everest war der Thron der Götter; wie Engel würden wir bald dort oben auf dem Grat über das Dach der Welt wandern. Der Mond verschwand langsam hinter den Felsen und die Sterne leuchteten am unendlichen Firmament. Ich wusste längst, warum ich hierher gekommen war.

23. Mai, Gipfelsturm

Die Sonne strahlte mit voller Kraft auf unser kleines Dorf; es war völlig windstill, der Himmel wolkenlos. Das Wetterfenster, auf das wir solange gewartet hatten, stand vor uns, ein Hoch von mindestens fünf, vielleicht sogar sechs Tagen mit perfekten Bedingungen für unseren Gipfelsturm. Am Abend zuvor hatte Russell den Startschuss gegeben und nun saß ich im Zelt und packte meine Sachen: Sonnencreme, Socken, Taschentücher, Hustenbonbons, Stirnlampe und Batterien, Stiefelheizer, Daunenhandschuhe, Balaclava, Eispickel, Schneebrille und Kamera. Als ich den Rucksack hochhob, traute ich meinen Armen nicht, so schwer war er; dabei sollte noch mein Proviant dazukommen. Letzterer fiel allerdings kaum ins Gewicht, weil ich nicht viel davon mitnehmen wollte, wusste ich doch bereits, dass mir dort oben ohnehin nicht nach Essen zumute sein würde.

Lacchu verabschiedete uns vor dem Küchenzelt, und dann zogen wir zum letzten Mal über das Geröllfeld vondannen. Russell würde nachkommen, und die Sherpas wollten uns zwei Tage später im Camp 3 treffen. Geoff stürmte als Erster davon, und ich wanderte mit Kozuka langsam hinterher. Ich war an diesem 23. Mai nicht mehr auf der Höhe meiner Kräfte, weder in physischer noch in psychischer Hinsicht. Mein Husten war schlimmer geworden, meine Nase lief ständig, und die dicken Fettpolster, die ich mir in New York angegessen hatte, waren längst dahingeschmolzen. Ich war müde von den Anstrengungen der letzten Wochen. Wenn ich meine vielen Touren zu den Höhencamps und zurück zum Basecamp zusammenrechnete, hatte ich die 8848 Meter, die Höhe des Everest, schon mindestens dreimal erklommen. Die Tragödien der anderen Bergsteiger hatten mich mitgenommen. Auf dem Weg über die Moräne merkte ich, wie schwer mir dieser Weg nun fiel. Fünf Wochen zuvor war ich zum ersten Mal da gewesen. Damals war alles noch neu und der verschlungene Pfad über die Steine voller

Wunder gewesen. Jetzt war ich froh, dass es das letzte Mal sein sollte. Ich wusste längst, dass hinter den Anhöhen wieder kleine Täler kamen, dass ich die mühevoll gewonnene Höhe auf der anderen Seite wieder verlieren würde und neu erklimmen musste. Einige Zentimeter Neuschnee erschwerten das Gehen über das langgezogene Eisfeld, und von oben brannte die Sonne herunter. Nicht die geringste Brise wehte, und mein Rucksack wog schwer auf meinen Schultern. Ich hatte meinen Eltern am Abend zuvor noch eine E-Mail geschickt, dass sie sich keine Sorgen machen sollten.

Camp 1, 7000 Meter

Nach sechs Stunden landete ich wie ein Engel mit gebrochenen Flügeln auf dem Nordsattel, den Tränen nahe. Ich kroch auf allen vieren zu unseren Zelten. Russell, der uns in der Eiswand überholt hatte, war mit Geoff ins Zelt gezogen und Kozuka war noch nicht da. So musste ich wieder selbst Schnee holen und alleine den Gaskocher anwerfen. Wo Kozuka nur blieb? Er kam, als die Sonne schon untergegangen war, und ließ sich erschöpft vor unser Zelt fallen. Er keuchte schwer und redete in wirren Worten mit sich selbst. Ich hielt ihm eine Tasse Tee hin und sagte, er solle seine Steigeisen ausziehen und hereinkommen. Er schien mich nicht zu hören. Immer wieder stammelte er etwas und bewegte wild die Hände vor seinem Gesicht, als ob er keine Luft mehr bekäme. Er wurde zunehmend hysterischer und machte keine Anstalten, seine Steigeisen auszuziehen. Ich befreite mich aus meinem Schlafsack und nahm seine Hände, damit sie aufhörten herumzufuchteln.

»Bist du in Ordnung, Kozuka? Hörst du mich?«, fragte ich ihn besorgt.

»Sauerstoff, ich brauche Sauerstoff«, stammelte er.

Ich zog ihm zuerst die Steigeisen aus und dann die Plastikstiefel und versuchte ihn ins Zelt zu ziehen, aber ich schaffte es nicht, ihn zu bewegen. Seine Atmung wurde immer flattriger; er röchelte fast nur noch und rief immer wieder nach Sauerstoff. Verzweifelt rief ich nach Russell.

»Gib ihm etwas zu trinken. Ich hole den Sauerstoff«, sagte Russell und schüttelte den Kopf.

Ich wickelte einen Schlafsack um Kozuka und hielt ihm eine halbe Tasse Tee hin. Er versuchte zu trinken, aber er zitterte so sehr, dass ich seine Tasse halten musste. Was war nur passiert mit diesem Mann, der sonst so stark wie ein Stier war?

Russell brachte eine Flasche Sauerstoff und packte Kozukas Rucksack aus, um seine Maske zu finden. Gemeinsam hievten wir ihn ins Zelt und steckten seine Füße in den Schlafsack.

»Du bist schon dreimal hier oben gewesen Kozuka, jedes Mal ohne Probleme. Diese fixe Idee, die du mit deinem Sauerstoff hast, macht mir Sorgen. Ich gebe dir jetzt eine Flasche, und du kannst heute Nacht damit schlafen, aber ich bin damit nicht einverstanden. Was willst du denn oben im Camp 4 machen, wenn du jetzt schon, hier auf siebentausend Metern, mit zusätzlichem Sauerstoff anfängst?«, fragte Russell ihn mit strengem Blick.

Kozuka nickte und hielt die Sauerstoffflasche fest umklammert. Russells Worte wurden sanfter. Er erinnerte Kozuka daran, wie stark er zuvor gewesen war, dass es nicht ungewöhnlich sei, acht Stunden zum Nordsattel zu brauchen, dass am nächsten Tag alles anders aussehen würde und er sich nun einfach nur ausruhen sollte.

»Kozuka, du machst dir zu viele Sorgen um den Gipfel. Schon im ABC hast du in den letzten Tagen nur stumm vor dich hingestarrt. Stundenlang hast du in deinem Zelt gesessen. Komm, schau dich doch an, du bist viel kräftiger als Helga, und sie nimmt es so viel leichter als du«, sagte Russell und zwinkerte mir zu.

Es war schon dunkel draußen, als er uns verließ. Kozuka saß die ganze Nacht steif im Zelt, und ich versuchte zu schlafen. Er hatte nun seinen Sauerstoff und atmete gleichmäßig durch die Maske. Das Geräusch klang beruhigend; er würde nicht sterben, solange er so dasaß und atmete.

24. Mai

Ich wachte mit den ersten Sonnenstrahlen auf. Kozuka hatte die Sauerstoffmaske ausgezogen und saß immer noch in der gleichen Stellung mitten im Zelt. Ich warf den Kocher an und begann Schnee zu schmelzen. Kozuka hatte sich beruhigt und hielt einen japanischen Kochbeutel in den Händen, den ich mit Wasser auffüllte.

»Sehr schwach«, sagte er und deutete auf sich.

Dann grub er in seiner Vorratstüte nach einer Dose Fleisch und begann mit Stäbchen abwechselnd aus der Reistüte und der Fleischdose zu schlürfen. Ich hatte keinen Appetit und begnügte mich mit schwarzem Tee.

Um sieben Uhr verließ ich als Erste das Camp. Russell hatte mich vorausgeschickt. Er wollte sich um Kozuka kümmern und ihn auf den Weg bringen. Unten im Tal waren dicke Wolken aufgezogen; unser ABC war nicht zu sehen, aber über mir leuchtete der Himmel in die Ewigkeit. Zwei andere Bergsteiger waren vor mir, und ich versuchte mit ihnen Schritt zu halten. Der Pumo Ri, der Cho Oyu und andere Gipfel ragten aus den Wolken heraus, aber ihre Gletscherfüße waren nur manchmal zu sehen. Ich spürte, wie meine Kraft zurückkam, und fand bald einen guten Rhythmus. Geoff und Russell waren weit hinter mir. Immer wieder stoppten sie im Schnee, dicht gefolgt von Kozuka. Er ging mit Sauerstoff und die Maske verdeckte sein Gesicht. Mein Rucksack war an diesem Tag leichter, weil ich meine Daunensachen anhatte und nur ein paar Kekse mitgenommen hatte. Ich wunderte mich, warum Russell nicht näher kam. Er hatte im Camp gesagt, er würde mich später einholen. Doch jedes Mal, wenn ich mich umdrehte, war er immer noch weit von mir entfernt. War ich denn so schnell an diesem Tag? Ich dachte wieder, dass ich eine gute Chance hätte, es bis zum Gipfel zu schaffen, und das stimmte mich glücklich, so glücklich, dass mein Herz jedes Mal einen kleinen Sprung tat, wenn ich zum Grat hinaufschaute.

Camp 2, 7600 Meter

Ich hatte den Schneebeutel gefüllt und schon Wasser erhitzt, als Geoff keuchend herauf kam.

»Kann ich bei dir einziehen?«, fragte er mich. »Russell kommt nicht. Es geht ihm nicht gut.«

Russell hatte sich beim Aufstieg immer wieder übergeben müssen und war schließlich auf halbem Weg umgekehrt. Phurba war schon auf dem Weg nach oben und würde sich um Kozuka kümmern. Nun verstand ich auch, warum Russell mich nicht eingeholt hatte.

»Er kann nichts bei sich behalten, nicht mal Tee. Seit drei Tagen schon. Ich glaube, die vielen Rettungsaktionen haben ihn geschafft«, erklärte Geoff, »vielleicht kommt er morgen nach, wenn es ihm besser geht.«

Ich war schockiert, dass ich davon nichts geahnt hatte. Russell war immer für uns da und ließ sich nie etwas anmerken, wenn es ihm schlecht ging. Wir wollten alle gemeinsam zum Gipfel gehen. Hoffentlich würde er sich erholen und später mit den Sherpas nachkommen. Der Wind pfiff wild, und die Sonne fiel in dicken Streifen durch die Wolken. Im Zelt war es warm und ich fühlte mich gut trotz der Anstrengung des Aufstiegs. Wenn ich nur nicht hätte essen und trinken müssen. Aber die Höhenkopfschmerzen gingen nur weg, wenn ich viel Tee trank. Wie Geoff diese Fertigmenüs essen konnte, war mir ein Rätsel. Ich war schon stolz, dass ich es schaffte, ein paar trockene Kekse hinunterzuwürgen. Eine Weile später klopfte Kozuka ans Zelt. Geoff bedeutete ihm, dass er im Zelt gegenüber einziehen sollte. Wir hatten bereits seinen Schneebeutel gefüllt und ich reichte ihm eine Thermoskanne mit Tee. Er nahm sie dankend an. Die Sherpas verbrachten die Nacht auf dem Nordsattel; wir wollten uns am nächsten Tag im Camp 3 treffen. Nur Phurba stieg in der Abendsonne zu uns herauf.

»Wie geht's meinem Helikopter?«, rief er aus. »Ich habe von Russell gehört, dass du heute nach oben geflogen bist. Er war ganz überrascht, dich in so guter Form zu sehen.«

Ich lachte und umarmte ihn. Phurba zog zu Kozuka ins Zelt und sprach den ganzen Abend mit ihm wie mit einem Kind. Unerschütterlich kochte er Tee und Suppe und kümmerte sich rührend um ihn. Die Nacht kam schnell, und ich schlief zum Fauchen der Gaskocher ein.

25. Mai

Am nächsten Morgen ließ ich Geoff den Vortritt, weil ich noch mit einer ganzen Serie von Hustenanfällen kämpfte und versuchte, mehr Tee zu trinken. Essen konnte ich ohnehin nichts. Mir war schwindelig, aber die kalte Luft, die ins Zelt wehte, tat gut. Loppsang, Narwang und Karsang, die am Nordsattel übernachtet hatten, waren schon unterwegs, als ich mich mit Kozuka und Phurba auf den Weg machte. Russell hatte am Funkgerät heraufgerufen, dass er sich elend fühlte und beschlossen habe, ins ABC abzusteigen. Loppsang würde nun die Führung übernehmen und er würde uns an den Funkgeräten begleiten und aufpassen, dass wir die richtigen Entscheidungen trafen. Ich zog meine Steigeisen unter den Felsen aus und klippte meine Steigklemme ins Seil. Die Steinplatten waren rutschig, und es war schwer, einen Rhythmus zu finden. Aber mit jedem Schritt nach oben weitete sich der Ausblick auf den Himalaya. Nur wenige Wolken zogen weit unten über die Gletscherfelder. Hinter uns ragte der Changtse in den strahlend blauen Himmel. Ich begann wieder, die Zelte zu zählen, und machte an jedem eine Pause. Andere Bergsteiger hingen wie bunte Daunenknäuel an den Seilen und bewegten sich langsam nach oben. Der Sturmwind der vergangenen Wochen hatte manchen Zelten böse mitgespielt, und einige Stofffetzen und gebrochene Alustangen lagen erschöpft zwischen den Felsen. Am zwölften Zelt war meine Thermoskanne leer. Loppsang und Karsang waren längst vorbeigestürmt, obwohl sie viel größere Rucksäcke trugen als ich. Sie hatten mindestens dreißig Kilo im Rucksack und ich kämpfte schon mit zwölf. Nur Narwang keuchte unter seiner schweren Last und blieb bei mir.

»Eine Stunde noch«, sagte er und zeigte nach oben.

Noch waren unsere Zelte nicht zu sehen. Ich legte mich auf einen Felsen und schloss die Augen. Alles wurde schwarz. Eine wohlige Ruhe breitete sich aus und ich driftete weiter und weiter fort, bis Narwang mich wachrüttelte. »Komm, wir müssen weiter, du kannst hier nicht schlafen. Wir sind gleich da«, sagte er.

Ich raffte mich wieder auf. Das war schwer, denn mein Körper widersetzte sich jeder Bewegung; ich musste ihn mühsam aus der klebrigen Masse der Schläfrigkeit herausziehen und gleichzeitig alle Sinne schärfen, um nicht wieder niederzusinken. Meine Beine waren schwer und ließen sich nur mühsam bewegen. Fünf Schritte, zwei für das rechte Bein und drei für das linke. Nach vorne über den Eispickel beugen, Gleichgewicht finden, Gewicht von den Schultern nehmen. Es war, als müsste ich durch einen Strohhalm atmen, so dünn war der Strahl von Sauerstoff, der in meine Lungen drang. Und jeder Schritt kostete unglaublich viel Kraft.

Camp 3, 7900 Meter

Endlich konnte ich die Zelte sehen, eine Seillänge noch, dann hatten wir es geschafft. Loppsang, Phurba und Karsang waren dabei, ein drittes Zelt aufzustellen. Ich setzte mich auf meinen Rucksack und schaute ihnen zu. Die Sonne war warm. In der Ferne konnte man die Tibetische Hochebene sehen, die sich bis zum blauen Horizont erstreckte. Geoff und Kozuka waren zusammen in ein Zelt gezogen. Loppsang, Narwang und Sonam zogen in das zweite Zelt, Karsang, Phurba und ich machten es uns im dritten Zelt gemütlich. Ich war immer wieder erstaunt, wie wenig ich brauchte, um glücklich zu sein – einen warmen Schlafsack, frisch gewaschene Füße und dicke Socken. Phurba schmolz Schnee und reichte Tee in einer gemeinsamen Tasse durchs Zelt. Für den nächsten Tag wollte ich nur noch die wichtigsten Sachen mitnehmen. Ein paar Teebeutel, etwas Zucker, eine Handvoll Kekse und Hustenbonbons. Die duftende Creme, mit der ich jeden Nachmittag meine Füße massierte, musste nun zurückbleiben. Phurba füllte meine Wasserflasche mit heißem Tee und lachte, als ich sie in den Schlafsack stopfte, um meine Füße aufzuwärmen.

Ich hatte meine eigene Flasche Sauerstoff und setzte die Maske auf. Wir sollten in dieser Nacht alle mit Sauerstoff schlafen und ab dem nächsten Tag auch mit Sauerstoff gehen, auf einer niedrigen Flussrate, um uns an die Maske und das Gewicht im Rucksack zu gewöhnen. Meine Kopfschmerzen vergingen zwar, als ich durch die Maske atmete. Auch das Schwindelgefühl war fast weg, aber schlafen konnte ich mit diesem Ungetüm nicht. Phurba grinste und machte das Zelt dicht. Dann schraubte er eine Flasche Sauerstoff auf, und sie pfiff gleichmäßig durchs Zelt.

»Sherpatrick«, sagte er stolz und nahm mir die Maske ab.

Unser Zelt war nun wie ein Flugzeug, in dem wir durch die Nacht flogen. Draußen schien der Mond und leuchtete durch die Zeltplane.

26. Mai

Ich war während der vergangenen Nacht immer wieder aufgewacht, aber zwischendurch hatte ich fest geschlafen und fühlte mich ausgeruht. Phurba war schon am Kochen.

»Zieh die Sauerstoffmaske auf, bevor du dich fertig machst, dann gehen die Kopfschmerzen weg«, sagte Phurba, als er merkte, wie ich den Kopf in den Händen hielt und ihm zusah, ohne mich zu bewegen. Geoff und Kozuka waren schon im Aufbruch, als ich noch immer mit meinen Stiefeln und Steigeisen kämpfte. Ich hatte vergessen, meine Daunenhose zuerst anzuziehen, und musste noch einmal von vorne anfangen. Die trockene Luft kratzte in meinem Hals, aber mit der Sauerstoffmaske war alles noch viel komplizierter. Loppsang überprüfte meine Sauerstoffflasche und zeigte auf ein durchsichtiges Plastikröhrchen im Schlauch.

»Hier kannst du sehen, ob sie funktioniert. Wenn die Nadel in der Mitte ist, dann hast du einen steten Fluss von Sauerstoff in deiner Maske«, sagte er und schickte mich auf den Weg.

Wir stiegen in die Nordwand ein, über grobe Felsblöcke und loses Geröll. Zwischendrin lagen kurze Schneefelder, in denen das Gehen leichter war. Die Sauerstoffmaske verdeckte drei Viertel meines Gesichts und rieb unangenehm auf meinen Wangenknochen. Immer wieder beschlugen die Gläser meiner Gletscherbrille. Tapfer versuchte ich, durch den Nebel hindurch nach draußen zu schauen und jeden Schritt zu kontrollieren, damit ich nicht zu oft auf den Steinplatten ausrutschte. Ich hatte erwartet, dass es mir viel leichter fallen würde, mit zusätzlichem Sauerstoff zu gehen, aber die Flasche zog meinen Rucksack schwer nach unten. Ich schnallte den Hüftgurt enger, um die Schultern zu entlasten. Nach einer Weile spürte ich, wie meine Kopfschmerzen nachließen und die starre Kälte aus meinen Zehen verschwand. Ich folgte Geoffs Fußstapfen im Schnee und machte genauso wie er alle paar Meter eine Pause. Wir stiegen an einem Felsband entlang, als plötzlich der ganze Nordostgrat vor uns in den Himmel ragte. Dicke Gesteinsbänder zogen sich durch die steile Wand bis hinüber zu dem dreieckigen Schneefeld unter dem Gipfel. Der Anblick war überwältigend, weil man jeden kleinen Stein, jedes noch so kleine Schneefeld klar erkennen konnte, so transparent war die Luft.

Camp 4, 8300 Meter

In der abschüssigen Geröllwüste auf dem höchsten Campingplatz der Welt standen nur eine Handvoll Zelte. Darüber stiegen die hellen Felsen des Gelben Bandes steil zum Nordostgrat hinauf. Am Ende des Grats thronte die Gipfelpyramide und blickte gelassen auf die Erde hinunter, über all die kleinen Schäfchenwolken, die über dem Hochland von Tibet verstreut waren. Jemand hatte in mühevoller Arbeit kleine Plattformen in die steile Nordwand gegraben, um einigermaßen waagrechte Plätze für die Zelte zu schaffen. Gärten gab es nicht und auch keine Grillplätze, aber wir waren ja auch nur auf der Durchreise, 8300 Meter über dem Meer.

Ivan traf als nächster im Camp ein. »Mein Engel«, rief er mir zu, »jetzt sind wir schon fast im Himmel.«

Er drückte mich an seine rote Daunenjacke, und sein Bart kratzte an meinen Wangen. Ich bot ihm an, unsere dritte Plattform in Besitz zu nehmen. Wir hatten beschlossen, nur zwei Zelte zu beziehen, damit die Sherpas nicht das eigentlich vorgesehene dritte Zelt herauftragen mussten. Es würde eng werden, aber es war ja nur für ein paar Stunden.

Drei in Daunenanzüge vermummte Bergsteiger riefen uns von oben zu und hielten kurz bei uns an, um mit Loppsang zu sprechen. Sergio, der grauhaarige Italiener, der mich vor ein paar Wochen auf dem Nordsattel so elegant überholt hatte, Maria, eine Spanierin, und George, unser Nachbar, waren gerade vom Gipfel zurückgekommen und berichteten über die Schneeverhältnisse am Gipfelgrat.

»Der Schnee ist nicht tief, etwa so hoch«, sagte Sergio und zeigte auf seine Knie.

»Gratuliere, dass ihr es schon geschafft habt. Wunderbar. Wo ist Fabrizio?«, fragte ich George.

Der schüttelte den Kopf.

»Er ist im Camp 2 umgekehrt, weil es ihm nicht gut ging. Der Magen«, entgegnete er und deutete auf seinen Bauch.

»Viel Glück morgen«, riefen sie uns zu, und schon waren sie auf und davon.

Die drei wollten an diesem Nachmittag noch zu Camp 3 absteigen. Ich richtete mich mit meinen wenigen Habseligkeiten so gemütlich ein, wie ich konnte. Phurba ernannte mich zum Küchenchef, weil die Sherpas damit beschäftigt waren, die Sauerstoffflaschen noch einmal zu testen und für die Nacht herzurichten. Alles musste richtig sein für unsere Gipfelnacht. Fehler durften uns nicht mehr passieren, denn auch das kleinste Missgeschick würde leicht das Aus für den Gipfel bedeuten, so nah befanden wir uns an den Grenzen des Möglichen.

Den Rest des Nachmittags verbrachten wir wie Sardinen im Zelt, in unseren Schlafsäcken, die wie Kokons nebeneinander lagen. Jeder hatte seine Sauerstoffmaske auf und die Flasche neben sich. Ich starrte verschlafen zur Zeltdecke, die Luft war schwer, und ich schaukelte wie in einer Hängematte langsam hin und her. Die Sonne ging in den Wolken unter, aber ich war zu müde, um Fotos zu machen. Die Aussicht war bestimmt herrlich, aber nichts konnte mich dazu bringen, auch nur einen einzigen Finger zu rühren. Russell hatte gesagt, dass ich genug Energie hätte, und zwei Tage brauchte ich sie noch, die Energie, wo immer sie auch stecken mochte. Ich flog immer weiter fort – fort in die Dunkelheit.

27. Mai

In den vergangenen Wochen hatte ich jegliches Gefühl für Zeit und Wochentage verloren. Aber dieser Tag war ein besonderer, der Tag, auf den wir alle gewartet hatten – der 27. Mai. Das lang ersehnte Wetterfenster über dem Everest stand offen und ließ uns hinaus in die Nacht steigen zu unserem Gipfelsturm. Auf dem höchsten Punkt der Erde zu stehen, wenn auch nur für eine Stunde, dem Himmel so nah zu sein und weit hinunterzuschauen, die Krümmung der Erde am Horizont zu sehen – das war unser aller Traum, der sich nun – vielleicht – verwirklichen sollte.

Mitternacht. Draußen war es hell, denn der fast volle Mond stand direkt über unserem Zelt. Schon lange hatten die orangefarbenen Daunenkokons neben mir angefangen, sich zu bewegen, und ich vernahm das Schlürfen der Sherpas, die in der Stille der Nacht ihre Suppe aßen. Ich musste tief geschlafen haben, denn der Rückweg von den Wolken, über denen ich geschwebt hatte, schien mir unendlich lang zu sein. Dann saß ich zwischen den Sherpas im Zelt – es war so weit!

Weil es im Zelt so eng war, machte sich einer nach dem anderen fertig. Loppsangs Stirnlampe zog überall kleine Lichtkreise, durch die ich stieg, um mich anzuziehen. Der obere Teil meines Schlafsacks war angefroren, und die Schneekristalle glänzten im Lichtschein. Ich nahm meine Sauerstoffmaske ab, denn ich musste mich nun konzentrieren und durfte nichts vergessen. Daunenhose zuerst; Sonnencreme und Brille in eine Jackentasche; kleine Heizkissen in meine Handschuhe; die Thermoskanne in die Jackeninnentasche; ein paar Hustenbonbons, eine kleine Packung Kekse, Taschentücher und meine Schneebrille stopfte ich in den Rucksack. Hatte ich wirklich alles? Ich zählte noch einmal jedes Stück auf. Ich hatte alles dabei. Narwang reichte mir eine Tasse Tee. Seit dem Abend im Camp 1 hatte ich außer ein paar Keksen nichts mehr gegessen und allein der Gedanke an Essen ließ mich schon erschaudern. Aber Russell hatte ja gesagt, dass ich mir deswegen keine Sorgen machen solle, dass ich genug Energie bis zum Gipfel und wieder zurück hätte und dass der Appetit dann schon wieder kommen würde.

Russell war im ABC, und Loppsang sprach über Funk mit ihm. »Wir sind so weit«, sagte er und öffnete das Zelt. »Kozuka geht mit Phurba, Geoff mit Karsang und ich mit Helga. Narwang bleibt hier und wartet auf uns, falls irgendetwas schief gehen sollte. Alles läuft wie geplant.«

Ich lauschte angestrengt seinen Worten und versuchte gleichzeitig, meine Schuhe anzuziehen. Kalte Nachtluft strömte ins Zelt. Karsang und Phurba waren schon draußen, und ihre Steigeisen knirschten im gefrorenen Schnee. Wenn ich mich nicht bewegte, spürte ich die Auswirkungen der dünnen Luft auf 8300 Meter Höhe fast überhaupt nicht. Als ich jedoch meine Schuhe zumachen wollte, wurde mir schwindelig. Ich versuchte tief einzuatmen und mich zu konzentrieren. Die anderen waren schon zum Abmarsch bereit, als ich endlich aus dem Zelt kroch. Meine Hände und Füße waren eiskalt. Wenn nur die Heizkissen endlich warm werden würden! Die Nacht war eisig, und ich musste mich beeilen. Ich musste meine Daunenhandschuhe wieder ausziehen, um die Steigeisen zu befestigen. Loppsang wollte eigentlich schon früher losgehen, aber

Russell hatte den Aufbruch auf ein Uhr festgelegt, weil sonst die Nacht zu lang und zu kalt sein würde. Um Punkt eins verließen Geoff und Karsang die Zelte, und ich kämpfte immer noch mit meinen Steigeisen und der Kälte. Loppsang packte die Sauerstoffflaschen in meinen Rucksack und half mir auf die Beine. Die Lichtkegel der anderen Stirnlampen tanzten wild durch die Nacht. Ich stellte die meine ein, damit sie mir den Weg zeigte, und folgte dann dem Lichtschein. Mein Körper war noch steif vom langen Liegen im Zelt, und so stolperte ich im Schneckentempo vor mich hin. Mal versanken meine Füße im tiefen Schnee, dann kratzten die Steigeisen wieder auf den gefrorenen Felsen, die sich dunkel vom Schnee abhoben. Ich hatte mich schon daran gewöhnt, dass es am Anfang immer hart war, aber diesmal war es noch viel härter als sonst. Ich fand keinen Rhythmus, atmete zu schwer in meine Maske, und die Kräfte, die sonst immer langsam erwachten, wollten sich einfach nicht regen. Der kleine Lichtkegel leuchtete nach oben, aber meine Beine konnten ihm nicht folgen. Erschöpft lehnte ich mich über meinen Eispickel. Wo waren die Engel, wo waren meine Flügel? Der Rucksack mit den Sauerstoffflaschen hing wie Blei auf meinen Schultern. Meine Füße in den Stiefeln waren eiskalt. Warum wurden die Heizer nicht aktiv? Nichts funktionierte. Und dies sollte der Anfang eines achtzehn, vielleicht auch zwanzig Stunden langen Tages sein? Wie sollte ich das nur schaffen?

Der Mond schien hell, die Schneekristalle funkelten – aber es half alles nichts; ich hatte keine Kraft. Ich atmete tief in meine Maske und drückte sie mit den Händen fest ans Gesicht, damit kein Hauch des wertvollen Sauerstoffs entkommen konnte, aber das machte alles nur noch schlimmer. Ich muss umkehren, den Gipfel aufgeben, es hat keinen Sinn – schoss es mir durch den Kopf. Vielleicht fehlte mir die Energie, weil ich so lange nichts gegessen hatte, vielleicht hatte der furchtbare Husten, den ich schon wochenlang mit mir herumschleppte, mich endlich meiner letzten Kräfte beraubt. Loppsang holte mich ein und stieg an mir vorbei. Ich wollte seinen Schritten folgen, ganz mechanisch: eins, zwei, eins, zwei – wie damals, als ich Sonams Schritten über das Eisfeld gefolgt war und meine Erschöpfung vergessen hatte. Aber auch das gelang mir diesmal nicht. Nach drei Schritten ging mir schon die Puste aus, und ich lehnte mich wieder keuchend über den Eispickel.

»Loppsang, warte auf mich. Irgendetwas stimmt nicht mit mir«, rief ich ihm nach.

Er hörte mich nicht. Ich sah das Fixseil im Schnee und klippte meine Steigklemme hinein, vielleicht würde es ja helfen, wenn ich mich mit meinen Armen nach oben zog? Wieder versuchte ich zum Mond hinaufzuschauen, zu den Sternen, zu den Kristallen, die so verführerisch auf den Schneeflecken blinkten – auf irgendeine Weise musste das Wunder doch geschehen in dieser Nacht. Ob mein Sauerstoffgerät nicht funktionierte? Das kleine Plastikröhrchen zeigte einen steten Fluss an. Ob Loppsang den Regulator wirklich auf vier Liter pro Minute gestellt hatte? Ich musste ihn fragen, aber dazu musste ich ihn erst einmal einholen. Und was wäre, wenn er auf vier Liter gestellt war und ich mich trotzdem so schwach fühlte? Würde Loppsang mit mir umkehren, weil er dachte, dass ich es nicht schaffen würde? Ich hatte zwei Monate am Berg verbracht, zwei Monate in Zelten geschlafen und allem Luxus dieser Welt entsagt. Ich war zwischen all unseren Camps immer wieder hinauf- und hinuntergestiegen, um meinen Körper langsam an die Höhe zu gewöhnen – und das sollte nun das Ende sein? Ich war verzweifelt. So unbekümmert wie möglich rief ich wieder nach Loppsang; diesmal hörte er mich und drehte sich um.

»Loppsang, hast du meinen Sauerstoff vorhin auf vier eingestellt?« Er nickte mit dem Kopf, und mein Herz sank tiefer.

»Kannst du bitte nachschauen? Irgendetwas stimmt da nicht«, sagte ich traurig.

Jetzt war mir fast schon alles egal. Wenn ich wirklich auf vier Liter pro Minute war, dann war ich nicht stark genug, dann hatte es auch keinen Sinn, ihm das zu verheimlichen – denn wir befanden uns schließlich auf dem Mount Everest. Viele andere Bergsteiger waren in der dünnen Luft schon ums Leben gekommen, in der so genannten Todeszone, nur weil sie ihre Kräfte hoffnungslos überschätzt hatten. So weit wollte ich es nicht kommen lassen. In den letzten Wochen hatte ich so mit mir gekämpft und mich immer wieder gefragt, ob ich es wirklich schaffen könnte. Mein größter Alptraum hatte jedoch immer darin bestanden, dass ich es nicht schaffen würde und andere in Gefahr brächte, nur weil ich mich überschätzt hatte. Auf einmal hatte ich das Gefühl, an diesem Punkt angelangt zu sein. Ich lehnte immer noch über meinem Eispickel.

Loppsang zog seine Handschuhe aus und wühlte in meinem Rucksack, dann machte er ihn wieder zu.

»Jetzt ist alles in Ordnung«, sagte er.

»Es war immer noch auf zwei?«, fragte ich ihn.

»Ja, aber jetzt ist es auf vier«, entgegnete er.

Ich kann das Glücksgefühl nicht beschreiben, das mich auf einmal überkam. Fast hätte ich schon alles aufgegeben! Ich schaute in den Nachthimmel hinauf und spürte auf einmal das Leuchten des Mondes; wie viel leichter jeder Schritt plötzlich war, wie herrlich die Schneefelder in dieser wundersamen Nacht um mich glänzten. Die Lichtkegel der anderen tanzten wie Glühwürmchen hoch oben in den Felsen des Gelben Bandes – sie hielten inne, sahen sich um und flogen dann weiter.

Loppsang machte seine Lampe aus, und ich folgte seinem Beispiel. Der Mond leuchtete so hell, dass wir das künstliche Licht gar nicht brauchten. Es war entschieden einfacher, nur bei Mondschein zu klettern. Die Maske verdeckte ohnehin einen Großteil des Gesichtsfeldes, und die Daunenkapuze tat ein Übriges. Ich konnte nur geradeaus schauen und immer wieder stellten sich uns große Felsbrocken in den Weg, über die wir klettern mussten. Aber meine Schritte waren jetzt leichter.

Auf einem Schneefeld überholten wir zwei Bergsteiger, dann kamen wieder hohe Felsen. Ich schob meine Steigklemme weit nach oben und stützte mich mit der anderen Hand am Felsen ab. Wie ein Elefant, der in einem Porzellanladen auf ein Regal klettern wollte, kraxelte ich über die Felstürme. Mit den groben Fäustlingen griff ich in kleine Felsspalten. Mein Eispickel hing an einer Schlinge lose von meinem Arm herunter und klapperte gegen den Fels. Ich zog mich vorsichtig nach oben, um nicht mit den Steigeisen, die ich mit aller Kraft in die schmalen Spalten drückte, abzurutschen. Oft verschwand der Pfad im Schatten der Felsen, und ich kletterte einfach nur dem Seil hinterher. Der dunkle Pfad erinnerte mich an den griechischen Mythos vom Labyrinth des Minotaurus. Vierzehn junge Athener wurden dem Ungeheuer darin jedes Jahr geopfert. Wer einmal in das Labyrinth eindrang, verirrte sich hoffnungslos und fiel früher oder später den tödlichen Klauen der Bestie anheim. Der Everest schien mir manchmal wie der Minotaurus zu sein, der alljährlich seine Opfer forderte. Er zog sie immer höher hinauf in seinen Bann und verwirrte sie in seinen himmlischen Sphären so sehr, dass sie den Rückweg nicht mehr fanden. Erst Theseus konnte den Minotaurus besiegen, mit Hilfe eines Fadens, den Ariadne ihm mitgegeben hatte. Es war ein Lebensfaden, den er am Eingang des Labyrinths befestigte und der ihm half, den Weg zurück zu finden. Auch wir hatten einen Lebensfaden, die Fixseile. Sie würden uns in einem Schneesturm beim Abstieg den Weg weisen. Ich fädelte meinen Karabiner durch die verblichenen Seile und folgte ihnen durch das dunkle Labyrinth des Gelben Bandes nach oben.

Russell hatte gesagt, dass wir mit vier Litern Sauerstoff pro Minute das Steilstück zum Grat hinaufklettern könnten und dann oben, wenn es flacher wurde, unseren Sauerstoff auf zwei Liter reduzieren sollten. Der hohe Sauerstofffluss würde uns Mut machen und uns warm halten in der langen Nacht. Der Grat lag schon 8500 Meter hoch. Der Weg zum Gipfel war von dort aus zwar noch weit, doch wir mussten dann nur noch vergleichsweise wenige Höhenmeter überwinden.

Ich war überrascht, wie schnell wir den Grat erreichten. Plötzlich konnten wir auf der anderen Seite hinunterschauen. Der Nordostgrat lehnte sich über die Kangchung-Wand hinunter. Ich beugte mich nach vorne und drückte mich vorsichtig in die gefrorene Schneewechte. Von der Wechte ging es zunächst etwa fünfzig Meter senkrecht hinab, darunter fielen die Schneefelder in die Tiefe – bis sie im Dunkeln, etwa dreitausend Meter weiter unten, verschwanden. Der Berg schien von innen zu leuchten; Millionen von Schneekristallen tanzten im Mondschein durch die Nacht. Im Osten erhob sich der Makalu in seinem grauen Felsenkleid, still umrahmt von weißen Wolken. Ich schaute lange hinaus in die Nacht, weit über die unzähligen Gipfelspitzen. Die Zeit stand still und schien unendlich. Meine Backen glühten vor Glück und ich wusste auf einmal, warum ich hierher gekommen war: Hier waren die Götter zu Hause, im Land des Schnees, im Himalaya!

Der Mond, der silbern am Nachthimmel geglänzt hatte, nahm langsam eine goldene Färbung an. Golden leuchteten nun auch die dicken Wolken, die sich über die ganze Welt zu erstrecken schienen. Weit unten in den Tälern schliefen jetzt alle Menschen. Die Sterne schienen schon heller am Firmament, und unsere schwarzen Schatten wurden immer länger. Wir stiegen weiter am Grat entlang, im

Niemandsland zwischen Nepal und Tibet. Der Pfad, auf dem wir aufstiegen, wurde immer schmaler, bis er nur noch einen Fuß breit war; ich musste mich konzentrieren. Plötzlich hielt Loppsang an, wandte sich zu mir um. Er ergriff meine Hand und flüsterte leise: »Hab jetzt keine Angst.«

Ich verstand ihn nicht, lächelte ihn an und bedeutete ihm mit einem Kopfnicken, dass mit mir alles in Ordnung war. Mir ging es gut, alles war bestens.

»Helga, du darfst jetzt keine Angst haben«, wiederholte er und drückte meine Hand fester.

Plötzlich schoss es mir durchs Herz – die Toten. Ich hielt seine Hand fester und schluckte, suchte krampfhaft mit den Augen den Boden vor mir ab. Im Schatten eines Felsens sah ich eine Gestalt liegen. Es war kein Felsstück, weil es keine scharfen Kanten hatte; es waren die Umrisse eines Menschen. Ich fing an zu zittern, Tränen liefen mir übers Gesicht, und ich hielt mich fest an Loppsangs Hand, die mich nach vorne zog. Ich musste über ein Paar gelbe Stiefel steigen, die direkt im Weg lagen. Der Bergsteiger sah aus, als würde er schlafen, und hatte eine Hand unter den Kopf gelegt. Gletscherbrille und Sauerstoffmaske verdeckten sein Gesicht, sein Körper steckte in einem weichen Daunenanzug. Ich fing an zu weinen, aber Loppsangs Hand zog mich weiter. Kalt tropften die Tränen auf meine Daunenjacke, zu meiner rechten Seite fiel die Nordwand in die Tiefe. Der Mond schien blass auf die schmale Spur. Russell hatte mich gewarnt. Viele Bergsteiger waren dort auf der Nordflanke des Everest ums Leben gekommen, drei alleine in den vergangenen Wochen. Wir waren dabei gewesen, hatten versucht, mit unseren Funkgeräten zu helfen. Aber dann war es plötzlich still geworden und die Batterien waren leer – ein Schneesturm hüllte den Gipfel in dunkle Wolken. Uns würde das nicht passieren, hatte Russell gesagt. Wir würden auf das Wetterfenster warten; wir hatten genug Sauerstoff und sehr starke Sherpas als Begleitung. Bei aufkommender Gefahr würden wir rechtzeitig umkehren. All das hatte mir unten im Basecamp eingeleuchtet. Ich würde stark sein. Doch die harte Realität überwältigte mich nun doch. Die Spur schlängelte sich gefährlich am Abgrund entlang, und ich rutschte mit meinen Steigeisen auf den schneebedeckten Felsen. Zu beiden Seiten fiel der Grat in die dunkle Tiefe. Der

Mond war fast in den Wolken verschwunden, und in der Ferne gingen erneut die Lichtkegel an und bewegten sich lautlos durch die Nacht.

Die Sterne leuchteten hell und klar am Firmament, und ich verspürte in der Stille der Nacht den Zauber wieder. Wir waren dem Himmel so nah. Kurze Zeit später erreichten wir die Erste Stufe. Eine steile Eiswand ragte vor uns auf, durch die grobe Fußstapfen hinaufführten. Ich griff nach dem Seil und schlug meine Steigeisen in die Wand, mit der linken Hand drückte ich den Pickel ins Eis, schob mit der rechten den Jumar weiter und zog mich nach oben. Auf halbem Weg verschwand das Eis im Fels. Die Steigeisen kratzten im Gestein, und mein Herz sprang mir vor Anstrengung fast aus der Brust. Ich drückte mich seitlich an die Felswand und zog mich nach oben. Es war nicht schwer, und im Dunkeln konnte ich den Abgrund unter mir nicht sehen. Wir traversierten vom Grat hinunter in die Nordflanke des Berges, an unebenen Bändern aus brüchigem, abschüssigem Gestein entlang. Als ich mich umdrehte, begann der Himmel sich gerade von der Erde zu trennen und in der Ferne zeichnete sich ein schwacher Lichtbogen ab. In Minutenschnelle änderte sich nun unsere Welt. Die Geister der Nacht entflohen, und ein Stern nach dem anderen erlosch am Himmel. Statt der Glühwürmchen erschienen überall auf dem felsigen Grat bunte Käfer in dicken Daunenanzügen; manche bewegten sich langsam, andere ruhten über ihren Eispickeln gebeugt aus.

Ein Stück vor uns standen mehrere Bergsteiger zusammen und blickten angestrengt in die aufragende Felswand. Die Zweite Stufe stand im Schatten des ersten Morgenlichts. Die Bergsteiger mussten warten, bis sie an der Reihe waren. Schließlich konnte nur jeweils einer am Seil hinaufklettern. Geoff und Karsang waren allen voran, und ein Team von Tibetern und Chinesen drängte ihnen nach. Schlangestehen auf 8600 Metern Höhe. Eine gemütliche Rast gab es am Gipfeltag auf dem Mount Everest nicht, denn mit jeder Minute, die verging, wurde man schwächer und kühlte aus. Loppsang jedoch machte sich keine Sorgen, denn wir waren in der Nacht schnell vorangekommen und es war noch früh am Morgen. Ich setzte mich zu ihm und schaute auf die Welt hinunter. Die Täler waren in bläuliche Schwaden gehüllt, aus denen Hunderte von weißen Gipfeln ragten. Vorsichtig tasteten sich die ersten rötlichen Sonnenstrahlen am Horizont entlang. Ich folgte dem Lauf der Gletscher bis zu unserem Basecamp hinunter, der Nordsattel bildet eine Brücke, die bis hinüber zum Changtse reicht. Plötzlich leuchtete im Westen die breite Gipfelspitze des Cho Oyu in den ersten goldenen Strahlen. Es war, als ob die Sonne zum ersten Mal über der Welt aufging. Uns hatte die Sonne an diesem Morgen zuallererst berührt, weil wir schon höher als jeder andere Platz auf Erden waren.

Feuerrot thronten die Felsen der Zweiten Stufe vor uns – eine etwa fünfundzwanzig Meter hohe Felsbarriere mit einer senkrechten Schlusswand. Die Zweite Stufe setzte sich aus drei Kletterstellen zusammen. Der Anfang war nicht so schwer. Ich kletterte durch einen schmalen Kamin zwischen der Felswand und einem massigen Felsblock empor und zog mich nach oben. Dann folgte ein kurzer, steiler Schneehang zum Fuß der senkrecht aufragenden Schlusswand nahe dem Abschluss der Stufe. Dort konnte ich rasten. Eine etwa vier Meter lange silberfarbene Leiter hing vor mir in der Wand. Es war nicht einfach, auf sie zu steigen, denn sie bewegte sich hin und her. Ich umklammerte mit beiden Händen die dritte Sprosse. Die Steigeisen quietschten auf dem Eisen. Mit jedem Schritt musste ich wieder vorsichtig mit meinen Stiefeln gegen die Felswand drücken, um die Stahlzähne meiner Steigeisen zwischen den Sprossen festzuhaken, damit ich das Gleichgewicht nicht verlor. Beim nächsten Schritt schwang die Leiter zurück, und alles begann von neuem. Darüber hinaus zog mich mein Rucksack nach hinten. Nun war mir klar, warum die anderen so lange gebraucht hatten. Natürlich endete die Leiter nicht mit dem Felsen, sondern schon einen Meter vorher – das wäre auch zu einfach gewesen. Am Ende der Leiter musste man nach rechts hinüber in den Felsen steigen, und darin bestand die Crux der Zweiten Stufe. Oft hatten wir darüber im Basecamp gesprochen, und Geoff und Ken hatten diesen Bewegungsablauf ausführlich mit Russell diskutiert. Der Trick war, dem Seil zu vertrauen und nicht nach unten zu schauen. Ich wechselte die Steigklemme in meine linke Hand und schob sie so weit wie möglich nach oben. Dann holte ich tief Luft, stach mit meinem rechten Steigeisen in eine kleine Spalte im Felsen und schwang mich vorsichtig hinüber. Ich tastete mit der rechten Hand über mir nach einem Halt, fand ihn und zog mich nach oben. Dann setzte ich mich keuchend in den Schnee und schaute hinunter. Unter mir fiel die Nordwand in die Tiefe, dreitausend Meter oder mehr, bis an den Fuß der Gletscher. Wenn man hier abrutschte, würde man wahrscheinlich auf dem einen oder anderen Felsvorsprung aufschlagen, aber dann weiter – mit schwerem Rucksack wohl meist Kopf voran – über die steilen Eishänge rutschen. Kein Eispickel der Welt würde einen solchen Fall stoppen können, und niemand würde kommen, um einen unten am Gletscher in Empfang zu nehmen.

Über der Zweiten Stufe begann der gemütliche Teil des Aufstiegs. Der Grat wurde breiter und man musste nicht mehr so sehr aufpassen, wo man den nächsten Fuß hinsetzte. Die Spur schlängelte sich durch gefrorenen Schnee und unebene Geröllfelder an der Kangchung-Wand entlang. Zu unserer Linken lag Nepal im Sonnenlicht. Wir hielten kurz an, um unsere Gletscherbrillen aufzusetzen und Sonnencreme aufzutragen. Loppsang wechselte wieder unsere Sauerstoffflaschen. Meine zweite war noch mehr als halb voll, aber er bestand darauf, dass wir beide eine neue nahmen. Der Gipfel war nur noch etwa drei Stunden entfernt, aber das war in der Höhe nie so sicher, denn schnell konnte ein Sturm heraufziehen, und dann konnte aus drei Stunden eine Ewigkeit werden. Eingestellt auf vier Liter Sauerstoff pro Minute reichte eine Flasche etwa sechs Stunden; ich stellte meine Flasche auf zwei Liter pro Minute ein.

Die Strahlen der Sonne wärmten die Luft und vor uns konnten wir schon das dreieckige Schneefeld unter der Gipfelpyramide sehen. Wir hatten schon weit über die Hälfte des Weges hinter uns gebracht. Russell hatte unsere Umkehrzeit auf zwölf Uhr festgesetzt. Wenn wir zu diesem Zeitpunkt den Gipfel nicht erreicht hätten, dann müssten wir umkehren, auch wenn der Gipfel nur noch fünf Minuten entfernt war. Das klang zunächst hart, aber der Gipfel war schließlich nur der halbe Weg. Die meisten Bergsteiger, die auf dem Everest ihr Leben gelassen hatten, verunglückten, nachdem sie den Gipfel erreicht hatten, weil sie in Überschätzung ihrer Kräfte zu lange zu weit gegangen waren und sich auf dem Rückweg irgendwann hingesetzt hatten und die Kraft zum Abstieg nicht mehr fanden. Eine Rettung aus der Luft gab es auf achttausend Metern nicht. Die Luft war zu dünn und konnte die Rotorblätter eines Hubschraubers nicht tragen, deswegen konnte am Everest auch niemand gerettet werden.

Wir stiegen weiter im morgendlichen Sonnenlicht. Es war warm und die Luft war still. Die Dritte Stufe war nur eine kleine Kraxelei, dann standen wir schon auf dem dreieckigen Schneefeld. Glücksgefühle stiegen in mir auf, und ich spürte, wie viel Energie noch in mir steckte. Ein blaues Seil führte durch den Schnee nach oben; ich klippte meinen Karabiner hinein und folgte Loppsang. Er sprach wieder am Funkgerät mit Russell. Der war die ganze Nacht wie ein werdender Vater herumgewandert und hatte sich immer wieder nach unserem Befinden erkundigt. Nun konnte er uns sehen, nun waren wir die kleinen schwarzen Ameisen, die über das Schneefeld zum Gipfel stiegen. Der Schnee war fast knietief, aber die Bergsteiger vor uns hatten eine tiefe Spur hinterlassen. Am Ende des Schneefelds traversierten wir nach rechts auf einen schmalen Felsvorsprung, an dem ein Seil entlangführte. In der vergangenen Nacht hatte ich oft meinen Karabiner in ein Seil geklippt und ihm vertraut, nur um am anderen Ende festzustellen, dass der Mantel des Seils durchgescheuert war und von dem Seil nur noch wenige Fäden übrig waren. Die kleinen Steine, die Loppsang mit seinen Steigeisen lostrat, fielen direkt in die Tiefe, ohne nochmals aufzuprallen. Wer dort Höhenangst hatte, würde keinen Schritt weitergehen. Ich klippte meinen Karabiner vorsichtig ins Fixseil. Es war, als ginge man auf dem Dach eines Wolkenkratzers am äußersten Rand entlang, nur dass die Nordwand ein paar Tausend Meter höher war.

Als wir den Felsvorsprung umrundet hatten, lehnten sich die Felsen plötzlich gemächlich zurück. Sie waren blank gefegt, aber mit schmalen Ritzen durchzogen, in denen meine Steigeisen Halt fanden. Ich tastete mich vorsichtig hinauf. Der wirkliche Gipfelgrat bestand aus drei Schneewellen, die sich weit über die Kangchung-Wand lehnten. Zum Gipfel war es nun nicht weiter als ein Häuserblock in New York, aber in dieser Höhe bedeutete das fast ein halbe Stunde, denn für jeden Schritt musste man einmal tief ein- und wieder ausatmen und dann den Fuß ein Stück nach vorne setzten. Wieder tief ein- und ausatmen und den anderen Fuß nach vorne setzen. Winzig kleine Schritte die sich anfühlten wie riesige Schritte auf dem Weg zum höchsten Punkt der Erde. Es war ein unbeschreibliches

Erlebnis, auf ihn zuzugehen, mich auf einmal drehen und immer wieder drehen zu können und nur noch blauen Himmel zu sehen, nach all den Wochen, in denen wir immer nur hinaufgeschaut hatten, in die eisige Nordwand, die wie eine unüberwindliche Mauer vor uns in die Höhe ragte. Nun standen wir auf der großen Mauer und waren dem Himmel näher als jeder andere Platz auf Erden. Eine unendliche Glückseligkeit durchströmte mich. Wie die umliegenden Berge schien auch ich über den Wolken zu schweben – schwerelos und unendlich frei.

»Helga, kommst du?«, rief Loppsang. Ich drehte mich um, strahlte ihn an und nickte wild entschlossen mit dem Kopf. Es war kein Traum! Auf einmal wölbte sich der blaue Himmel vor uns hinunter. Wir waren wirklich am höchsten Punkt angekommen! Zehn Bergsteiger drängelten sich auf dem Gipfel und machten Fotos für ihre Sponsoren. Ich nahm meine Sauerstoffmaske ab und zog den Rucksack aus. Loppsang lächelte mich an, und ich umarmte ihn. Der ganze Himalaya lag zu unseren Füßen. Ich umarmte Loppsang noch einmal, weil ich es einfach nicht fassen konnte, dass mein Traum sich erfüllt hatte. Unten am Himmelshaufen im alten Rongbuk-Kloster hatte ich es mir zum ersten Mal von ganzem Herzen gewünscht. Dass es eine so himmlische Reise werden würde, hätte ich mir damals nicht träumen lassen. Nun saß ich auf dem kleinen Gipfel im Schnee. Die lauten Nachbarn waren fort und der Gipfel gehörte uns ganz allein. Wir sprachen mit Russell am Funkgerät.

»Wir haben es geschafft. Du solltest bei uns sein. Die Aussicht ist phantastisch«, rief ich.

»Gratuliere, ich wusste immer, dass du es schaffen würdest«, klang es zurück. Wirklich? Ich schüttelte den Kopf und Loppsang lachte.

»Wie ist es, auf dem höchsten Berg der Erde zu stehen?«, fragte er dann. »Unglaublich! Tausende von Schneekristallen wirbeln durch die Luft. Ich glaube, ich will für immer hier bleiben. Der Dalai Lama ist auch da«, antwortete ich.

Der Dalai Lama war tatsächlich da und lächelte uns aus einem goldenen Bilderrahmen entgegen. Hunderte von Gebetsfahnen waren an einem Eispickel festgebunden und flatterten im Wind. Ich knotete die weiße Kata, die uns ein Lama in Lhasa gegeben hatte, von meinem Rucksack los und band sie über den Fahnen an den

Eispickel – als Dank an die Göttin. Und ich schickte Gebete mit ihr in den Himmel – für meine Eltern und alle, die mir nahe waren, verbunden mit der Bitte, dass auch ihre Wünsche in Erfüllung gehen mögen.

Die großen Berge des Himalaya standen kühl im Sonnenlicht, als wären sie in einem gewaltigen Wintersturm zu Eis und Fels erstarrt. Um sie herum wölbte sich der Himmel so tief hinunter, dass ich das Gefühl hatte, das ganze Firmament würde uns umschließen. Zur Südseite des Everest verliefen Fußspuren im Schnee und verschwanden in der Tiefe. Weiter unten führten sie zum Südsattel. Von dort stieg der felsige Grat des Lhotse auf. Wie Orgelpfeifen fielen weiße Schneerillen an seiner langen Nordflanke hinunter. Im Osten ragte der Makalu grau und elegant aus dem Wolkenmeer.

Ivan kam als Nächster am Gipfel an und schloss mich in seine Arme. Gemeinsam knieten wir nieder und berührten mit unseren Wangen den höchsten Punkt der Erde. Ivan rief immer wieder: »Chomolungma – Muttergöttin, wir sind bei dir.« Tränen liefen ihm über das Gesicht. Dann packte er seine Sponsorenfahnen aus. Ich schoss ein Foto nach dem anderen, und Loppsang rief immer wieder besorgt: »Vorsicht, Helikopter!«, wenn ich zu weit über die Schneewechte stieg. Groß ist der höchste Gipfel der Erde nicht – am höchsten Punkt etwa so groß wie zwei oder drei Küchentische und man muss aufpassen, nicht mit den Steigeisen in dem Fahnengewirr hängen zu bleiben und hinunter zu stolpern.

Ich wäre am liebsten ewig geblieben, aber nach einer Stunde zog Loppsang seine Sauerstoffmaske wieder an und hielt meinen Rucksack in den Händen. Er wollte, dass wir uns auf den Rückweg machen. Es war erst acht Uhr, aber die Wolken stiegen schon in Paaren über den Nordsattel und züngelten wie Feuerflammen an der Nordflanke nach oben. Meine Hände waren eiskalt und wärmten sich nicht auf; auch meine Füße konnte ich nicht mehr spüren. Ich musste meine Sauerstoffmaske wieder aufsetzen, um warm zu werden. Trotzdem fiel es mir schwer zu gehen und den Platz, von dem ich so lange geträumt hatte, wieder zu verlassen.

Beim Abstieg über die Felsen begegneten wir Kozuka. Phurba half ihm mit den Seilen. Kozuka konnte nur einen Schritt pro Raststopp machen und bewegte sich unendlich langsam. Er war blass und keuchte schwer in seine Maske. Man sah seinen Bewegungen an, dass er sich unendlich quälte. Wenn sie nicht so nah am Ziel gewesen wären, hätte Phurba mit ihm umkehren müssen, weil er seine Kräfte schon bei weitem überschritten hatte.

Ich rief ihm aufmunternd zu: »Du hast es fast geschafft, eine halbe Stunde noch, dann seid ihr oben.« Er nickte nur und keuchte weiter.

Wir stiegen über das breite Schneefeld hinunter. Meine Hände wärmten sich langsam auf und ich spürte meine Zehen wieder. Über der Zweiten Stufe rasteten wir in der Sonne und packten unsere zurückgelassenen Sauerstoffflaschen wieder in den Rucksack. Noch lag uns die ganze Welt zu Füßen, und ich schwang mich glücklich an der Zweiten Stufe ins Seil.

Der Weg über den Grat war schon schwieriger, und ich spürte, wie meine Kräfte nachließen, wie müde meine Beine waren. Als ich meinen Abseilachter an der Ersten Stufe am Seil befestigen wollte, sah ich plötzlich unter mir eine Daunenjacke am Fuß der Stufe im Schnee. Noch ein Toter. Ich hatte ihn in der Nacht nicht gesehen. Das musste Pascal sein, den die Sherpas im Sturm gesehen hatten. Er war vor ihren Augen hinuntergestürzt und lag nun dort unten. Ich versuchte, das Seil durch den Abseilachter zu drücken, aber meine Hände zitterten. Immer wieder sah ich Pascal vor mir, wie er vor ein paar Wochen noch mit uns im Zelt gesessen hatte. Wie seine Augen damals geleuchtet hatten, als er vom Gipfel sprach. Diesmal würde er es bestimmt schaffen, hatte er gesagt. Nun wird er nie mehr nach Hause zurückkehren; er wird einsam frieren in den langen Nächten, im Winter, wenn die Stürme mit Hunderten von Stundenkilometern über ihn hinwegfegen. Was hatte ihn nur dazu getrieben, sich so spät an jenem Nachmittag noch zum Gipfel vorzukämpfen? Er hätte doch wissen müssen, dass er sein Glück herausforderte und schon lange die Grenze des Möglichen überschritten hatte. Wieso war er nicht umgekehrt? Es war sein vierter Versuch am Everest gewesen, und diesmal hatte er es tatsächlich geschafft – aber um welchen Preis?

Dicke graue Wolken drängten sich um uns, und ich spürte den Wind kalt an meinen Wangen. Müde kämpfte ich mich weiter am Grat entlang. Nach einer Weile setzte ich mich einfach in den Schnee und starrte vor mich hin in die Wolken. Sauerstoffflaschen lagen herum, einige orange, andere gelb. Einige waren achtlos weggeworfen worden, weil sie leer waren, andere hingegen standen sorgfältig verstaut zwischen den Felsen im Schnee und warteten sehnsüchtig auf die Rückkehr ihrer Besitzer. Manche vergeblich, weil ihre Besitzer nicht wiederkommen würden. Ich wollte nicht weitergehen, wollte nicht noch einmal über die gelben Stiefel steigen, die direkt im Weg lagen – ich wollte keinen Schritt mehr tun. Loppsang sprach mit Russell am Funkgerät.

»Wir sind schon unter der Ersten Stufe. Helga geht es gut. Es sind vielleicht noch zwei Stunden bis zum Camp. Ich kann es schon durch die Wolken sehen. Over«, berichtete er und erkundigte sich nach Kozuka und Phurba.

»Die beiden sind auf dem Rückweg, aber unendlich langsam, weil Kozuka total erschöpft ist«, sagte Russell. Wie er den Rückweg bewältigen wollte, war mir in Anbetracht meiner eigenen Erschöpfung ein Rätsel.

»Ich habe Narwang mit Tee losgeschickt, damit er den beiden entgegengeht. Ihr müsstet ihn bald sehen. Ich möchte, dass ihr beide zum Camp 3 hinuntergeht. Ihr könnt in Camp 4 eine Weile rasten, aber dann geht ihr weiter«, klang es bestimmt zu uns herauf. Wir hatten es früher schon einmal besprochen. Russell wollte, dass wir nach dem Gipfel so schnell wie möglich die so genannte Todeszone verließen. Es seien nur wenige Stunden mehr, und im Camp 3 wären wir viel sicherer, wenn das Wetter umschlagen würde. Nun begann die Tortur, jeder Schritt war eine Qual, und doch musste ich jeden einzelnen so vorsichtig wie möglich tun, musste meinen Karabiner in jedes Seil klippen, auch wenn es noch so umständlich war. Der Pfad war manchmal nur einen Fuß breit und führte an brüchigen Felsvorsprüngen vorbei, die neben uns steil in die Tiefe fielen. Wie unbedenklich wir das in der Nacht gemeistert hatten, grenzte für mich angesichts der Schwindel erregenden Aussicht an ein Wunder. Die Steigeisen kratzten böse auf den Steinen. Wenn mein Rucksack nur nicht so schwer wäre ...

Camp 4

Um halb zwölf kamen wir im Camp an; knappe elf Stunden waren wir nur unterwegs gewesen. Mit letzter Kraft zog ich meine Steigeisen aus und ließ mich auf die weichen Daunenschlafsäcke fallen. Ich fiel schnell in schwere Träume, und Loppsangs Stimme drang zu mir wie aus einer anderen Welt.

»Wir müssen gehen«, sagte er. »Ich weiß, aber ich kann nicht«, murmelte ich zurück, ohne meine Augen aufzumachen.

»Komm, wir gehen«, drängte Loppsang. Woher ich die Kraft nahm, meine Steigeisen wieder anzuziehen, weiß ich nicht, aber wir mussten weiter absteigen. Vielleicht war es Loppsangs sanfte Stimme oder sein bittendes Lächeln oder seine ausgestreckte Hand, die mir aufhalf. Ich durfte ihn jetzt nicht enttäuschen. Er war in der vergangenen Nacht für mich da gewesen, hatte meine Hand gehalten, als wir über die gelben Stiefel steigen mussten, und meine Tränen fortgewischt. Ohne ihn hätte ich es nie geschafft, ohne seine Wärme, seine unendliche Geduld. Immer hatte er auf mich gewartet, sich um mich gekümmert – nun musste ich auch meinen Teil dazu tun und mit ihm gehen, so schwer es mir auch fiel.

Geoff und Karsang waren schon aufgebrochen, und Camp 3 war nicht so weit. Ich setzte mich alle paar Meter in den Schnee und kletterte dann weiter über die Felsen hinunter zum nächsten Schneefleck. Gierig trank ich den Saft aus meiner Thermoskanne und füllte sie immer wieder mit frischem Schnee. Es war warm in den dichten Wolken, die um uns geisterten und hie und da Schneeflocken durch die Luft wirbelten. Mein Rucksack war nicht so schwer, aber mein Rücken bog sich vor Schmerzen. Loppsang und Karsang hatten viele Flaschen Sauerstoff in ihren Rucksäcken. Trotzdem warteten sie immer auf mich. Es tat mir leid, aber ich konnte mich nicht schneller bewegen als eine Schnecke.

»Geht ruhig voraus. Ich schaff das schon alleine, es ist ja nicht mehr weit«, rief ich ihnen zu und nickte energisch mit dem Kopf. »Bitte, das macht es nur noch schlimmer, wenn ihr immer auf mich warten müsst. Ich kann einfach nicht schneller gehen«, sagte ich. Endlich gingen sie fort, und ich konnte in Ruhe im Schnee sitzen.

Als ich im Camp 3 ankam, war niemand mehr da; ich konnte gerade noch sehen, wie Geoff in den Felsen nach unten verschwand.

Ich rief ihm nach, aber er hörte mich nicht. Ich hatte gedacht, dass wir diese Nacht im Camp 3 schlafen würden, und nun waren sie alle fort. Ich kroch in die Zelte und suchte nach einem Funkgerät. Schlafsäcke und Matten lagen noch durcheinander, aber das Funkgerät konnte ich nicht finden. Meinen Saft hatte ich längst ausgetrunken. Ich hatte auch nicht mehr die Energie, den Gaskocher anzumachen. Außerdem war weit und breit kein richtiger Schnee zu sehen, den man hätte auftauen können, nur ein paar Flocken, aber die konnte ich auch im Mund zergehen lassen. Unsere Zelte von Camp 3 standen weit entfernt von den anderen über den Felsen, und plötzlich wurde mir bewusst, dass ich ganz alleine war. Narwang war weiter Richtung Gipfel aufgestiegen, um Phurba und Kozuka zu helfen. Ob sie es schaffen würden, Kozuka bis Camp 3 herunterzubringen? Ich suchte wieder die Zelte ab; es musste doch irgendwo ein Funkgerät geben, damit ich wenigstens mit Russell sprechen konnte. Ich wühlte in den Daunen, im Kochgeschirr – ohne Erfolg. Auf einmal bekam ich Panik. Wie lange es wohl noch dauern würde, bis es dunkel wurde? Wo Phurba nur blieb? Ich konnte niemanden sehen. Auf keinen Fall wollte ich die Nacht alleine verbringen. Ich hatte Angst im Dunkeln – schon immer – und in der Höhe, wo so viele Geister in den Wolken umherirren, erst recht. Wie spät es wohl war? Ich schaute durch die Wolken hinauf zur Sonne, aber ich konnte nicht ausmachen, wie tief sie schon gesunken war. Noch war es hell. Meine Beine waren müde, und mein Rücken schmerzte, auch wenn ich nur so dasaß. Ich musste weiter nach unten, musste es bis zum nächsten Camp schaffen. Ich versuchte mich zu erinnern, ob Loppsang irgendetwas gesagt hatte und ich vielleicht die Camps verwechselt hatte. Vielleicht warteten sie schon auf mich?

Das Felsgeröll war ein Alptraum, ich hing wie ein Kartoffelsack an den Seilen und kroch Meter um Meter nach unten. Wieder begann ich die Zelte zu zählen; keines davon war belegt. Ich würde verdursten. Ich hätte bleiben und wenigstens etwas Schnee schmelzen sollen, aber ich war bereits zu weit entfernt, um noch einmal hinaufzusteigen. Russell hatte gesagt, es würde der härteste Tag meines Lebens werden, aber so schlimm hatte ich es mir nicht vorgestellt. Tränen liefen mir über das Gesicht, und ich kämpfte mich weiter, stolperte, rutschte, schlitterte durch das abschüssige Geröll hinunter. Da verfingen sich plötzlich die Steigeisen in meiner Daunenhose und ich landete unsanft auf dem Hosenboden. Federn flogen durch die Luft und ich musste an Ken denken. Als wir zum ersten Mal zu Camp 2 aufgestiegen waren, hatte er ein Loch in seinem Daunenanzug. Ich formte kleine Schneebälle und ließ sie langsam auf der Zunge zergehen. Was hätte Ken nicht gegeben, um hier mit mir in den Felsen zu sitzen und Everest-Eiscreme zu essen! Wie es seinem Sohn wohl ging?

Camp 2

Wie ich die rutschigen Felsen hinter mich gebracht hatte, wusste ich nicht, aber plötzlich saß ich auf dem Nordsattel im Schnee. Unsere Zelte waren nicht mehr weit, zwanzig Meter noch. Auf allen vieren kroch ich an den Seilen entlang. Der Weg durch die Sahara hätte nicht länger sein können, doch aus einem der Zelte stieg Rauch auf. Jemand war dabei, Schnee zu schmelzen, und ich drohte jeden Moment zu verdursten. Hoffentlich war es keine Fata Morgana, hoffentlich bildete ich mir die Zelte nicht nur ein. Ich kniff die Augen zusammen und betete. Nein, sie waren wirklich da. Ian, ein südafrikanischer Bergsteiger, saß in einem unserer Zelte und kochte.

»Wasser, Wasser, sonst sterbe ich«, rief ich ihm zu. Er lachte und schenkte mir eine Tasse ein.

»Wo sind die anderen?«, fragte ich ihn.

Er deutete nach unten. »Die sind zum Camp 1 abgestiegen. Wir haben mit Russell ausgemacht, dass wir eines eurer Zelte benutzen können. Bist du denn ganz allein?«, fragte er mich.

Ich nickte und warf meinen Rucksack ins Zelt, froh, dass ich nicht mehr alleine war, ich hätte keinen Schritt mehr gehen können. Ian gab mir sein Funkgerät. Ich musste Russell Bescheid sagen, dass ich sicher in Camp 2 gelandet war und keinen Schritt mehr weiter gehen konnte.

Russell war erleichtert, als er meine Stimme hörte. Phurba und Kozuka waren noch nicht zurück im letzten Camp, aber er hatte Funkkontakt mit ihnen. Es würde eine lange Nacht werden. Ich füllte meine Flasche mit heißem Tee. Dann schlief ich ein.

28. Mai

Im ersten Morgenlicht hörte ich jemanden meinen Namen rufen.
»Helga, bist du da? Helikopter!«, rief da jemand Hilfe suchend.
Ich öffnete verschlafen mein Zelt. Phurba fiel herein und tastete sich ins Zelt. Seine Augen waren rot geschwollen, Tränen liefen ihm übers Gesicht. Er war die ganze Nacht unterwegs gewesen, hatte sich seinen Weg im Dunkeln über die Felsen gebahnt.

»Meine Augen! Ich sehe nichts mehr«, klagte er verzweifelt. Phurba hatte auf der Zweiten Stufe seine Brille verloren, als er Kozuka hinunterhalf. Er hatte es zunächst nicht gemerkt. Elf Stunden hatten sie gebraucht, um vom Gipfel zum letzten Camp zu gelangen. Narwang hatte ihm geholfen. Um zehn Uhr abends merkte er, dass mit seinen Augen etwas nicht stimmte. Er konnte nichts mehr sehen und bekam Panik. Er ließ Kozuka mit Narwang zurück und begann abzusteigen.

Ich nahm ihn in die Arme und wiegte ihn hin und her, während er schluchzte.

»Du bist schneeblind, Phurba, das ist nicht so schlimm. Es tut nur furchtbar weh, aber in ein paar Tagen geht es vorbei«, beruhigte ich ihn.

Vorsichtig schaute ich seine Augen an. Sie waren entzündet. Ich wickelte meinen schwarzen Schal um sein Gesicht, damit kein Licht in die Augen dringen konnte. Dann zog ich ihm die Schuhe aus und packte ihn in meinen Schlafsack. Ich schmolz Schnee in meinem Kocher. Nachdem ich mit Russell gesprochen hatte, gab ich Phurba Augentropfen aus dem Medizinbeutel. Danach machte ich mich daran, nach Russells Instruktionen eine Brille für ihn zu basteln. Nur ganz dünne Schlitze ließ ich in der Mitte und verklebte die ganze übrige Glasfläche mit weißem Verbandsmaterial. Loppsang war auf dem Weg nach oben, um mir zu helfen, Phurba hinunterzubringen. Ich stellte das Funkgerät leise und schlief wieder ein.

Camp 1

Zum Camp 1 war es nur noch eine lange Schlitterpartie. Loppsang nahm Phurba von hinten an ein Kurzseil, und ich ging drei Schritte vor ihm und hielt das Fixseil gerade neben ihm hoch, damit er sich festhalten konnte. Es war anstrengend, jeder Schritt musste sitzen, und ich zählte immer fünfundzwanzig und stoppte dann. Wir erreichten Camp 1 in zwei Stunden. Sonam hatte die Zelte schon abgebaut und Schnee für uns geschmolzen. Phurba war tapfer im Dunkeln mit uns hinuntergestiegen. Unglaublich, wie viel Kraft er noch besaß, nach allem, was er durchgestanden hatte. Wir machten ein Picknick mit Kuchen und Orangensaft und alberten herum. Wir würden die Nächte durchtanzen in Kathmandu und unseren Blinden überall stolz herumzeigen. Phurba lachte. Er wollte seinen Eispickel als Gehstock mitnehmen und die Trekkerinnen erschrecken, die sich bestimmt schon dort tummelten. Ich strahlte von Ohr zu Ohr. Wir hatten es geschafft! Wir waren Everest-Gipfelstürmer. Auch Phurba war zum ersten Mal ganz oben gewesen und trotz Schneeblindheit überglücklich. Lange hatte er als Küchenboy für Expeditionen gearbeitet und nie zeigen können, wie stark er war. Erst Russell hatte ihn entdeckt und letzten Herbst auf den Cho Oyu mitgenommen. Er war mit einem der Bergsteiger im Team zum Gipfel gegangen und hatte sehnsüchtig nach Osten zum Everest hinübergeschaut. Als wir am Cho Oyu gemeinsam bei Lacchu in der Küche gesessen waren, konnte niemand ahnen, dass wir alle zusammen auf den Everest steigen würden.

Die Sonne war warm, und ich stopfte meine Daunensachen in den Rucksack. Die Sherpas halfen Phurba hinunter durch die Eistürme und ich stolperte hinterher. Der Schnee war tief und nass; es fiel mir unendlich schwer, die Beine immer wieder anzuziehen. Ich stellte mich an wie ein Trampeltier, das zum ersten Mal im Schnee geht, stolperte am Seil entlang und rappelte mich dann wieder auf. Wenn nur Russell mit seinem Fernglas nicht zusah. Nicht, dass es irgendeinen Unterschied gemacht hätte. Meine Beine waren so müde, dass sie nicht mehr auf mein Kommando hörten. Kassang erwartete uns am Crampon Point mit heißem Tee, und er bestand darauf, meinen Rucksack zu tragen. Russell selbst kam uns auf halbem Weg entgegen und schüttelte stolz jedem die Hand. Mich umarmte er.

»Ich bin stolz auf dich, auch wenn du eigentlich in den Zoo gehörst«, flüsterte er mir ins Ohr und lachte.

ABC

Lacchu hatte einen Schokoladenkuchen gebacken und das ganze Camp duftete danach. Er hielt mir eine Dose Sprite entgegen. Darauf stand in gelben Leuchtbuchstaben »Helga – Everest Queen«. Ich nahm Platz auf meinem Thron in der Küche. Russell verarztete Phurbas Augen und versuchte gleichzeitig, Kozuka zu überreden, vom Nordsattel herunterzukommen. Solange nicht alle heil unten waren, hatte er keine Ruhe. Kozuka aber war total erschöpft.

»Fast tot, fast tot«, wiederholte er immer wieder und weigerte sich, weiter abzusteigen. Da platzte Russell der Kragen.

»Du machst, dass du runterkommst. Ich lass dich sonst alleine da oben. Es reicht schon, dass du Phurba fast umgebracht hast durch deine Sturheit. Narwang kommt heute Nacht herunter. Er ist erschöpft, und ich will nicht, dass er noch eine Nacht in der Höhe verbringt. Du kannst machen, was du willst. Das tust du ja sowieso immer«, rief er wütend ins Funkgerät.

Er war außer sich, weil Kozuka durch seine Versessenheit auf den Gipfel sich und Phurba in Lebensgefahr gebracht hatte. Er hätte früher umkehren müssen. Er wusste genau, dass er längst weit über seine Kräfte hinausgegangen war und sich selbst nicht mehr helfen konnte. Phurba hatte ihn mehrmals gedrängt, umzukehren, weil er so langsam war, aber er hatte nur immer wieder gestammelt: »Ich muss zum Gipfel gehen, ich muss.« Phurba hatte seinen Sauerstoff auf ein Minimum gedrosselt und trug die zusätzlichen Flaschen von Kozuka. Als dieser am Ende war, gab er ihm seine Flasche. Sie hatten die Grenze weit überschritten. Wenn das Wetter umgeschlagen wäre, hätte es vielleicht auch in unserem Team eine Tragödie gegeben. Diesmal war alles gut gegangen, aber Russell machte sich Vorwürfe, dass er nicht bei uns gewesen war, um vor Ort Entscheidungen zu treffen.

Wir feierten den ganzen Abend bei Sherpa-Curry und Wein. Alle waren heil zurückgekommen, niemand hatte Erfrierungen erlitten. Wir hatten Glück gehabt und hoben die Gläser, um den Göttern zu danken. Russell hatte den richtigen Tag für uns herausgepickt. Alle Sicherheitsnetze, die er und die Sherpas in den Wochen zuvor für uns gespannt hatten, hatten gehalten und uns heil aufgefangen. Selbst Kozuka saß wieder im Zelt und starrte vor sich hin. Ich schlich mich in die Küche. Dort stand der Schokoladenkuchen von Lacchu, und wir dekorierten ihn mit bunten Sahneblumen: EVEREST 1999. Draußen stieg der Vollmond aus den roten Wolken, die im letzten Sonnenlicht leuchteten. Als ich spät in der Nacht in mein Zelt kletterte, stand er über dem Gipfel. Leise rauschten die vielen tausend Glitzersterne, die ich über der Kangchung-Wand gesehen hatte, durch die Nacht. Nie mehr würde ich in das Angesicht des Mondes schauen, ohne an jene Nacht zu denken, in der wir auf den höchsten Berg der Erde gestiegen waren.

Am nächsten Morgen wehte ein kühler Wind durchs Camp; das gute Wetter hatte gehalten, aber nun lag ein Wechsel in der Luft. Von Süden her drangen dichte Wolken zu uns herüber. Die ersten Monsunstürme kündigten sich an. Geoff diktierte Presseberichte an seine Frau. Kozuka war immer noch »fast tot«, wie er sagte, und ließ sich nicht zu einer letzten Partie »Vier gewinnt« überreden. Ich schwebte hoch über den Wolken vor Glück und rief meine Eltern von unserem Satellitentelefon aus an. Sie schienen außer sich vor Freude, vor allem meine Mutter, weil sie dachte, dass ich nun von meiner Bergsteigerei geheilt sei – nie mehr würde sie sich wieder solche Sorgen machen müssen. Immer wieder musste ich zum Gipfel hinaufschauen; ich konnte immer noch nicht glauben, dass wir es tatsächlich geschafft hatten.

3. Juni, Chomolungma Gipfelparty

Der lange Weg nach unten verging wie im Flug. Als wir im Basecamp ankamen, lag der Champagner schon auf Eis. Wir schmückten unser Gemeinschaftszelt mit Plastikblumen und Luftschlangen und hängten ein Schild über die Eingangstür: »Chomolungma Gipfelparty«. Am späten Nachmittag schlug Lacchu mit dem Holzlöffel auf seinen Kochtopf und alle Basecampbewohner strömten in unseren Festsaal. Jeder hatte sein bestes Outfit an, Russell trug sogar ein weißes Hemd. Kassang hatte seinen fünfjährigen Sohn Tashi aus dem Dorf mitgebracht und zusammen mit Lacchu den ganzen Tag tibetische Köstlichkeiten in der Küche gezaubert – Momos (gefüllte Teigtaschen) und Khapse (frittiertes Salzgebäck), die Tashi auf einem Teller herumreichte. Ken hatte geschrieben, dass sein Sohn das Schlimmste überstanden habe und nun auf dem Weg der Besserung sei. Uns allen fiel ein Stein vom Herzen. Kul Badur verteilte Partyhüte und Trompeten. Die Champagnerkorken knallten, die Musik begann. Die besten Plätze waren schnell besetzt, aber immer mehr Bergsteiger strömten herein und machten es sich auf dem Boden bequem. Der Chef der CTMA kam mit seiner Entourage und überreichte allen Gipfelstürmern eine lange weiße Kata und ein Zertifikat. Auf meinem stand: »Dieses Dokument soll bescheinigen, dass Helga Hengge am 27. Mai 1999, um 7 Uhr, die Höhe von 8848 Metern über dem Meeresspiegel in der Himalayan Experience Expedition zum Gipfel des Mount Everest erreicht hat.«

Chomolungma leuchtete golden in den letzten Sonnenstrahlen, und wir waren schon beim Tanzen, drehten uns lustig zum Takt im Kreis. Ausgelassen und sorgenfrei stießen wir an auf unser Glück.

Als ich viel später aus dem Zelt trat, um noch einmal hinaufzuschauen, war der Nachthimmel schon schwarz. Am Ende des langen Tals stand Chomolungma, majestätisch wie eine Königin, und feierte mit uns. Wir schossen Raketen in den Himmel, als hätte das neue Jahrtausend schon begonnen. Noch nie in meinem Leben war ich so glücklich. Mein wildester Traum war in Erfüllung gegangen. Das unbändige Glücksgefühl, das Mitte Februar in New York so plötzlich von mir Besitz ergriffen hatte, war bei mir geblieben, durch dick und dünn – auf meiner langen Reise zum höchsten Berg der Erde. Ich hatte mich auf dieses Glücksgefühl verlassen, hatte nicht versucht zu rationalisieren oder zu ergründen, sondern war dem Ruf gefolgt. Vielleicht sind es diese Momente im Leben, in denen wir unsere Verbindung mit dem Göttlichen spüren, wenn wir hinaufsteigen sollen, um aus uns herauszuwachsen. Vielleicht verbinden uns die Berge tatsächlich mit den himmlischen Sphären, so wie die ersten Könige von Tibet, die aus dem großen Himalaya, vom Thron der Götter, auf die Erde herabgestiegen sind.

4. Juni

Die Jeeps kamen am nächsten Morgen. Der Abschied fiel mir schwer. Als wir zwischen den bunten Gebetsfahnen auf dem Pass anhielten, schaute ich noch einmal zurück. Am Ende des langen Tales, fern am Horizont stand Chomolungma und strahlte im Sonnenlicht. Ich zwinkerte ihr zu und winkte dann. Eine Woche zuvor war ich bei ihr gewesen und hatte meine Wangen in ihre Schneekrone gedrückt. Die weiße Kata, die ich zum Dank an die Götter zu den anderen gebunden hatte, flatterte nun dort oben im Wind. Majestätisch wehte die weiße Schneefahne vom Gipfel in die blauen Lüfte. Ich drückte die Schaffelljacke, die mir Kassang zum Abschied geschenkt hatte, an mich. Sie war weich und himmlisch warm und roch nach Holzofenfeuer und Yakbuttertee. Eines Tages wollte ich zurückkommen und Kassang und Tashi in ihrem Dorf in Tzombuk besuchen.

Tzombuk

Padmasambhava
oh-ma a-hung beh-sah gu-ru pad-ma-si-dhi hung
Padmasambhava-Mantra

Vor vielen, vielen Jahren kam der buddhistische Heilige Padmasambhava auf wundersame Weise durch den Himmel über den Himalaya geflogen. Er rastete eine Weile im Kloster zu Füßen der Chomolungma. Dort wollte er die bösen Geister unterwerfen, die versucht hatten, sein göttliches Ankommen zu verhindern, indem sie den Zorn der Stürme gegen ihn heraufbeschwörten.

Der oberste Lama im Kloster, der Bönpo, forderte den Buddhisten zu einem Kräftemessen heraus – wer war mächtiger, die Lehren des Buddha oder der alte Bönpo-Glaube der hier ansässigen Menschen? Um die Sache zu entscheiden, wollten sie einen Wettlauf zum Gipfel der Chomolungma abhalten, bei welchem jeder die Hilfe seiner Götter oder Dämonen anrufen konnte. In der Nacht startete der Bönpo Lama schon im Dunkeln, entschlossen, seinem Gegner den Vorsprung zu stehlen, und ritt auf seiner magischen Trommel.

Die Anhänger Padmasambhavas kamen, um ihn zu wecken, und riefen ihm besorgt zu, dass der Bönpo Lama schon auf halbem Weg zum Gipfel sei.

Aber Padmasambhava sagte nur: «Habt keine Angst, sobald die Sonne kommt, werde auch ich starten.»

Als die Sonne aufging, trug ihn ein Sonnenstrahl zum Gipfel der Chomolungma, während er auf seinem Stuhl saß. Dort saß er eine Weile, auf dem Thron der Welt. Dann ließ er seinen Stuhl zurück und stieg wieder hinunter. Der böse Bönpo Lama kam um, und die Geister des Berges behielten seine Trommel. Und so sagen die Tibeter noch heute, wenn sie das Poltern von Lawinen hören, dass die Geister die Trommel schlagen.

LEGENDE AUS DEM RONGBUK-TAL

Mai 2001

Tzombuk liegt nur sechs Wanderstunden vom Everest Basecamp entfernt auf einer Höhe von 4750 Metern. Tom und ich hatten uns das kleine Dorf für das Ende unserer Reise durch das Rongbuk-Tal aufgehoben, denn Kassang war auf dem Weg zum Gipfel des Mount Everest und würde erst Anfang Juni nach Tzombuk zurückkehren. Ich hatte Tom, einen Fotografen und guten Freund aus New York, überredet, mit mir auf Entdeckungsreise nach Tibet zu fahren. Tom und ich hatten bei vielen Mode- und Beautykampagnen in New York zusammengearbeitet. Als ich ihm bei einem meiner Gipfeldinner von meinem Plan erzählte, die Tibeter meiner Everest-Expedition in ihren Dörfern zu besuchen und dabei ein Projekt für die Erlöse meines Buches zu finden, war er sofort Feuer und Flamme und wollte mit. Wir schlossen uns der Everest-Expedition von Russell diesmal als Trekker an und konnten so ungestört mit unserem Begleiter Choldrim und seinem Pferdekarren von Dorf zu Dorf wandern. Wir besuchten zuerst Chön Dzom, das Dorf, in dem der Bruder von Choldrim wohnte, und ließen uns von seinen Kindern die Schule zeigen. Sein alter Vater führte uns mit den Schafen zu einer Weide nahe der Chyelung-Ruinen. Dann wanderten wir hinauf nach Pelep, um Choldrims Familie zu sehen. Er hatte sieben Kinder, wie Orgelpfeifen, und seine Frau war hochschwanger. Voller Stolz führte er uns zu seinem Wald. Hinter dem Dorf an einem Seitenbach, der dem Rongbuk Chu zufloss, stand ein kleiner Hain mit ein paar Dutzend schlanker birkenähnlicher Bäume, die meisten kaum zwei Meter hoch. Dreizehn Bäumchen gehörten Choldrim. Er strich liebevoll mit seiner Hand über die Stämme und erklärte uns, dass er eines Tages damit ein neues Haus für seine immer größer werdende Familie bauen würde. In Passum, dem Hauptdorf des Rongbuk-Tals, gingen drei seiner Kinder in die Schule. Die chinesische Regierung bezahlte zwar die Schule und das Gehalt der Lehrer, aber die Eltern mussten für das Essen sorgen und jeden Monat Vorräte von Tsampamehl, Reis, getrocknetem Käse und Yakfleisch in der Schule abliefern, damit die Kinder und Lehrer versorgt werden konnten. Und die Kinder, die in der Schule waren, fehlten zu Hause und konnten nicht mithelfen bei der Arbeit auf dem Feld und dem Hüten der Schafe, Yaks und Ziegen. Nur wenige Bewohner des Rongbuk-Tals konnten sich eine Schule für die Kinder leisten, erklärte Choldrim. Wir besuchten den Amchi, einen tibetischen Arzt, dessen Vater der Dorfälteste war. Ich war mit dem Gedanken nach Tibet gekommen, mit dem Erlös aus dem Verkauf meines Everest-Buches »Nur der Himmel ist höher« eine kleine Kranken-station im Everest Basecamp oder in einem der Dörfer zu finanzie-ren. Der Besuch beim Amchi war faszinierend. Er zeigte uns seine Medizin, braune Kugeln in allen Formen, und erklärte uns die ver-schiedenen Krankheiten, die sie heilten. Ich hatte schon viel über tibetische Medizin gehört, aber noch nie einen Amchi besucht. Der Amchi erzählte uns, dass es drei Amchis im Rongbuk-Tal gebe und zwei chinesische Gesundheitsstationen, die sich um die Impfungen kümmerten. Er meinte, das Rongbuk-Tal sei gut versorgt mit Ärz-ten. »Und bräuchte keine weitere Krankenstation«, dachte ich und sah meine Idee, den Menschen des Berges, von dem ich so viel genommen hatte, etwas zurückzugeben, davonschmelzen.

Am Ende unserer Reise wanderten wir hinauf nach Tzombuk. Es war das höchstgelegene Dorf im Rongbuk-Tal und dem Everest Basecamp am nächsten. Kassang, der mich am Everest Helikopter getauft hatte, wohnte dort, und ich freute mich riesig auf das Tref-fen mit ihm. Eigentlich war geplant gewesen, dass Kassang uns durch das Rongbuk-Tal führen würde, aber er arbeitete inzwischen in Russells Sherpateam und wollte unbedingt mit zum Gipfel auf-steigen.

»Du wirst ihn nicht wiedererkennen. Er hat die Haare kurz geschnitten und sieht aus wie ein richtiger Sherpa«, hatte Russell gesagt. Noch nie hatte ein Tibeter aus dem Rongbuk-Tal auf dem Gipfel der Chomolungma gestanden. Die meisten Yakpas hielten, wie ihre Yaks auch, stets einen respektvollen Abstand zu den Glet-scher- und Eisflanken des Berges und betraten diese nur, wenn die Not groß war.

Die weiß getünchten Häuser von Tzombuk standen dicht zusam-men am Ausläufer eines kleinen Baches. Kassang und sein Sohn

Tashi erwarteten uns vor dem Dorf. Kassang strahlte über das ganze Gesicht.

»Helikopter Chomolungma, Kassang Chomolungma!«, rief er und zeigte Richtung Chomolungma. Man konnte den Gipfel und seine Wolkenfahne über den Hügeln sehen. Tom gratulierte Kassang, und ich umarmte ihn und Tashi. Dann führten die beiden uns ins Dorf. Wir wanderten durch die winkeligen, schattigen Gassen zwischen den steilen Hofmauern und zweistöckigen Häusern hindurch. Die Männer in Tzombuk waren Yakpas und lebten von der Viehzucht, denn das Dorf lag zu hoch, um Ackerbau zu betreiben. Kassang war einer der drei Dorfältesten. Als wir abends bei Yak-Curry, Tsampa und viel Buttertee seinen erfolgreichen Aufstieg feierten, fragte ich Kassang nach der Schule. Er hatte uns das ganze Dorf gezeigt, und auch die kleine Gompa, die Gebetshalle, aber nicht die Schule. Kassang schüttelte den Kopf.

»Wir haben keine Schule in Tzombuk.«

»Keine Schule? Aber was machen all die Kinder? Und Tashi?«, fragte ich.

Er zuckte mit den Schultern. »In den Sommermonaten gehen die älteren Kinder mit den Schafen, Ziegen und Yaks zu den Weideplätzen. Die Kleineren helfen im Haushalt, holen frisches Wasser und sammeln Yakdung und trockene Sträucher als Brennmaterial. Meine Tochter und mein Sohn sind mit den Schafen in der Nähe von Tingri. In einem Monat kommen sie zurück, dann geht Tashi mit Tzangbu, meinem älteren Sohn, mit den Tieren fort.«

»Ja, aber wenn sie zuhause sind, könnten sie doch in die Schule gehen?«

»Aber wir haben keine Schule in Tzombuk und die Schulen der anderen Dörfer sind zu weit fort.«

Wir beschlossen an diesem Abend, gemeinsam eine Schule zu bauen. Tashi war begeistert. Am nächsten Morgen gingen wir von Haus zu Haus, zählten alle Kinder und fragten die Eltern, ob sie beim Bau der Schule mithelfen würden. 119 Kinder zwischen fünf und sechzehn Jahren wohnten in Tzombuk und die Eltern waren von der Idee begeistert. Kassang führte uns auf eine freie Fläche am Rand des Dorfes, wo die Schule stehen sollte. Von der Provinzverwaltung in Passum hatte er schon vor Jahren eine Genehmigung für den Bau einer Schule bekommen und die Dorfgemeinde konnte für das Gehalt der Lehrer aufkommen, aber das Geld zum Bau fehlte ihnen bis jetzt. Wir setzten uns in Kassangs Wohnstube und zeichneten Pläne für die Schule. Für sechzig Kinder brauchten wir drei Klassenzimmer und drei Wohnräume für die Lehrer. 9000 Ziegelsteine, 3000 Steine, 24 große Holzbalken, 300 kleine Querbalken aus Holz, 6 Holztüren, 8 Fenster, 1 Tor, 12 Bambusmatten, 20 Säcke Zement rechneten Kassang und Tashi aus. Das Holz für die Schule musste in Kharta bestellt werden. Die Ziegelsteine konnten im Dorf hergestellt werden, auch die Steine für das Fundament konnte man im Umfeld des Dorfes finden. Am späten Nachmittag rief Tashi alle Kinder zusammen und Tom besiegelte unsere Idee mit einem »Schulfoto-ohne-Schule«.

Als ich ein halbes Jahr später wieder nach Tibet kam, hatte Kassang schon das Holz in Kharta bestellt, und ich gab ihm das Geld von meinem Buchverkauf, um weitere Materialien für den Bau der Schule zu kaufen. Im Basecamp des Shishapangma schmiedeten wir weiter an den Plänen für die Schule. Mitte Oktober stiegen wir gemeinsam zum Gipfel des Shishapangma, dem kleinsten Achttausender. Was beim Abstieg geschah beendete meinen heimlich gehegten Traum, auf alle Achttausender zu steigen.

Shishapangma

Göttliche Komödie
Erster Gesang

Dem Höhepunkt des Lebens war ich nahe,
da mich ein dunkler Wald umfing und ich,
verirrt, den rechten Weg nicht wieder fand.
Wie war der Wald so dicht und dornig,
o weh, dass ich es nicht erzählen mag
und die Erinnerung daran mich schreckt.
Viel bitterer kann selbst der Tod nicht sein.
Doch um das Gute, wie es dort mir wurde,
zu zeigen, kommt das andere auch zum Wort.
Ich weiß nicht recht, wie ich hinein geriet,
war nach und nach so schläferig geworden,
bis dass ich abkam weit vom rechten Weg.
Als ich aber vor dem Hügel stand,
allwo die Schlucht im Wald sich endlich auftat,
die mir das angstbeklommne Herz bedrängte,
blickt ich empor und sah die Kurven schon
des Bergs umhüllt vom strahlenden Gestirn,
das jedem seine Wanderpfade sichert.
Und jetzt entspannte sich die Angst ein wenig,
die mir so jammervoll die ganze Nacht
im Innersten des Herzens sich verkrampfte.

DANTE ALIGHIERI

Oktober 2001

Es war noch früh am Vormittag, als ich den Gletscher betrat, aber die Sonne stand schon hoch am Himmel. Ich war im ersten Morgenlicht aufgestanden, lange vor den anderen in meinem Team, und hatte mich auf den Weg gemacht. Diesmal wollte ich die Erste sein und einen Vorsprung ausmachen, den ich später brauchen würde. Nicht wieder sollten die anderen auf mich warten müssen, nur weil ich zu langsam war. Fröstelnd stieg ich den Steigeisenspuren hinterher, hinaus auf ein langgezogenes Schneefeld, das kaum Neigung hatte und noch im tiefsten Schatten lag. Über mir tanzten die ersten Sonnenstrahlen auf dem Gipfelgrat und erleuchteten die aufwirbelnden Schneeverwehungen. Trotz meines dicken Daunenanzugs war mir kalt, meine Zehen schmerzten und ich konnte die Fingerspitzen kaum spüren.

Wir waren am Nachmittag zuvor spät vom Gipfel zurückgekehrt. Ich war so erschöpft gewesen, dass Russell, der die Expedition führte, nichts anderes übrig blieb als mit uns noch eine Nacht in Camp 3 auf 7100 Metern zu verbringen, damit ich mich erholen konnte.

Mit den ersten Sonnenstrahlen stapfte ich an unseren Zelten von Camp 2 (6500 Meter) vorbei und begann, in langen Schritten über das steil abfallende Schneefeld hinunter zu steigen. Schmale Gletscherspalten durchzogen die weiße Fläche, aber an markierten Stellen konnte man mit einem großen Schritt die Spalten überqueren. Weit unter mir brach der Gletscher auf und staute sich gegen die Felsblöcke der Moräne. Weiter unten wand sich der Gletscher ins Tal, drückte sich zwischen Felsentürme und Geröll wie ein Drachen, dessen langer Feuerschwall aus Eis in glühendem Weiß und feurigem Türkis durch die Steine der Moräne brannte.

Als ich neben der Bambusstange mit dem roten Fähnchen zwischen die ersten Eistürme in den Gletscher trat, schaute ich noch einmal zurück. Ob ich nicht doch auf die anderen warten sollte?

Ich konnte Loppsang und Kassang mit ihren großen Rucksäcken im oberen Teil des Schneefeldes, kurz unter Camp 2, schon erkennen. Ich könnte mich in den Schnee setzten und es mir gemütlich machen. In der Sonne war es warm. Schnell verwarf ich den Gedanken wieder, denn wenn ich mich erst mal hingesetzt hätte, wäre ich bestimmt nicht wieder aufgestanden. So war es mir am Abend vorher gegangen, als wir vom Gipfel zurückkamen. Ich hatte mich vor unsere Zelte vom Camp 3 gesetzt und es nicht mehr geschafft, wieder aufzustehen und weiter abzusteigen. Es war unmöglich gewesen. Ich hatte einfach keine Kraft mehr nach dem langen Aufstieg zum Gipfel. Nein, ich wollte mich nicht noch einmal hinsetzen und den Stillstand zulassen. Die Kraft, wieder aufzustehen, hätte ich wahrscheinlich auch an diesem Morgen nicht gefunden. Ich winkte kurz hinauf zu den anderen und stieg dann zwischen die Eistürme in den Gletscher. Es waren nur dreißig, maximal fünfundvierzig Minuten, die ich brauchen würde, um auf der anderen Seite des Gletschers wieder herauszusteigen und auf die Moräne hochzuklettern. Dort standen unsere Zelte von Camp 1, dort waren Kekse und Getränkedosen, ein weicher Schlafsack und meine Turnschuhe für den langen Weg über die Moräne hinunter zum Base Camp. Im Camp 1 würde ich auf Loppsang und Kassang warten.

Der Anstieg über die ersten Eiswellen war sanft. In den Pockennarben, die die Sonne in die Haut der Eistürme gebrannt hatte, fanden meine Steigeisen gut Halt. Noch war das Eis hart, tief gefroren von der Nacht, aber weiter unten, wo der Gletscher aufbrach in ein gewundenes Labyrinth von scharfkantigen Türmen, hatte die Sonne ihn schon geweckt. Aus der Tiefe drang das Plätschern von kleinen Bächen und Wasserfällen herauf. Das Eis leuchtete in Türkistönen wie eine Lagune in der Karibik und die Luft war herrlich warm. Dort, wo eine Quelle aus dem Eis sprudelte, trank ich von dem klaren Wasser und füllte meine Thermoskanne. Ich zog die dicke Daunenjacke aus und stopfte sie in den Rucksack. Mir war zum ersten Mal wieder durch und durch warm und die Sonne verlieh mir neue Kraft. Die Anspannung der letzten Tage löste sich langsam auf und ich spürte, wie ein Stück Glück wieder bei mir einzog. Wir hatten es geschafft, hatten den Gipfel erreicht, obwohl von Anfang an alles dagegen gesprochen hatte. Von meinem Rastplatz im Gletscher schaute ich noch einmal hinauf. An den Gipfel konnte ich mich kaum erinnern, nur die Strapazen des Aufstiegs spürte ich in allen Muskeln. Vor fünf Tagen hatten wir – Russell, Loppsang, Phurba, Kassang, Marco und ich – Basecamp verlassen und uns auf den Weg zum Gipfel gemacht. Die ersten beiden Tage hatten wir strahlendes Wetter und erreichten Camp 2 auf 6500 Metern Höhe. Als wir dort die Zelte im Morgengrauen verließen, war die Luft noch ruhig, aber oben auf der langen Traverse zu Camp 3 schnaubten die Windböen bereits über das weite Schneefeld. Sie raubten mir die Kraft, obwohl es kaum bergauf ging und ich nur einen Fuß vor den anderen setzten musste. Die letzten Hundert Meter vor unseren Zelten packte mich der Sturm von vorne, es schneite stark und jeder Schritt war eine Qual. Die kleinen Eiskristalle brachen auf meinem Gesicht und stachen in die Haut. Die anderen waren schon lange im Zelt verschwunden, aber ich kam nur im Schneckentempo voran. Immer wieder musste ich meinen Kopf in der Daunenkapuze vergraben und mich in den Schnee drücken, um zu rasten. Mir wurde jedes Mal schwarz vor den Augen, wenn ich sie schloss, und wären meine Hände und Füße nicht so kalt gewesen, wäre ich wahrscheinlich nicht wieder aufgestanden. Nach einer gefühlten Ewigkeit erreichte ich unser Zelt und kroch hinein. Loppsang half mir aus den Stiefeln, denn ich konnte meine Finger nicht mehr spüren. Er füllte meine Wasserflasche mit heißem Tee und ich steckte sie tief in meinen Schlafsack, um meine gefrorenen Füße wieder aufzutauen. Trotz starker Kopfschmerzen schlief ich ein. Um vier Uhr morgens wollten wir zum Gipfel aufbrechen, aber als der Morgen graute, hatte der Sturm nicht nachgelassen und wir konnten weiter schlafen. Erst gegen Abend legte sich der Wind. Wir schauten lange der Sonne hinterher, die wie ein Feuersturm in den tief liegenden Wolken unterging.

In der nächsten Nacht war es windstill und der Himmel sternenklar. Um drei Uhr stiegen wir hinaus zu unserem Gipfelsturm. Der Mond war schon untergegangen und unsere Stirnlampen tanzten durch die Dunkelheit. Das erste Schneefeld führte steil hinauf und ich zählte die Schritte. Die Kälte zog durch meine Daunenjacke hinein und ich versuchte schneller aufzusteigen, um endlich den Grat zu erreichen, wo die Felsen in den ersten Sonnenstrahlen leuchteten. Hinter uns schwebte der Schatten des Shishapangma mit lang gezogener Schneefahne in der Atmosphäre über dem Hochland. Als wir die sonnigen Höhen erreichten, wurde es warm. Der Schnee war hart und der Aufstieg leichter. In der Ferne thronten Cho Oyu, Everest, Lhotse und Makalu am Horizont. Um die Mittagszeit erreichten wir den Gipfelgrat, der nicht breiter als ein Fuß war. Auf beiden Seiten fielen steile Schneefelder in die Tiefe. Ich fühlte mich plötzlich unsicher und versuchte mit aller Kraft, ein aufsteigendes Angstgefühl zu unterdrücken. Ich wollte nicht nachdenken, was passieren könnte, musste mich konzentrieren. Ich hatte noch nie Angst gehabt, vor allem keine Höhenangst; steile Abhänge hatten mir bislang nichts ausgemacht, weder an der Ama Dablam noch am Mount Everest. Aber dort oben war mir auf einmal schlecht vor Angst, am liebsten hätte ich mich rittlings über den Grat in den Schnee gesetzt und an meinem Eispickel festgekrallt. Ich wollte keinen Schritt weitergehen, aber es waren nur noch wenige Meter bis zum Gipfel. Ich konnte die bunten Gebetsfahnen schon sehen. Ich erinnere mich noch daran, dass Loppsang plötzlich neben mir stand und mich beglückwünschte. Russell war schon ein Stück in das steile Schneefeld hinabgestiegen und drängte mich, ihm zu folgen. Ich war so erschöpft, dass ich nur kurz meine Kamera für das Gipfelfoto herauszog. Ich musste herunter von dem ausgesetzten Grat, so schnell wie möglich wieder den Boden unter den Füßen spüren. Ein schöner Gipfel war das nicht gewesen, nicht eine Minute hatte ich die Aussicht genießen können, obwohl keine Wolke uns die Sicht versperrte. Was war nur passiert, woher kam diese plötzliche Höhenangst?

Den Gipfel konnte ich von meinem Rastplatz im Gletscher nicht mehr sehen, zu hoch waren die Eistürme um mich herum. Die kleinen Schmelzwasserbäche gurgelten lustig durch die bizarre Eislandschaft. Ich folgte einem kleinen Wasserlauf und schlängelte mich zwischen den Eistürmen hindurch. Immer wieder tauchten große Felsbrocken auf, die wie Skulpturen auf Stelzen aus Eis balancierten. Andere Teams, die vor uns am Berg waren, hatten in mühevoller Kleinarbeit Bambusstangen mit roten Fähnchen ins Eis gesteckt, um den Weg zu markieren, aber eine Ordnung war nicht mehr auszumachen. Die Saison war zu Ende und wir waren das letzte Team am Berg. Die Sonne hatte in den vergangenen Tagen das Eis weiter abgetaut und viele Fähnchen waren umgefallen und in Eisbäche gestürzt.

Ich hatte schon lange kein rotes Markierungsfähnchen mehr gesehen, aber immer wieder stieß ich auf Bonbonpapiere und anderen Abfall, der davon zu zeugen schien, dass ich noch auf dem richtigen Weg war. Es gab viele Wege durch den Gletscher, vielleicht war dieser sogar weniger anstrengend, weil ich nicht so oft auf und ab durch die Eistürme klettern musste, sondern dem Lauf des Baches folgen konnte. Bald versickerte das kleine Rinnsal in einer Insel von Felsblöcken und Steinen, die sich mitten durch das Eislabyrinth einen Weg bahnten. Ich folgte dem Steinpfad. Eine Abkürzung, die anscheinend schon andere vor mir benutzt hatten. Als ich langen Schrittes von Camp 2 auf den Gletscher zu marschiert war, hatte ich gesehen, dass der steinige Pfad parallel zur Moräne durch die Gletschertürme führte. Von oben schien es, als würden die Eistürme weiter unten kleiner werden und der Gletscher sich auflösen, aber jetzt musste ich feststellen, dass er sich tiefer in den Berg hineinbohrte und die Türme bedrohlich hoch und steil in den Himmel stachen. Wo die Felsblöcke gegen die Eistürme drückten, fand ich einen zerbeulten blauen Ski, der in der Mitte abgebrochen war. »Yeti Ski« stand darauf. Ob Hans Kammerlander durch den Gletscher gefahren war? Es musste schon lange her sein, denn die Bindung war verrostet. Ein paar Schritte weiter stieß ich auf eine dunkelblaue Zeltplane. Ich zuckte zusammen, da würde doch kein Toter drin liegen, in seinem Zelt zerdrückt vom Gletscher? Ich ließ sie hinter mir, ohne noch einmal hinzuschauen.

Plötzlich brach der steinige Pfad ab und fiel hinunter in eine Gletscherspalte. Zu beiden Seiten reckten sich die Eistürme wie Haifischflossen in den Himmel. Über sie hinwegsteigen konnte ich nicht. Die Gletscherspalte vor mir war etwa eineinhalb Meter breit, weiter unten wand sich der kleine Steinpfad wieder durch den Gletscher. Wenn ich meinen Rucksack hinüberwerfen würde, konnte ich hinterher springen und meinen Weg fortsetzten. Ohne lange zu überlegen holte ich aus und mein Rucksack landete auf der anderen Seite. Ich sprang mit einem großen Satz hinterher. Als ich mich umdrehte, um zurückzuschauen, wurde mir plötzlich mit Unbehagen bewusst, dass ich gerade eine elementare Entscheidung getroffen hatte. Zurück konnte ich nicht mehr, der markierte Pfad durch das Gletscherlabyrinth war nun verloren, für immer. Jetzt musste ich meinen eigenen Weg finden. In der hoch stehenden Sonne konnte ich nicht ausmachen, in welcher Richtung ich auf die Randmoräne stoßen würde. Schnipsel von Bonbonpapier, die mich vorher noch in Sicherheit gewiegt hatten, fand ich nicht mehr, auch keine zermalmten Gaskartuschen oder Zeltfetzen; es gab nur noch Eis, vereinzelte Geröllbrocken und über mir den Himmel. Der Steinpfad hatte sich im Gletscher verloren. Unübersichtlich brach das Eis vor mir auseinander, verschlungen und gefaltet, ohne dass ich irgendeinen Pfad erkennen konnte. Immer wieder landete ich in Sackgassen, zu steil waren die Gletscherwände, die vor mir aufragten, als dass ich hätte hinaufklettern können. Vielleicht war hinter ihnen schon die lang ersehnte Moräne, aber ich hatte Angst, Angst abzurutschen und mich zu verletzen. Hier, fernab von den Markierungsfahnen, würde mich niemand finden.

Wie spät es wohl war? Wie lange irrte ich schon umher? Ich versuchte mich zu konzentrieren, mich nicht immer wieder im Kreis zu drehen und meine Kräfte zu verschwenden. Mein Rucksack drückte schwer auf meine Schultern. Irgendwo musste der Geröllpfad doch wieder auftauchen, der mich auf die Moräne hinausführen würde. Ich drückte mich zwischen zwei Eistürmen hindurch und folgte einem schmalen Bachbett, das weiter vorne in einen See mündete. Hoffnung nahte. Wenn ich erst auf den See hinaussteigen würde, hätte ich bestimmt eine bessere Übersicht, würde den Berg wieder sehen und könnte mich neu orientieren. Dann würde ich wissen, in welcher Richtung die rettende Moräne und unser Basecamp lagen. Eine dünne Wasserschicht überzog den See, darunter war Eis. Ich stieg vorsichtig darauf. Es knackte, nicht unter mir, aber in den Eistürmen. Ich zuckte zusammen. Schon vor einer Weile hatte der Gletscher um mich herum zu knacken begonnen. Anfangs fand ich es schön, aufregend, wie Musik, die den Rhythmus des Gletschers bestimmte, aber jetzt war ich mir sicher, dass die Eisdecke des Sees brechen würde, wenn ich auch nur einen einzigen weiteren Schritt in ihre Mitte wagte. So zaghaft wie möglich zog ich meinen Fuß zurück und begann am Rand des Sees entlang zu steigen. Den Eispickel drückte ich immer wieder in Seracs, die den See umgaben, um mich zu sichern. Würde der Eispickel mein Gewicht halten? Wie tief würde ich einbrechen? Wie dick war das Eis? Würde ich einfach versinken? Panik stieg in mir hoch. Ich hielt die Luft an. Nein, nein, nein, es war viel zu gefährlich. Bloß weg von diesem See, runter, zurück auf die abschüssigen Eisplanken, zurück auf die kleineren Hügel, wo ich sicheren Halt hatte. Ich hätte auf Loppsang und Kassang warten sollen. Wie konnte ich so dumm sein und alleine in dieses Labyrinth einsteigen? Niemand würde mich hier finden. Was war nur in mich gefahren? Ich wusste doch, wie gefährlich der Gletscher war. Tränen der Verzweiflung liefen mir über die Wangen. Ich ließ den Rucksack von den Schultern fallen; ich setzte mich darauf und vergrub mein Gesicht in den Händen. Es war wie ein böser Traum, aus dem ich nicht erwachen konnte. In seinen eisigen Klauen hielt mich das Eislabyrinth gefangen. Wie lange war ich schon im Kreis gegangen? Wann hatte ich den Weg verloren? Ich versuchte nachzudenken, mich zu konzentrieren.

Die Sonne brannte noch immer von einem strahlend blauen Himmel herunter, aber mir war kalt. Ich zitterte, spürte, wie die Kälte in mich hinein kroch. Würde ich eine Nacht im Gletscher überleben? Wenn das Knacken stärker wurde, die Dunkelheit unaufhaltsam kam? Würde ich zu Tode frieren? Ich schüttelte energisch den Kopf. Niemals, ich musste weiter, weiter nach einem Weg suchen, durfte nicht aufgeben. Irgendwann musste das Wunder doch geschehen und der steinige Pfad wieder auftauchen. Wenn ich nur wüsste, in welcher Richtung die Moräne lag! Entschlossen stand ich auf, packte meine Daunensachen aus dem Rucksack und zog sie an.

Die Kräfte kamen zurück und ich stach meine Steigeisen wieder mit mehr Mut ins Eis. Ich musste auf einen dieser Türme hinaufsteigen, so weit wie möglich, um einen besseren Überblick zu bekommen. Eine Woche zuvor im Basecamp hatte Marco vor dem Aufstieg noch seine Steigeisen geschliffen. Über eine Stunde lang hatte er die Frontzacken geschärft. Ich hatte eine Weile bei ihm gestanden und gelacht. Der Aufstieg zum Gipfel führte nicht durch steile Eiswände, wo man messerscharfe Frontzacken brauchte. Ich hatte stattdessen mit Lacchu und Kassang in der Küche gesessen, Momos gegessen und an den Plänen für unsere Schule getüftelt. Hätte ich doch besser mit Marco meine Steigeisen geschärft, dann hätte ich jetzt mehr Vertrauen in meine Frontzacken. Mein rechtes Bein zitterte wie eine Nähmaschine als ich zum dritten Schritt in die Eiswand ansetzte. Mit aller Kraft schlug ich meinen Eispickel in das Eis. Würde er halten? So vorsichtig wie möglich zog ich die Steigeisen aus dem Eis, um einen Schritt höher zu steigen. Zu nah drückte ich mich dabei mit meinem Körper an die Steilwand. Plötzlich rauschte die Eiswand vor mir vorbei in die Höhe und es brannte auf meinem Gesicht. Ich fiel auf den Gletscherboden und taumelte nach hinten. Die eine Seite meines Gesichts brannte vor Schmerzen. Die kleinen Eiskristalle hatten die Haut aufgeschürft, als ich mit dem linken Fuß aus dem Eis gebrochen und abgerutscht war. Der Eispickel hatte gehalten, aber nur so lange, bis ich mit dem Gesicht gegen die Wand gekracht war. Ich zitterte vor Entsetzen und spürte, wie eine Welle von Selbstmitleid über mich hereinbrach. Ich würde dem Schicksal nicht entkommen. Diesmal nicht. Ich hatte das Glück zu weit herausgefordert, meine Kräfte, mein Können überschätzt. Ob es den Bergsteigern, denen ich oben am Everest begegnet war, auch so gegangen war, in den letzten Stunden ihres Lebens? Ob irgendwann der Punkt gekommen war, wo sie die Hoffnung einfach aufgegeben und sich in ihr Schicksal gefügt hatten? Sich hinsetzten, einschliefen und ihren Frieden fanden? Wie lange würde es dauern, bis ich auch so weit war? Würde die Kälte den Zeitpunkt bestimmen oder meine Tränen? Dämonisch blickten die Eistürme auf mich herunter. Immer dichter schienen sie sich um mich zu drängen, immer enger das Netz zusammenzuziehen, in dem ich gefangen war. Ich musste weiter, weiter nach einem Ausweg suchen.

Als die Sonne tiefer in den Himmel gesunken war und die Schatten länger und kälter wurden, schöpfte ich neue Hoffnung. Dort, wo die Sonne unterging, war die Moräne. Das wusste ich mit Sicherheit. Meine ganze Kraft musste ich jetzt einsetzen, um in dieser Richtung einen Durchbruch zu finden. Ich musste noch einmal versuchen, auf einen dieser Eistürme zu steigen. Wieder folgte ich dem kleinen Rinnsal, das aus größerer Höhe von einem mehrschichtig gezackten Eisgebirge herunterlief. Vor ein paar Stunden war ich von einem missglückten Versuch dort entmutigt wieder abgestiegen, aber nun schien es mir die einzige Möglichkeit zu sein, diesem Teufelskreis zu entkommen. Ich musste es wagen, auch wenn die Gefahr bestand, dass ich von dort oben nicht wieder heil herunterkommen würde. Was mich auf der anderen Seite erwartete, wusste ich nicht, konnte nur hoffen, dass der Abstieg nicht so steil war wie der Aufstieg. Egal, was auch immer passieren würde, es war alles besser als die Nacht allein im Gletscher verbringen zu müssen. Immer wieder durchbrach ein plötzliches Knacken die Stille und ich konnte aus meinen Gedanken immer weniger den Verdacht verdrängen, dass der Gletscher sich in den Abendstunden zusammenziehen und mich einschließen würde. Ich stach meine Steigeisen in den kleinen Wasserfall. Das Wasser spritzte. Diesmal nahm ich meinen Rucksack mit, denn ich wusste, dass ich nicht zurückkommen würde. Entschlossen kletterte ich weiter hinauf, meine Daunenhose wurde nass, auch die Handschuhe, weil der Eispickel sich tief in das aufgeweichte Eis drücken ließ. Dort, wo der Wasserstrahl in einer Öffnung im Eis verschwand, lehnte sich ein Teil der Eiswand zurück und ich konnte auf einem flacheren Stück weiter hinaufsteigen. Als ich die Gipfelspitze erreichte, hielt ich mich fest, umklammerte das Eis, um einen guten Blick ins Tal dahinter zu bekommen. Felsbrocken! Es waren nur ein paar kleine Brocken im Eis, aber ich spürte, wie mein Herz einen Sprung machte. Die Moräne. Weit konnte sie nicht sein.

Wie ich den Weg hinaus fand, weiß ich nicht mehr. Ich erinnere mich nur, dass ich auf einmal auf den nackten Steinen der Moräne saß und auf die Eistürme hinter mir schaute. Ich hielt meinen Rucksack umklammert und ließ die Tränen der Erleichterung einfach laufen. Die Sonne war untergegangen und die Schneefelder leuchteten fahl im Abendlicht. Wie in Trance bewegten sich meine Beine auf dem kleinen Trampelpfad hinunter Richtung Basecamp. Ich weiß nicht, woher ich die Kraft nahm, aber ich musste hinunter, hinunter zu den anderen, die bestimmt schon auf mich warteten. Die Sterne waren am Nachthimmel aufgegangen, als ich die Zelte sah. Aus unserem Küchenzelt stieg Rauch auf und ich konnte Lacchu erkennen, der vor dem Zelt stand und zu mir hinaufschaute. Er stieß einen Schrei aus, als er mich sah, und rief hinein ins Zelt. Dann tauchten auch die anderen aus dem Zelt auf. Kassang kam mir entgegengelaufen. Er packte mich an beiden Armen und starrte mich an. Sein Gesicht weitete sich zu einem freudigen Grinsen, als wäre ich von den Toten wieder auferstanden. Er nahm mir den Rucksack ab und geleitete mich zum Küchenzelt. Russell polterte auf mich ein, aber ich verstand seine Worte nicht. Lacchu reichte mir eine Tasse Tee und zeigte auf den leeren Stuhl im Küchenzelt. Alle sprachen wild durcheinander, von ihren Rufen, die im Gletscher verhallt waren, von ihrer vergeblichen Suche, von den Kerzen, die sie angezündet hatten, den Gebeten, die Kassang und Phurba gesprochen hatten. Ich saß apathisch neben ihnen und brachte kein Wort heraus. Lange nicht. Ich war wie gefangen, fern von allem, was um mich herum geschah. Schweigend stieg ich am nächsten Tag mit den anderen ins Tal hinab.

Zum Abschied nahm Kassang meine Hand und legte ein geknotetes Armband mit einem kleinen grünen Glücksbringer hinein. Er hielt meine Hand lange fest mit seinen umschlossen und sah mich an.

»Loptha, Tzombuk Loptha.« Seine Augen glänzten. Ich umarmte ihn, dankbar, dass er mich zwang nach vorne zu schauen, ins Leben.

»Tzombuk Loptha. Wir bauen eine Schule für Tzombuk!«, bekräftigte ich.

Shishapangma war mein letzter Achttausender. Das kalte Knacken des Gletschers verfolgte mich lange. Es war, als würde meine Seele noch im Gletscher sitzen und den Weg zurück nicht finden. Ich hatte oft das Gefühl, dass ich mein Leben nur träumte und eines Tages aufwachen würde und nicht mehr da wäre. Wie hatte das alles nur so schief gehen können? Die Suche nach dem Warum hat mich unendliche Stunden beschäftigt. Ich kam letzten Endes zu dem Schluss, dass mein Herz nicht am richtigen Fleck war. Als ich in der letzten Septemberwoche in Kathmandu gelandet war, war Russell bereits von seiner Expedition zum Cho Oyu zurückgekehrt und hatte seine Bergsteiger verabschiedet. Sein Plan, schnell umzupacken, Proviant zu kaufen und mit mir sofort wieder nach Tibet aufzubrechen, wurde jedoch jäh beendet. Die chinesische Botschaft, wo er mein Visum bekommen sollte, hatte unvorhergesehen geschlossen und sollte es für mehrere Tage bleiben. Kurz entschlossen schickte Russell Lacchu und mich den Khumbu zum Trekking. Ich sollte mich dort akklimatisieren, damit wir am Berg keine wertvolle Zeit verlieren würden. Das Wetter im Khumbu war scheußlich und unsere Tagesetappen waren kurz, denn weder Lacchu noch ich hatten Lust, im kalten Nieselnebel über die Trekkingpfade zu stapfen und uns zu erkälten. Eigentlich hätten wir ein größeres Team für den Shishapangma sein sollen. Fünf Bergsteiger waren angemeldet gewesen, aber nach dem Terroranschlag auf New York am 11. September hatten alle Teilnehmer die Expedition abgesagt. Nur Marco und ich waren dabeigeblieben. Marco war mit Russell am Cho Oyu gewesen und zum Gipfel aufgestiegen. Er wollte zwei Achttausender hintereinander besteigen. Der 21-jährige Extremsnowboarder lebte in Chamonix und galt als einer der Besten der Welt. Er wollte im folgenden Jahr mit Russell auf den Everest und vom Gipfel mit dem Snowboard abfahren. Dafür musste er trainieren. Ich war auf einer Fotoreise in Europa, als die Türme in New York einstürzten, und flog von dort weiter nach Kathmandu, obwohl es mich nach Hause zog. Schließlich erwartete Kassang mich in Tibet. Wir wollten weiter an den Plänen für die Schule arbeiten und ich hatte Geld für ihn dabei. Außerdem war es Russells erste kommerzielle Expedition zum Shishapangma. Er wollte sein Expeditionsangebot ausweiten und den »kleinsten« Achttausender mit in sein Programm aufnehmen. Wir waren sozusagen der Testlauf für den Shishapangma und ich wollte dabei sein. Loppsang, Phurba und Marco sowie unsere Zelte und Ausrüstung waren schon in Tibet. Nur Lacchu war mit Russell zurück nach Kathmandu gekommen. Als wir zehn Tage später endlich nach Tibet fuhren, war die Stimmung angespannt, weil wir viel Zeit verloren hatten und die Nachmonsunzeit unaufhörlich ihrem Ende zusteuerte. Das Basecamp war bereits leergefegt, als wir ankamen. Alle anderen Teams hatten ihre Expedition beendet und waren abgereist. Wir hatten den Berg für uns allein und Russell drängte nach oben. Spätestens Ende Oktober würden die ersten Winterstürme über den Berg hereinbrechen und jeden Aufstieg unmöglich machen. Wir mussten uns beeilen. Ich freute mich sehr, Loppsang und Phurba wiederzusehen, aber eine freudige Stimmung breitete sich nicht aus. Den beiden war anzumerken, dass sie nach Hause wollten, zu ihren Familien. Sie waren seit acht Wochen in Tibet, hatten am Cho Oyu hart gearbeitet und genug vom Leben im Zelt. Russell schien es ähnlich zu gehen. Die Begeisterung für einen weiteren Achttausender hielt sich bei allen in Grenzen. Einzig Kassang und ich waren aufgeregt vor Freude. Kassang hatte den Gipfel des Cho Oyu erreicht und war endlich im Sherpateam angekommen. Ich war stolz, dass ich durch meine Buchverkäufe genug Geld zusammengetragen hatte, um das Holz für die Schule, das wir in Kharta bestellt hatten, zu bezahlen. Die Tzombuker hatten schon Steine für das Fundament der Schule gesammelt. Nach dem Winter konnten die Bauarbeiten beginnen. Kassang und ich tüftelten abends lange in

Lacchus Küche an den Plänen. Vielleicht hätte ich mich in dieser Zeit lieber dem Berg und seinen Herausforderungen widmen sollen, aber das tat ich nicht. Wahrscheinlich war dies das erste Anzeichen, dass ich die nötige Ehrfurcht verloren hatte. Der Shishapangma war mein fünfter Achttausender innerhalb von vier Jahren und mein Herz brannte nicht mehr.

In der ersten Woche am Berg richteten Loppsang, Phurba und Kassang Camp 1 und 2 ein und ich hinkte hinterher. Meine Akklimatisierung schritt nur langsam voran und es fiel mir schwer, mit den anderen mitzuhalten. Wir stiegen zweimal durch den Gletscher und verbrachten eine Nacht in Camp 2 auf 6500 Metern Höhe. Dann kam die Aussicht auf ein Wetterfenster und wir brachen zum Gipfelsturm auf. Nach nur zwei Wochen am Berg! Alle waren ausreichend akklimatisiert, nur ich nicht. Marco und Phurba stürmten mit dem Snowboard voraus. Russell wollte meine Proteste nicht hören. Sein Ton war rau und hart. Er hatte mehrere Flaschen Sauerstoff, die vom Cho Oyu übrig geblieben waren, und nahm sie mit hinauf. Ich wollte nicht mit Sauerstoff zum Gipfel gehen. Er sagte, ohne hätte ich keine Chance. Wir würden alle mit Sauerstoff gehen, sonst würden wir das Wetterfenster verpassen. Es würden noch andere Wetterfenster kommen, sagte ich. Er meinte, das wüsste ich nicht, und wir stritten uns. Die Stimmung war schlecht. Wir fingen an, uns aus dem Weg zu gehen. Bei unserem gemeinsamen Aufstieg zu Camp 3 fiel ich zurück. Zwar warteten die anderen immer auf mich, aber sobald ich in Reichweite kam, brachen sie schon wieder auf und stapften davon, bis sie irgendwann im Schneetreiben verschwanden.

Beim Aufstieg zum Gipfel ging es mir besser, der zusätzliche Sauerstoff aus der Flasche tat gut und wärmte meine Füße in der kalten Morgenluft. Als die Sonne kam, konnte ich die anderen sogar überholen und mit Loppsang Schritt halten. Ein himmlischer Tag bahnte sich an, keine Wolke stand am Himmel und die Aussicht über das Hochland von Tibet war grandios. Es war noch früh, als wir den langgezogenen Gipfelgrat erreichten, aber meine Kräfte waren auf einmal zu Ende und mein Körper geriet in Panik. Ich merkte erst viel später, dass der Sauerstoff in meiner Flasche verbraucht war und es mir deswegen so schlecht ging. So etwas hatte ich noch nie erlebt. Es war grauenhaft. Russell tobte, dass ich mich beeilen sollte.

Vielleicht war auch sein Sauerstoff unerwartet zu Ende gegangen. Er ärgerte sich, dass alle wegen mir noch eine Nacht auf Camp 3 verbringen mussten, denn wir hatten zu wenig Benzin für den Kocher und konnten nicht mehr genug Schnee schmelzen. Als er mich dann vor dem Morgengrauen aus dem Zelt schickte und sagte, dass er genug hatte von meinen Schwächeanfällen und mich erst im Basecamp wieder sehen wollte, hätte ich vielleicht an sein Bergführerherz appellieren sollen, aber dazu war ich zu stolz. Man sagt, es müssen fünf Dinge schief gehen, damit ein Flugzeug abstürzt. Am Shishapangma waren es mindestens vier.

Als ich aus dem Himalaya nach Hause kam, fühlte sich alles fremd an. Das quirlige New York, das ich Ende des Sommers verlassen hatte, war seit dem Terroranschlag in bodenlose Unfassbarkeit gestürzt. Nichts war mehr wie vorher. Sprachlosigkeit und tiefe Trauer lagen über der Stadt und der schwere Geruch von Verbanntem, Eingestürztem und Zerstörtem hing in den Straßenschluchten. Auch die Modewelt war schwer getroffen. Kampagnen wurden abgesagt, Modenschauen gecancelt, viele Jobs waren plötzlich fort und alle kämpften ums finanzielle Überleben.

Zwei Jahre später verließ ich New York und zog zurück nach München. Ich hatte lange zuvor schon angefangen, meine Modekontakte nach Deutschland zu intensivieren und jeden Job dort angenommen. Seit dem Erscheinen meines Buches im Herbst 2000 und der damit verbundenen Pressetour war ich oft in München gewesen. Auch mehrten sich die Vortragsanfragen, und so flog ich immer häufiger hin und her. Es war ein Schritt in eine neue Karriere, von der ich nie geträumt hätte. In dem Vertrag, den ich bei meinem Verlag zur Veröffentlichung meines Buches unterschrieben hatte, stand, dass ich »angemessene Pressearbeit« zu leisten hätte. Ich hatte meinen Agenten gefragt, was das bedeutete, und er meinte, dass ich bei Erscheinen des Buches ein paar Interviews machen müsste. Aus ein paar Interviews wurde eine sechswöchige Pressetour quer durch Deutschland. Von Harald Schmidt über Beckmann, Johannes B. Kerner, NDR 3 auf die roten Sofas und durch die Frühstückssendungen. Ich stand plötzlich vor der Kamera und nicht mehr dahinter und bekam am eigenen Leib zu spüren, was die Models, die ich sonst mit Leichtigkeit ins Rampenlicht schickte, durchmachen mussten, um im alles durchdringenden Licht zu bestehen. Mein Segen dabei war, dass Moni, die Presseagentin des Verlags, mich treu durch alle Höhen und Tiefen meiner Buchexpedition begleitete. Wir kannten uns, denn wir hatten vor Jahren zusammen bei der *Vogue* gearbeitet und ich fühlte mich wohl mit ihr. Sie machte mir Mut, wenn das Lampenfieber meine Knie zittern ließ, und schritt ein, wenn die Visagisten mich schminkten wie eine Vogelscheuche.

In Berlin sollte ich meine erste Lesung für eine Buchhandlung machen. Moni hatte im Vorfeld mit der Buchhandlung gesprochen und gefragt, ob ich zur Lesung auch Bilder vom Berg zeigen könnte. Sie hatte zugestimmt und ein kleines Theater gemietet. Auf dem Flug nach Berlin besprachen wir, welche Stelle aus meinem Buch sich am besten für eine Lesung eignen würde. Ich wollte gar nichts lesen, sondern nur die Bilder vom Berg zeigen. Dann wäre es schön dunkel im Raum und alle würden nur auf die Leinwand schauen. Moni schmunzelte.

»Es ist eine Lesung, Helga. Ein kleines Stück wirst du schon lesen müssen, sonst verkaufen sie kein Buch.«

Wir einigten uns auf zehn Minuten aus der Gipfelnacht am Everest und ich war gerettet, denn schon kurz, nachdem ich die Bühne betrat, gingen die Lichter aus und die Bilder aus dem Diaprojektor zogen alle Blicke auf sich. Ich signierte über hundert Bücher und beantwortete artig alle Fragen. Buchhandlungen in Hannover, Bielefeld und München folgten.

Meine fünfte Lesung machte ich in Pontresina im Engadin. Unter dem Sternenhimmel des Kulturzentrums erzählte ich vom Aufstieg auf den höchsten Berg. Hundertfünfzig Gäste saßen im Saal und lauschten. Der Vorstand einer großen Bank war unter den Zuhörern. Er lobte meinen Vortrag im Anschluss und kaufte ein Buch. Eine Woche später rief mich seine Marketingabteilung an und fragte, ob ich zu ihrer Kick-Off-Veranstaltung in Frankfurt einen Vortrag halten könnte. Ich sagte spontan ja, weil ich mich geschmeichelt fühlte.

Dann saßen dreihundert Investmentbanker in schwarzen Anzügen vor der Bühne und mir schlotterten die Knie. Ich hatte schreckliches Lampenfieber und konnte mir nicht vorstellen, was ich diesen Männern erzählen sollte.

»Motivation, Frau Hengge. Das ist das Wichtigste. Zeigen Sie ihnen, wie man es bis ganz nach oben schafft«, hatte der Vorstand im Briefing gesagt. Jetzt saß er neben mir und klopfte mir ermutigend auf die Schulter.

»Frau Hengge, jetzt stellen Sie sich nicht so an, Sie waren doch schließlich auf dem Everest.«

»Ja, aber da waren nicht so viele Menschen«, erwiderte ich kleinlaut und trat hinauf, um mich groß zu machen. Die ersten Minuten waren ein Horror. Ich vergaß vor lauter Schreck den Namen des Vorstands, bei dem ich mich bedanken wollte. Panisch stammelte ich die auswendig gelernten Sätze hervor. Erst als wir in meinem Vortrag das Basecamp verlassen hatten und zu den Höhencamps aufstiegen, beruhigte sich mein Herzschlag und das Feuer in meinen Augen begann zu leuchten. Ich spürte plötzlich den Zauber des Berges wieder und vergaß die dunklen Anzüge im Saal. Der Applaus war groß, der Everest hatte alle in seinen Bann gezogen.

Das war mein Einstieg in die Vortragsrednerschaft. Es sprach sich schnell herum, dass es eine gibt, die zwar nicht so aussieht, aber trotzdem auf dem Mount Everest war und Beweisfotos hat. Und so mehrten sich die Vortragsanfragen.

Als ich im Herbst 2003 meinen Mann kennenlernte, schwärmte er davon, mit mir in die Berge zu gehen. Er erzählte mir stolz, dass er bei einer Mexikoreise auf den 5426 Meter hohen Popocatépetl gestiegen war und in den Kraterschlund geschaut hatte. Der rauchende Berg und sein kleinerer Schwesterberg, der 5286 Meter hohe Iztaccíhuatl hatten ihn aus der Ferne angelockt. Mein Mann hatte in seinem Reiseführer von dem sagenumwobenen Vulkan gelesen und war mit seinen Wanderschuhen bis zum Kraterrand auf über fünftausend Meter Höhe gestiegen. Gut ging es ihm dabei nicht, weil er die Höhe unterschätzt hatte. Wir machten in den ersten Monaten viele Pläne, gemeinsam in die Berge zu gehen, aber immer verhinderte etwas unseren Aufstieg: das Wetter, die Arbeit, London, Shopping, Kochen. Und irgendwann wusste ich, mein Mann liebt die Berge nur aus der Ferne. Dann kam Marie, unsere Tochter, und die Berge rückten auch für mich in weite Ferne. Ein Jahr später war ich wieder schwanger mit Luca. Angesichts der neuen Herausforderungen in meinem Leben war klar, dass die Zeit der großen Expeditionen für mich vorbei war. Familie, Kinder und hohe Berge lassen sich nicht unter einen Hut bringen. Ich hatte nun meinen »Everest« zu Hause und eine große Verantwortung, zumal mein Mann, der seine eigene Firma gegründet hatte, als wir uns kennenlernten, unendlich viel arbeitete, um diese zum Erfolg zu führen.

Meine ganze Liebe für die Berge steckte ich nun in meine Vorträge. Jedes Mal, wenn ich die Bilder vom Everest zeigte und vom Aufstieg erzählte, stieg ich wieder hinauf als wäre es zum ersten Mal. Vor der Leinwand zu stehen und in die Nordwand zu schauen ließ mein Herz höher schlagen, der unbändige Stolz, bei diesem Abenteuer dabei gewesen zu sein in den guten und auch in den schwierigen Zeiten am Berg. Zwei Monate war ich jeden Abend mit ihm ins Bett gegangen und jeden Morgen mit ihm aufgewacht und hatte mich in Tausenden von kleinen Schritten hinaufgewagt, um dann endlich mit Loppsang am Gipfel zu stehen. Es waren die Männer in meinem Team gewesen, die den entscheidenden Unterschied gemacht hatten, Menschen mit verschiedenen Stärken und Talenten, Aufgaben und Verantwortungen, die zusammengeholfen hatten, um dieses Abenteuer zu bestehen. Für meine neue Herausforderung Familie, Baby, erneutes Schwangersein und meine Vortrags- und Stylingarbeit war ich gut gerüstet. Oft konnte ich Marie zu meinen Vorträgen mitnehmen oder einen Babysitter verpflichten. Wenn ich mehrere Tage unterwegs war, übernahmen mein Mann, meine Eltern und meine Schwester Lu. Für die Verwirklichung meines Traums von den Seven Summits reichte es nicht, dazu fehlte mir noch ein wichtiges Mitglied in meinem Team: Phurba.

Wir hatten uns im ersten Jahr mit Marie von Babysitter zu Babysitter gekämpft. Die einen waren zeitlich gebunden und nicht flexibel, die anderen kamen nicht zurecht mit dem Stress eines schreienden Babys. Ich hatte in vielen durchwachten Nächten die Berggötter angerufen und sie um Hilfe gebeten. Vergeblich. Bis zu jener Winternacht. Es hatte seit den frühen Nachmittagsstunden schon über einen Meter geschneit, in dicken schweren Flocken, als ich mit Marie im Körbchen die Wohnung verließ. Es war bestimmt nicht die geeignetste Nacht, um auf Babysittersuche zu gehen, aber Lama Tsering, bei dem ich einmal in der Woche Tibetisch lernte, hatte gesagt, ich solle kommen. Die tibetische Gemeinschaft in München feierte Losar, das tibetische Neujahrsfest. In den Wochen zuvor war eine kleine Gruppe tibetischer Flüchtlinge in München angekommen. Sie lebten im Asylheim und würden auch zur Feier kommen. Es seien einige Frauen dabei.

»Vielleicht finden wir, was du suchst«, hatte Lama Tsering mir augenzwinkernd gesagt. Und so machte ich mich auf den Weg. Marie und ich holperten durch die Straßen der Stadt, durch tief zerfurchte Gassen aus Schnee und Matsch. Niemand war unterwegs. Alle waren nach der Arbeit nach Hause geflüchtet und dort geblieben, und das wäre wahrscheinlich auch für mich das Vernünftigste gewesen. Aber es lag etwas in der Luft, das konnte ich spüren. Dies war eine besondere Nacht, die Götter hatten mich erhört und nun musste ich meinen Teil dazu tun. Als wir im Tibethaus ankamen, war der festlich geschmückte Raum schon voll besetzt. Viele Injis, wie die Tibeter die Europäer nennen, hatten sich auf den Stühlen, Kissen und Fensterbänken niedergelassen, aßen tibetische Köstlichkeiten vom Buffet – Momos, Pale und Kapse – und tranken Buttertee dazu. Eine Gruppe von Tibetern saß in einem dichten Haufen zusammengekauert am Boden in der dunkelsten Ecke des Raumes und blickte unverwandt auf das außergewöhnliche Treiben. Es war ihnen anzusehen, dass sie noch nicht richtig angekommen waren in ihrer neuen Heimat. In der Mitte des Raumes tanzten die anderen, die die Einbürgerung schon hinter sich hatten und sich sichtlich wohler fühlten, mit ausschwingenden Bewegungen, während die Injis schauten und applaudierten. Marie saß bei Lama Tsering auf dem Schoß und lachte. Ich hatte gehofft, dass Lama Tsering mir die »Neuen« vorstellen würde und ich dann leicht mit ihnen ins Gespräch kommen würde, aber er machte keinerlei Anstalten. Er lächelte mich nur ab und zu wohlwollend an und herzte Marie. Und ich traute mich nicht, die Tibeter anzusprechen. Mein Tibetisch war überhaupt nicht gut genug und ich kam mir plötzlich viel zu aufdringlich vor. Nach einer Stunde hatte Marie genug von den tibetischen Tänzen und fing an zu schreien. Ich drückte Lama Tsering einen Zettel mit meiner Telefonnummer in die Hand und bat ihn, die Tibeter für mich zu fragen. Er lächelte mich an und streckte dabei seinen Daumen in die Luft. »Alles gut. Wir werden jemanden finden.«

Ich hätte ihm vertrauen sollen. Aber als ich mit Marie nach Hause fuhr, war ich enttäuscht, von mir, Lama Tsering und der Idee, ein Kindermädchen zu finden. Ich hatte es mir so einfach vorgestellt. Aber wie sollte ich denn mit ihr reden, wenn mein Tibetisch schon zu schlecht war, die Tibeter überhaupt anzusprechen? Was hatte ich mir nur eingebildet? Wir waren ja nicht in Tibet. Und die Menschen, die als Flüchtlinge nach Deutschland kamen, hatten sicher andere Ideen, als als Kindermädchen zu arbeiten. Mein Mann sagte, er habe es gleich gewusst.

Zwei Tage später rief mich eine junge Frau an, die sich als Dolma vorstellte und sagte, dass Lama Tsering sie schickte. Sie sprach gebrochenes Deutsch, schnell und aufgeregt, und erklärte mir, dass sie nach der Arbeit zu mir kommen und Phurba mitbringen würde, mein neues Kindermädchen. Oje, dachte ich. Was mache ich jetzt? Wenn mein Tibetisch nicht ausreicht und sie nicht die Richtige ist, wie bringe ich das Lama Tsering bei?

Phurba blieb vor der Türschwelle stehen, verbeugte sich, streckte beide Hände vor und murmelte den tibetischen Gruß »Tashi-Deleh«. Sie war groß, fast einsachtzig, kräftig und sah aus wie eine gestandene tibetische Frau, obwohl sie den Eindruck machte, als wäre sie in diesem Moment lieber eine Maus gewesen, die sich im Dunkeln unter dem Treppenabsatz versteckt hätte. Marie, die ich auf dem Arm hatte, schaute sie mit großen Augen an und fing an zu schreien, sodass ich mich wegdrehen musste. Dolma zog Phurba über die Türschwelle hinein und sprach auf sie ein. Ich bat die beiden an den Tisch und schenkte Tee ein. Phurba lächelte unbeholfen und schien sich überhaupt nicht wohl zu fühlen. Sie sprach kein Wort Deutsch. Dolma versicherte mir, dass sie es leicht lernen würde. Und sie betonte, dass Phurba viel Erfahrung mit Kindern hatte und sich freuen würde, auf Marie aufzupassen. Sie könne schon am nächsten Tag kommen und mir helfen. Ich bräuchte sie am Anfang auch nicht zu bezahlen, da sie noch keine Arbeitserlaubnis hatte. Vielleicht könne ich ihr dafür Deutsch beibringen, so lautete der Vorschlag von Lama Tsering. Ich war verunsichert, als die beiden wieder gingen, aber es blieb mir keine Zeit, viel darüber nachzudenken, denn schon am nächsten Morgen stand Phurba vor der Tür. Wir tranken wieder Tee, um uns vorsichtig anzunähern. Marie ließ sich zwar nicht von ihr auf den Arm nehmen, aber sie beäugte sie neugierig. Phurba hatte Gebetsfahnen dabei, die wir am Balkon aufhängten. Dabei sprach Phurba einige Mantras. Sie hob Marie hoch und zeigte ihr die Windpferde, mit denen die Fahnen bedruckt waren. Danach wickelte sie sie in ein Tuch und trug sie auf dem Rücken, was dieser sehr gefiel. Wie nebenbei begann sie, unsere Wohnung aufzuräumen. Sie strahlte dabei eine wohltuende Ruhe aus und ließ sich von Maries Schreianfällen nicht beirren. Sie kam von da an jeden zweiten Tag für ein paar Stunden zu uns. Für die deutsche Sprache interessierte sie sich nur wenig und wir fanden schnell heraus, dass sie etwas Englisch sprach und es viel sinnvoller war, sie dort zu fördern.

Für ihre Arbeitserlaubnis musste ich eine Weile kämpfen und über vierzig deutsche Bewerber und Bewerberinnen, die mir das Arbeitsamt schickte, ablehnen. Irgendwann rief ich völlig entnervt bei meinem zuständigen Beamten vom Arbeitsamt an und sagte ihm, dass ich nicht umsonst auf den Mount Everest gestiegen sei. »Ich habe nicht nur unbändigen Willen bewiesen, sondern auch unendliches Durchhaltevermögen und werde nicht stillstehen, bis Sie Phurba die Arbeitserlaubnis geben. Ich will nur sie oder gar kein Kindermädchen.«

Ich weiß nicht, ob es der Berg war, dem er sich vor Ehrfurcht beugte, oder die arbeitsbehördlichen Vorschriften, die einem Ausländer nicht auf ewig die Arbeitserlaubnis vorenthalten dürfen, jedenfalls stellte er zwei Wochen später Phurba eine Arbeitsbewilligung aus. Und so kam Phurba fest zu uns. Mein Mann stand dem Phurba-Abenteuer, wie er es nannte, anfangs zwar eher skeptisch gegenüber, aber ihre tibetischen Kochkünste gewannen auch ihn für sie. Von nun an gab es Momos, Pale und Curry. Einen Monat später fuhr ich mit einem Sportkunden auf Fotoreise in die Berge und überließ Marie ganz Phurba und meinem Mann. Sechs Tage Skiproduktion, Actionaufnahmen. Am letzten Tag, auf der letzten Abfahrt, fuhren wir durch den Wald. Ich blieb unglücklich mit meiner Skispitze in einer Wurzel hängen und stürzte kopfüber mit meinem Rucksack in die Tiefe. Mein Knöchel brach, und da ich schon im fünften Monat schwanger war, wollten die Ärzte nicht operieren. Das bedeutete sechs Wochen Gips und Krücken. Wir wohnten im vierten Stock, ohne Lift, Marie konnte gerade die ersten Schritte gehen, aber noch keine Treppen steigen – und ich dankte den Göttern, dass sie uns Phurba geschickt hatten.

Im Sommer 2007 war Luca ein Jahr alt. Phurba wohnte inzwischen bei uns und die Kinder liebten sie über alles. Und so kam es, dass ich meinen Mann überreden konnte, mich ziehen zu lassen. Fünf der Seven Summits fehlten mir noch zu meinem Traum. Nicht, dass ich mir damals wirklich vorstellen konnte, diesen Traum zu verwirklichen, denn die drei großen – der höchste Berg der Antarktis, die Carstensz-Pyramide in Papua und vor allem der Denali in Alaska waren viel zu weit fort. Aber ich wollte unbedingt einen Anfang machen und sehen, ob mein Traum noch lebte, ob die Berge noch das Abenteuer ausstrahlten, das ich suchte. Ich begann zu joggen, eine halbe Stunde jeden Tag, um wieder fit zu werden. In langen Abendstunden las ich alles, was ich über den höchsten Berg von Afrika finden konnte.

»So weit wie die ganze Welt, groß, hoch und unvorstellbar weiß in der Sonne«, hatte Ernest Hemingway über ihn geschrieben. Kilimandscharo, der Thron der weißen Schlange. Jedes Jahr stiegen Tausende von Bergsteigern zu seinem Gipfel auf, vielleicht um zu sehen, ob so nahe am Äquator wirklich Schnee liegt oder ob sich doch eine weiße Schlange um den 5895 Meter hohen Kraterrand windet, wie es die Legende besagt. Am meisten hat mich fasziniert, dass man in einer Woche durch alle Klimazonen Afrikas wandert und vom Gipfel einen fast himmlischen Blick über die Savanne hat. Und dann kam der Tag, an dem mein Seven Summits Abenteuer zum zweiten Mal startete.

Afrika

Kibo und Mawenzi

Vor langen, langen Jahren, als die Zeit des Christentums noch nicht gekommen war und die Gipfel des Kilimandscharo noch aktive Vulkane waren, hatte der große Gott Ruwa zwei Frauen, Kibo und Mawenzi. Eines Tages ging Mawenzi zum Haus von Kibo, um Glut für ihr Feuer zu holen. Sie kam kurz bevor das Mittagessen serviert wurde, und so wurde sie gemäß der Chagga-Tradition zum Essen eingeladen. Mawenzi war faul und kochte nicht gerne. Kurz nachdem sie das Haus von Kibo verlassen hatte, kehrte sie zurück und erzählte, dass sie beim Überqueren eines Flusses gestolpert und die Glut ins Wasser gefallen sei. Weil sie ihre Rückkehr zeitlich so geplant hatte, dass diese mit dem Beginn des Abendessens zusammentraf, musste Kibo sie wieder zum Essen einladen. Als Mawenzi merkte, wie gut es ihr bei Kibo erging, kam sie zurück für ein drittes Mahl. Diesmal hatte Kibo gerade genug gekocht, um ein besonderes Mahl für sich und ihren Mann zu bereiten. Beim Anblick von Mawenzi wurde sie so wütend, dass sie den Holzpaddel nahm, mit dem sie sonst die Bananen zerstampfte, und auf ihre Schwester einschlug und ihr so das zerschmetterte Aussehen gab, das sie heute noch hat. Die Chagga sagen, dass Mawenzi sich so sehr für ihr zernarbtes, hässliches Gesicht schämt, dass sie sich meist in Wolken hüllt, damit niemand sie sehen kann.

LEGENDE DER CHAGGA

Kilimandscharo

Im Osten von Afrika erhebt sich die Erde des nördlichen Tansania, um einen der gewaltigsten und einsamsten Berge der Welt zu formen. Kilimandscharo. Erhaben ragt die weiße Gipfelkrone des Kibo in den Himmel. Mit einer Höhe von 5895 Metern ist der Kilimandscharo der höchste Berg Afrikas und die höchste freistehende Erhebung der Erdoberfläche. Höher als jeder andere Berg auf Erden, fast fünftausend Meter, steigt das Massiv des Kilimandscharo aus dem Dunst der Savannenlandschaft in die blauen Lüfte des Äquators hinauf. Durch den verschwimmenden Effekt von Höhe und Entfernung wirken seine groben Konturen fein geschliffen. Wie gemalt steht er im blauen Morgenlicht über der Steppe.

Der Kilimandscharo besteht aus drei Vulkanen, die durch ein Hochplateau miteinander verbunden sind. Das blaue Massiv des 5895 Meter hohen Kibo, genannt der Helle, beherrscht die Ansicht so sehr, dass man verführt ist, in ihm allein den Kilimandscharo zu sehen, aber das Massiv hat noch zwei weitere Gipfel. Der zweithöchste ist der 5148 Meter hohe Mawenzi, genannt der Dunkle. Er steht etwas weiter im Osten und wirkt düster und unnahbar. Seine schwarzen, zerborstenen Felstürme sind die Überreste einer gewaltigen Explosion, die den Krater vor Tausenden von Jahren zerstört hat. Der älteste und kleinste Gipfel des Kilimandscharo ist der viertausend Meter hohe Shira im Westen. Er ragt kaum merklich aus dem Hochplateau heraus.

Das Kilimandscharo-Massiv ist mindestens zwei Millionen Jahre alt und liegt am Rand des Ostafrikanischen Grabens. Am großen kontinentalen Grabenbruch Afrikas driften seit Jahrmillionen die Afrikanische und die Ostafrikanische Platte auseinander. Am Rand des Grabens quillt Magma aus dem Erdinneren und lässt Vulkane emporwachsen. Der letzte Ausbruch des Kibo soll um 1700 gewesen sein. Seitdem verharrt seine vulkanische Aktivität auf niedrigem Niveau, aber im Gegensatz zu seinen Nachbarn Mawenzi und Shira ist er noch nicht erloschen. Bergsteiger berichten immer wieder vom Schwefelgeruch, der aus seinen Fumarolen aufsteigt. Mit seinen unterschiedlichen Klimazonen, von trockenem Buschland über tropischen Regenwald hinauf zu hochalpiner Heidelandschaft und arktischen Gletschern, findet man am Kilimandscharo alle Landschaften Afrikas vereint. Und so ist der Aufstieg zum Gipfel des Kibo eine Reise vom Äquator bis zur Arktis, durch Regenwald, Hochmoor, Wüste, Schnee und Eis.

Thron der weißen Schlange

Der Gouverneur in Mombasa hatte den deutschen Missionar gewarnt, um Himmels Willen den Berg nicht zu besteigen. Er sei von bösen Geistern bewohnt. Johannes Rebmann bestieg ihn nicht, aber er war 1848 der erste Europäer, der ihn gesehen hat, den großen Kilimandscharo und seinen eisbedeckten Gipfel, den Kibo. Bei seiner Rückkehr nach Europa wurde Rebmann ausgelacht. Schnee in Afrika, nur dreihundert Kilometer vom Äquator entfernt? Eine solche Vorstellung konnte nur in einem Kopf entstehen, der zu lange der Hitze des schwarzen Kontinents ausgesetzt war. Wahrscheinlich hätten sich die geographischen Gesellschaften damals noch eher mit der alten afrikanischen Vorstellung angefreundet, um den Gipfel des Kilimandscharo winde sich eine riesige weiße Schlange.

Tatsächlich ist der erhabene Anblick der weißen Gipfelkrone eine Seltenheit, denn meist ist der Kibo wolkenverhangen. Um ihn zu sehen, muß man sich schon in die Luft begeben oder den mühsamen Aufstieg wagen. 1887 versuchte der Leipziger Geograph Hans Meyer zum ersten Mal, den Kibo zu besteigen. Er kam den Gletschern nahe, bezwingen konnte er sie nicht. Auf 5500 Metern musste er im dichten Schneetreiben aufgeben. Zwei Jahre später kehrte er zurück und schaffte zusammen mit dem Alpinisten Ludwig Purtscheller aus Salzburg und dem Einheimischen Yohani Kinyala Lauwo den Aufstieg zur höchsten Spitze des Kraterrandes, genannt Uhuru Peak, Freiheitsgipfel. Allerdings mussten auch schon in früheren Zeiten Menschen zu den Gletschern des Kibo vorgedrungen sein. Wie hätte es sonst zu der schon im Altertum bekannten Sage vom Silberberg kommen können? Silber, das sich in Wasser verwandelt, wenn man es in die Ebene trägt.

»Mein Name ist Teacher und ihr habt das große Glück, dass ich euer Guide bin.«

Der Mann, der zu unserem Team sprach, war groß, von kräftiger Statur und hatte ein rundes Gesicht mit lustigen Augen. Teacher schaute in die Runde und als er statt begeisterter Zustimmung auf seine Behauptung ernste fragende Gesichter vorfand lachte er. »Warum ihr dieses Glück habt? Das werdet ihr später noch herausfinden.«

Sein Lachen war ansteckend, obwohl oder vielleicht weil seine Ausführungen zur besten Art und Weise einer erfolgreichen Besteigung des Kilimandscharo wie die Predigt eines Missionars anmuteten.

»Unsere geheime Kraftquelle für den Aufstieg ist das Wasser«, versprach er mit großen Augen und bedeutete mit erhobener Hand und ausgestreckten Fingern, dass drei Liter Wasser am Tag zu trinken seien und es ein Bier erst nach dem Gipfel gäbe. Ich stellte unauffällig mein Bier zurück auf den Tisch. Rainer blickte gelangweilt zu Teacher, nahm sein Bier und trank einen großen Schluck. Unser Guide fuhr unbeirrt fort in seinen Ausführungen und erklärte uns die einzelnen Etappen auf unserer Aufstiegsroute. Er benannte die Camps und ihre Lage in den verschiedenen Klimazonen Tansanias, das Machame Camp über dem Regenwald, Shira Camp auf dem Hochplateau, Barranco Camp im Senezienwald, Karanga Camp am Fluss und schließlich das Barafu Camp unter den Lavafeldern des großen Kraters. Fünf Camps und dann der Aufstieg zum Gipfel.

»In der Gipfelnacht werden wir um Mitternacht aufbrechen. Fünf bis sechs Stunden brauchen wir bis Stella Point am Kraterrand. Von dort ist es noch eine Stunde bis zum höchsten Punkt, Uhuru Peak.« Bestimmt fügte er hinzu: »Wir gehen pole, pole und alle folgen dem Guide.«

Rainer runzelte die Stirn.

»Das heißt langsam, langsam«, übersetzte Birger, der den Tansania-Reiseführer vor sich auf dem Tisch liegen hatte. Florian, Siebert und Jörg schauten fragend zu Rainer.

»Wer nicht pole, pole geht, wird es nicht schaffen«, mahnte

Teacher streng. Dann beschrieb er weiter, dass der Abstieg vom Gipfel zum Barafu Camp etwa drei bis vier Stunden dauerte. Dort würde dann ein warmes Mittagessen auf uns warten und wir könnten uns ausruhen.

»Und dann werde ich über jeden von euch eine Geschichte erzählen, über dich, dich, dich, dich, dich und dich.« Mit jedem »dich« schoss sein Zeigefinger nach vorne und Teacher blickte hinterher, tief in die Augen des Angesprochenen. Dann richtete er sich wieder zu voller Größe auf und fuhr fort: »Aber erst, wenn wir zurückkommen.« Er nickte bedeutungsvoll und drehte sich zur Bestätigung zu seinen Assistenten Nico, Tchiwa und Goodluck um. Die drei nickten ebenfalls.

»Die meisten Bergsteiger reden sehr viel bla bla bla, wenn es ihnen schlecht geht. Es ist sehr lustig, wenn ich das später erzähle«, meinte Teacher mit einem Lachen und blickte schelmisch in die Runde.

Die fünf Männer aus meinem Team saßen aufrecht in ihren Stühlen und hatten das Bier nicht mehr angerührt. Keiner wagte es, den Ausführungen unseres Guides etwas entgegenzusetzen oder auch nur den Kopf zu schütteln. Allerdings hatten einige an manchen Stellen große Augen gemacht und verstohlen geschmunzelt, und ich spürte, dass sich in unserem Team etwas aufstaute, das später in schenkelklopfendes Lachen ausarten würde.

Wir waren mittags am Kilimandscharo Airport gelandet. Ein Safarijeep des Hotels hatte uns abgeholt und in die kleine Stadt Moshi gebracht. Geschützt von der Mittagshitze und dem staubigen Wind, der über die Savanne fegte, saßen wir im Garten unseres Hotels. Wir waren alle zum ersten Mal in Tansania und wollten wie viele andere auch auf den Kibo steigen. Der Aufstieg auf den normalen Routen ist bergsteigertechnisch einfach, deshalb wagen jährlich rund zwanzigtausend Menschen den Aufstieg. Die größte Herausforderung am Kilimandscharo ist die Höhe, denn der Gipfel liegt nur knapp unter sechstausend Metern. Viele Bergsteiger machen am Berg ihre erste ernsthafte Bekanntschaft mit der Höhenkrankheit, andere kommen mit der Kälte nicht zurecht, viele stoßen auf den letzten Etappen an die Grenzen ihrer Kraft und müssen umkehren. Nur etwa die Hälfte erreichen Uhuru Peak.

Die Besteigung des Kibo, die je nach Route vier bis sieben Tage dauert, ist gebührenpflichtig, zudem ist die Beauftragung eines einheimischen Bergführers plus Team und Träger vorgeschrieben. Unser Team bestand aus insgesamt 26 Personen: Teacher und seinen drei Assistenten, zwei Köchen, zwei Küchenassistenten, zwölf Trägern und sechs Bergsteigern. Teacher war 32 Jahre alt, arbeitete als Lehrer in einer Missionsschule und erzählte uns, dass er schon achtzigmal am Gipfel stand. Er stieg auf den Kibo seit er achtzehn Jahre alt war.

»Wir treffen uns morgen früh am Machame Gate und vergesst nicht: pole, pole. Dann ist alles Hakuna matata, no problem!« Damit verabschiedete sich Teacher, drückte jedem von uns die Hand und entschwand mit seinem Gefolge.

»In aller Herrlichkeit, Amen!«, murmelte Rainer und schaute Richtung Himmel.

Machame Gate, 1830 Meter

Der Morgen war wolkenverhangen, sodass wir unseren Berg nicht sehen konnten. Wir fuhren in einem Safarijeep von Moshi hinaus in die trockene Hitze der Savanne, die sich flach bis zum Horizont in staubigen Wüstenfarben verlor. Manchmal wanderte ein Massai, einen langen Holzstab in der Hand, über die dürren Felder und folgte seinen mageren Kühen. Manchmal waren es mehrere Männer, die unter dem trockenen Geäst eines Baumes oder Strauches standen. Sie waren leicht als Massai zu erkennen, denn sie trugen rot gemusterte Tücher als Roben. Nach einer halben Stunde Fahrt änderte sich plötzlich die Landschaft vor den wolkenverhangenen Ausläufern des Kilimandscharo. Wir fuhren durch Kaffeefelder und Bananenplantagen, vorbei an Hütten und kleinen Feldern mit Mais- und Kartoffelpflanzen, tiefer und tiefer hinein in das Reich der Chagga. Die Clans der Chagga waren vor mehreren Hundert Jahren auf der Suche nach Wasser für ihre Feldfrüchte zum Kilimandscharo gekommen. An den grünen Hängen des Berges weit über der Hitze der Savanne fanden sie ein Paradies und ließen sich nieder. Auch heute noch nennen die Chagga ihre Heimat am Kilimandscharo-Massiv von Tansania »kari ko ruwa«, Gottes Garten.

Teacher erzählte, dass viele Chagga in den Bergführerteams am Kilimandscharo arbeiteten.

Die Machame-Route ist länger und landschaftlich spannender als der direkte Aufstieg über die populäre Marangu-Route, die auch als »Coca-Cola-Trail« verspottet wird, weil in jedem Camp eine Hütte steht, an der Softdrinks verkauft werden. Viele behaupten sogar, sie sei die schönste Route am Kili. Auf ihr quert man auf dem sogenannten Southern Circuit fast die gesamte Südseite des Berges und steigt dabei jeden Tag ein Stück höher Richtung Gletscher hinauf. Startpunkt ist das Machame Gate des Kilimandscharo Nationalparks, südwestlich des Kibo am Fuße des Regenwalds. Der Regenwald ist in den über hundert Jahren seit der Erstbesteigung kleiner geworden. An manchen Stellen ist der grüne Gürtel um das Kilimandscharo-Massiv nur noch einen Kilometer breit. Der Rest wurde abgeholzt, um Platz zu machen für den Ackerbau. Seit 1987 aber gehört der Kilimandscharo Nationalpark zum Weltkulturerbe der UNESCO und wird gut gepflegt, auch weil er eine der wichtigsten Einnahmequellen Tansanias ist. Es gibt strenge Auflagen für alle, die den Park betreten wollen. Beim Aufstieg darf man nur auf den ausgewiesenen Wegen gehen und sein Camp nur an vorgegebenen Orten aufschlagen. In den einzelnen Camps sorgen Ranger dafür, dass Ordnung herrscht und der Müll wieder hinausgetragen wird.

Bei unserer Ankunft am Machame Gate herrschte großes Durcheinander. Unzählige Jeeps und Kleinbusse drängten sich in die kleinen Parkbuchten und spuckten Bergsteiger in allen Farben der Goretexwelt aus. Einheimische Träger eilten hin und her, um Gepäck und Vorratskisten zur Vermessungsstation zu tragen. Teacher hatte uns schon erwartet und überwachte nun das Einwiegen unserer Gepäckstücke. Die einzelnen Traglasten für die Träger durften fünfzehn Kilo nicht überschreiten. Dazu schulterte jeder Träger noch sein privates Bündel. Als Teacher mit achtzehn Jahren seine Karriere als Träger begonnen hatte, musste er noch 45 Kilo tragen, berichtete er stolz. Als alle Traglasten verteilt und unsere Papiere ordentlich gestempelt waren, starteten wir gemeinsam in den Regenwald. Die großen Gepäckstücke, wie Kochtöpfe und Küchenutensilien, die in weiße Plastiksäcke verpackt waren, strohfarbene Körbe mit Essensvorräten, bunte Duffelsäcke, dunkelgrüne

Planen, in die Zelte und Schlafmatten gewickelt waren, balancierten die Träger auf dem Kopf. Kleinere Bündel trugen sie auf dem Rücken. Nico, Tchiwa und Goodluck, die Assistenten von Teacher, hatten ihre Rucksäcke bis zum Bersten gefüllt und trugen in jeder Hand noch ein Stück, das die besondere Sorgfalt des Trägers verlangte: geschnürte Pakete mit Eiern, bunt bemalte Thermoskannen und Plastikkanister mit Brennflüssigkeit. Der Pfad, über den wir aufsteigen sollten, war nicht zu übersehen. Einstmals mit einer Machete in den Urwald geschlagen, war er zu einem breiten Band gewachsen, der den Bann des Urwalds brach. Es zwitscherte, zirpte und raschelte in den Wäldern. Das Licht war matt und dunkel. Die Bäume waren dick mit Moos bewachsen, von den Ästen hingen lange Bartflechten und alles leuchtete in den unendlichen Tiefen der satten Grüntöne des Urwaldes. Jörg und Florian waren mit großen Schritten vorangestürmt. Jörg, ein Controller aus Bayern, hatte schon auf einigen Sechstausendern gestanden. Er war groß und von kräftiger Statur. Ich hatte ihn in Gedanken auf der Anreise schon Mr. Gilette getauft, weil er aussah, als sei er dem Werbespot entsprungen. Florian war kleiner und drahtig, ein richtiger Klettermax, der einen Schwierigkeitsgrad von 9+ im Fels klettern konnte und gerade sein BWL-Studium abgeschlossen hatte. Der höchste Berg, den er bisher erklommen hatte, war der Elbrus im Kaukasus. Passend dazu trug er ein T-Shirt mit einem Foto vom Elbrus und der Aufschrift Gipfelstürmer. Mit erhobenem Haupt wanderte Siebert, ein Schweizer, hinter den beiden. Er hatte vor kurzem seine Firma verkauft und besaß ein Haus in Griechenland, weswegen er so braun gebrannt war. Siebert war schon auf dem Aconcagua und dem Shishapangma in Tibet gestanden und hatte den Gipfel des Elbrus ohne Pistenraupe, wie er mit erhobenem Zeigefinger betonte, bestiegen. In zwölf Stunden. Er war an den Kilimandscharo gekommen, um die Natur zu genießen und das Schöne zu entdecken, und hatte ein Solarpanel dabei, um seinen iPod aufzuladen. Ich hatte mich Birger, unserem Teamarzt aus dem Westerwald, angeschlossen. Birger war 44 und hatte erzählt, dass er mit seinen Kindern oft zum Zelten in die Alpen ging. Er strahlte eine Ruhe aus, die mir gefiel. Rainer war unser deutscher Bergführer, vierzig Jahre alt und am Fuße und oft auch auf den höchsten Gipfeln in den Anden, Alpen und im Himalaya gestanden. Die Ansprache von Teacher im

Hotelgarten fand er nicht lustig. Irgendwann hatte er ihn herausfordernd gefragt: »Und du, was für Berge hast du eigentlich schon bestiegen?«

Woraufhin Teacher ihn mit stolz erhobener Brust ansah und »Breech Wall« sagte. Damit meinte er eine schwierige Route am Kibo, die direkt über den gleichnamigen Gletscher zum Gipfel führte. Teacher ahnte in dem Moment noch nicht, dass vor ihm die Konkurrenz in Form von Rainer saß. Oder er wusste, dass ein Bergführer, der noch nie am Kilimandscharo war, ein Team zwar begleiten aber nicht führen konnte.

Trotz Teachers Mahnung, die ersten Schritte langsam zu tun, stiegen wir schnell hinauf. Der dichte Regenwald ließ keinen Blick nach draußen zu und das Licht drang nur spärlich durch das Dickicht. Manchmal schwangen sich Affen durch die höchsten Wipfel der Bäume und erhaschten einen Blick über die Savanne. Die erste Rast machten wir an einem umgestürzten Baum. Das Lunchpaket war köstlich: gegrilltes Hühnchen, frittierte Samosas und für jeden ein Stück Kuchen. Es war warm. Nach und nach zogen die Träger mit unseren bunten Taschen vorbei, an manchen klimperten die Töpfe und Bratpfannen, bei anderen schlugen die Zeltstangen aneinander. Teacher mit seinem runden fröhlichen Gesicht stieg als Letzter zu uns herauf, mit der zufriedenen Miene eines Hirten, der seine Herde vor sich wähnte. Es begann zu tröpfeln und ich war froh, dass ich einen Regenschirm mitgebracht hatte.

Machame Camp, 3100 Meter

Das erste Camp stand auf einem grünen Kamm. Der Regenwald hatte sich bereits gelichtet und in eine Heidelandschaft verwandelt. Die Büsche waren dicht, aber nur schulterhoch, und wenn die Wolken nicht gewesen wären, hätten wir hinaus über das weite Land schauen können. Als wir im Camp ankamen, regnete es in dicken Tropfen. Die wenigen Bäume hatten keine Blätter und streckten ihre langen Zweige moosverhangen in die grauen Nebelschwaden. Zwischen den Büschen standen die bunten Zelte der anderen Teams auf Lichtungen, in denen sich im 24-Stunden-Takt neue Zelte in alte Zeltabdrucke pressten. Die einen brachen in den frühen Morgenstunden auf und die anderen zogen am Nachmittag herein. Unsere Zelte waren schnell aufgebaut und man erkannte die routinierten Bewegungen unserer Träger. Aus dem Kochzelt, das nicht viel größer als eines unserer Zweimannzelte war, dampfte es. Dort waren unsere Köche am Werk. Eine Stunde später servierten die beiden Küchenassistenten in unserem Gemeinschaftszelt Spaghetti und Gemüsesuppe mit Rindfleisch. Wir saßen wie Safaritrekker an einem Klapptisch in bequemen Campingstühlen, nur dass unsere Abendgarderobe aus Daunenjacken und Wollmützen bestand. Auf 3100 Metern Höhe war die Abendluft klamm und kalt. Nach dem Dessert von gebratener Banane mit Honig betrat Teacher mit seinem Assistententeam das Gemeinschaftszelt zum Briefing.

»Ihr seid heute zu schnell gegangen«, sagte er mit bedächtiger Stimme und ordnete für den nächsten Tag mehr »pole, pole« an. Goodluck nickte wohlwollend, Tchiwa, der größere von den beiden, grinste. Er war lang und schlaksig und machte einen energiegeladenen und rastlosen Eindruck. Er hatte uns im Regenwald immer wieder überholt, um kurze Zeit später wieder zurückzueilen und nach uns zu sehen. Dann war er eine Weile neben uns gegangen und hatte sein Lied »Jambo, jambo Kilimandscharo – Uhuruhuruhuru« geträllert. Wenig später war er wieder wie Tigger im Hundertmorgenwald davongehopst. Nun rief er freudig in die Runde: »Pole, pole – hakuna matata.« Goodluck lächelte milde. Er wirkte ausgeglichen, fast sanft. Sein Lächeln war wohltuend. Teacher drückte ihm ein kleines schwarzes Buch und einen Stift in die Hand. Dann legte er ein Sauerstoffmessgerät auf den Tisch und erklärte dessen Bedeutung. »Das Messgerät zeigt euren Puls und die Sauerstoffsättigung im Blut an. So kann ich eure Tauglichkeit für den Gipfelaufstieg erkennen«, führte er aus. Ich sollte anfangen. Ich steckte den Zeigefinger in das kleine Messgerät und wartete. Es piepste und rote Zahlen erschienen auf dem Display. Teacher schaute darauf und schüttelte den Kopf. Birger sollte es probieren. Die Zahlen, die das Gerät anzeigte, waren erst zu hoch, dann zu niedrig und veränderten sich von Finger zu Finger an der gleichen Hand, was keinen Sinn ergab. Irgendetwas stimmte nicht. Nachdem auch Florians ausgestreckte Finger nicht die richtigen Werte anzeigten, verweigerte sich Rainer gänzlich und Teacher war genervt. Vielleicht war die Batterie am Ende ihres Lebens, meinte Siebert und empfahl sein Solarladegerät. Teacher zuckte mit den Schultern.

»Morgen werden wir es wieder probieren«, sagte er knapp.

Goodluck klappte daraufhin das kleine schwarze Buch, in das er die Daten notieren sollte, wieder zu und übergab es seinem Chef.

»Der Aufstieg morgen dauert fünf Stunden. Wir gehen pole, pole, und Picknick erst nach drei Stunden. Zu viele Pausen sind nicht gut«, lauteten Teachers strenge Worte. »Morgen Abend im Camp Shira machen wir nach dem Abendessen eine Nachtwanderung, um uns an die Kälte und die Dunkelheit für den Gipfelaufstieg zu gewöhnen«, fügte er hinzu.

Rainer schüttelte den Kopf, wagte aber nichts zu entgegnen. Teacher war ein strenger Bergführer. Aus unserer Gruppe wurde er nicht schlau. Als Team hatten wir wahrscheinlich mehr Expeditionserfahrung als alle anderen Teams, die er bisher geführt hatte, und das neugierige und ewig hinterfragende Gebaren, mit dem andere Bergsteiger ihn sonst peinigten, fand er in unserem Team nicht. Dazu kam natürlich, dass wir einen zweiten Bergführer hatten, der ständig mit Rat und Tat zur Seite stand, weil er sich außer um unser Wohlbefinden um nichts kümmern musste. Ob Teacher das wusste? Ob es für ihn einen Unterschied gemacht hätte? Vielleicht war der Kilimandscharo ein ganz besonderer Berg, auf dem die Weisheiten und Erfahrungen anderer Berge nichts galten.

Teacher befahl um 22 Uhr Nachtruhe, denn wir sollten tags darauf früh starten, um vor dem Regen im nächsten Camp zu sein.

Aufbruch zum Shira Camp

Wir frühstückten am nächsten Morgen unter freiem Himmel. Für ein paar Minuten war der Gipfel des Kibo zu sehen, dann zogen die langen Wolken über seinen Gipfel und blieben dort. Um Viertel nach acht war Abmarsch. Unsere Träger klappten die Zelte zusammen und räumten das Camp. Wir wanderten unbeschwert davon, nur mit ein paar Regensachen und Brotzeit im Rucksack. Der Aufstieg begann hinter den letzten Zelten und führte den ganzen Morgen auf einer breiten, natürlichen Steintreppe über den Bergrücken hinauf. Die Steppe und der Regenwald waren im Wolkenmeer verborgen. Nach knapp zwei Stunden entdeckte Rainer einen sonnigen Rastplatz und wir ließen uns nieder. Wir packten gebratene Hühnerbeine aus und tranken Ananassaft aus der Tüte. Teacher, der lange nach uns als Letzter das Camp verlassen hatte, war nicht begeistert, als er uns in seliger Urlaubsstimmung antraf. Trotzdem setzte er sich pflichtbewusst zu uns und schämte sich, als andere Trekker ihn fragten, ob dies schon der Lunchplatz sei. Er schaute sie vorwurfsvoll an, schüttelte den Kopf und schickte sie weiter. Als seine Geduld zu Ende war, stand er auf und bat uns, ihm zu folgen. Schon eine halbe Stunde später tauchte ein noch schönerer Lunchplatz auf, eine Sommerwiese zwischen dicken Gesteinsbrocken, wo andere Trekker sich ausgebreitet hatten. Ein wenig sehnsüchtig schauten wir hinüber, aber Rainer meinte, wenn wir Teacher nun fragen würden, ob wir nochmal Mittagspause machen dürften, dann würde es am Abend Einzelgespräche geben und die angekündigte Nachtwanderung würde ausfallen.

»Teacher, du hast wirklich Glück, dass du uns hast«, sagte ich ihm, als wir am offiziellen Lunchplatz vorbeistiegen, weil er so still und nachdenklich war. »Warum? Das werden wir dir später erzählen.« Da musste auch Teacher lachen.

Camp Shira, 3750 Meter

Der Regen kam früh und begleitete uns ins Camp auf dem Shira-Plateau. Unsere kleinen orangefarbenen Zelte standen schon bereit. Wir hatten nur vier Stunden für den Aufstieg gebraucht. Teacher war glücklich und lobte uns. Dicke Regentropfen klopften aufs Zelt und für den Rest des Tages hatten wir nichts anderes zu tun, als die leichten Höhenkopfschmerzen mit einem Mittagschläfchen zu vertreiben. Am Nachmittag klopfte Chacha ans Zelt und bat uns zu Tee und Popcorn ins Gemeinschaftszelt. Dichte Nebelschwaden zogen durchs Camp. Der Kibo war nicht zu sehen. Der Shira, der dritthöchste und älteste der drei erloschenen Vulkane des Kilimandscharo-Massivs, ragte nur ein paar Hundert Meter aus dem Hochplateau heraus. Im Laufe der Jahrmillionen war sein Gipfel durch Erosion abgetragen worden und der Krater war nicht mehr zu erkennen. Nur ein paar buschartige Bäume schauten mit wind-

zerzaustem Schopf aus dem dunklen Lavageröll. Unser Campingplatz wirkte ein wenig wie ein Flüchtlingslager. Überall standen
Grüppchen von Zelten im schwarzen Lavasand, farbige Jacken mit
Kapuze huschten durch die Nebelschwaden. Störrische gelbe Grasbüschel und weiche Flechten wuchsen an herumliegendem Gesteinsbrocken. An strategischen Punkten auf dem Plateau standen Holzhütten, wo man seine Notdurft verrichten konnte. Ein großer
schwarzer Vogel mit weißem Schopf stolzierte vor unserem Zelt auf
und ab in der Hoffnung, etwas Popcorn zu erhaschen. Da die Rationen aus der Küche spärlich waren, überlegten Siebert und Jörg, ob
es sich lohnen könnte, ein paar Popcorn zu opfern, um das Tier zur
Bereicherung des Abendessens zu fangen. Aber Chacha meinte, dass
alle Tiere im Nationalpark geschützt seien und nicht gejagt werden
dürften.

Die Kopfschmerzen hatten nur Birger und mich erwischt. Wir
tranken zur Linderung literweise Tee, wie Teacher es angeordnet
hatte. Rainer erzählte von seinen Touren in den Alpen und einer
Lawine, die vor den Augen seiner Kunden durch eine Route brach,
die er gerade für zu gefährlich erklärt hatte.

»Südosthang, warme Temperaturen, 35 Grad Neigung und die
Zeit: zwölf Uhr mittags. Es war klar, dass das viel zu gefährlich ist.
Aber glauben tut einem das immer niemand«, sagte er kopfschüt-
telnd. Er kannte sich aus mit Lawinen und Gletscherabbrüchen,
einer Gefahr, die am Kilimandscharo nicht bestand. Seit Jahren ging
der Gletscher zurück und die Eisschollen verdunsteten stetig in der
trockenen Luft. In den letzten hundert Jahren war die Eiskappe des
Kibo um 85 Prozent geschrumpft, von zwölf auf nur noch knapp
zwei Quadratkilometer. Das regionale trockenere Klima seit Ende
des neunzehnten Jahrhunderts war Schuld. Es schneite nur noch
selten in den höheren Lagen.

»Schätzungen von Experten zufolge wird es wahrscheinlich
schon 2030 keinen Schnee mehr auf dem Kilimandscharo geben«,
wusste Birger. Dann wird das stolze weiße Haupt sich gänzlich in
eine silberne Schlange verwandelt haben und im Regenwald verschwunden sein.

Chacha war einer der beiden Küchenassistenten. Seine Aufgabe
war es, den Tisch zu decken, das Essen zu servieren und das Geschirr
wieder abzuräumen. Er war ein »lucky assistant« wie er sagte, weil

er es schaffte, der Küche eine zweite Portion Popcorn zu entlocken. Birger, der Kümmerer in unserem Team, verteilte Salzlakritzen, die lecker schmeckten und unseren Salzverlust ausgleichen sollten. Siebert erzählte von seinem Buch, das er gerade fertig geschrieben hatte. Es hieß »Das deprimierende Bild einer glücklichen Ehe«. Siebert war zwar seit acht Jahren verheiratet, aber von der Ehe hielt er nicht viel.

»Männer haben immer das Nachsehen«, verkündete er, denn sie seien durch ihre Triebe nicht für die Monogamie geschaffen. Seine Frau war Scheidungsanwältin und er schien zu wissen, wovon er sprach. Eine Scheidung kam für ihn nicht in Frage.

»Das könnte ich mir gar nicht leisten«, behauptete er, denn er hatte in den letzten acht Jahren seine Firma zum Erfolg geführt und gerade mit großem Gewinn an eine Private Equity Firma verkauft. Zwei Jahre musste er noch das neue Management einarbeiten und dann war er frei, aber im nächsten Jahr musste er seinen fünfzigsten Geburtstag feiern und davor grauste ihm. Wir diskutierten lange über die Vor- und Nachteile des Ehelebens.

Zum Abendessen reichten Patrick und Chacha Orangenschnitten, die den Appetit anregen sollten, den man mit aufsteigender Höhe verlor. Danach gab es Gurkensuppe mit Ingwer und Toast und gebratenen Reis mit Hühnchencurry. Alle hatten einen Bärenhunger und Rainer bat Chacha, noch eine Schüssel Popcorn für den Nachtisch locker zu machen. Statt des Popcorns kam Teacher mit seinen Assistenten zum Briefing.

»Morgen um 6:20 Uhr bed tea, um 6:40 Uhr heißes Wasser zum Waschen, um sieben Uhr fertig gepackt. Dann Frühstück. Es wird kalt sein, zwischen minus fünf und plus fünf Grad. Zieht euch warm an. Wir werden morgen bis zum Lavaturm aufsteigen und dort unsere ERSTE Rast machen«, betonte Teacher und blickte streng in die Runde.

»Wenn das Wetter gut ist, können wir auf den Lavaturm steigen. Danach geht es hinunter durch den Senezienwald zum Barranco Camp auf 3860 Metern. Vergesst nicht, Wasser ist die Medizin des Berges!«, betonte Teacher seine Ausführungen. »Wir werden morgen sieben bis acht Stunden unterwegs sein und es ist wichtig, viel zu trinken. Hat jemand noch Fragen?«

Da niemand sich meldete und keiner etwas sagte, herrschte Stille.

Teacher schaute jedem von uns der Reihe nach in die Augen. Dann neigte er den Kopf erst zur einen dann zur anderen Seite und faltete seine Hände. Ein Lächeln breitete sich auf seinem Gesicht aus und er hob an wie für eine Predigt: »Wir sind eine Familie«, sagte er mit sanfter Stimme. »Kopfschmerzen, ein bisschen Übelkeit, Magenprobleme? Das ist alles normal. Ihr fühlt euch krank? Sagt es mir, dann kann ich euch helfen. Ihr seid alle sehr gut. Ich sage das nicht, um euch Hoffnung zu machen, sondern weil ich das beim Aufstieg beobachtet habe. Keiner hat Probleme. Wir haben viel Glück.«

Birger grinste und hob den rechten Daumen, um das allgemeine Wohlbefinden zu signalisieren. Er war schließlich der Doktor und fühlte sich verantwortlich. Teacher nickte und holte sein schwarzes Buch heraus. »Jetzt machen wir den Test. Tchiwa, das Sauerstoffmessgerät.«

Nachdem das Messgerät die Runde gemacht und Goodluck die Werte eingetragen hatte, zeigte sich Teacher zufrieden.

«Unsere Messwerte sagen uns: wir sind stark wie ein Löwe.«

Damit endete das Briefing und Teacher tauchte mit seiner Entourage in den Abendhimmel hinaus. Zwei Sekunden später steckte er den Kopf wieder herein. Hatte er die angedrohte Nachtwanderung doch nicht vergessen? Wir hielten die Luft an. Es war gerade so gemütlich in unserem Gemeinschaftszelt und die Hoffnung auf Popcorn war wieder gestiegen.

»Kommt schnell«, rief Teacher, »der Kibo ist frei.«

Unser Berg. Das riss uns aus den Campingstühlen. Die Nebelschwaden hatten sich gelichtet. Der Kibo war wolkenfrei. Vom Shira-Plateau waren es noch zweitausend Höhenmeter bis zum Kraterrand. Steil stieg das schwarze Lavagestein auf, hier und da durchbrochen vom strahlenden Weiß der Gletscher, die in die schwarze Nacht leuchteten.

»Wenn ihr Richtung Shira-Höhle hinaufsteigt, könnt ihr den Gletscher noch besser sehen. Eine kleine Wanderung ist gut, damit ihr euch an die Kälte für die Gipfelnacht gewöhnen könnt«, rief Teacher und verschwand im Küchenzelt.

Aufbruch zum Barranco Camp, 3860 Meter

Der Morgen war frostig kalt, trotzdem begann schon vor dem Frühstück rege Geschäftigkeit im Camp wie in einem riesigen Ameisenhaufen. Hunderte von Trekkern, Trägern, Guides und Köchen packten ihre Habseligkeiten, riefen Kommandos hin und her, klappten Zelte zusammen, pressten die Luft aus den Schlafmatten. Assistenten trugen Wasserkanister vom Fluss herauf, Kochtöpfe brodelten. In all dem Gewusel stand Birger in bester Laune und bürstete sich die Zähne, um dann den Schaum in hohem Bogen zwischen die Grasbüschel zu schleudern. Zeltstangen klapperten, Bergstiefel scharrten, Oh- und Ah-Rufe schallten Richtung Kibo-Gipfel, der frei von Wolken im Morgenhimmel stand. Unter uns, über der Savanne, schwamm ein dichtes Wolkenmeer, aus dem nur im Westen der Mount Meru, der dritthöchste Berg Afrikas, wie eine einsame Insel herausragte. Als um acht Uhr endlich die Sonne zu uns kam, verließen wir das Shira-Plateau. Mehrere kleine Trampelpfade führten durch ein Labyrinth von Heidegras und Lavasteinen. Florian fotografierte die ersten kerzenartigen Lobelien, von denen uns Teacher erzählt hatte. Sie wurden bis zu drei Meter hoch und blühten noch in einer Höhe von über viertausend Metern. Die Sonne tat gut nach den Regentagen und wärmte die Luft schon bald, sodass ein leichtes T-Shirt ausreichte. Was wie eine gemütliche Wanderung begann, wurde schon nach ein paar Stunden richtig anstrengend. Die Höhe machte uns zu schaffen. Meine Schritte wurden langsamer, damit ich mit dem Atmen nachkommen konnte. Gleichzeitig wurde der Pfad steiler. Auf über 4500 Metern blitzte nur noch selten ein Grasschopf oder eine Strohblume zwischen dem Geröll hervor. Wir hatten unmerklich die Heidelandschaft hinter uns gelassen und die raue Hochlandwüste betreten. Wie eine Mondlandschaft breitete sie sich aus, gezeichnet von den starken Temperaturschwankungen zwischen wärmenden Sonnenstrahlen und Nachtfrost. Das Gestein war stark verwittert, die schwarze Lavamasse zermürbt zu feinstem Sand. Wolkenfetzen zogen von unten herauf und tauchten unsere Welt für ein paar Minuten in weißes Nichts, dann hob der Wind an und vertrieb sie wieder. Tchiwa war längst mit unseren Trägern und Köchen auf einer Abkürzung ins Barranco Tal abgestiegen, um für uns einen guten Platz im nächsten Camp zu ergattern.

ABENTEUER

7

SEVEN SUMMITS

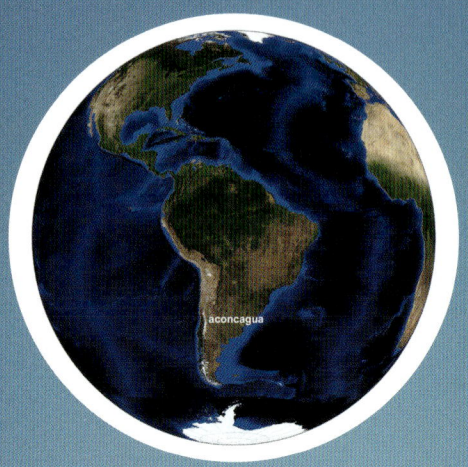

ACONCAGUA

Steinerner Wächter der Anden

Links: Die Gipfelpyramide im Abendlicht. Oben: Nach fünf Stunden
Steinetreten liegt die Canaletta endlich hinter uns. Unten links: Maultier im Basecamp.
Unten rechts: Die Heilige Madonna auf dem Rucksack eines Bergsteigers.

Oben: Vorbereitungen für die Gipfelnacht im Camp Berlin auf 6000 Metern Höhe.
Unten: Unser Gipfelteam im Glück auf dem höchsten Punkt
von Südamerika – von links nach rechts: Eric, Bean, ich, Jan und vorne Tanya.

Oben: Die Schotterpisten von Nido; unten an der Gletscherzunge liegt das Basecamp.
Mitte: Camp Nido de Condores auf 5500 Metern Höhe.
Unten: Maultiere tragen das Expeditionsgepäck durch das Horocones-Tal.

MOUNT EVEREST

Chomolungma
Muttergöttin der Erde

Oben: Die Lamas vom Rongbuk-Kloster fahren ins Basecamp. Unten: Unser Team nach der Puja. Hinten: Ken, Narwang, Sonam, Chimi, Karsang, Loppsang, Phurba, Choldrim, Don, Geoff, Kobayashi. Vorne: zwei Lamas, Russell, ich, Kul Badur, Lacchu, Kozuka.

Oben: Blick vom Crampon Point über das Gletscherfeld; dahinter türmt sich
die Gletscherwand, durch deren gewaltige Eistürme die Route zum Camp 1 verläuft.
Unten: Kassang auf der Moräne bei unserem ersten Aufstieg zum ABC.

Im „Gänsemarsch" auf unserer
Himmelsleiter hinauf zum Nordsattel, wo sich
Camp 1 auf 7000 Metern befindet.

Oben: Von links nach rechts: Loppsang, Phurba, Sonam und Karsang im Küchenzelt. Unten: Ein Moment des Glücks im blauen Morgenlicht auf dem Gipfelgrat. Geoff und Karsang (rechts) sind schon beim Abstieg.

Oben: Nur der Himmel ist höher. 27. Mai 1999: Endlich ganz oben.
Unten: Der höchste Campingplatz der Welt: Unsere Zelte von Camp 4 auf 8300 Metern
Höhe, mitten in der Nordwand des Mount Everest.

TZOMBUK

9000 Ziegelsteine / 3000 Steine / 24 große Holzbalken
300 kleine Querbalken aus Holz / 6 Holztüren / 8 Fenster / 1 Tor / 12 Bambusmatten
20 Säcke Zement

Im Uhrzeigersinn: 1. In Schafsfellhosen: Tashi und Tashi-Tzeba aus Tzombuk, dem kleinen Dorf auf 4750 Metern Höhe im Rongbuk-Tal. 2. – 4. Die Bewohner von Tzombuk beim Bau der Schule im Sommer 2002. 5. Klassenzimmer.

Sommer 2001: Zu Besuch in Pelep. Choldrim, seine Frau und ihre sieben Kinder im Hof ihres Hauses. Yakdung und Sträucher liegen zum Trocknen auf dem Dach. Drei Kinder gehen zur Schule in Pasum.

KILIMANDSCHARO

So weit wie die ganze Welt, groß,
hoch und unvorstellbar weiß in der Sonne...
Sir Ernest Hemingway

Im Uhrzeigersinn: 1. Senezien und Lobelien auf dem Weg zum Barranco Camp.
2. Es zwitschert, zirpt und raschelt im Regenwald. 3. Die berühmte Bretterwand markiert
den Gipfel des Kibo. 4. Teacher führt unser Team; er war schon 80 Mal am Gipfel.

Oben: Sonnenaufgang über dem Kraterrand.
Mitte: Das höchste Camp auf der Machame Route, Barafu Camp auf 4600 Metern.
Unten: Der Stufengletscher am Stella Point leuchtet im Morgennebel.

Oben: Die weißen Gletscherschlangen am Kibo, dem höchsten Gipfel im Kilimandscharo-Massiv. Unten: Unser Team mit 22 Trägern, Köchen, Assistenten und Guides. Die meisten stammen aus der Volksgruppe der Chagga.

ELBRUS

Im Großen Kaukasus die Schwestergipfel

Oben: Schneesturm am Gipfel. Unten: Blick frei über den Großen Kaukasus. Der 5642 Meter hohe Elbrus liegt circa zehn Kilometer nördlich des Hauptkamms, der Europa im Norden von Asien im Süden trennt.

Oben: Im Baksan-Tal säumen hohe Nadelbäume die Straße nach Terskol.
Mitte: Im Basecamp: Botschkis statt Zelte. Die Wohntonnen auf 3700 Metern haben
Strom, Licht und Heizung. Unten: Kaukasusglühen.

Von der Liftstation Mir geht es mit dem
Sessellift ins Basecamp. In der Kiste
ist Nachschub für die Küche von Marika.

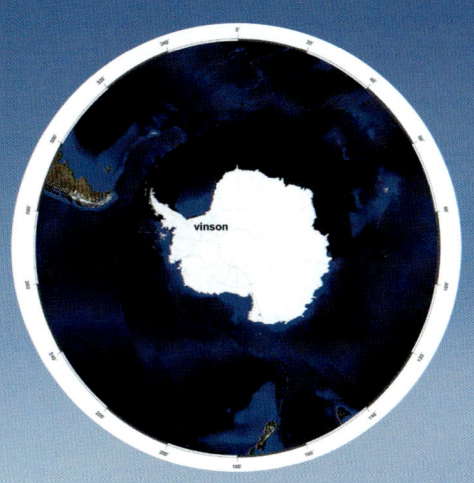

MOUNT VINSON

Welcome to Antarctica! Journey of a Lifetime.

Eine Übung in Geduld,
der Aufstieg zum High Camp, von links nach rechts:
Krushnaa, Cristina und ich.

Oben: Landung der Iljuschin auf dem blauen Eisfeld. Unten: Mitten im Ellsworth-Gebirge, Low Camp auf 2700 Metern. Unsere Zelte stehen geschützt hinter den Mauern aus Eisblöcken. Nur das Dach des Küchenzelts ragt heraus.

24 Stunden Licht im antarktischen Sommer.
Von Ende November bis Anfang Februar geht die Sonne nicht unter. Nur die Schatten
werden länger um Mitternacht – und die Luft kälter.

Oben: Basecamp Mount Vinson. Im Hintergrund über dem Grat die Gipfelspitze des höchsten Berges der Antarktis. Unten: Gipfelstürmer im Uhrzeigersinn: ich, Oche, Kent, Tanaka, Patchi, Suzuki, Cristina, Paul, Denise und Krushnaa.

Aufstieg unter der Branscomb-Wand.
Kein Hauch von Wind trübt die Stille.
Das Team der Japaner zieht allen voran.

CARSTENSZ-PYRAMIDE

Gummistiefel und Nudelsuppe

Oben: „Ndugu-Ndugu." Erhabener, schneebedeckter Ort der Götter. Noch zwei
Tage Fußmarsch durch das sumpfige Hochmoor bis zum Maoke-Gebirge.
Unten: Dr. Weiglein mit unserer Trägermannschaft aus dem Hochlandvolk der Dani.

Oben: Aufstieg durch den Urwald. Nabin, unser Küchenassistent, marschiert voran. Unten: Das Gelbe Tal am Fuße der Carstensz-Pyramide. Zwischen den grünen Seen liegt unser Basecamp auf 3850 Metern.

Oben: Wer den Kochtopf trägt, landet nicht darin.
Unten: Ein alter Handelspfad führt über das Hochmoor von Papua. Je näher wir der Carstensz-Pyramide kommen, desto mehr regnet es.

Ein Dani-Krieger in traditioneller Kleidung, bewaffnet mit
Machete und Regenschirm; je größer der Penisköcher, eine langgezogene
getrocknete Kürbisfrucht, desto höher sein Rang im Stamm.

Die Crux der Carstensz-Pyramide auf dem Gipfelgrat:
eine Tyrolean Traverse. Über den 20 Meter tiefen Abgrund zieht man
sich rücklings an den Seilen hinüber.

Mit Gerlinde auf dem höchsten Gipfel
von Ozeanien. Sonne über dem felsigen Grat,
eine Seltenheit im Maoke-Gebirge.

DENALI

Der Hohe

Links: Landung auf einem Seitenarm des Kahiltna-Gletschers.
Oben: Med Camp, das kleine Denali-Dorf auf 4350 Metern. Die Eismauern schützen die Zelte vor den stürmischen Launen des höchsten Berges von Nordamerika.

Ausblick vom West Buttress. Links, mitten auf dem weiten Plateau, das Med Camp. Von dort geht es über die Headwall, die bläulich schimmernde Eisflanke rechts im Bild, hinauf auf den Grat.

Aufstieg über den Grat des West Buttress am Seil.
Windgeschwindigkeiten von mehr als fünfzig Stundenkilometern können leicht
einen Bergsteiger samt Rucksack von den Füßen wehen.

Oben: Seven Summits geschafft! Bei minus 25 Grad und
nur einem Hauch von Wind. Unten: Glücklich zurück im High Camp,
von links nach rechts: Gerald, Frank, Philip und ich.

SPECIAL THANKS

an alle, die mit mir aufgestiegen sind und ihre Fotos für diese Bildseiten zur Verfügung
gestellt haben:

Tzombuk – Tom Wool, Kassang, Ralf Dujmovits
Kilimandscharo – Birger Flohr, Florian Griesbeck
Elbrus – Florian Griesbeck, Ferdi Guendner, Paul Probst
Mount Vinson – Patchi Ibarra, Scott Wollums
Carstensz-Pyramide – Ralf Dujmovits, Richard Stihler, Robert Huber
Denali – Philip Lenk
Alle Satellitenbilder von GinkgoMaps

Rainer, Goodluck und Jörg, die allen vorausgeeilt waren, saßen schon in den Felsen und winkten uns zu, als wir endlich zu ihnen hinaufschnauften. »Wir haben den höchsten Punkt, 4600 Höhenmeter, erreicht!«, jubelte Rainer und beglückwünschte einen nach dem anderen. Dann stürmten wir mit dem Wind und Teacher im Schlepptau zu unserem lang ersehnten Picknickplatz am Lava-Tower.

Lava-Tower, 4600 Meter

Wir saßen windgeschützt zwischen den Felsblöcken und naschten aus unseren Lunchboxen. Über uns ragte der Lavaturm dunkel und bedrohlich in den Himmel. Teacher lehnte zufrieden an einem Felsen und wachte über seine Schäfchen. Es war herrlich, in der Sonne zu sitzen und dem Wind zu lauschen. Immer wieder stiegen Wolkenfetzen aus dem Regenwald auf und zogen durch die eisigen Gletscherschluchten des Kibo. Rainer, Jörg, Florian und Siebert machten sich auf, um auf den Tower zu klettern. Mich plagten leichte Höhenkopfschmerzen und Birger blieb bei mir. Er feierte einen neuen Höhenrekord. Sein höchster Berg war ein kleiner Viertausender in den Alpen gewesen, und er war glücklich, dass er die Höhe so gut vertrug.

Nach einer Stunde kehrten die Gipfelstürmer des Lava-Towers zurück, und wir stiegen durch eine Schlucht hinab ins Seneziental. Kaum hatten wir ein paar Hundert Höhenmeter verloren, tauchten wir in eine grüne Oase ein. Wir folgten dem Lauf eines Baches in dichte Nebelbänke, die sich ausbreiteten wie in einem Gespensterwald. Aus dem dürren Heidegras sprossen schemenhafte Lobelien. Riesen-Senezien tauchten zwischen groben Felsblöcken auf, manche so groß wie ausgewachsene Palmen. Die dunkelgrauen verwitterten Blätter am Stamm speicherten die Feuchtigkeit und Wärme und schützten die Pflanzen vor den Gefriertemperaturen der Nacht, erklärte Teacher. Auf dem Haupt trugen sie einen blättrigen grünen Schopf. Manche waren über tausend Jahre alt. Sie erinnerten mich an die großen Kakteen von Arizona, die auch ein vergleichbar hohes Alter erreichen. Der kleine Fluss gurgelte durch die Felsenschlucht, und wir folgten ihm ins Tal hinab. Die Luft wurde spürbar dicker und meine Kopfschmerzen zogen sich zurück. Dann tauchten die bunten Zelte unseres nächsten Camps auf. Der Duft von Popcorn lag in der Luft. Das Leben hatte uns wieder.

Barranco Camp, 3860 Meter

Wir bezogen zwischen Senezien und sandigen Grasmatten das bei weitem gemütlichste Camp. Vom Nachmittagsregen waren wir verschont geblieben, und als die Popcornschale leer war, verschwand auch der Nebel. Die Abendsonne leuchtete in die Barranca Wall, eine steile Felswand, die das Tal im Westen begrenzte. Als die Kälte mit dem Verschwinden der letzten Sonnenstrahlen in unser Gemeinschaftszelt zog, stellte Chacha einen großen Suppeneintopf auf den Tisch. Nach Teachers Briefing brachen wir zu einer Wanderung in die Nacht auf, um uns, wie er vorgeschlagen hatte, an die Kälte der Gipfelnacht zu gewöhnen. Es war eine gute Idee, denn der Himmel war sternenklar. Nicht weit vom Camp kletterten wir auf eine Anhöhe und schauten zum Kraterrand hinauf. Birger und ich standen lange gebannt vor unserem Berg. Erst schien er dunkel, und seine Form war gegen den Nachthimmel nur schwer auszumachen, aber nach einer Weile trat er hervor und begann zu leuchten. Das Licht des Mondes warf dunkle Schatten in die steilen Felsschluchten, schwarz und tief. Über die Bergkämme, die sich nach oben wölbten, zeichnete es einen feinen Glanz, der fast golden leuchtete. Die weiße Gletscherkrone aber strahlte, hoch und weit, als würde sie die Sterne des ganzen Firmaments zum Leuchten bringen. Wir hatten schon die Hälfte des Southern Circuit umwandert. Am nächsten Tag sollten wir durch die Barranco Wall aufsteigen und unseren Rundgang eine Stufe höher fortsetzen. Wie auf einer Pilgerreise umrundeten wir den Berg wie in der alten Bön-Tradition gegen den Uhrzeigersinn.

Aufbruch zum Karanga Camp, 3950 Meter

Eine lange Schlange von bunt bejackten Menschen wand sich aufwärts durch die kalten Schatten der Barranco Wall. Neben uns, vor uns, hinter uns, dicht an dicht schnauften die Bergsteiger aus aller

Herren Länder. Manchen drängelten eilig nach vorne, andere wurden dafür zurückgedrängt. Nur die Träger mit den großen Gepäckstücken auf dem Kopf hatten immer Vortritt. Es ging steil hinauf, über grobe Gesteinsblöcke, durch schmale Felskamine, manch ausgetretene Steinstufe und steile Felstreppen. Wenn man kein großes Gepäckstück tragen musste und die Hände frei waren, war es nicht schwer, sich über die Felsblöcke nach oben zu ziehen, aber für manche Träger mit unhandlichen Paketen auf dem Kopf war es eine echte Herausforderung. Rainer, dicht gefolgt von Florian und Jörg, zog voran, Siebert stolzierte erhobenen Hauptes hinterher, ohne jemals die Contenance zu verlieren. Er war größer als die meisten anderen Bergsteiger und stach heraus. Birger und ich folgten ihm auf den Fersen. Noch lag die gesamte Wand in tiefstem Schatten, aber hoch über uns lockten schon die wärmenden Strahlen der Sonne.

Als wir den Kamm erreicht hatten, erwartete uns ein sandiges Hochplateau. Doch bevor wir in die weite Sandwüste aufbrachen, breiteten wir uns auf einer blankgefegten Felsplatte aus. Die Träger lehnten sich an ihre Gepäckstücke und genossen wie wir die Aussicht. Der Kibo sah zum ersten Mal wie ein richtiger Vulkan aus. Aus einem Kranz von dunklen Sandfeldern stiegen schwarze Gesteinsbrocken in unordentlichen Felstürmen hinauf bis an den Kraterrand. Weiße Gletscherfelder brachen durch die Gesteinsmassen und drängten im Schatten der Schluchten nach unten als hätte der Vulkan das Gletschereis aus seinem Schlund hinausgespuckt. Da war sie, die weiße Schlange, die sich schon seit Hunderten von Jahren um den Kilimandscharo wand und die Menschen, die sie zu Gesicht bekamen, beeindruckte. Als hätte sie allein die Macht, das Wasser in die Täler zu entsenden, um den Boden fruchtbar zu machen und ihre Untertanen zu ernähren. In der Ferne zogen Schäfchenwolken über die Savanne. Weit unter uns lag die kleine Stadt Moshi, aus der wir vor vier Tagen aufgebrochen waren. Wir wanderten weiter auf dem südlichen Pilgerpfad, durch ein weites Tal und über einen Bergkamm, den sandigen Spuren der anderen im dunklen Lavagestein folgend.

Karanga Camp, 3950 Meter

Zwölf Uhr mittags. Tchiwa erwartete uns im Camp. Er klopfte jedem Neuankömmling freudig auf die Schulter und rief:»Jambo, jambo, kilimandscharo, hakuna matata.« Er hatte die Campingstühle schon aufgestellt, damit wir die Aussicht auf den Gipfel genießen konnten. Teacher hatte uns ohne Lunchpaket auf den Weg geschickt und dafür ein heißes Mittagessen bei der Ankunft im Camp versprochen; aber wir hatten die meisten Träger überholt, sodass wir nun sehnsüchtig auf die versprochenen Pommes mit Ketchup warten mussten. Tchiwa wusste nicht, warum das Camp Karanga hieß, was auf Swahili Erdnuss bedeutet. Dafür übte er mit uns den Kilimandscharo Gipfelsong:

> »Jambo, jambo buana, habari gani? suri sana.
> wageni, mwakari bishu! Kilimandscharo, hakuna matata
> Uhuru-huru-huru!«

> Hallo, hallo, wie geht es Dir? Sehr gut.
> Bergsteiger, du bist willkommen! Kilimandscharo, kein Problem
> Uhuru-huru-huru!«

Am Nachmittag schickte Teacher uns mit Tchiwa zu einer Wanderung in höhere Gefilde, um unsere Akklimatisierung zu verstärken. Da es im Camp nichts zu tun gab, machte selbst Siebert sich mit uns auf den Weg. Tchiwa tänzelte lustig zu unsichtbarer Musik vor uns bergauf. Siebert hatte ihm seinen iPod geliehen. So konnte Siebert zum ersten Mal die Stille des Berges genießen. Hunderte von kleinen Ameisenpfaden führten durch die dunklen Gesteinsbrocken hinauf. Jeder suchte sich seinen eigenen Weg. Nach einer Stunde hatten wir eine Höhe von 4200 Metern erreicht. Birger, Siebert, Tchiwa und ich bauten ein Steinmännchen, um unseren Berg zu ehren, denn der Kibo war den Chagga heilig. Jörg und Florian waren mit Rainer auf halber Höhe sitzen geblieben. Sie waren beschäftigt, eine geeignete Gipfelstrategie für uns auszutüfteln. Teacher hatte beim Mittagessen vier Optionen für die nächtliche Aufbruchszeit vorgestellt.

»Die sehr pole, pole Teams brechen um zehn Uhr abends auf, die normal pole, pole Teams um elf Uhr, die pole Teams um Mitternacht und die schnellen Teams um ein oder zwei Uhr.« Der Aufstieg bis Uhuru Peak würde in unserem Tempo etwa sechs bis sieben Stunden dauern, meinte Teacher. Das hieße für uns: Aufbruch um Mitternacht, Sonnenaufgang am Gipfel.

Zum Abendessen saßen wir wieder in dicken Daunenjacken und Mützen im Gemeinschaftszelt. Kaum war die Sonne untergegangen, war es kalt. Die Luft hat auf viertausend Metern Höhe so wenig Atmosphäre, dass sie die Wärme nicht speichern kann, und so sind die Temperaturunterschiede zwischen Sonne und Schatten gewaltig. Pfannkuchen und eine kräftige Gemüsesuppe machten die Runde, und zum Nachtisch gab es Kekse. Dann erschien Teacher zum Briefing.

»Morgen ist der Vorbereitungstag auf den großen Tag, unseren Gipfeltag«, begann er stolz. »Wir werden Karanga Camp früher verlassen, damit wir genug Zeit haben, nachmittags zu schlafen, bevor wir um Mitternacht zum Gipfel aufbrechen. Also, morgen früh 6:10 Uhr Bed tea, 6:40 Uhr heißes Wasser, 7:00 Uhr Frühstück, um 7:30 Uhr verlassen wir Karanga Camp«, sagte er bestimmt.

Betretene Gesichter, so früh aufstehen? Teacher blickte ermutigend von einem zum anderen. Zögerte. Irgendetwas schien die Begeisterung, die er sich von uns für den Gipfelvorbereitungstag erhofft hatte, zurückzuhalten. Er wirkte für einen Moment verunsichert. Dann breitete sich ein mildes Lächeln auf seinem Gesicht aus. Mit warmer und mitfühlender Stimme fuhr er fort: »Habt ihr Angst vor der Kälte in der Nacht? Vor der Dunkelheit? Wir können auch erst um vier Uhr morgens zum Gipfel aufbrechen. Es ist wärmer, aber vielleicht sehr windig. Wir sind alle eine Familie und eine Demokratie, alle bestimmen zusammen«, fügte er hinzu und nickte uns aufmunternd zu.

Da ergriff Rainer das Wort: »Nein, wir haben keine Angst, aber wir würden morgen gerne in der Sonne frühstücken und erst um sieben aufstehen.« Wir nickten, um seinem Vorschlag Nachdruck zu verleihen.

»Wir sind doch eine Familie Teacher, oder?«, fügte Birger hinzu.

Teacher war nicht glücklich, das sah man ihm an. Es brachte seinen Plan für den Vorbereitungstag zum Gipfeltag durcheinander, aber was sollte er machen?

»Ja, wir sind eine Familie. Okay, sieben Uhr bed tea. Aber wenn wir morgen nicht genug schlafen, bevor wir zum Gipfel aufsteigen, dann wird das sehr gefährlich. Bergsteiger, die müde sind, können stürzen und sich schwer verletzen, dann gibt es einen schlimmen Unfall am Gipfeltag«, warnte er.

Nachdem wir ihm alle versprochen hatten, dass wir im Gegenzug für das Sonnenfrühstück schneller aufsteigen und dann ein langes Mittagschläfchen machen würden, war Teacher besänftigt und wünschte uns eine gute Nacht.

Safarifrühstück in der Sonne

Es gab Wassermelone zum Frühstück und den schönsten Ausblick über die Massai-Steppe. Birger hatte nicht schlafen können und war schon in aller Frühe aus dem Zelt geklettert. Uhuru Peak war frei.

»Die Wolken haben erst in allen Rottönen geleuchtet und als die Sonne dann hinter dem Berg aufging, konnte man den Schatten vom Kibo neben Mount Meru im Morgennebel sehen. Es war unglaublich«, schwärmte er vom morgendlichen Schauspiel.

Der 4562 Meter hohe Mount Meru ragte aus dem blauen Morgendunst, aber die Schatten waren längst verschwunden. Wir saßen in der Sonne und genossen die Aussicht. Auch Teacher setzte sich mit uns an den Tisch. Es war himmlisch warm und der ganze afrikanische Kontinent breitete sich zu unseren Füßen aus.

Als immer mehr Teams um uns herum ihre Zelte abbrachen und in höhere Gefilde entschwanden, wurde Teacher unruhig und ermahnte uns zum Aufbruch. Es war schwer, sich loszureißen, aber die weiße Schlange lockte uns zu sich hinauf an den Kraterrand.

Der Aufstieg führte an unserem Steinmännchen vorbei. Auf 4300 Metern setzten wir uns in die Felsen und tranken Tee. Die Anstrengung in der dünnen Luft war schon zu spüren. Meine Beine fühlten sich schwer an, und wir kamen nur langsam voran. Von unten zogen Nebelwolken herauf, und es wurde auf einmal empfindlich kalt. Auch der Gipfel des Kibo hatte graue Wolken um sich geschart und der Kraterrand war nicht mehr zu sehen. Der Anstieg führte durch eine karge Steinwüste, durch die sich ein schmaler Pfad in

Serpentinen hinaufwand. Bald hatten uns die Wolken eingeholt, und als endlich die ersten Zelte des Barafu Camps auftauchten, hatte der Nebel uns schon eingefangen.

Barafu Camp, 4600 Meter

Pünktlich um zwölf Uhr mittags trafen wir im Camp ein. Wie in einem Vogelhorst waren alle einigermaßen ebenen Plätze im felsigen Geröll mit Zelten besetzt. Zwei grüne Holzhütten standen mitten im Camp und am Grat entlang lehnten sich schmale Toilettenhäuschen über den Abgrund. Im aufsteigenden Nebel war schwer auszumachen, wie viele Gipfelstürmer in der Nacht Richtung Kibo aufbrechen würden. Ein paar Hundert werden es mindestens sein, meinte Teacher. Nach dem Mittagessen zog sich jeder in sein Zelt zurück. Ich streckte mich in meinem dicken Daunenschlafsack aus und schlief gleich ein. Mein Nachholbedürfnis an Schlaf war riesig. Wenn ich recht darüber nachdachte, hatte ich seit der Geburt meiner Tochter vor zweieinhalb Jahren nicht mehr richtig geschlafen, also eine ganze Nacht hindurch und so lange, bis ich von selbst aufgewacht wäre. Im Gegensatz zu anderen Mamis hatte ich keine Wunderkinder, die im zarten Alter von sechs Wochen schon durchschliefen. Meine Tochter war zweieinhalb Jahre alt und hatte insgesamt vielleicht dreimal aus Versehen durch die ganze Nacht geschlafen. Mein Sohn Luca noch nie. Und das war das entscheidende Argument für meine Expedition gewesen. »Ich möchte endlich wieder richtig schlafen, jede Nacht mindestens acht Stunden. Und dann komme ich ausgeruht und glücklich wieder. Versprochen.« Nur widerwillig und mit dem Zusatzversprechen, dass ich allen Gefahren geflissentlich aus dem Wege gehen würde, hatte mein Mann mich ziehen lassen. Wenn ich zum berüchtigten K2 in Pakistan aufgebrochen wäre, hätte das Drama nicht größer sein können. Da das mobile Netz auf der Machame Route gut war, telefonierten wir jeden Tag miteinander, und wenn die Sehnsucht groß war auch zweimal.

Als ich am späten Nachmittag ins Gemeinschaftszelt trottete, saßen alle schon über einer riesigen Popcornschüssel und unterhielten sich. Rainer hatte entschieden, um ein Uhr nachts zum Gipfel aufzubrechen. Teacher plante, schon um Mitternacht zu starten, aber nach Rainers Berechnungen wären wir dann lange vor dem Sonnenaufgang, im Dunkeln, am Gipfel und das konnte in niemands Interesse sein.

Zum Abendessen ließ Teacher das Sauerstoffmessgerät durch unsere Reihen gehen und als er die Daten notiert hatte, nickte er zufrieden.

»Wir sind stark wie ein Löwe. Sehr gut«, lobte er und strahlte in die Runde. Rainer nutzte die Chance und ergriff das Wort: »Teacher, unser Plan ist, heute Nacht um ein Uhr zu starten.«

Teacher runzelte die Stirn und schüttelte langsam den Kopf. Dann lachte er plötzlich auf. »Stark wie ein Löwe? Na gut, dann gehen wir um ein Uhr. Tchiwa weckt euch um zwölf Uhr, wir trinken Tee, essen Brot und Kekse und dann: Aufstieg zum Gipfel. Wir gehen am Anfang sehr pole, pole und alle bleiben zusammen mit dem Guide.« Dabei legte er die linke Hand auf seine Brust und neigte den Kopf. In sanftem Ton fuhr er fort. »Wir starten wie eine Familie und steigen gemeinsam bis auf 5500 Meter auf. Wenn die Sonne kommt, können wir uns trennen und die Schnelleren können mit Tchiwa, Goodluck oder Nico vorausgehen. Ich werde bei den Langsamen bleiben. Wenn wir Stella Point erreicht haben, haben wir die riesige Kuh schon gegessen und dann ist nur noch der Schwanz übrig. Und das ist der Weg zu Uhuru Peak.«

Dann erklärte er uns den Gebrauch des Notfall-Sauerstoffs. Dazu hatte Chacha eine dunkelgrüne Flasche und eine schwarze Maske aus der Küche mitgebracht. Ich hatte schon viele Sauerstoffflaschen gesehen, aber so eine noch nie. Sie sah aus wie eine antike Thermoskanne.

Teacher erklärte: »Wenn das Wasser sich mit dem weißen Pulver verbindet, dann bilden sich Blasen, ein Zeichen, dass der Sauerstoff aufsteigt, dann muss man schnell die Maske anziehen. Die Flasche darf nicht geschüttelt werden, deswegen wird einer meiner Assistenten sie beim Aufstieg tragen.« Ob er den Sauerstoff schon mal benutzt habe, fragte Jörg skeptisch. Teacher verneinte. »Wir haben ihn noch nie gebraucht. Er ist nur für den Notfall«, erwiderte er stolz.

»Aha«, entfuhr es Birger und er murmelte: »Der wird ja hoffentlich nicht gerade bei uns eintreten.«

Teacher schüttelte den Kopf. » Wir sind stark wie ein Löwe. Und jetzt bitte ich euch, schlafen zu gehen. Lala salama. Gute Nacht.«

Gipfelsturm

Mitternacht. Die Lichtkegel der Stirnlampen leuchteten durch die dünnen Zeltplanen lange bevor die ersten Gipfelstürmer hinaus in die Dunkelheit stiegen. Die Nacht war schwarz und still. Überall zwischen den Felsen entflammten kleine Lichter wie in einer riesigen Glühwürmchenstadt, deren Bewohner sich auf eine nächtliche Wanderschaft vorbereiteten. Tee und Kekse standen bereit. Pünktlich um halb eins trafen alle gestiefelt und gespornt im Gemeinschaftszelt ein. Teacher teilte die gefüllten Thermoskannen aus. Jeder sollte zwei Liter zum Trinken für den Aufstieg mitnehmen und ein Sandwich, das die Küchenmannschaft vorbereitet hatte. Dann zogen wir die Reißverschlüsse unserer Jacken hoch und die Handschuhe an und stapften hinaus. Kalte Nachtluft empfing uns und ein Halbmond. Teacher rief alle zusammen in einen Kreis.

» Wir sind eine Familie. Wir helfen einem Freund und machen ihm Mut, wenn es ihm schlecht geht. Bringt alle Hände in die Mitte für die Good Hope Chain.« Alle Gesichter waren in die Mitte des Kreises gewandt und hell erleuchtet von den gegenüberliegenden Stirnlampen. Ich konnte das Knurren von Rainer, Florian, Jörg und Siebert nicht hören, aber in ihren Gesichtern sah man, wie furchtbar sie Teachers missionarische Anwandlungen fanden. Nur Birger und ich streckten die Hände bereitwillig vor. Teacher jedoch ließ sich nicht beirren. Er hatte die Good Hope Chain am Abend vorher schon angekündigt, ja versprochen, und war nicht gewillt, davon abzulassen. Er zog die Hände der anderen in den Kreis und legte alle wie bei einem großen Pfannkuchenstapel übereinander. Er murmelte ein Gebet, dann rief er mit seinen Assistenten dreimal » Uhruru-huru-huru.« Dabei schwangen unsere ausgestreckten Hände gemeinsam Richtung Himmel auf.

» Wo wir hingehen ist es gefährlich, deswegen brauchen wir den heiligen Geist, der mit uns kommt«, sagte Teacher bestimmt. » Jetzt können wir gehen.«

Daraufhin drehte er sich um und stapfte voran. Im Gänsemarsch folgten wir ihm, an den grünen Barafu-Hütten vorbei und hinaus über hochtonig klappernde Steinplatten. Der Mond leuchtete matt am Sternenhimmel und verschwand schon bald wie ein sinkendes Schiff in den westlichen Wolken. Dunkel führte der Pfad durch schwarze Lavafelsen bergauf. Manchmal glitzerten ein paar Steine im Licht unserer Stirnlampen. Der Anfang war hart, und mir war schlecht vor Hitze. Ich hatte zu viele Lagen an und das Gefühl, dass ich gleich umkippen würde. Rainer, Jörg, Florian und Siebert preschten voraus, Birger und ich trotteten hinterher. Bei jeder Steigung wurde mir heißer, so dass ich Lage um Lage Kleidung ablegen musste. Ich steckte erst die Daunenjacke, dann den dicken Fleecepullover, Schal und Handschuhe in den Rucksack und fiel weiter und weiter zurück. Teacher und Birger zogen davon. Nur Goodluck blieb bei mir. »Pole pole« flüsternd trieb er mich an, damit wir den Anschluss an die anderen wieder finden würden. Hoch oben in den Felsen zog eine lange Lichterkette in Schlangenlinien bergauf. Viele andere Teams waren früher aufgebrochen, und ihre Stirnlampen leuchteten wie Sterne in den dunklen Felsen unter dem Kraterrand. Der Pfad wand sich mal durch Lavasand, mal über blankgefegte pockennarbige Felsen. Plötzlich hob der Wind an, wurde mit jedem Schritt kräftiger, so dass wir nur noch im Schutze der Felsen rasten konnten. Es wurde kälter und ich hatte endlich das Gefühl, dass meine Kräfte in Schwung kamen. Wir stiegen schneller auf und überholten viele andere Bergsteiger. Dann tauchten auf einmal die vertrauten Jacken unseres Teams vor uns auf. Sie standen dicht beisammen. Teacher und Rainer redeten auf Birger ein, der zunächst mit den anderen davongezogen war, aber nun, schon nach einer Stunde, umkehren wollte. Sie überredeten ihn, es noch ein wenig weiter zu versuchen. Birger hatte die letzten beiden Nächte Atemnot gehabt und bekam mit zunehmender Höhe das Gefühl, dass sein Herz die Höhe nicht verkraftete. Er war zwar körperlich fitter als die meisten von uns, denn er war ein passionierter Marathonläufer, aber er war noch nie in diese Höhen aufgestiegen und machte sich Sorgen. Vielleicht hatte er als Arzt mehr Angst um seinen Gesundheitszustand, weil er wusste, wie viele Höhenkrankheiten es gab und dass sie tödlich enden konnten. Wir tranken heißen Tee und überlegten, was wir tun könnten. Birger zog seine Daunenjacke aus, und wir beschlossen, das Tempo zu verlangsamen.

»Pole, pole«, sagte Teacher und ging voraus, um uns einen guten Rhythmus vorzugeben. Ich schickte Tchiwa, der sich uns zur Unterstützung angeschlossen hatte, den anderen hinterher. Er hampelte zu sehr herum und seine »Uhuru-huru-huru« Schreie, die als Ermunterung dienen sollten, machten Birger nervös. Er rief noch einmal »Hakuna matata« und tänzelte dann glücklich davon. Birger kämpfte, Schritt für Schritt.

»Dass es so schwer wird, hätte ich nicht gedacht«, murmelte er leise.

»Das gehört dazu, Birger. Das ist ganz normal, konzentriere dich auf deine Schritte, fang an sie zu zählen, bis du einen guten Rhythmus findest. Denk nicht daran, wie weit es noch ist. Wenn die Sonne kommt, wird es leichter. Ich bin auch am Kämpfen.« Ich musste zugeben, dass es anstrengender war, als ich es erwartet hatte. Am Wegesrand würgte ein Bergsteiger sein Abendessen heraus, zwei andere stützten ihn. Teacher hielt kurz an und sprach dem Mann Mut zu. Birger war entsetzt.

»Sie müssen doch umkehren, das ist gefährlich«, stammelte er. Aber Teacher erwiderte, es sei ganz normal, sich zu übergeben.

»Er hat zu viel gegessen, der Magen schafft das nicht. Wenn erst alles raus ist, wird es ihm besser gehen.«

Die Lichterschlange vor uns bewegte sich langsam durch die Felsen. Und mit Schrecken wurde mir bewusst, wie weit es noch war bis zum Kraterrand. In der Ferne formten sich immer wieder kleine Sternenschwärme zu Tee und Ermunterungspausen, dann tänzelten die Lichter eine Weile unruhig im Kreis, bis die Schlange wieder Form annahm und sich weiter nach oben wand. Auch wir hielten immer wieder an. Teacher reichte uns eine Tasse Tee. Birger schien es besser zu gehen.

»Das Schwindelgefühl ist weg, vielleicht war nur meine Jacke zu heiß«, meinte er hoffnungsvoll.

Ich klopfte meine Handschuhe gegeneinander. Meine Finger waren taub vor Kälte, und ich zog die Fleecejacke wieder an. Der Wind wehte unaufhörlich und die Nacht war auf einmal klirrend kalt. Ich musste das langsame Tempo von Birger und Teacher verlassen, um wieder warm zu werden.

»Birger, kannst du mit Teacher gehen?«, fragte ich ihn, worauf er bestätigend nickte.

»Das schaffst du. Lange kann die Nacht nicht mehr dauern. Ich warte oben am Stella Point auf dich.«

Teacher sprach mit Nico und bedeutete mir, dass ich mit ihm vorangehen sollte. Er würde sich um Birger kümmern und uns am Stella Point treffen. Erleichtert stieg ich davon. Wir überholten andere Bergsteiger auf dem schmalen Pfad und drängten voran. Bald war die Schlange von Lichtern hinter uns länger als die vor uns. Nach etwa einer Stunde verließen wir das felsige Gelände und betraten den Lavasand. Der schwierigere Teil des Aufstiegs begann. Der feste Tritt unter den Füßen verlor sich im weichen Sand und mit jedem Schritt nach vorne rutschte ich einen halben Schritt zurück. Als wir den Kraterrand schon sehen konnten, trennte sich plötzlich der Himmel von der Erde. Erst erhellte ein zartes blaues Band den Horizont, dann durchbrachen rosarote und orangefarbene Streifen den Nachthimmel. Mawenzi, der Ostgipfel des Kilimandscharo, thronte wie ein verwunschenes Schloss im Wolkenmeer. Der Rest der Welt war dunkel. Ich hatte gehofft, dass der Wind mit dem Morgengrauen ablassen würde, aber das Gegenteil war der Fall. Wir drehten unsere Stirnlampen aus und stapften weiter hinauf im gleichmäßigen Takt: fünfzig Schritte – Rast – fünfzig Schritte.

Stella Point, 5732 Meter

Als wir Stella Point am Kraterrand erreichten, brach ein stürmischer Wind über uns herein. Wolken, die aus der Tiefe aufstiegen, züngelten wie Drachen auf uns zu. Der feuchte Nebel, der uns erfasste, war eiskalt und unheimlich. Ich zog meine Kapuze tiefer ins Gesicht und drückte mich gegen den Wind. Wenn nur die Sonne endlich kommen würde! Als ich mich umdrehte, blitzten plötzlich die ersten Strahlen des roten Sonnenballs über den Himmelsrand und entzündeten ein glühendes Feuerspiel in den Wolkenschwaden. Das aufflammende Licht drang in die stummen Gletschertürme am Kraterrand und ließ den eisigen Schutzwall des Kibo in zarten Tönen leuchten. Der Gipfel des Kibo, Uhuru Peak, lag noch hundertfünfzig

Meter höher. Am südlichen Kraterrand führte der Pfad entlang. Der Kraterboden lag noch im Dunkeln. Nur die vom Sonnenfeuer gefärbten Wolkenfetzen brodelten über dem großen Hexenkessel. Wir stoppten, als wir die Gletschertürme erreicht hatten, aber schon nach einer kurzen Rast drängte Nico voran.

»Birger, Teacher. Wollen wir nicht warten?«, fragte ich ihn.

Nico schüttelte den Kopf. »Es ist zu kalt«, bestimmte er und stapfte davon, den anderen Bergsteigern hinterher. Immer wieder drückte der Gletscher zwischen den Felstürmen über den Kraterrand herein. Sein Wintermantel war ausgewaschen und genarbt vom Wind. Er sah aus, als hätte er schon lange keinen frischen Schnee mehr gesehen. Steigeisen brauchte dort niemand, denn die Sonne hatte das Eis unter den Fußstapfen getaut, so dass die Stiefel festen Halt auf Stein oder gefrorenem Sand fanden. Es war bitterkalt; obwohl wir kaum bergauf gehen mussten, war jeder Schritt unendlich anstrengend. Immer wieder musste ich an den Felsen rasten, um genug Sauerstoff in meine Lungen zu saugen. Meine Zehen konnte ich schon lange nicht mehr spüren. Ich kämpfte nur noch, um meine Finger warm zu halten, die ich mir vor vielen Jahren in noch eisigeren Höhen angefroren hatte. Plötzlich tauchte Rainer vor uns auf. Er klopfte mir auf die Schulter und schrie in den Wind: »Du hast es bald geschafft, noch eine halbe Stunde. Super, du wirst Sonne am Gipfel haben. Bei uns war es noch vollkommen dunkel.«

Florian, Siebert und Jörg wanderten kurz darauf an uns vorbei. Sie sahen glücklich aus. Noch eine halbe Stunde. Wenn der Wind nur nachlassen würde! Ich hielt den Blick am Boden und zählte die Schritte, obwohl es kaum bergauf ging.

Nach einer Ewigkeit und viel mehr als tausend Schritten tauchte endlich das lang ersehnte Gipfelkreuz auf. Es bestand aus einfachen, übereinander genagelten Brettern, auf denen stand:

Congratulations
You are now at
UHURU PEAK TANZANIA 5895 M.
Africa's highest point
World's highest free standing mountain
One of the world's largest volcanoes.
Welcome

Die Wolken brachen auf und für kurze Zeit war blauer Himmel über uns zu sehen. Ein paar Minuten waren Nico und ich allein am Gipfel und schauten hinaus in die Wolkenlöcher. Ohrenbetäubend raste der Wind und zerrte an unseren Jacken. Es war ein stürmischer Ort, der Gipfel des höchsten Berges von Afrika. Zwischen den Wolken konnten wir manchmal hinaus über das weite Land schauen, aber die Sonne hatte die Savanne noch nicht erreicht, und alle schliefen noch unter dem dunklen Dunst der frühen Morgenstunde. Ich wäre gerne länger geblieben, wenn der Wind innegehalten hätte. Er tat es nicht, und weil auch Nico schon zitterte vor Kälte, machten wir uns nach wenigen Minuten auf den Rückweg.

Viele erschöpfte Bergsteiger kamen uns entgegen, ihre Bewegungen dumpf, das Gipfelglück noch nicht entbrannt. Manchen sah man an, dass sie sich unendlich plagten und ihre Kraftreserven schon ausgeschöpft hatten. Je weiter wir uns vom Gipfel entfernten, desto öfter fragte jemand: »Ist es noch weit?« Dann zeigte ich freudestrahlend hinauf und verneinte. »Nur noch ein kleines Stück. Ihr habt es gleich geschafft.« Nico lachte. Vor einer halben Stunde hatte ich noch alle entgegenkommenden Bergsteiger gefragt, ob es wirklich nicht mehr weit sei.

Das schnelle Tempo, mit dem wir hinunterschritten, wärmte meinen Körper. Meine Zehen meldeten sich zurück und auch die Finger wurden langsam wieder warm. Am Stella Point hielten wir kurz an und kauerten uns zwischen die Gletschertürme, um windgeschützt lauwarmen Tee zu trinken und einen Schokoriegel zu essen. Dann rutschten wir mit Riesenschritten durch die steilen Sandhänge nach unten. Ich hatte auf dem Rückweg immer wieder nach Birger und Teacher Ausschau gehalten, aber sie waren nicht aufgetaucht. Die Sonne brannte, als wir die Lavasandschluchten hinter uns ließen und dem kleinen Serpentinenpfad durch die Felsen folgten. Wir waren dem Wind und den Wolken entkommen. Der Kraterrand hoch über uns war in einer wobenden und wankenden Wolkenhaube verschwunden, die sich über den ganzen Gipfelbereich gelegt hatte. Weiter unten lockten schon die bunten Zelte von Barafu Camp in den Felsen.

Als wir ins Camp spazierten, war es neun Uhr morgens und es duftete nach Popcorn, wahres Bergsteigerglück. Birger hatte sich erholt und sah schon wieder besser aus. Er war kurz vor Stella Point umgekehrt, weil er sich schlecht fühlte. Teacher hatte ihm viel Mut zugesprochen, aber es hatte nicht gereicht.

»Es war einfach nicht mein Tag. Mein Herz ist gerast und ich hatte Angst, dass mein Körper es nicht schafft«, sagte Birger entschuldigend. »Ich bin trotzdem sehr glücklich, schließlich habe ich fast die ganze Kuh gegessen, nur der Schwanz hat noch gefehlt«, fügte er mit einem Lachen hinzu.

»Aber die Good Hope Chain habt ihr nicht nochmal gemacht, oder?«, fragte Rainer. Birger schüttelte den Kopf.

Am Nachmittag wanderten wir weiter bergab in die sandigen Hügel der Hochlandwüste. Ich drehte mich immer wieder um und schaute zum Kibo hinauf, aber die Wolken gaben seinen Gipfel nicht frei. Noch immer tobten die Höhenwinde mit Höchstgeschwindigkeiten um sein Haupt. Wir wanderten weiter, hinein in die weiten Heidelandschaften, von vereinzelten Strohblumen, die sich an den Felsen wärmten, hinunter in Senezien- und Lobelienwälder, zurück ins Leben, wo der Wind in den Blättern der Bäume rauschte und ein Bach durch die Felsen gluckste. Wir folgten dem direkten Weg nach unten zum Mweka Camp auf 3100 Metern. Der Wind ließ bei unserer Ankunft den Sand aufwirbeln. Birger spendierte eine Runde Bier, und wir saßen barfuß im Gras und prosteten auf den Gipfel. Die Träger und Assistenten hatten unsere Zelte aufgebaut, und lange vor Sonnenuntergang lagen wir schon in unseren Schlafsäcken.

Wir brachen am nächsten Morgen früh auf. Die Luft war herrlich frisch und fühlte sich wohlig an, als wir durch den Regenwald hinunter schritten. Am Mweka Gate verabschiedeten wir die Träger und unsere Küchenmannschaft. Dann stiegen wir mit Teacher in den Jeep und fuhren zurück nach Moshi.

Moshi, Springfield Hotel

Stolz präsentierte uns Teacher zum Frühstück am nächsten Morgen unsere Urkunden. Auch Rainer bekam eine überreicht, was ihm komisch vorkam, war er doch sonst derjenige, der Gipfelurkunden übergab. Teacher grinste verschmitzt. Dann führte er uns zum Jeep und schickte uns auf Safari.

»Jetzt bist du der Boss, Rainer«, rief er hinterher und lachte.

Rainer knurrte.

Wir fuhren über die Savanne in Richtung Mount Meru, zu dessen Füßen sich der Arusha Nationalpark erstreckt. Der Eingang zum Park liegt auf einer Höhe von 1500 Metern, und ein wunderbar kühler Wind wehte uns entgegen. In den Wäldern schwangen sich schwarz-weiße Mantelaffen durch die Baumwipfel. Buschschweine grunzten durch die Lichtungen, die Nase am Waldboden. In der kleinen Serengeti, die von weitem wie eine riesige Wiese aussah, stand eine Herde von Zebras und Antilopen im Schatten der Bäume. Am schönsten war die Fahrt durch die Hügel an den Ausläufern des Mount Meru entlang. Zwischen dem dichten Grün der Sträucher tauchten immer wieder die schlanken Köpfe der Giraffen auf. Kleine, große, Familien und Einzelgänger. Und einer von uns rief immer wieder: »Da ist noch eine, und dort!« und zeigte mit dem Finger hinaus. Es war wie eine riesige Schnitzeljagd. Der Fahrtwind tat uns allen gut und es machte richtig Spaß, auf »Großwildjagd« durch die Wildnis chauffiert zu werden. Marie und Luca hätten die größte Freude gehabt. Und ich beschloss, sobald die beiden größer waren mit ihnen und meinem Mann nach Tansania zu fahren.

Nach zehn Tagen in Afrika kam ich glücklich und herrlich ausgeschlafen nach Hause. Eine glückliche Mama ist schließlich die beste Mama, sagte auch mein Mann. Ich hatte zwei kleine Safarijeeps und einen ganzen Zoo von holzgeschnitzten Tieren für Marie und Luca mitgebracht und unendliche Geschichten vom Regenwald und einem rauchenden Vulkan, um den sich weiße Gletscherschlangen winden. Mein Fernweh war geheilt und ich war froh, dass ich mich durchgerungen hatte, mein Abenteuer der Seven Summits wieder aufzunehmen. Obwohl mir noch vier Berge und vier Kontinente auf meiner Weltreise fehlten, hatte ich plötzlich das Gefühl, dass ich den ersten Schritt getan hatte, auch wenn es nur ein kleiner Schritt war. Es ist schließlich nicht so, dass man sich zuhause auf das Sofa setzt und eine Begeisterung plötzlich zum Fenster hereinfliegt. Der Traum von den Seven Summits hatte mein Herz anfangs zwar im Sturm erobert, aber die Begeisterung war doch relativ schnell vergessen, als ich für die Achttausender Feuer fing. Zwischen dem Abenteuer, auf einen Achttausender zu steigen, und dem Kilimandscharo liegen zwar Welten, aber zwischen Singledasein und Familie liegen auch Welten, was die Risikobereitschaft betrifft. Kann man sich nach den Giganten des Himalaya noch für kleinere Berge begeistern? Ja, das geht. Manchmal muss man sich natürlich etwas Mühe geben, denn Begeisterungsströme sprudeln nicht von selbst hervor, man muss sie schon aus unterschiedlichen Quellen nähren, fragen, forschen und neugierig sein, um das Besondere, Einzigartige, Abenteuerlustein-flößende in einem Berg zu entdecken. Liebe auf den ersten Blick ist selten. Am Kilimandscharo, um den sich so viele Geschichten und Legenden ranken, war es mir leicht gefallen. Beim Mount Elbrus war es schon schwieriger, denn über diesen Berg und sein Gebirge wusste ich fast nichts. Meine Schwester Madeleine war vor vielen Jahren mit ihrem Snowboard Team im Kaukasus gewesen und hatte von den unendlichen Tiefschneeabfahrten geschwärmt, aber das war lange her. Florian und Rainer hatten den höchsten Berg Euro-pas im Jahr vor unserer Expedition zum Kilimandscharo bestiegen und verschafften mir mit ihren Erzählungen einen ersten Einblick. Florian schickte mir die Bilder von seiner Expedition in den Kauka-sus. Unerwartet viele bunte Blumenwiesen waren zu sehen und in der Ferne der weiße Doppelgipfel, der aussah wie zwei perfekte Hügel, die sich Richtung Himmel streckten. Aus dem einstigen Vul-kan fielen unzählige Gletscher nach allen Seiten in die Tiefe, erst in graue Felswüsten und dann in grüne Wiesen. »Der Kaukasus ist wild und irgendwie ungezähmt. Das wird dir gefallen«, schrieb Flo-rian.

Das Beste am Elbrus aber war, ehrlich gesagt, die Tatsache, dass die Expedition nur eine gute Woche dauern würde, und das konnte ich meiner Familie ruhigen Gewissens zumuten. Und so brach ich ein Jahr später zum nächsten Abenteuer auf.

Europa

Umkehr

Wie oft bist Du am Berg schon umgekehrt?
Es war nicht Feigheit, was der Berg Dich lehrt.
Fällt auch dem Leichtsinn noch ein Gipfel in den Schoß,
doch im Verzicht zeigt sich der Meister groß.
Solange Du lebst, führst mit Dir selbst Du Krieg,
Sich selbst bezwingen – schönster Gipfelsieg!

GEDICHT AUS DEM WILDEN KAISER

Elbrus

Als ich die Seven Summits noch nicht kannte, war ich mir sicher gewesen, dass der Mont Blanc, der weiße Berg, der höchste Gipfel Europas ist. Von der Aiguille du Midi hatte ich oft staunend zu ihm hinaufgeschaut, dem gewaltigen Riesen der Alpen, bevor wir in die Tiefen seines Gletschermeeres tauchten. Die Freeride-Abfahrt durch das Vallée Blanche, das weiße Tal zu seinen Füßen, ist eine der schönsten Skiabfahrten der Alpen. Sie beginnt unter dem Gipfel der Aiguille du Midi auf einer Höhe von 3800 Metern und führt fast zwanzig Kilometer und zweitausend Höhenmeter hinab, durch Gletscherabbrüche und Tiefschneefelder nach Chamonix. Unser Fotograf Xandi führte das Team und bestimmte die Route. Fünf Models, alle Extremskifahrer, folgten ihm dicht auf den Fersen, während unser Bergführer Laurent und ich mit den großen Rucksäcken das Schlusslicht bildeten. Wir waren ein kleines Team, das von Skiausrüstern aus aller Welt mit dem neusten Equipment ausgestattet worden war, und hatten zehn Tage Zeit für unsere Expedition. Unser stattliches Ziel war es, die neueste Skimode so in Szene zu setzen, dass dem Betrachter der großflächigen Poster in den Sportgeschäften das Herz vor Freude höher schlug und ein »Wow« aus den Tiefen seiner Brust entlockte. So brachen wir jedes Frühjahr im Auftrag unseres Kunden auf nach Chamonix – und weiter hinauf in die luftigen Höhen der Gletscher des Mont Blanc, denn dort zwischen den Gletschertürmen konnten wir unseren Auftrag verwirklichen. Stück für Stück umkreisten wir die Eistürme und bewegten uns in kleinen Schritten bergab. Immer fuhr Xandi voraus, um einen guten »Spot« für die Aufnahmen zu finden. Dann nahmen die Models Anlauf und zogen eine Spur durch den tiefen Schnee oder flogen mit möglichst viel Schneestaub über eine Wechte. Oft mussten sie nach ihrem Sprung wieder hinaufstapfen, um ihn zu wiederholen. Ich stand meist neben Xandi und begutachtete mit ihm die Aufnahmen auf dem kleinen Display der Kamera. Wenn das Bild gut war, zog ich ein neues Outfit aus meinem Rucksack, half den Models beim

Umziehen und sorgte dafür, dass ausrüstungstechnisch und auch farblich alles zusammenpasste. Xandi packte seine Kamera ein, besprach sich mit Laurent und dann wir fuhren weiter durch den Gletscher auf der Suche nach dem nächsten Spot. Der Erfolg unserer »Expedition Sonnenschein«, wie ich sie immer nannte, hing maßgeblich vom Wetter ab. Am besten waren ein Hauch frischer Schnee, der möglichst in der Nacht gefallen war, und natürlich Sonne und blauer Himmel. Wenn die Wettergötter mit uns waren, erreichten wir unser Ziel leicht und hatten viel Spaß dabei; wenn nicht, dann wurde jedes Foto zu einer Herausforderung. Denn sobald tiefliegende Wolken den Berg in Nebelschwaden hüllten, sah jeder noch so gute Sprung über eine Wechte in der Kamera aus wie eine schlecht belichtete Studioaufnahme – und solche Bilder würden uns vom Artdirektor um die Ohren fliegen. Deswegen saßen wir manchmal stunden- und auch tagelang in dampfigen Hütten und harrten ergeben den Launen der Wettergötter. Der Mont Blanc ist zwar der höchste Berg der Alpen, aber nicht von Europa.

Der höchste Berg Europas

Der höchste Berg Europas ist der Elbrus, der im Kaukasus steht und mit seinen 5642 Höhenmetern noch mehr als achthundert Meter höher in den Himmel ragt als der Mont Blanc. Geographisch gesehen bildet die Hauptkette des Großen Kaukasus die Grenze zwischen Russland im Norden und Georgien im Süden und auch die Grenze zwischen Europa und Asien. Da der Elbrus circa zehn Kilometer nördlich des Hauptkamms des Großen Kaukasus liegt, gehört er zu Europa.

Der Elbrus ist ein Schichtvulkan, der sich im Holozän, dem jüngsten Erdzeitalter, aus einer Caldera gebildet hat. Heute ist er stark vergletschert und zeigt nur noch schwache vulkanische Aktivität. Der höchste Berg Europas hat zwei prominente Gipfel, den 5642 Meter hohen Westgipfel und den kleineren Ostgipfel, der mit 5621 Metern in den Himmel ragt und auf seinem Gipfel einen 250 Meter großen Vulkankrater hat. Der Eispanzer des Elbrus ist an vielen Stellen über hundert Meter dick. Von seinem glatten weißen Haupt fließen große und kleine Gletscher zu allen Seiten in die Täler und zerklüfteten Schluchten hinab.

In der Antike war der Elbrus bekannt als Strobilus, das mythische Gefängnis des Prometheus. Nachdem Prometheus den Menschen das Feuer gebracht hatte, ließ Zeus ihn wutentbrannt in die schlimmste Einöde des Kaukasus schleppen, wo er ihn über einen Felsen am Abgrund fesseln ließ. Seit die Ski- und Snowboardfahrer den Kaukasus entdeckt haben, hat dieser seinen Ruf als schlimmste Einöde verloren, aber durch seine Lage im Grenzgebiet von Georgien und Russland ist eine Reise dorthin immer noch ein Abenteuer.

Unter den Seven Summits gilt der Elbrus als leichter Fünftausender. Der Aufstieg über die Normalroute führt über einfache, nur leicht geneigte Gletscherhänge. Trotzdem ist der Elbrus auch für gut trainierte Bergsteiger eine echte Herausforderung, denn unter der Aufstiegsroute lauern endlose Gletscherabbrüche und tiefe Spalten. Der Sattel zwischen den beiden Schwestergipfeln, die nur etwa 1500 Meter Luftlinie voneinander entfernt sind, hat eine Düsenwirkung, und die Nähe zum Meer sorgt für rasch auftretende, wütende Stürme mit Schneetreiben und dichtem Nebel, die schon vielen Bergsteigern zum Verhängnis geworden sind. Die Winter im Kaukasus sind extrem kalt. Das günstigste Wetterfenster für Skitourengeher ist im Mai und für die klassische Bergbesteigung zu Fuß im Juli und August. Da ich zwar eine gute Skifahrerin, aber keine große Skitourengängerin war, entschied ich mich für die klassische Bergbesteigung, auch weil die Temperaturen im August höher waren und mein Mann frei hatte und zu Hause übernehmen konnte. Die Organisation der Reise überließ ich dem Expeditionsveranstalter Amical, weil ich keine Zeit hatte, mich um die Logistik zu kümmern, und ich Ralf, dem Besitzer von Amical, und seinen Bergführern vertraute. Ich hatte Ralf 1998 am Cho Oyu in Tibet kennengelernt. Er hatte viele Jahre die Elbrus-Expeditionen selbst geführt und kannte den Berg sehr gut. Diesmal würde einer der Bergführer aus seinem Team die Expedition leiten.

Geflissentlich hatte ich meine Ausrüstung zusammengesucht. Es war für mich eigentlich nur ein »kleiner« Gletscherausflug, aber wenn ich eines in meinen Bergsteigerjahren gelernt hatte, dann war es die Tatsache, dass man jedem Berg, jedem Gletscher, jedem Aufstieg in die raue Natur mit großem Respekt begegnen sollte. Auch am Elbrus kamen jedes Jahr mehrere Bergsteiger zu Tode, weil sie den Herausforderungen des Berges und seinen Wetterbedingungen nicht gewachsen waren. Meine Everest-Daunenjacke und die Achttausender-Boots auf den Elbrus mitzunehmen war vielleicht etwas übertrieben, aber warme Füße waren immer ein Vorteil. Vier Wochen vor Beginn der Expedition bekam ich eine Teilnehmerliste von Amical. Zwölf Bergsteiger waren namentlich aufgeführt. Ich kannte niemanden und googelte die Namen. Viel kam dabei nicht heraus, ein Amerikaner war dabei, Fred, ein Arzt, der 2007 mit Russell den Everest bestiegen hatte, eine Frau, die Kassenwart in einem Radsportverein war, und ein Bergsteiger, der Vorstandsmitglied im Deutschen Alpenverein war. Mehr war nicht zu erfahren, und so wusste ich nur wenig von den Menschen, mit denen ich auf den Berg steigen sollte. Die Wahrscheinlichkeit, dass die meisten anderen sich auch nicht kannten, war groß. Dass uns das zum Verhängnis werden würde, konnte ich zu dem Zeitpunkt noch nicht ahnen.

Ein Samstag im Juli 2008

Wir landeten nach einem kurzen Nachtflug um fünf Uhr morgens in Moskau und wanderten mit dem ersten Tageslicht hinaus zum nationalen Terminal, um weiter in den Süden Russlands nach Mineralny Vody zu fliegen. An der Flughafenbar gab es Toast mit Lachs und Espresso. Die Menschen, mit denen ich durch die Nacht geflogen war, beschnupperten sich mit scheinbarer Leichtigkeit und vorsichtiger Distanz. Unser Team war mit elf Bergsteigern und einem Bergführer groß und zunächst unübersichtlich. Als Gruppe waren wir leicht zuzuordnen, da alle Goretexjacken, Trekkinghosen und einen Rucksack trugen. Drei Allgäuer, die durch ihren Dialekt herausstachen, schienen sich zu kennen. Sie standen immer zusammen und machten den Eindruck, als sei dies ihr erster großer Ausflug in die internationale Bergwelt. Ein älterer Schweizer fiel mir auf, weil er sehr höflich war und sich allen als Paul vorstellte. An seiner Seite ging ein Bergsteiger, der Ferdi hieß und schon fast allen erzählt hatte, dass er 52 Viertausender in den Alpen bestiegen hatte.

Die beiden kannten sich von gemeinsamen Touren. Fred, der Amerikaner sprach als einziger Expeditionsteilnehmer nur Englisch. Er war schon zweimal zum Gipfel des Mount Everest gestiegen und hatte sich beim Abstieg auf der Südseite einige Finger und auch einen Teil seiner Nase abgefroren, wie er entschuldigend für seinen Beautymakel sagte. Er lebte in San Diego und hatte Frau und Kinder zu Hause gelassen. Dies war sein zweiter Versuch am Elbrus. Bei seinem letzten Versuch war er im Frühjahr am Berg gewesen, aber das Wetter hatte ihm den Aufstieg zum Gipfel verwehrt. Diesmal würde es klappen, denn der Sommer war freundlicher, meinte er entschlossen. Martin war unser Bergführer, dunkelhaarig, Ende dreißig. Er arbeitete seit zehn Jahren auf Expeditionen für Amical und hatte einige Achttausender erfolgreich bestiegen.

Mineralny Vody

Wir landeten am Mittag in der kleinen Bäderstadt Mineralny Vody (wörtlich: Mineralwasser) im nördlichen Kaukasus. Dort erwartete uns Luba, eine kräftige Frau von Mitte vierzig mit kurzen roten Haaren. Sie stellte sich als Chefin von Top Travel vor und führte uns zum Parkplatz vor dem Terminal. Luba organisierte seit vielen Jahren Expeditionen auf den Elbrus. Sie erzählte stolz, dass sie schon 61 Mal am Gipfel war. Sie werde uns aber nicht auf den Berg begleiten, sagte sie entschuldigend, da im Moment Hochsaison war und sie sich um die Logistik der vielen Teams kümmern musste, so auch um unsere.

In der kaukasischen Wildnis schlug uns die Hitze entgegen. Wir stiegen in einen Kleinbus und fuhren am Fluss Kuma entlang Richtung Berge, durch graue Bergbaustädte mit endlosen Reihen von heruntergekommenen Hochhäusern und verlassenen Fabrikgebäuden. Alles wirkte grau und eher trist. Die Hitze war schwer, manchmal tauchte ein Mann auf einem der Balkone auf und verschwand wieder. Bunte Wäsche hing auf Leinen und deutete darauf, dass viele Menschen hier zu Hause waren, aber die Wege und Straßen waren wie leergefegt. Irgendwann verschwanden die Häuser und der Fluss und wir tauchten in die kühlen Schatten der Wälder ein. Hohe Nadelbäume säumten die Straße, bis wir hinauf in ein schmales Tal fuhren, das Baksan-Tal, an dessen Ende sich plötzlich das Elbrusmassiv mit seinen beiden Gipfeln weiß und leuchtend über das satte Grün der Wiesen erhob. In Terskol mündete die Straße auf einen breiten Platz direkt vor der Elbrus-Seilbahn. Links und rechts standen ein paar Hütten und Hotels. Neben der alten Seilbahn stocherte ein Kamel zwischen Baggern, Skibobs, Seilen und verrosteten Tonnen durch dunkles Sandgestein.

Terskol, 2100 Meter

Unser Hotel stand neben der Seilbahn und hatte grün verglaste Fenster, die zwischen einem groben Holzgerüst hervorblitzten. Auf dem Gerüst arbeiteten Männer mit Schweißgeräten. Es duftete nach Barbeque, als wir ausstiegen und unsere Rucksäcke und Dufflebags in die Hotellobby trugen. Luba verteilte die Schlüssel für Zweier- und Dreierzimmer. Da die beiden anderen Frauen unserer Gruppe sich kannten, zogen sie zusammen, und ich bekam ein Einzelzimmer. Einige von uns stiegen gleich neugierig Richtung Seilbahn auf. Von dort wehte der Duft von Gegrilltem, und tatsächlich konnte man an den breiten Holztischen in der Sonne sitzen und Lammschaschlik und Pommes essen. Darum herum waren die Stände der Marktfrauen aufgebaut, die handgestrickte Socken und bunte Mützen, Pelzhüte und Felle, Babyschuhe und Glocken verkauften und dem kleinen Ort etwas Leben einhauchten.

Am Abend versammelten wir uns im Keller des Hotels zum ersten gemeinsamen Essen. Die meisten in unserer Gruppe hatten schon Abenteuer in den Alpen bestanden, viele waren typische Hütten-Trekker, einige hatten eine lange Liste von Viertausendern bestiegen, manche waren auf dem Aconcagua und anderen Andengipfeln, und zwei schon zum Trekking in Nepal gewesen; nur Martin, Fred und ich hatten die dünne Luft eines Achttausenders geschnuppert. Bis auf Fred waren alle zum ersten Mal im Kaukasus, auch unser Bergführer Martin. Der Elbrus war für die meisten der Einsteigerberg zum Höhenbergsteigen.

»Er ist technisch einfach, eigentlich nur eine lange Wanderung über einfache Gletscherhänge«, berichtete Martin.

Luba kräuselte die Nase und schüttelte bedächtig den Kopf.

»Einfach ist nicht richtig, Martin. Die Gipfeletappe ist weit und das Wetter ist sehr schwierig. Wenn ein Schneesturm kommt, sieht man nichts, gar nichts, dann ist alles weiß und es wird sehr gefährlich am Berg«, sagte Luba. »Olek wird mit euch aufsteigen, er ist einer meiner besten Bergführer. Er war schon viele Male am Gipfel und kennt den Berg sehr gut. Er wird das Gipfelteam führen.«

Sonntag, Aufbruch zum Tscheget-Gipfel, 3400 Meter

Am nächsten Morgen holte uns Olek ab zu einer Akklimatisierungswanderung auf den Tscheget. Wir fuhren mit dem Sessellift mit vielen anderen Ausflüglern aus den hohen Wäldern hinaus auf die Almen. Auf 2700 Metern landeten wir an einem Ausflugslokal mit Tischen und Bänken und dem ersten Schnee. Das kleine Restaurant war das lang ersehnte Ziel der meisten Ausflügler, die in flauschigen goldbestickten Angorapullis und glänzenden Trainingsanzügen in Rosa, Lila und anderen Topmodelfarben auf die Holzbänke zusteuerten. Die Sonne strahlte und es war so warm, dass sich die Frauen und Mädchen die Pullover über den Kopf zogen und sich in ihren Bikinioberteilen fotografieren ließen. In freudiger Urlaubsstimmung tobten sie durch den Schnee mit großen goldenen Sonnenbrillen und Handykameras. Manch einer aus unserem Team schüttelte widerwärtig mit dem Kopf ob der kindischen Freude und Ausgelassenheit, die diese Menschen in die Berge brachten. Wir wollten uns diese Freude erst verdienen, durch harte Arbeit am Berg. Ich fühlte mich zwar auch schon in seliger Urlaubsstimmung, aber wir hatten noch ein hehres Ziel vor uns, den höchsten Berg Europas zu erklimmen. Schweigend ließen wir die irdischen Freuden hinter uns und stapften unserem noch schweigsameren Bergführer Olek hinterher, erst über eine Schotterstraße, dann auf schmalen Pfaden durch ansteigende Wiesen. Schließlich querten wir ein Schneefeld im Gleichschritt und landeten endlich auf einem steinigen Plateau mit bestem Ausblick auf den Elbrus. Die weißen Schwestergipfel leuchteten unter einer sanften Wolkenhaube, die über dem Berg schwebte. Olek, ein großer hagerer Mann mit grauem Schopf und kantigen Gesichtszügen, zeigte hinüber auf einen langen Schneehang unter dem Ostgipfel, aus dem eine steinige 7 herausstach.

»Pastuchow-Felsen«, sagte er mit rauer Stimme. Dort sollten wir am nächsten Tag zur weiteren Akklimatisierung und Besichtigung der Route hinaufsteigen. Zwischen den Schneefeldern konnte man die Liftstation Mir erkennen, wo die Botschkis standen, in denen wir auf 3700 Metern Höhe übernachten würden. Darunter verwandelte sich die weiße Pracht der Gipfelkrone in graue Gletscherpranken, die sich an den felsigen Flanken des Berges festkrallten, bis sie schließlich auf allen Seiten in kleinen Bächen in die dunklen Felsen und Schotterhänge drangen und weiter unten durch grüne Wiesen und Wälder zu Tale flossen. Der Wind, der plötzlich aufkam, war kühl, aber die Aussicht auf die umliegenden Berge und Hügel des Großen Kaukasus noch ungetrübt.

Am späten Nachmittag saßen wir zusammen an der Talstation der Elbrus-Seilbahn, tranken Bier und aßen Schaschlik mit Pommes. Leichter Regen trommelte auf das Blechdach über uns, während Nebelschwaden die Flanken des Berges in tiefes Grau hüllten.

Montag, Aufbruch zur Liftstation Mir, 3700 Meter

Sieben Uhr morgens. Ich nahm eine letzte Dusche und ließ das heiße Wasser lange über meinen Rücken prasseln, um das Gefühl der Wärme festzuhalten für das kalte Abenteuer, das uns erwartete. Mein Rucksack war gepackt, die »Everest«-Boots zog ich schon zum Frühstück im Hotel an. Es gab Porridge, eingelegten Fisch, verschiedene Würste und Cornflakes. Mich würgte es schon beim Anblick. Die anderen aus meinem Team aber luden sich die Teller voll, glücklich, sich noch einmal ausgiebig für den Berg stärken zu können. Um acht Uhr rief Martin zum Abmarsch, und kurze Zeit später schulterte jeder sein Gepäck und wir stiegen gemeinsam zur Seilbahn auf. Das Abenteuer konnte beginnen.

Die alte Seilbahn ruckelte, knatterte, quietschte und manch strengem Bergsteiger aus unserem Team grauste es. »TÜV, freiliegende Kabel, elektrische Leitungen«, tadelnde Worte fielen, es gab Murren und Knurren, aber die Alternative wäre ein vielstündiger Aufstieg über die Lavafelder in Graupelschauern und feuchten Nebelschwaden gewesen, und dafür konnte sich niemand begeistern. Also schickten wir ein Stoßgebet Richtung Himmel und lenkten den

Blick nach draußen. Das grüne Tal verschwand langsam im Nebel und das Kamel, das direkt unter der Gondel verloren durch einen Schotterhang stakste, blickte uns staunend hinterher. Am Ende der Seilbahn wartete ein kleiner Sessellift. Der Wind wehte eisig und ich saß, eine schwere Kiste mit Proviant auf dem Schoß balancierend, auf dem kleinen Metallsitz und schaukelte hinauf auf 3700 Meter. Der vom Winter übrig gebliebene Schnee war ergraut und bräunlich gesprenkelt, nur der Gletscher schimmerte in hellem Blau zwischen den dunklen Lavasteinen. Auf dem Platt der Liftstation Mir standen sieben Botschkis, weiß-blau-rot gestrichene Wohntonnen, in denen wir die nächsten Nächte verbringen sollten. Es waren stählerne Zylinder, etwa acht Meter lang und drei Meter im Durchmesser, in denen je sechs Bergsteiger übernachten konnten. Sie sahen gemütlich aus. Von unserem Berg war nichts zu sehen. Die ansteigenden Schnee- und Gletscherfelder verloren sich in der Ferne in Wolkenschwaden. Die karge Landschaft war in mattes Licht getaucht, was ihren Zauber noch verstärkte. Es fühlte sich fast so an, als wären wir auf einem fremden Planeten gelandet. Der Nebel wehte in dichten Schwaden, mal verdunkelte er den Blick hinaus, mal ließ er das Licht durchscheinen, als würde gleich die Sonne durchbrechen. Dabei veränderte sich die Landschaft ständig, grobe Felsblöcke, kantig und schwarz, erschienen wie Aussichtstürme einer verwunschenen Welt, dann verschwanden sie wieder, als wären sie nie dagewesen. Eine Kulisse, von denen Modefotografen nur träumen konnten. Haute Couture könnte man dort fotografieren: langbeinige Models in galaktischen Designerroben, die auf einem außerirdischen Planeten gelandet waren. Ob man die Models, Make-up-Artisten und Hairstylisten allerdings überreden könnte, mit dem Sessellift hinaufzufahren, war fraglich.

Aufstieg zu den Pastuchow-Felsen, 4600 Meter

Die Botschkis waren noch von anderen Bergsteigern besetzt und so stellten wir unser Gepäck in einen Geräteschuppen und nahmen nur leichte Rucksäcke mit auf unsere Wanderung zu den Pastuchow-Felsen, die neunhundert Höhenmeter über uns aus dem Gletscher stachen. Olek ging voran, Martin bildete das Schlusslicht. Wo im Frühjahr Snowboarder und Skifahrer über die weiten Pisten sausten, lag nun der übriggebliebene Schnee von Pistenraupenspuren zerfurcht. Es hatte diese Saison viel geschneit. Das war gut, meinte Olek, es erleichterte den Aufstieg zu den Felsen, der in manchen Jahren aus blankem Eis bestand. Wir stiegen im Gänsemarsch durch den weichen Schnee. Unter unseren Füßen driftete er wie Matsch auseinander und schmatzte, wenn man den Stiefel wieder herauszog. Anfangs überkam mich eine kindische Freude, und ich stampfte mit breitem Grinsen hinauf, als würde ich wie meine Kinder daheim mit Gummistiefeln durch den Matsch platschen; der Spaß währte allerdings nicht lange, denn meine Stiefel waren schwer, und schon bald bekam ich die Auswirkungen der sauerstoffarmen Luft zu spüren und schnaufte schwer. Olek war wortkarg. Nebelwolken drängten sich um uns. Manchmal tauchten andere Bergsteiger schemenhaft auf und verschwanden wieder. Ein paar Mal lüfteten sich die Nebelböen, ein paar Sonnenstrahlen beleuchteten die Schneehänge und die Gletscherbänder glühten für einen Moment in glänzendem Türkis. Dann schritten wir mutig weiter, aber ein paar Schritte später war der dichte Nebel zurück. Olek marschierte langsam. Die Luft war feucht und schwer. Nach zwei Stunden tauchte eine Hütte auf, die Prijut 11, benannt nach den elf Wissenschaftlern, die sie dort 1929 eingerichtet hatten. Von außen sah sie mit ihrem runden Aludach aus wie eine Raumstation. Olek steuerte direkt darauf zu. Drinnen war es himmlisch warm und alle schälten sich aus den nassen Jacken. Wir saßen eng zusammengekauert an schmalen Holztischen und aßen die Sandwiches vom Hotel. Paul schnitt mit seinem Taschenmesser kleine Stückchen von Bündnerfleisch auf, das er aus der Schweiz mitgebracht hatte, und verteilte sie großzügig. Das salzige Fleisch schmeckte lecker. Paul war mir gleich sympathisch, er war älter und hatte eine herzliche Art. Er sprach mit jedem, ohne von seinen Heldentaten zu erzählen, und hatte beim Aufstieg die »jungen Wilden« vorausgelassen, um dann gemächlich hinterherzustapfen. Es ging am Anfang, wie immer in einem neuen Team, vor allem darum, sich gegenseitig zu beweisen, dass jeder das Recht hatte, dabei zu sein. Das war allen gelungen, auch wenn einige sichtlich gekämpft hatten. Auch meine Backen glühten und ich spürte die Auswirkungen der Höhenluft.

Nach einer Stunde in wohliger Wärme kehrten wir fast widerwillig zurück in den Nebelsturm. Die Kälte war eindringlich und unangenehm, obwohl es kaum unter Null Grad hatte. Olek murmelte »Pastuchow-Felsen« und stapfte voran. Der Wind fegte in kräftigen Böen über die glatten Schneefelder, und es gab nichts, das ihn aufhalten konnte, keinen Platz, wo man sich für wenigstens kurze Zeit vor ihm verstecken konnte. Es ging steiler hinauf, und manchmal waren die Windböen so stark, dass ich mich mit voller Kraft dagegen stemmen musste. Erst als wir die Felsen erreichten, sahen wir andere Bergsteiger, die dicht beisammen saßen und rasteten. Ich wollte meinen Rucksack schon vom Rücken fallen lassen und mich zu ihnen setzen, aber Olek drängte weiter. Wir folgten dem Felsenband. Rote Fähnchen an Bambusstangen markierten die Aufstiegsroute. Nach einer halben Stunde stoppte Olek plötzlich, alle bremsten, ich rempelte in meinen Vordermann, weil ich endlich einen guten Rhythmus gefunden und nur noch auf meine Schritte geachtet hatte. Verdattert blieben wir stehen. Da rief Olek von oben: »Gut, Pause, genug.« Erleichtert ließ ich mich auf die Felsen nieder. Mein Kopf brummte vor Schmerzen. Wir waren fast tausend Höhenmeter aufgestiegen, aber vom Großen Kaukasus war nichts zu sehen und so verweilten wir nur kurz.

Der Weg nach unten ging im Eiltempo. Mit jedem Schritt wurde die Luft dicker und die schnelle Bewegung tat gut, wärmte den ganzen Körper von innen. Auf einmal lichtete sich auch der Nebel, die ganze Wolkenhaube über den Gipfeln hob sich und ließ die Sonne auf den unberührten Schneefeldern hoch über uns leuchten. Die Schwestergipfel strahlten plötzlich in fast himmlischem Glanz, sodass wir alle stehen blieben und gebannt nach oben schauten. Am Gipfel des Elbrus war laut einer Sage die Arche Noah gestrandet, bevor sie weiter südlich am Mount Ararat gelandet war. Wahrscheinlich war damals das Wetter so ungemütlich gewesen wie kurz zuvor noch bei uns und ließ sie erschaudern, sodass sie den perfekten Ankerplatz in der Talsenke zwischen den beiden Erhebungen des Gipfels verschmähte und weiter Richtung Süden drängte.

Zwischen den letzten Ausläufern der Schneezungen des Gletschers tauchte die dunkle Felsenplatte auf, auf der zwischen Gerätschaften, einem silbernen Schuppen, Schneekanonen und Pistenraupen die bunten Botschkis auf uns warteten. Zwei von den sieben

»Fässern« gehörten uns für die nächsten drei Nächte. Sie waren beheizt und sehr gemütlich. Drei klapprige Metallbetten mit Matratzen und Kopfkissen standen Kopf an Kopf zu beiden Seiten und am Ende des langen Rumpfes drang Tageslicht durch ein Fenster herein. Es gab elektrisches Licht, sodass man sich nachts nicht fürchten musste. Ottmar und Harry, die mit Ulf, Christine, Babsi und mir ein Botschki teilten, protestierten ob der großen Tierwelt, die dort unbehelligt in den Holzplanken und Matratzen zu hausen schien, aber die Alternative wäre eine Nacht unter freiem Himmel im nassen Schnee gewesen. Zelte hatten wir nicht dabei. Harry wurde auch prompt an seinem behaarten Unterarm von einem unsichtbaren Geschöpf gebissen. Er jammerte, schimpfte und wir bedauerten ihn mitfühlend und prusteten dabei vor Lachen. Als wir schließlich unsere Isomatten und Schlafsäcke auf den Matratzen ausgerollt hatten, wurde es ruhig. Alle ruhten erschöpft auf den Betten. Nur Harry zappelte hin und her und fluchte leise.

Zum Mittagessen gab es Gulaschsuppe. Marika, die Küchenchefin des Botschki Basecamps, hatte für uns gekocht. Ihr »Restaurant« war eine längliche silberne Hütte am Ausstieg des Sessellifts. Die eine Hälfte der Hütte war die Küche mit vier Gaskochplätzen und einem Blick ins Tal, die andere Esszimmer und Wohnstube mit Blick auf den Elbrus. Dort stand ein langer Tisch mit blau-weiß karierter Decke, an dem etwa fünfzehn Menschen Platz hatten. Es war warm und die Fenster waren beschlagen, als wir hineinkamen. Große Thermoskannen mit heißem Wasser für Tee standen auf dem Tisch. Wir hatten uns aus unseren nassen Jacken herausgeschält und saßen schnatternd zusammen. Viele erzählten von ihren Abenteuern in den Bergen der Welt. »Warst du schon dort? Hast du das gesehen? Nein? Da musst du hin. Und wenn du dort bist, dann musst du unbedingt ...« Der Drang eines jeden, seine eigene Geschichte zu erzählen, schien bei weitem größer als der, den Schilderungen der anderen zu lauschen; ich bin mir darum nicht sicher, ob überhaupt jemand hinterher mehr wusste als vorher. Trotzdem schien unser Team zusammenzuwachsen. Noch konnte nicht jeder die Namen der anderen genau zuordnen, aber jeder gab sein Bestes von sich und irgendwie schien es das große Ganze zu bereichern. Im Gegensatz zu einer Achttausender-Expedition hatten wir nur wenige Tage miteinander und mussten sehen, dass wir in der kurzen

Zeit vor dem Gipfelsturm zu einem Team wurden, wo sich jeder auf den anderen verlassen konnte und keiner ausbrechen und auf eigene Faust davonlaufen würde. Vielleicht wäre das gelungen, wenn einer unserer beiden Bergführer eine Führungspersönlichkeit gewesen wäre. Ich glaube, man muss als Expeditionsleiter ein gewisses Maß an Autorität mitbringen, um ein Team zu führen, vor allem in schwierigen Zeiten. Martin war nett, viel Autorität strahlte er aber nicht aus. Er war noch nicht am Elbrus gewesen und konnte wenig zur Route und den typischen Wetterwidrigkeiten des Berges sagen. Nur von anderen Bergtouren und Expeditionen, die er auf der ganzen Welt schon geführt hatte, erzählte er ausführlich. Olek sprach sehr gebrochenes Deutsch und wenig Englisch und beantwortete nur unwirsch unsere neugierigen Fragen. Die meiste Zeit war er mit Marika beschäftigt, die ihn hierhin und dorthin schickte, um dies und das für sie zu holen. Er schien in der Liftstation zuhause zu sein, wenigstens für die Bergsteigersaison, und vielfältige Aufgaben zu haben. Nach dem Mittagessen zogen sich alle in die Schlafstätten zurück. Die Höhenluft hatte uns müde gemacht, und Kopfschmerzen von der Anstrengung des morgendlichen Aufstiegs hatten sich ausgebreitet. Es dauerte, bis sich der Körper an die dünne Luft gewöhnt hatte, und bei mir schien es immer noch länger zu dauern als bei anderen.

Am späten Nachmittag schien die Sonne, die Wolken waren auseinander gedriftet und die Elbrusgipfel leuchteten. Die Pastuchow-Felsen, zu denen wir am Morgen hinaufgestiegen waren, ragten klar und dunkel aus dem Schnee heraus, und wir konnten den Aufstiegspfad sehen. Es war weit, 1900 Höhenmeter, von der Liftstation bis zum Gipfel. Aber wir würden in der Gipfelnacht mit den Pistenraupen bis fast unter die Felsen fahren und von dort waren es dann nur noch etwa tausend Höhenmeter bis zum Gipfel. Mit dem Sonnenuntergang zogen die Wolken wieder über den Berg und es wurde eiskalt. Unsere Zeit, das Abendessen einzunehmen, war um 21 Uhr. Wir hatten, wie alle anderen Teams auch, genau 45 Minuten an dem Tisch in der gemütlichen Stube, dann bat Marika uns hinaus, um für die nächsten hungrigen Bergsteiger Platz zu machen. Es war Hauptsaison und Team um Team musste abgefüttert werden. Martin hatte den Wetterbericht von Olek bekommen.

»Wir hatten heute Morgen Winde von dreißig Stundenkilometern. Morgen wird es weiter windig bleiben. Das ist okay für unseren Rasttag. Am Mittwoch soll es aufklaren mit Windgeschwindigkeiten von fünfzehn bis zwanzig Stundenkilometern. Es sieht aus, als würden wir ein kleines Wetterfenster für den Aufstieg zum Gipfel bekommen«, sagte er zufrieden.

Dienstag

Graupelschauer und Hagelkörner trommelten im Morgengrauen auf unser Dach. Der Wind hatte die ganze Nacht um unsere Tonne geheult. Es hatte manchmal wie Donner geklungen und mich aufhorchen lassen. Ich hatte mich gefühlte tausendmal gedreht und mit meinem Schlafsack geraschelt, aber zwischendurch hatte ich gut geschlafen. Mitten in der Nacht hatten die Pistenraupen vor unserem Fenster geknattert und ihr Licht hatte eine Weile zu uns in die Tonne geleuchtet. Andere Teams waren aufgebrochen zu ihrem Gipfelsturm, und wie es schien zu einem wahren Sturm. Ein schöner Gipfeltag versprach es nicht zu werden, aber vielleicht waren die Gipfel über den Wolken und oben schien die Sonne. Nach dem Frühstück kroch ich zurück in meinen Schlafsack und las weiter an meinem Krimi. Kommissar Kluftinger hatte einen Verdächtigen festgenommen und war dabei in den kalten Alatsee gestürzt. Jetzt, am Weihnachtsabend, litt er fürchterlich. Ottmar hasste den Kluftinger. Wie ich so einen Schmarrn lesen könnte, hatte er mich gefragt. Die zwei Krimiautoren, die den tolpatschigen Hauptkommissar und Kässpätzleliebhaber Kluftinger erfunden hatten, seien Wichtigtuer, die im Allgäu bei jedem Sommerfest ihre Bücher signierten. Er musste es wissen, denn er kam aus dem Allgäu und die beiden Autoren mit ihrem Kriminalwachtmeister gingen ihm »gscheid auf die Nerven«, wie er sagte. Er hatte schlecht geschlafen und schlechte Laune. Ottmar war mit Christine und Babsi befreundet. Sie hatten sich gemeinsam zu dieser Expedition angemeldet und waren alle drei zum ersten Mal außerhalb der Alpen unterwegs. Der Elbrus sollte ihr erster Fünftausender werden. Sie hatten viel trainiert und sahen fit aus. Die meiste Zeit allerdings waren sie damit beschäftigt, ihre Ausrüstung ein- und auszupacken und gemeinsam zu überlegen, was für den Aufstieg anzuziehen war, was in den Rucksack musste und was man wegen des Gewichts zurücklassen sollte.

Am Nachmittag besserte sich das Wetter und wir starteten erneut hinauf, zur besseren Akklimatisierung und zur Vorbereitung auf die Gipfelnacht. Martin wollte sehen, ob jeder von uns mit Steigeisen gehen konnte ohne sich zu verheddern oder zu stolpern. Das war entscheidend, denn in der Nacht blieb keine Zeit zum Üben. Man muss etwas breitbeinig gehen, damit sich die Zacken nicht versehentlich im Hosenbein oder in den Schlaufen verfangen. Der Schnee war weich und schwer, was das Treten mit so viel Eisen an den Füßen zu einer Herausforderung machte. Sofort waren die Beine müde, sie federten nicht zurück, mussten bei jedem Schritt mühsam aus der zähen Masse herausgehoben werden. Wir stiegen langsam in einem Wettergemisch aus Sonne, Wolken und Nebel auf. Die stärkeren in unserem Team eilten voraus. Ich wanderte mit Paul, den Kopfschmerzen plagten, langsam hinterher. Er kämpfte mit seinen Steigeisen und den Gamaschen, die nicht zusammenarbeiten wollten.

18 Uhr, Abendessen

Olek war die meiste Zeit des Tages nicht zu sehen gewesen und saß missmutig am Tisch, als wir hereinkamen und unsere Plätze bezogen. Die Suppe stand schon bereit. Dadurch, dass wir Team für Team getrennt bei Marika in der Hütte zum Essen saßen, hatten wir kaum Kontakt zu den anderen Teams. Ein kurzes Hallo am Eingang, dann verschwand jeder wieder in seiner Tonne. Das Wetter trug auch nicht zur großen Kommunikation bei, da sich niemand freiwillig draußen im Nieselregen aufhalten wollte. So hatten wir keine Nachrichten, wie viele Teams in der Nacht zum Gipfel aufbrechen wollten. Bei der Rückkehr von unserem Ausflug waren die vorherigen Gipfelteams schon abgereist und niemand hatte berichtet, wie das Wetter am Gipfel gewesen war.

Wir hatten noch zehn Minuten, bevor wir für die nächste Gruppe Platz machen mussten, als Martin plötzlich aufstand und mit erhobener Stimme erklärte, was wir für den Gipfel mitnehmen sollten.

»Warme Mütze, Schneebrille, Sonnenbrille und Creme, Gesichtsschutz wer hat, Daunenjacke oder Weste, Goretexjacke drüber. Zieht euch warm an für die Fahrt auf der Pistenraupe«, warnte er, dann zählte er weiter auf: »Thermohose und windfeste Überhose, Stiefel, Steigeisen, Eispickel, Stöcke, Klettergurt, Schlingen und Schraubkarabiner, Bivvisack, kleine Apotheke und vor allem warme Handschuhe. Eure Thermoskannen könnt ihr bei Marika abgeben. Sie wird sie später auffüllen, dann können wir sie in der Früh mitnehmen. Lunchpaket gibt es dann auch.«

Die Wolken hatten sich gelichtet, als wir Marikas Restaurant verließen. Ein paar Flecken dunklen Himmels tauchten zwischen den Wolken auf und wir konnten ein paar Sterne erkennen.

»Wir haben Glück. Ich glaube, das Wetter wird besser«, sagte Martin und ich spürte, wie sich die Vorfreude auf die Gipfelnacht in mir ausbreitete. Es war behaglich warm in unserer Tonne und ich schlief schnell ein.

Mittwoch, 2:30 Uhr, Gipfelnacht

Harry war als Erster auf. »Es geht los«, knurrte er.

Er hatte die ganze Nacht kein Auge zugetan, auch die anderen hatten nicht viel geschlafen und schienen nervös. In zehn Minuten waren alle angezogen. Um drei Uhr gab es Frühstück. Müsli, Honigbrote, Käse, Salami. Marika hatte unsere Thermoskannen mit heißem Wasser gefüllt und wir mussten nur noch Teebeutel reinhängen. Die Goretexjacken raschelten, als wir hinaus in die Dunkelheit stiegen. Auf dem Schneehügel vor den Botschkis zogen wir im Schein der Stirnlampen die Steigeisen an. Dann stapften wir im Gänsemarsch wie in einer heiligen Lichterprozession über die Felsen zum Treffpunkt mit unserer Pistenraupe. Viel Platz war auf dem Rücken der Raupe nicht. Dicht an dicht kauerten wir uns zusammen. Ich saß neben Ferdi, der mich bat, ein Foto von ihm zu machen. Er war aufgeregt und grinste in die Kamera. Start in das Gipfelabenteuer, in die Nacht, wo der Berg ruft. Der Dieselmotor knatterte. Blaue Abgasschwaden pufften in die Nachtluft. Die Kälte biss im Gesicht. Ich drückte den Schal vor Mund und Nase. Die Pistenraupe kämpfte sich durch den weichen Schnee nach oben und wir schaukelten hin und her. Manchmal war es so steil, dass sie stecken blieb, dann ging es rückwärts wieder hinab und mit neuem Anlauf bergauf. Unter den Felsen hielt die Raupe an. Oleks ausgestreckte Hand half uns über die Eisenkufen hinunter. Als alle im Schnee standen, stapfte Olek los. Im Gänsemarsch begann der Aufstieg. Der Wind hatte den neuen Schnee festgedrückt, der durch die Kälte griffig war. Im Nebelwind stieg ein anderes Team neben uns auf, finstere Gestalten, die wie wir auch alle ein weißes Licht am Kopf trugen. Es sah gespenstisch aus. Der Wetterbericht hatte eine klare Nacht mit wenig Wind vorausgesagt, aber entweder war sie schon vorbei oder noch nicht gekommen. Feine Schneekristalle, die der Wind herantrieb, brannten auf den Wangen. Die roten Fähnchen, die als Wegweiser dienten, waren schon mit einer dicken Frost-schicht überzogen. Nach einer halben Stunde sahen wir aus wie eine Arktisexpedition von Arved Fuchs: eingefrorene Augenbrauen, Bärte, gefrostete Haarsträhnen, die steif aus den Mützen stachen. An den Reiß- und Klettverschlüssen setzten sich die Schneeflocken fest und säumten auch die Nähte an den Hosenbeinen. Der Wind war herrlich kalt und frisch und der Nordpol schien nicht mehr weit.

Aus dem Dunkel der Nacht tauchte langsam ein schummriges Morgenlicht auf, das uns umwanderte. Durch meine Schneebrille leuchtete es rötlich, als würde die Sonne jeden Moment den Nebel aufbrechen, aber wenn ich meine Schneebrille absetzte, waren die roten Strahlen nicht mehr da. Wir stiegen mit jedem Atemzug einen Schritt hinauf. Olek ging langsam ohne Pause, Schritt für Schritt in einem guten Rhythmus. Vor mir waren Ferdi und Harry. Beide bewegten sich wie scharrende Pferde, die Olek dicht bedrängten, aber er ließ sich nicht antreiben und blieb in seinem Takt. Hinter mir ging Fred, der ständig den Takt durchbrach. Er stieg auf seinen Frontzacken, statt mit dem ganzen Fuß seitlich in den Hang zu stechen, rutschte immer wieder ab, schimpfte und rappelte sich wie-der hinauf. Hinter ihm kamen Ulf, Ottmar, Christine und Babsi und der Rest des Teams. Das Schlusslicht machte Martin. Wir stiegen in kurzen Serpentinen Richtung Traverse hinauf. Als wir die Felsen hinter uns gelassen hatten, gab es keine Anhaltspunkte mehr für unser Vorwärtskommen. Wir stapften durch den Schnee. Alles um uns war in ein trübes Licht getaucht. Der Wind hatte nachgelassen und wirbelte nur noch einzelne Schneeflocken durch die Luft. Es fühlte sich an, als wenn der Morgen sich ausbreiten und es heller werden würde, aber dann wurde der Nebel um uns wieder dichter und die Stimmung dunkler. In der Ferne oder Nähe, das war im Nebel schwer auszumachen, stiegen andere Teams wie schwarze Tausendfüßler mit Leuchtpunkten an uns vorbei, manche hinauf und manche auch hinunter. Olek hielt immer kurz an, wenn sie uns entgegenkamen. Er unterhielt sich mit den Bergführern, ohne dass ich etwas davon verstehen konnte. Olek war unwirsch, schon seit dem vorherigen Tag, und schien keine rechte Lust zu haben. Seine Füße waren wohl kalt, denn immer wenn er zum Stehen kam und wir warten mussten, schwang er seine orangefarbenen Stiefel hin und her im scheinbaren Bemühen, sie warm zu halten.

Endlich wurde das Gelände flacher und wir stiegen schräg nach links zur Traverse auf. Es tauchten mehr Fähnchen und silberne Stangen auf. Und es wurde heller, Tageslicht umflutete uns und die Stirnlampen erloschen eine nach der anderen. Unsere Arktisexpedition war auf dem Weg, eiskristallisiert wie für einen Werbespot. Ferdi wuchs ein langes Eishaar von der Augenbraue, denn er hatte keine Brille. Seine Bewegungen waren schnell und fahrig, als wäre er auf dem Sprung. Wohin konnte ich erahnen. Er blieb Olek dicht auf den Fersen, horchte argwöhnisch in die Gespräche hinein, die Olek mit anderen Teamchefs führte. Er schien der Sache nicht zu trauen, er wollte zum Gipfel. Seine Augen leuchten stets vor Aufregung, wenn er sich zu mir umdrehte. Ich war erstaunt, denn ich hatte ihn vorher so nicht wahrgenommen, den ruhigen DAV-Mann in seinem orangefarbenen Parka. Olek runzelte die Stirn, murmelte Unverständliches, schwang die Hufe und stapfte dann missmutig weiter. Es würde schwer werden umzukehren, das ahnte er schon. Als das vierte oder fünfte Team an uns vorbei Richtung Tal gestiegen war, stoppte Olek plötzlich. Martin war etwa eine Stunde vorher schon mit Tobi, dem Jüngsten in unserem Team, abgestiegen, weil dieser kalte Füße hatte. Seine Lederschuhe waren nass und er hatte Angst, sich die Zehen zu erfrieren. Einmal hatten wir mit Olek schon gesprochen, dass wir weiter gehen wollten, wenigstens ein kleines Stück Richtung Sattel. Der Wind hatte ein wenig nachgelassen und manchmal hob sich der zähe Nebel für ein paar Augenblicke. Es waren kleine Hoffnungsschimmer, auf die wir bauten. Vielleicht würde sich das Wetter mit fortschreitendem Tagesanbruch bessern. Mir war warm bis in die Zehen, nur die Daumen musste ich immer wieder zu den anderen Fingern stecken und meine Stöcke schleifen lassen, um sie aufzutauen. Alle im Team schienen gut mithalten zu können, aber dass das Wetter grenzwertig für einen Aufstieg zum Gipfel war, ahnten inzwischen alle.

Dann ging alles plötzlich sehr schnell. Olek blieb stehen, drehte sich um und hob die Hände zum Zeichen, dass wir stehenbleiben sollten.

»Stopp! Genug, wir gehen zurück«, herrschte er uns an. Ferdi stellte sich ihm entgegen und schüttelte energisch den Kopf.

»Wir gehen noch ein Stück, bitte«, bat er Olek. Olek blickte ihn an und hob wieder die Hand.

»Nein, wir gehen zurück, jetzt«, sagte er in einem Ton, der keine Widerrede duldete. Keine Diskussion. Ferdi gab nicht auf.

»Aber wir sind doch gleich auf dem Sattel, schon 5200 Meter«, stammelte er und zeigte auf seinen Höhenmesser. Er drehte sich zu uns um. »Maximal eine halbe Stunde noch bis zum Sattel. Solange wir die Fähnchen sehen, können wir es doch versuchen.«

»Das Wetter ist nicht gut«, erwiderte Olek und machte einen Schritt nach unten. Andere im Team pflichteten ihm bei. Fred machte ein missmutiges Gesicht, aber irgendwie schien er erleichtert. Olek sagte, dass auch die anderen Bergführer mit ihren Teams umgekehrt seien.

»Ende, wir gehen zurück.« Und als ob die Götter seine Entscheidung bestärken wollten, hob der Wind plötzlich an und schien ihm beizupflichten. Umzukehren und zurückzugehen war schwer, aber wir würden bestimmt noch eine Chance bekommen.

»Ich gehe weiter«, sagte Ferdi plötzlich bestimmt und sah sich nach Ottmar um.

Ottmar nickte. »Ich gehe mit. Solange wir die Fähnchen sehen, kann uns nichts passieren.«

Und schon waren die beiden davon und entfernten sich im Nebel. Der Wind peitschte ihnen hinterher. Harry und Ulf hatten Olek gleich beigepflichtet: »Sauwetter, und umdrehen.« Sie waren sofort einverstanden, mit Olek hinunterzugehen. Auch ich hatte schon geahnt, dass die anderen Teams, die uns entgegengekommen waren, nicht vom Gipfel kamen, sondern ihren Gipfelsturm aufgegeben hatten, dass es keinen Sinn machen würde, weiter hinaufzusteigen. Besser wir kehren jetzt um, sparen unsere Kräfte und versuchen es in der nächsten Nacht wieder, wenn das Wetter besser ist, dachte ich. Ein koreanisches Team war wohl noch auf dem Weg nach oben, hatte ich aufgeschnappt, aber alle anderen, die vor uns gestartet waren, waren umgekehrt. Olek sagte, der Wind wäre noch stärker oben auf dem Sattel und man würde im dichten Nebel den Weg nicht finden.

Plötzlich sah ich, wie Christine und Babsi hinter Ottmar her trabten. Sie stahlen sich davon, scheinbar entschlossen, mit ihm weiter zugehen. Ich hechtete hinterher. Ich musste sie aufhalten, es war zu gefährlich. Sie waren noch nie über fünftausend Meter gestiegen und konnten die Gefahr nicht einschätzen, da war ich mir plötzlich sicher. Ich rief ihnen nach, aber sie ignorierten meine Rufe und Versuche, sie aufzuhalten, als hätten sie plötzlich Scheuklappen an. Ich packte Ottmar am Arm, als ich zu ihm aufgeholt hatte.

»Ottmar, wir drehen um, das Wetter wird schlechter«, rief ich ihm entgegen. Er würde sich umstimmen lassen, hatte ich gehofft, aber Ottmar war entschlossen, Ferdi zu folgen.

»Es geht doch noch ganz gut. Solange wir die Fahnen sehen, können wir doch weitergehen«, meinte er herausfordernd.

»Nein, das könnt ihr nicht. Es ist zu gefährlich. Ihr kennt den Berg nicht. Babsi, Christine, bitte«, stammelte ich.

Ich spürte plötzlich, wie Panik in mir aufstieg. Ich kannte die Situation, die übereilten Entschlüsse, einfach weiter ohne nachzudenken. Wir hatten kein Seil, keine Walkie-Talkies, keinen Bergführer, keiner von uns kannte den Weg. Ich hasste dieses »Es-wird-schon-alles-gut-gehen«, dieses plötzliche Gottvertrauen aus einer Laune heraus. Als würde irgendjemand eine schützende Hand über uns halten.

»Es wird nicht gut gehen«, schrie ich sie an. »Nichts wird gut gehen.«

»Wir gehen auf eigene Verantwortung«, presste Ottmar heraus.

»Nein, das könnt ihr nicht«, sagte ich mit versuchter Kraft, »auf eigene Verantwortung gibt es nicht im Team. Wir müssen zusammenbleiben. Ottmar, bitte.«

Mir ging die Kraft aus. Der Wind drängte sich zwischen uns, vergrößerte den Abstand und ich wusste nicht, wie ich sie umstim-

men sollte. Die anderen waren mit Olek schon nach unten aufgebrochen und nicht mehr zu sehen. Wir mussten uns beeilen, um zu
ihnen aufzuschließen.

Plötzlich tauchte Martin neben mir auf. Ottmar, Christine und
Babsi drängten sich um ihn.

»Wir wollen nur so weit gehen, wie wir die Fähnchen sehen können. Wenn wir sie nicht mehr sehen, kehren wir um. Ganz sicher«,
sagte Ottmar. Martin zögerte, sah mich an. Ich schüttelte langsam
den Kopf. Er zuckte mit den Schultern. Dann nickte er. »Okay, aber
wir bleiben zusammen, und wenn es mir zu gefährlich wird, drehen
wir alle um«, verkündete er bestimmt.

Ich war erleichtert. Wenn er mitkam, war alles anders, er hatte
ein Funkgerät, ein Seil im Rucksack, er hatte mehr Erfahrung als
wir und konnte die Wettersituation und die damit verbundenen
Gefahren besser einschätzen. Er hatte die Autorität als unser Bergführer umzukehren, wenn es zu heikel werden würde. Sie würden
auf ihn hören. Wir würden noch ein Stück weiter aufsteigen und
dann am Sattel umkehren mit dem Gefühl, dass wir es wenigstens
versucht hatten.

Ferdi hatte von all dem nichts mitbekommen. Er war weit vorausgeeilt. Es dauerte eine Weile, bis wir seine schemenhafte Figur
vor uns sehen konnten. Am Sattel war das Gehen leichter, denn das
Gelände war fast flach. Wir folgten den roten Markierungsfähnchen, die immer rechtzeitig vor uns im Nebel auftauchten und uns
den Weg wiesen. Nach einer Weile bogen wir leicht nach rechts und
stiegen an einer abfallenden Flanke nach oben, den roten Fähnchen
und Alustangen, die sich abwechselten, hinterher. Ferdi war immer
weit voraus, oft nur ein kleiner schwarzer Fleck im Nebel. Manchmal konnte ich ihn gar nicht sehen. Martin ging vorne, ich hinter
ihm, hinter mir Christine und Babsi. Ottmar machte den Schluss.
Die Sicht war miserabel, oft konnte man nur mit Mühe von einem
Fähnchen zum nächsten sehen und alles um uns war grauverschlei-
erte Leere. Ich wusste nicht, ob es unter uns weit oder nur ein bisschen hinunterging, und wie das Gelände aussah, war nur bis zur
nächsten Markierung zu erkennen. Wir hatten am Sattel nicht mehr
angehalten, um unser Weitergehen oder Umdrehen zu besprechen.
Martin schien nur noch Schritt halten zu wollen mit Ferdi, der ohne
Pause weiter und weiter in den Nebel stieg. Wir durften ihn nicht

verlieren, mussten Schritt halten, um zusammenzubleiben. Das
Wetter wurde nicht besser. Durch den Aufstieg an der Bergflanke
waren wir vom Wind geschützt, aber die Nebel lichteten sich nicht
mehr. Ich zählte immer fünfundzwanzig Atemzüge und machte
dabei fünfzig Schritte. Dann musste ich über meinen Eispickel
gebeugt rasten, um Luft zu holen. Den anderen ging es ähnlich. Die
Route wandte sich weiter nach rechts, steiler und steiler bergauf.
Zu unserer Linken fiel der Hang in eine dichte Nebelschwaden-
suppe. Es waren keine Konturen umliegender Berge auszumachen,
keine dunklen Felswände, die unseren Aufstieg belebt hätten, keine
Zwischenziele, an denen man sich den Weg einteilen und im Geiste
hinaufziehen konnte, außer den Markierungsfähnchen, die mit
gleichbleibender Regelmäßigkeit auftauchten und wieder verschwanden.

Wir blieben einmal kurz stehen, um etwas Tee zu trinken. Alle
waren außer Atem und der Wind war kalt.

»Noch eine halbe Stunde«, sagte Martin und zeigte auf seinen
Höhenmesser. Ottmar redete allen Mut zu, drängte weiter zum
Aufstieg. Babsi und Christine nickten tapfer. Man sah ihnen an,
dass sie sich quälten, aber sie wollten weiter.

»Wir haben es gleich geschafft«, sagte Ottmar aufmunternd.

Ich teilte meine Hustenbonbons aus, wir nickten uns zu, alle
schienen sich den Umständen entsprechend gut zu fühlen. Martin
schritt weiter. Ferdi war immer noch weit voraus. Auf einmal tauchten schwarze Figuren aus dem Nebel auf, im Gänsemarsch. Als sie
näher kamen, konnten wir vereiste und glückliche Gesichter unter
den Kapuzen und Wollmützen erkennen. Der Gipfel sei nicht mehr
weit, riefen sie.

»Fünfzehn Minuten«, meinte einer.

Ihre Euphorie war ansteckend. Was aussah wie eine Bande von
Abenteurern, die von einem eisigen Raubzug zurückkehrten, war
ein Team von Koreanern und Deutschen mit einem russischen Bergführer. Sie stapften fröhlich an uns vorbei und verschwanden dann
wie eine Fatamorgana im Nebel. Der Wind pfiff in heftigen Böen
aus dem Westen, seit wir dem Tal entstiegen waren. Der Aufstieg
war nicht mehr so steil. Der von Steigeisen durchlöcherte Pfad war
klarer zu sehen, aber manchmal drohten die Windböen mich umzu-
wehen. Ich drückte die Steigeisen mit aller Kraft in den Schnee. Zu

beiden Seiten verschwanden die Schneefelder im Nichts. Es war nicht zu erkennen, ob der Abgrund um uns steil abfiel oder nur mäßig. Babsi und Christine setzten sich immer wieder hin, um sich nahe dem Boden den Windböen zu entziehen. Ich tat es ihnen gleich. Martin und Ottmar blieben über die Eispickel gekrümmt stehen, um auszuruhen.

Dann tauchte auf einmal der Gipfel auf. So schien es wenigstens, denn Ferdi kam uns plötzlich jubelnd entgegen. Seine orangefarbene Jacke war mit gefrostetem Schneegestöber und Eisblumen übersät. Sogar aus seinen Augenbrauen unter der breiten Kapuze wuchsen kleine Eiszapfen, aber er tänzelte lustig durch die umherfliegenden Schneeflocken, als wäre Weihnachten und sein Geburtstag gleichzeitig. Ich musste erst mal verschnaufen. Jeder umarmte jeden, gratulierte, klopfte dem anderen auf die Schulter. Sehen konnten wir den Gipfel nicht, aber Ferdis Freude steckte alle an. Er schwenkte seine Kamera und wir posierten für ein Gipfelfoto. Martin gratulierte allen höchst offiziell zum Erreichen des Gipfels des höchsten Berges von Europa. Die ganze Szene wirkte irgendwie seltsam. Es ging zwar nach allen Seiten hinaus und vielleicht auch hinunter, aber wir hätten auch im Himmel auf einer Wolke schweben oder auf irgendeinem Schlittenhügel stehen können. Schneeflocken peitschten durch die Luft. Ferdi deutete auf einen Steinhaufen mit einer gelben Kugel.

»Das ist der Gipfel«, rief er.

»Herrliche Aussicht«, kommentierte ich, »der ganze Kaukasus um uns, ganz Europa zu unseren Füßen«, und lachte.

»Wir können nicht bleiben«, drängte Martin. »Macht schnell und lasst uns wieder gehen, man sieht ja eh nichts.«

Es war eisig, windig, aber wir hatten den höchsten Punkt erreicht. Ein kleiner Fels stand im Schnee mit ein paar Fahnen geschmückt und einem gelben Etwas, das aussah wie eine Straßenlaterne. Schnell drückte ich Ferdi meine Kamera in die Hand und bat ihn, ein Foto zu machen. Die anderen begannen schon abzusteigen. Ich umfasste noch einmal kurz den Gipfelfels, dann eilte ich ihnen hinterher.

Hinunter war es leichter, der Wind kam von hinten und schob uns jetzt voran. Wir waren schon eine Viertelstunde abgestiegen, da kam plötzlich eine große Figur mit roter Jacke auf uns zu. Ein Einzelgänger in diesem Wetter? Ich war erstaunt, dass einer das wagte.

Dann schaute ich genauer hin und sah, dass ich den Bergsteiger kannte. Es war Paul, der auf uns zukam, in langsamen, gebeugten Schritten. Er grüßte kurz und wollte an uns vorbei zum Gipfel. Genau weiß ich es nicht mehr, denn es ging wieder alles sehr schnell, wie vorhin, als Olek umgedreht war und Ferdi davonsauste. Ich erinnere mich nur noch, dass ich Pauls Stimme hörte.

»Ich gehe zum Gipfel«, verkündete er im Vorbeigehen.

Das schafft er nicht, schoss es mir durch den Kopf. Der Wind wird ihn packen und davon wehen. Er war so dünn, wirkte so zerbrechlich in seiner angefrorenen Jacke, wie ein Windlicht im Sturm. Es war noch weit und der Wind kam ihm von oben entgegen. Ich sah Martin an. Er hob die Schultern. Ich schüttelte den Kopf.

»Nein, nicht alleine Paul, das ist zu gefährlich«, warnte ich ihn.

»Doch, das ist kein Problem«, entgegnete er mit dünner Stimme und drehte sich um. »Wirklich nicht.«

»Wir müssen auf ihn warten, wir können ihn nicht alleine lassen«, sagte ich zu Martin und setze mich in den Schnee, um dem Wind die Angriffsfläche zu nehmen. Mir war kalt, aber lange würde es nicht dauern. Die anderen standen unschlüssig, klopften Stiefel oder Handschuhe gegeneinander, um die dringend benötigte Wärme in den angefrorenen Körperteilen zu aktivieren.

»Ich gehe mit ihm«, sagte Ferdi auf einmal.

Er sagte es mit fester Stimme, als wäre es das Selbstverständlichste auf der ganzen Welt. Paul nickte dankbar. Martin schien erleichtert. Ich stand wie angewurzelt und schüttelte den Kopf.

»Nein, wir dürfen nicht gehen«, protestierte ich. »Paul muss mit uns kommen«, hörte ich mich sagen. »Bitte, Paul, geh nicht, bleib bei uns,« drängte ich auf ihn ein. »Es ist doch nicht so wichtig, du bist doch so gut wie oben.«

Natürlich stimmte das nicht und Paul würde niemals so kurz vor dem Gipfel umkehren. Wir waren ja auch weiter aufgestiegen, aber ich hatte plötzlich Angst um ihn und merkte, wie sich meine Augen mit Tränen füllten. Ich hatte auf einmal eine schreckliche Vorahnung, aber ich konnte sie nicht erklären. Christine, Babsi und Ottmar drehten sich um und stiegen weiter ab. Martin gab Ferdi sein Funkgerät. Er wollte nicht warten. Ferdi schien von allen die meiste Kraft zu haben. Er machte einen zuversichtlichen Eindruck. Der Wind und die Kälte schienen ihm nichts auszumachen. Paul war sein Freund. Er würde mit ihm zum Gipfel gehen und dann so schnell wie möglich mit ihm absteigen.

»Wir holen euch ein«, rief er noch, dann verschwanden die beiden Richtung Gipfel und Martin nickte mir zu, dass alles in Ordnung sei. Und wir stiegen den anderen hinterher, weiter hinunter.

Ich versuchte, die schlechten Gedanken wegzuschieben. Am Morgen, als Olek kehrtgemacht hatte, hatte ich auch schon diese sich sehr real anfühlende Panik gehabt und dann war alles gut gegangen. Vielleicht waren es der Schnee, die dünne Luft, der Gletscher, die die Angst verursachten, die in mir aufstieg. Vielleicht war es die Angst, die ich am Shishapangma im Sturm hätte haben sollen, als ich Zentimeter um Zentimeter durch den Schnee gekrochen war. Die Angst, verloren zu sein, weil ich irgendwann aufgehört hatte, aufzupassen. Damals war auch alles gut gegangen: ich war heil im Camp 3 angekommen und hatte es geschafft, am nächsten Tag zum Gipfel aufzusteigen. Aber was hatte ich gewonnen? Zuversicht? Zu viel davon? Es war meine Angst, groß, scheinbar vorahnend, aber von außen betrachtet machte dieser starke Gefühlsausbruch keinen Sinn. Die Situation war nicht so dramatisch, wie ich sie empfand. Ich musste mich zusammenreißen.

Als wir unten auf flacheres Gelände Richtung Sattel kamen, ließ meine Angespanntheit nach. Wir hatten Babsi, Christine und Ottmar eingeholt. Ottmar drängte nach unten. Er hatte genug vom Berg und wollte raus aus den Wolken und der Kälte. Martin übernahm die Führung und ging wieder bedächtigen Schrittes voran. Er führte unser kleines Team mit großer Sorgfalt von Fähnchen zu Fähnchen durch den Nebel. Solange ich hinter mir das Knirschen der Steigeisen im Schnee hörte, wusste ich, dass Christine noch da war, dass ich nicht zu schnell ging und der Abstand zwischen uns nicht zu groß wurde. Wir hatten auf dem Sattel kurz angehalten und die Eispickel gegen unsere Teleskopstöcke getauscht. Damit ging es sich leichter auf dem flachen Gelände. Wir waren aus dem Gröbsten raus, der Nebel schien sich zu lichten, heller zu werden, manchmal hatte ich das Gefühl, die Sonne würde gleich hereinkommen und ihren Platz einnehmen. Trotzdem musste ich dauernd an Ferdi und Paul denken, die wir oben einfach zurückgelassen hatten. Ich konnte mich dem schlechten Gefühl, dass etwas schief gehen würde, nicht entziehen, konnte meine Angst um die beiden einfach nicht abschütteln und bedrängte Martin.

»Wir können doch alleine weitergehen. Willst du nicht nach den beiden sehen, auf sie warten?«, fragte ich ihn.

Martin schüttelte den Kopf. Wir hatten inzwischen die Gipfelgruppe und einige Nachzügler der Koreaner eingeholt und waren in Sichtkontakt mit den anderen und nicht mehr alleine.

»Martin, bitte, ich habe kein gutes Gefühl. Lass uns doch bitte auf Ferdi und Paul warten.« Ich versuchte es noch einmal, aber Martin marschierte unbeirrt weiter über den Sattel in die Traverse.

Manchmal brach der Nebel auf und kleine Sonnenlöcher rasten mit dem Wind von den unteren Gletscherhängen zu uns herauf. Der Gletscher erglühte im Sonnenlicht und wohlige Wärme durchflutete die ungestüme Luft. Manchmal konnten wir bis hinunter auf die grünen Wiesen im Tal sehen. Aber dann war mit einem Schlag alles wieder zu und die lange Reihe von roten Fahnen und Stangen, die uns den Weg wiesen, waren wieder verschwunden. Dann musste ich mich beeilen, um mit Martin Schritt zu halten. Meine Beine waren müde, auch die anderen riefen immer wieder nach einer Pause. Wenn Martin anhielt, knieten wir uns in den Schnee und tranken aus den Thermoskannen. Martin reagierte nicht mehr auf meine Frage, ob er nicht umkehren wolle, um den anderen entgegenzugehen. Vielleicht trug der Wind meine bittenden Worte davon? Ich zögerte jede Pause in die Länge, hoffte, dass Paul und Ferdi plötzlich auftauchen und uns überholen würden. Ich hätte nur sitzen bleiben sollen, im Schnee auf meinem Rucksack. Aber die anderen wollten weiter, waren müde, hatten kalte Zehen und Hände und würden nicht ohne mich absteigen. Also musste ich weiter, musste meinen Teil dazu beitragen, dass wir als Team heil nach unten kamen. Und Paul und Ferdi? Die waren eigentlich auch unser Team. Sie wollten zu uns aufschließen, aber wir ließen ihnen keine Zeit dazu. Ich war wütend auf Martin, konnte nicht verstehen, warum er nicht umkehrte, warum er sich nicht um die beiden sorgte. Die Wolken brachen immer öfter auf und wir kamen langsam heraus aus der dicken Nebelsuppe. Ich rastete immer wieder und schaute zurück. Eigentlich müssten wir sie doch schon sehen. Martin blieb bei mir. Was wohl in ihm vorging? Ob er sich auch Sorgen machte? Ich konnte nicht in ihn hineinschauen.

Um kurz vor drei Uhr nachmittags erreichten wir die Botschkis. Die Männer aus unserem Team, die in der Nacht mit Olek kehrtgemacht hatten, standen in der Sonne und blickten uns entgegen, abwartend, vorwurfsvoll. Sie waren sauer, weil Martin in der Nacht wohl zu uns aufgestiegen war unter der Prämisse, dass wir alle gemeinsam absteigen würden. Und dann war Martin nicht zurückgekommen. Harry und auch Ulf kamen sich betrogen vor. Fred war mehr als sauer. Wenn sie das gewusst hätten, wären sie auch mit aufgestiegen, sagte Harry beleidigt. Ich spürte den Ärger, der sich in ihnen aufgestaut hatte. Sie hatten den ganzen Morgen auf uns gewartet, sich vielleicht auch Sorgen gemacht und dann marschierten wir vom Gipfel einfach herunter, als wenn nichts gewesen wäre. Martin zuckte mit den Schultern. Sie hatten Recht, es fühlte sich unfair an. Aber es war alles so schnell gegangen in der Nacht. Es war nicht Martins Schuld, es war einfach so passiert. Vielleicht hätten wir vorher darüber reden sollen, im Team besprechen sollen, was wir tun würden, wenn wir in diese Situation kommen sollten. Es war im Nachhinein klar, dass es in einem so »frischen« Team Missverständnisse geben würde. Wir kannten uns mit Namen, aber wir kannten uns nicht wirklich. Ich schaute wieder hinauf in die Schneehänge, die wir hinter uns gelassen hatten. Wir waren auf den letzten fünfhundert Metern vielen Bergsteigern begegnet, die damit beschäftigt waren, sich für ihren Gipfelsturm vorzubereiten. Als ich jetzt hinaufsah, konnte ich viele Bergsteiger schemenhaft sehen, die sich auf- oder abwärts bewegten. Vielleicht waren Paul und Ferdi schon unter ihnen. Aber solange sie nicht bei uns in der Sonne saßen, war die Gefahr nicht vorüber.

Wir hatten bei Marika noch ein spätes Mittagessen bekommen und waren dann in unseren Botschkis mit dem Aufhängen unserer nassen Sachen zugange, als plötzlich aufgeregte Stimmen zu uns hereindrangen. Christine blickte mich entsetzt an, als ich an die Tür kam.

»Paul ist alleine zurück gekommen«, sagte sie sichtlich betroffen. Im ersten Moment dachte ich, Paul wäre Ferdi und Entsetzen stieg in mir hoch. Ich hatte Paul immer für den weitaus Schwächeren gehalten und mir hauptsächlich Sorgen um ihn gemacht. Dann sah ich Paul, bleich, mit starrem Blick. Er habe eine Dreiviertelstunde gewartet an der Fahne, sagte er und pochte mit dem Zeigefinger auf seine Uhr.

»Ferdi war immer hinter mir, nie mehr als ein paar Meter.«

Dann hörte er plötzlich seine Schritte nicht mehr. Als er sich umdrehte, war Ferdi verschwunden. »Ich kann doch nicht Stunden warten«, stammelte Paul entschuldigend und knetete dabei seine Hände. Seine Worte klangen verzweifelt.

»Ich muss ihn doch nicht an die Hand nehmen?«, stieß er flehend hervor. Ich schüttelte den Kopf.

»Nein, das musst du nicht«, sagte ich tröstend und ging ihm entgegen. »Was ist denn passiert?«, fragte ich und versuchte, ruhig zu bleiben.

Sie seien schon auf dem Sattel gewesen. Zwanzig Meter weiter unten, im Gelände, habe er ihn plötzlich gesehen, weitab vom Weg. Er hätte gerufen und mit den Stöcken gewunken und sich dann an der nächsten Fahne hingesetzt, um zu warten. »Aber er kam nicht. Der Nebel wurde dichter und dann habe ich ihn nicht mehr gesehen.«

Der Wind war so laut, deswegen hätte er die Schritte hinter sich nicht gehört. Hundert Meter vor dem Gipfel sei er umgekehrt, oder waren es fünfzig Meter? Er wusste es nicht mehr. Ihm war kalt gewesen und er hatte gespürt, wie seine Kräfte nachließen. Irgendwann konnte er nicht mehr. Ferdi sei ihm nachgestiegen. Dann seien sie zusammen abgestiegen, Paul immer voraus.

Paul redete wirr, wiederholte immer wieder, dass er doch nicht ewig hätte warten können. Dass man die Fahnen nicht verlieren darf, dass er ihn nicht hätte suchen können. Er war blass und zitterte. Er war zusammen mit Ferdi auf diese Expedition gekommen. Sie hatten gemeinsam viele Touren in den Alpen gemacht und nun hatte er ihn verloren. Ich hatte einen Kloß im Hals, die bösen Vorahnungen stiegen wieder auf und Tränen in meine Augen. Allein, Ferdi war dort oben, allein. Wieso hatten wir nicht gewartet? Wieso hatte ich Paul nicht auf Knien angefleht, mit uns abzusteigen, wie ich es wollte, oben auf dem Gipfelgrat? Ferdi, das konnte doch nicht sein. Er wirkte so fit, so zuversichtlich. Wie konnte er verloren gehen?

Eine Stunde später fuhr Martin mit zwei russischen Bergführern mit der Pistenraupe hinauf zu den Pastuchow-Felsen, aber sie kehrten schon bald unverrichteter Dinge zurück. Die Wolken hatten sich weiter zugezogen, die Sicht war schlecht und am Funkgerät meldete sich Ferdi nicht. In der Zwischenzeit hatten wir alle Ausschau gehalten. Vielleicht war Ferdi vom Pfad abgekommen, direkt durch den Gletscher abgestiegen und würde hinter den Botschkis auf dem langen Gletscherausläufer auftauchen. Als Martin zurück war und es dunkel wurde, stieg unsere Verzweiflung. Unsere Hoffnung, dass Ferdi einfach wieder auftauchen würde, wurde von Minute zu Minute geringer, und damit stieg die Wahrscheinlichkeit des Horrorszenarios, dass er abgestürzt war und sich selbst nicht helfen konnte. Dass er so schwer verletzt war, dass er nicht einmal das Funkgerät bedienen konnte. Dann würde er die Nacht nicht überleben.

Es war furchtbar, nur herumzustehen und nichts tun zu können. Olek fühlte sich nicht verantwortlich. Er sagte, er hätte mit Luba gesprochen, zeigte aber keinen erkennbaren Versuch, eine Rettungsaktion in die Wege zu leiten. Martin kannte den Berg nicht, kannte das Land nicht, sprach die Sprache nicht. Und mir fiel nur einer ein, den wir so schnell wie möglich anrufen mussten: Ralf, den Chef von Amical. Ich hatte in den letzten Stunden schon öfter daran gedacht und Martin schließlich gefragt, ob wir nicht Ralf Bescheid geben sollten, dass wir Ferdi verloren hatten. Martin hatte abgewinkt.

»Nein, das ist zu früh. Ralf kann doch eh nichts tun von Deutschland aus«, hatte er geantwortet und mir gesagt, dass wir noch viel zu wenig wüssten. Dass wir warten und noch einmal mit Paul sprechen sollten.

»Aber er kennt den Berg und er kennt die Menschen hier. Er hat schon so viele Expeditionen auf den Elbrus geführt. Vielleicht hat er eine Idee. Je früher wir ihn informieren, desto mehr Möglichkeiten hat er, etwas zu tun«, entgegnete ich. Martin schüttelte den Kopf. Er wollte das Problem selbst lösen und mir war nicht wohl dabei.

Als es dunkel war, ging ich nochmal zu Martin. »Martin, es tut mir leid, aber wenn du ihn jetzt nicht anrufst, dann werde ich es tun. Ich kenne Ralf und ich bin mir sicher, dass er es wissen will, nicht erst morgen, sondern jetzt. Bitte ruf ihn an.«

Ich drückte ihm mein Handy in die Hand. Ich hatte guten Empfang und seine Nummer schon gewählt. Martin telefonierte und ich ging mit den anderen zum Abendessen.

Wir brachten kaum einen Bissen hinunter. Manche saßen einfach nur still und betroffen da, andere redeten ununterbrochen, spekulierten, was wohl passiert sein könnte. Wo genau hatte Paul Ferdi zum letzten Mal gesehen? Konnte man Pauls Schilderungen trauen? War er vielleicht noch im Schock? Wir mussten auf ihn aufpassen, ihn reden lassen. Vielleicht erinnerte er sich noch an mehr Details. Aber vor allem mussten wir versuchen, ihm das Gefühl zu nehmen, dass er schuldig war. Es fühlte sich an wie ein schlechter Traum und irgendwie schien jeder immer noch zu hoffen, dass plötzlich die Tür aufgehen und Ferdi einfach reinplatzen würde als wäre nichts geschehen.

Marika berichtete, dass alle Gipfelversuche für die Nacht abgesagt waren. Das Wetter sollte sich weiter verschlechtern. Nur Fred wollte unbedingt hinauf. Er wollte sich einer amerikanischen Gruppe anschließen, die trotz des schlechten Wetters in der Nacht einen Gipfelversuch wagen wollte. Martin wollte mit ihm gehen. Beide wollten am frühen Morgen aufbrechen. Olek würde bei uns bleiben, sagte Martin. Er hatte Ralf erreicht. Ralf wollte telefonieren und eine Rettungsmannschaft zusammenstellen, die nach Ferdi suchen sollte, falls der Helikopter auch am nächsten Tag nicht fliegen konnte. Er würde sich mit Details melden. Wir waren zum Nichtstun verdammt. Draußen schneite und regnete es, keiner kam zur Ruhe. Ob Ferdi noch am Leben war? Und wenn er noch am Leben war, warum konnten wir ihn am Funkgerät nicht erreichen? Vielleicht lag er in einer Gletscherspalte? Mir wurde auf einmal bewusst, wie wenig wir den Berg kannten. Wir hatten uns nur auf die Aufstiegsroute konzentriert, nie darüber gesprochen, was hundert Meter neben der Route passierte, wo die Gefahren lauerten. Unser einziger Trost war, dass Ferdi als erfahrener DAV-Bergsteiger bestimmt gut ausgerüstet war und einen Bivvysack dabei hatte. Vielleicht saß er in einem Funkloch und konnte sich deshalb nicht melden.

»Er wird sich ein Schneeloch graben und die Nacht überstehen. Und morgen werden sie ihn finden«, prophezeite Ottmar zuversichtlich. Der Gedanke schien weit hergeholt und trotzdem war er tröstlich.

Donnerstag

Um vier Uhr morgens brachen die Pistenraupen auf. Der Regen hatte die halbe Nacht an die Tonne geschlagen und der Wind donnerte ununterbrochen. Um sieben waren alle auf. Ab diesem Zeitpunkt sollte Boris das Funkgerät einschalten. Martin wollte um sieben die Traverse erreicht haben und auf dem Weg zum Sattel sein.

Um halb acht kam endlich der langersehnte Funkspruch. Martin war mit Fred und dem amerikanischen Team am Anfang der Traverse angekommen. Das Wetter war schlecht.

Um halb neun hatten sie das Ende der Traverse erreicht, das Wetter war immer noch schlecht, keine Sicht. Sie wollten weitergehen.

9:45 Uhr, immer noch keine Sicht. Sie waren kurz vor dem Sattel und gingen weiter.

Boris fragte: »Siehst du die Rettungszelte schon?«

Dann brach der Funkkontakt ab. Keine Antwort. Boris wiederholte seine Frage dreimal, viermal. Nichts.

»Sie müssen weiter zu den Zelten«, sagte Boris zu uns. »Sie müssen dort ausharren, suchen. Sie dürfen jetzt nicht aufgeben!« Ferdi könnte die Nacht überlebt haben in seinem Bivvysack und einer Schneehöhle. Vielleicht hatte er auch die Rettungszelte gefunden, die oben bei einer Gruppe von Felsen am Sattel standen? Wären wir nur mit aufgestiegen, dann hätten wir alle helfen können, ihn zu suchen.

»Bitte wiederholen«, krächzte es plötzlich aus dem Funkgerät.

Boris wiederholte »Siehst du die Zelte?« Krächzen.

»Schalt bitte das Funkgerät aus«, kam auf einmal die Ansage von Martin. Boris schaltete das Funkgerät aus und dann wieder ein. Keiner verstand, wieso Martin uns nicht hören konnte, wir hörten ihn doch klar und deutlich. Was war da los?

»Bitte wiederholen Ferdi«, hörten wir aus dem Funkgerät. Ferdi? Wieso Ferdi? Fred war doch bei ihm. Oder sprach Martin mit Ferdi?

»5100 Meter auf dem Höhenmesser... Bivvy...« Wir hörten nur Fragmente. Martin schien mit Ferdi am Funkgerät zu sprechen. Stille, dann wieder Ferdis Stimme. Ferdi lebt! Ich umarmte Paul.

»Mein Gott, er lebt, er lebt. Sie werden ihn finden«, brachte ich mühsam hervor.

Paul hatte Tränen in den Augen.

»Pscht«, sagte Boris.

Martins Stimme: «5100 Meter, an einer Spur, an einer Stange? Ferdi, bitte wiederholen.« Rauschen.

»Boris, bitte das Funkgerät ausmachen«, erklang die Stimme von Martin. Boris schaltete ab. Stille. Wir gaben Olek Bescheid. Der funkte ein russisches Team an, das sich im Aufstieg am Ostgipfel befand.

»Das Wetter ist schlecht, so gut wie keine Sicht«, berichtete das Team von oben.

Um 10:50 Uhr hatten wir immer noch keinen Kontakt mit Martin. Aber wir hatten alle Ferdis Stimme gehört, es ging ihm gut, sie würden ihn finden. Es war nur noch eine Frage der Zeit. Wir mussten uns gedulden.

Nach und nach stapften die ersten Teams zurück vom Berg. Sie waren umgekehrt, enttäuscht, erschöpft und ausgekühlt.

Wir packten unsere Sachen. Wir mussten die Botschkis räumen. Andere Teams warteten schon auf unsere Betten. Paul packte Ferdis Sachen in den Dufflebag.

»Ferdi wird direkt mit der Seilbahn nach unten fahren und ein heißes Bad nehmen wollen«, sagte er entschlossen.

Am Mittag stieg Luba in voller Bergführerausrüstung wie ein Gardegeneral aus dem Sessellift, gerade, als wir unsere Taschen hinübertrugen. Der Sessellift zitterte, Luba tobte, schrie, fuchtelte mit den Armen, schüttelte den Kopf und schrie wieder.

»Wie kann man so blöd sein!«

»Wer hat ihn allein gelassen?«

»Wieso ist die Gruppe nicht zusammengeblieben?«

Keine ihrer Fragen half uns weiter.

»Bis zu dreißig Tote hat es jedes Jahr am Elbrus«, rief sie entsetzt und wütend zugleich. »Bei diesem Wetter ist es ein Wahnsinn, zum Gipfel aufzusteigen.«

Olek stand neben ihr wie ein begossener Pudel und nickte, wann immer es erforderlich war. Er ließ die verbalen Prügel über sich ergehen. Dann wurde er aktiv. Luba dirigierte, schimpfte auf Russisch abwechselnd ins Telefon und dann wieder in ihr Funkgerät. Sie wusste, was auf dem Spiel stand, und übernahm das Kommando. Nun schien endlich etwas vorwärts zu gehen.

Plötzlich kam die Nachricht, dass Ferdi in den Rettungszelten genächtigt hatte und dass es ihm gut gehe. Wir atmeten erleichtert auf. Martin hatte die Zelte noch nicht erreicht und der russische Bergführer, der bei ihm war, wusste nicht, wo sie sich befanden. Nur das russische Team, das am Ostgipfel unterwegs war, schien es zu wissen und war auf dem Weg dorthin. Ralf rief an, dass ein Rettungsteam auf dem Weg zum Elbrus sei. Der Helikopter stünde auch bereit, aber bei diesem Sturm könne er nicht fliegen, und selbst wenn er fliegen könnte, würde er nichts sehen. Ralf bat uns, niemandem zu Hause etwas zu erzählen. Er wollte erst mit Ferdis Familie sprechen. Alle waren einverstanden. Nur Paul hatte telefoniert, aber seine Frau hatte versprochen, mit niemandem darüber zu reden.

Wir fuhren hinunter ins Tal. Es hatte den ganzen Morgen wütend gestürmt, aber plötzlich war ein Regenloch gekommen und wir waren schweren Herzens in den Sessellift gestiegen. Um ein Uhr kamen wir im Tal an, im Grünen, dem feindseligen Nebel entkommen. Sie würden Ferdi finden. Hoffentlich hatte er sich seine Finger und Füße nicht erfroren. Wir saßen zusammen in der Lobby des Hotels. Manchmal konnte man eine Stecknadel fallen hören, so still war es. Jeder hing seinen Gedanken nach. Dann fing einer an zu sprechen und die Gespräche wirbelten wieder auf. Jeder sagte, was ihn bewegte, dann wieder betretenes Schweigen. So ging es den ganzen Nachmittag. Wir kamen nicht weiter, drehten uns im Kreis mit Spekulationen. Wenn nur endlich gute Nachrichten von oben kommen würden!

Luba traf am späten Nachmittag ein. Sie redete auf Paul ein, machte ihm schwere Vorwürfe.

»Wie allein? Immer zusammen – zusammen«, herrschte sie ihn an. »Warum allein? Warum nicht warten? Warum nicht zusammenbleiben?«, polterte sie. Sie ließ Paul keine Zeit zu antworten. Sie wollte ihren Frust loswerden. Sie machte sich Sorgen. Sie hatten Ferdi noch immer nicht gefunden und das Wetter war miserabel und ohne irgendeine Aussicht auf Besserung.

Abendessen im Keller

Fred, tiefrot im Gesicht, gezeichnet von einem langen Tag im Hochnebel, kehrte mit der letzten Seilbahn ins Tal zurück. Martin, berichtete er kurz, würde die Nacht oben in den Botschkis verbringen. Mehr sagte er nicht. Er war mit sich beschäftigt, obwohl er bestimmt unsere drängenden Blicke spürte, aber er brauchte Zeit. Nach und nach taute er auf.

»Es war totales Whiteout dort oben. Nur manchmal für ein paar Augenblicke gab es ein Nebelloch«, berichtete er.

Einmal waren sie sich sicher, Ferdi gesehen zu haben. Er solle aufstehen und mit den Stöcken winken, hatte Martin daraufhin in das Funkgerät gerufen. Dann sah er wie ein Rucksack von der Figur im Nebel wegrollte, nur ein paar Meter.

Martin rief ins Funkgerät: »Ist dein Rucksack gerade davon gerollt?«

»Ja«, kam es atemlos aus dem Funkgerät zurück.

Dann zog der Nebel wieder zu. Viele Stunden hätten sie immer wieder versucht, die Stelle zu finden, aber vergebens. Die Rettungszelte waren beinahe unter dem tiefen Schnee verschwunden und eingedrückt, als sie sie endlich fanden. Ferdi hatte die Nacht nicht dort verbracht, aber bei den Felsen am Sattel gab es eine Rettungshöhle.

»Man muss den Eispickel an den Felsen einhängen und sich hinunter lassen«, berichtete Fred.

Die Höhle war etwa vier mal vier Meter groß und fühlte sich an wie ein Paradies in dem Sturm. Innen war es warm und die Höhle sei bestens ausgerüstet mit Matten, Kocher, Notproviant, der perfekte Unterschlupf, um einem Sturm zu trotzen. Aber von Ferdi fanden sie keine Spur. Fred erzählte, dass sie sich dort immer wieder zurückgezogen und aufgewärmt hätten. Sie konnten ein weites Feld mit roten Markierungsfähnchen abstecken, um das Suchfeld einzugrenzen, und um Ferdi einen Pfad zu bahnen, den er in einem Nebelloch finden könnte, um zu den Zelten und der Rettungshöhle zu gelangen. Am Nachmittag seien sie dann schweren Herzens abgestiegen.

»Es war schrecklich frustrierend. Wenn der Nebel sich nur einmal gelichtet hätte, hätten wir ihn bestimmt gefunden.« Fred klang enttäuscht und trotzdem hoffnungsvoll. Es gehe Ferdi gut, sagte er mit viel Zuversicht in seiner Stimme. Er sei nicht gestürzt, hätte keine Verletzungen und vor nicht allzu langer Zeit hätte er in den Alpen schon mal vier Tage und Nächte biwakiert. Das war ein Hoffnungsschimmer.

»Es gibt so viele Stangen und Markierungsfähnchen dort oben«, erzählte Fred. »Er kann irgendwo sitzen.«

Der ganze Gletscher war im Zuge einer Forschungsarbeit von Glaziologen beflaggt worden. Die Gletscherspalten waren abgesteckt worden, um den Wandel und die Bewegungen des Gletschers zu notieren. Es waren Alustangen mit roten Fähnchen ohne Aufschrift. An so einer Stange lebte Ferdi seit dreißig Stunden.

Wir bestürmten Fred mit unzähligen Fragen. Hatte Ferdi einen Kompass? Er könnte doch Richtung Nord-Osten aufsteigen? Hat er Erfrierungen? Fred gab Auskunft, so gut er konnte, aber oft zuckte er einfach nur mit den Schultern und schüttelte den Kopf, weil auch er keine Antwort wusste. Wir standen an dem Abend noch lange unter dem Brettergerüst vor unserem Hotel und schauten Richtung Berg in die Nacht hinauf, in die grauen Nebelschwaden, die den Berg einhüllten. Bei Bier und vielen Geschichten von Fred, der vom Mount Everest und den Lebenden und Toten des Berges erzählte. Auch über den russischen Bergrettungsstil diskutierten wir viel. Wie viel ein Menschenleben wert war. Oder das Leben eines anderen, der sein Leben riskierte, um zu helfen?

»Auf über achttausend Metern Höhe kann man niemanden retten«, erklärte Fred. »Und trotzdem versucht man es. Vor allem, wenn es einen aus dem eigenen Team betrifft.« Wer konnte schon mit dem Gefühl weiterleben, dass er hätte helfen können und es nicht getan hatte, um sich selbst zu retten? Ich dachte lange darüber nach, wie kalt es oben am Berg wohl war, ob ich das aushalten würde. Alleine? Ob Fred sich eine Schneehöhle gebaut hatte, um der Kälte zu entkommen? Wie grausam es sein musste, wenn die Rettung so nah war und trotzdem nicht kam. Wie lange ein Mensch die Hoffnung wohl aufrechterhalten konnte?

Freitag

Ich saß schon um sieben Uhr am Frühstückstisch, umgeben von Amerikanern, die unterwegs zur Seilbahn waren. In der Nacht hatte ein Sturm gewütet mit Blitz und Donner, nun war alles ruhig und Nebelschwaden hüllten den Latschenkieferwald ein. Paul hatte am späten Abend noch mit Ralf gesprochen. Ralf hatte inzwischen ein Rettungsteam organisiert, mit einer Bergführerin, die den Mount Elbrus sehr gut kannte, und fünfzehn Männern der russischen Bergrettung. Sie waren am Abend vorher in Terskol angekommen und wollten in der Nacht hinauf, hatten den Aufstieg aber auf den Morgen verlegen müssen, weil der Sessellift wegen des Gewitters nicht fahren konnte, berichtete Luba, als sie zum Frühstück kam. Das Wetter sei schlecht mit wenig Sicht. Martin und Olek seien bei ihnen und wir müssten warten. Ferdi hatte am Nachmittag gesagt, dass er eine zweite Nacht schaffen würde. Auch im Gewittersturm? Ich hatte noch am Abend gehofft, dass ein Sternenhimmel und klare Sicht ihn magisch zur Rettungshöhle führen würden, wo er sicher wäre.

Wir wanderten wieder angespannt zwischen den Warentischen unter der Seilbahn hindurch. Gegen 10:30 Uhr rief Ralf an, dass er noch keine Neuigkeiten habe. Auch Luba sagte, dass sie keinen Handykontakt mehr mit der Rettungsmannschaft habe. Aber am Nachmittag sollte das Wetter besser werden. Der Helikopter stand bereit zum Abflug, falls der Wind sich legen würde. Sie mussten ihn heute finden, eine dritte Nacht im Gletscher würde er nicht überleben, da waren sich alle einig.

12 Uhr, Schaschlik unter der Seilbahn

Die Jungs alberten herum, Ottmar, Christine und Babsi waren schrecklich still. Unseren Bustransfer nach Pjatigorsk hatte Luba auf 15 Uhr verlegt. Wir mussten alle mitfahren, denn unsere Visa liefen am nächsten Morgen ab. Wir hatten bereits aus dem Hotel ausgecheckt, unsere Zimmer für die nächsten Gäste geräumt und saßen auf den Stufen vor dem Hotel, jeder um Ablenkung bemüht, manche lesend andere ziellos herumwandernd. Kurz nach 15 Uhr kam Luba und brachte Nachrichten von oben. Die Rettungsmannschaft hätte Ferdi gesehen.

»Aber Stillschweigen, keine weitere Information«, sagte sie streng.

Wir würden noch eine Stunde warten. Aufatmen. Wir bedrängten Luba, um mehr Details zu erfahren.

»Lebend gesehen?« »Wie weit weg?« »War das Wetter aufgeklart?«

Sie sagte nur: »Gesehen, mehr nicht«, und drückte den Zeigefinger auf ihre Lippen, »kein Wort nach draußen. Niemand.« Dann verschwand sie in ihrem Turm im vierten Stock.

Kurz vor 16 Uhr klingelte mein Telefon, Ralfs Name erschien auf dem Display. Ich zögerte, bloß keine schlechten Nachrichten.

»Helga, sie haben ihn«, sagte er mit angespannter Stimme. »Ferdi ist okay. Es geht ihm gut. Sie sind jetzt auf dem Weg nach unten zu den Botschkis. Martin und Olek sind bei ihm. Alles ist gut.«

Ich spürte, wie Tränen in meinen Augen aufstiegen.

»Danke Ralf. Oh Mann, das war schrecklich. Danke für deine Hilfe.«

»Und?« Paul hielt den Atem an. Alle schauten gespannt.

»Alles gut, sie haben ihn. Es geht ihm gut. Sie bringen ihn jetzt runter.« Ich spürte, wie mein Gesicht sich zu einem glücklichen Lächeln ausbreitete. Es war fast so wunderbar, wie die Stimme von Martin im Funkgerät zu hören, als er den ersten Kontakt mit Ferdi hatte und wir wussten, dass er noch lebte. Fünf Minuten später stiegen wir in den Bus und fuhren nach Pjatigorsk. Abends saßen wir an einer langen Tafel unter Bäumen, in denen das Laub raschelte, und waren endlich zurück im Leben. Um Mitternacht trafen Martin und Ferdi im Hotel ein. Die meisten von uns schliefen schon. Erschöpfung war über unser Team hereingebrochen, endlich, nach der schrecklichen Anspannung der letzten fünfzig Stunden, die Ferdi oben allein am Gletscher verbracht hatte.

Samstag

Selig lächelnd und sonnenverbrannt wie ein Schulbub kam Ferdi am nächsten Morgen an den Frühstückstisch. Er ging langsam, Rucksack über der Schulter, seine Augen gerötet. Er sagte entschuldigend, dass er sie beim Graben der Schneehöhle wohl verletzt habe. Er bewegte sich vorsichtig, still und verwundert, als wäre er noch nicht ganz angekommen, noch mit einem Fuß in einer anderen Welt. Am Flughafen standen wir vor dem Abflug lange zusammen an der Bar. Ferdi erzählte, er sei den Stangen gefolgt im Nebelsturm, seine Brille hätte sich immer wieder beschlagen. Er musste anhalten, um sie vom Schnee zu befreien. So hatte er Paul verloren. Paul war nach oben vom Weg abgekommen und Ferdi hatte weiter unten andere Markierungen gefunden und war ihnen gefolgt, bis weit hinunter in den Gletscher. So weit, dass man ihn vom Sattel nie hätte sehen können. Schließlich kam er an eine letzte Stange und suchte von dort weiter in alle Richtungen, stundenlang. Dadurch habe er viel Zeit und Kraft verloren. Aber die Markierung war so klar, dass er sich nicht zu weit von ihr entfernen wollte. Das Wetter wurde schlechter, die Sicht war furchtbar und der Wind brutal. Er wollte auf keinen Fall die Stange verlassen und fing an, sich eine Schneehöhle zu graben, um dem Sturm zu entkommen, um nachzudenken. Warum kamen keine weiteren Stangen? Er fühlte sich wie in einer Sackgasse, aus der es keinen Ausweg gab. Solange er die Markierung hatte, glaubte er immer noch, auf dem richtigen Weg zu sein. Aber er wusste auch, dass er der Letzte war an diesem Tag, dass hinter ihm niemand mehr kommen würde. Aber am nächsten Vormittag würden sie wieder kommen. Das war sein Hoffnungsschimmer. Er kroch in die Höhle, kämpfte, um sie vom Schnee freizuhalten, und kauerte sich auf seinen Rucksack. Er zitterte am ganzen Körper, unkontrollierbar, aber er wusste, dass der Körper sich so selbst wärmen würde. Anfangs hatte er oft auf die Uhr gesehen, es später aber aufgegeben und das Gefühl für Zeit verloren. Die Sonne ging unter. In der Nacht gewitterte es immer wieder und er hatte Angst, dass ein Blitz ihn aus seiner Höhle herausholen würde. Dann brach der Morgen an und das Wetter wurde schlechter. Niemand kam. Er grub sich eine zweite Höhle. Es war schwer auf dem flachen Gelände. Der Wind wehte sie immer wieder mit Schnee zu.

»Eine Minute graben kostet so viel Kraft, da musste ich mich erst mal fünf Minuten ausruhen«, schilderte er.

Aber so verging die Zeit. Sein Funkgerät krächzte zweimal, dann konnte er plötzlich Martins Stimme hören.

Ferdi wusste, dass er auf 5100 Metern Höhe war, sein Höhenmesser hatte sich trotz des Wetters kaum verändert, keine zehn Meter. Und er saß an einer klaren Markierung. Lange konnte es jetzt nicht mehr dauern, bis sie zu ihm stoßen würden. Aber niemand kam.

Er würde die zweite Nacht durchstehen, hatte er zum Abschied gesagt und sich dann daran gemacht, seine Schneehöhle zu verbessern. Zwei Müsliriegel und zwei Liter Tee hatte er dabei gehabt. Keinen Bivvysack, nur eine Rettungsfolie, aber die war inzwischen zerfetzt. Manchmal war er bis zum Hals im Schnee. Irgendwann gab er es auf, die Schneehöhle zu verbessern, der Wind zerstörte immer wieder alle Bemühungen, und das viele Graben kostete zu viel Kraft. Wieder Gewitter, Wind, Dunkelheit. Am Morgen würden sie wiederkommen. Er wusste jetzt, dass er nicht am Aufstiegsweg saß, sondern an einer Stange, die nicht zur Markierung des Gipfelpfades gehörte. Weiter unten begann der Gletscher abzubrechen und große Spalten versperrten den Weg. Nach oben zum Sattel war es zu weit, und bei diesen Sichtverhältnissen ohne jegliche Anhaltspunkte oder Markierungen würde er ihn nicht finden. Besser war es, an der Stange zu bleiben und auf besseres Wetter zu hoffen.

Einer der russischen Bergretter hatte plötzlich gerufen: »Helikopterlandeplatz«, nachdem Martin ihm beschrieben hatte, dass Ferdi auf 5100 Metern Höhe in der Nähe des Sattels auf flachem Gelände über dem Gletscher an einer klaren Markierungsstange saß. Martin bekam die GPS Daten per SMS, und dann brachen sie auf in den Nebelwind. Nach einer Weile lichteten sich plötzlich die Wolken und sie konnten in der Ferne einen schwarzen Punkt erkennen, der sich bewegte. Eine Viertelstunde später hatten sie ihn. Ein russischer Bergsteiger aus dem Rettungsteam zog eine Schachtel Zigaretten aus der Jacke und hielt ihm eine hin. Ferdi schaute ihn verwundert an und schüttelte dann den Kopf. Olek reichte ihm eine Tasse Tee.

»Das war wunderbar«, sagte Ferdi und lächelte uns an.

Dann nahmen sie Ferdi ans Seil, stiegen auf zum Sattel und folgten den roten Fähnchen hinunter zu den Pastuchow-Felsen, wo die Pistenraupe auf sie wartete.

Der Albtraum des Elbrus ließ mich lange nicht los. Ich kam verstört zu Hause an und es fiel mir schwer, so zu tun, als wäre alles schön und wunderbar gewesen. Ich wusste aber auch, dass mir meine Familie ihr Einverständnis zu Bergexpeditionen verweigern würde, wenn ich ihr von den Geschehnissen am Elbrus erzählen würde. »Unverantwortlich« war das Wort, vor dem mir am meisten graute. »Warum bist du nicht mit den anderen umgekehrt?«, würde mein Mann mich fragen. »Wir haben zwei kleine Kinder und eine Verantwortung. Warum musst du auf einen Berg steigen, der so gefährlich ist?« Was hätte ich darauf antworten sollen? Dass er Recht hatte? Dass nicht der Berg gefährlich war, sondern die Menschen und ihre Unvernunft? Dass ich selbst nicht in Gefahr war? Hätte ich mit Olek den Rückweg antreten sollen? Vielleicht, aber es hätte nichts geändert und ich hätte mir wahrscheinlich hinterher Vorwürfe gemacht, dass ich nicht wenigstens versucht hatte, die anderen zu überreden, mit uns abzusteigen. Ich habe lange mit mir gerungen und mich gefragt, wie das passieren konnte. Wie eine professionell geplante Expedition so aus den Fugen geraten konnte.

Alpine Gefahren kann man in zwei Arten einteilen, die objektiven Gefahren und die subjektiven. Objektive Gefahren sind Naturereignisse, denen ein Bergsteiger fast schicksalhaft, wenn auch bewusst, ausgesetzt ist. Das sind Wetter (Sonne, Kälte, Gewitter, Nebel, Sturm), Stein- und Eisschlag, Lawinen, Gletscherspalten und Wechtenbruch. Subjektive Gefahren sind vom Menschen selbst hervorgerufene Gefahren, wie mangelhafte Erfahrung und Können, Selbstüberschätzung, ungenügende körperliche Kondition, falsche oder schlechte und unzureichende Ausrüstung, Fehlverhalten und fatale Gruppendynamik. Bei einer professionell geplanten und durchgeführten Expedition versuchen Bergführer und Bergsteiger die objektiven Gefahren, die am Berg lauern, zu erkennen und sie zu vermindern. Oft sind es die subjektiven Gefahren, die einer Expedition zum Verhängnis werden. Ein Bergführer, der den Berg nicht kennt und vielleicht die objektiven Gefahren unterschätzt, ein einheimischer Bergführer, der unmotiviert ist, Nebelsturm, ein Bergsteiger bricht aus dem Team aus und geht auf eigene Gefahr, seine Schneebrille beschlägt und er geht verloren. Bei meiner Expedition auf den Mount Everest wäre so ein Fehler nie passiert. Russell und die Sherpas hatten genügend Sicherheitsnetze eingebaut, um die subjektiven Gefahren auszubremsen. Aber menschliches Fehlverhalten, Selbstüberschätzung und fatale Gruppendynamik lauern in jedem Team – und sie machen gerade die »kleinen« Berge unberechenbar, weil Bergführer und Bergsteiger wenig Zeit haben, die subjektiven Gefahren, die einzelne Teammitglieder mitbringen, zu erkennen und ihnen entgegenzuwirken. Und der Respekt vor einem kleineren Berg ist nie so groß wie vor dem höchsten der Welt – und das ist vielleicht die größte Gefahr.

Es verging fast ein Jahr, bevor ich überhaupt wieder ernsthaft an eine Expedition denken mochte. Und dann passierte es fast unbemerkt bei einem Gespräch in Salzburg. Der Wind unter meinen Flügeln, der solange kein Lüftchen gerührt hatte, fing auf einmal an, leise aufzuflattern. Mein Herz muss gleich etwas höher geschlagen haben, denn meine Backen fingen an zu glühen und die Vorfreude, die einem neuen Abenteuer lange vorauseilt, regte sich in mir. Drei Berge standen noch auf meiner Liste der Seven Summits: Mount Vinson, Denali und die Carstensz-Pyramide. Jeder dieser drei Berge lag am gefühlten anderen Ende der Welt, in der Antarktis, in Alaska und in Papua. Jeder Berg würde jeweils eine Expedition von mindestens drei Wochen erfordern, und so lange alleine fortzufahren war an sich schon eine familienpolitische Herausforderung, von den damit verbundenen Risiken ganz zu schweigen. Der Denali war mit Sicherheit der schwierigste und gefährlichste der drei Gipfel. Bei deutschen Tourenanbietern war er gar nicht im Expeditionsprogramm, weil nur amerikanische Bergführer dort Teams führen durften. Ich hatte zwölf Jahre in New York gelebt und mich trotzdem nie zu einer Besteigung durchringen können, auch als Jan und Dusan, die ich am Aconcagua kennengelernt hatte, mich fragten, ob ich sie begleiten würde. Er war mir zu kalt und unnahbar. Dort gab es keine einheimischen Bergvölker wie in Tibet und Nepal, keine Yaks, kein Leben, nur weiße Gletscher und blauen Himmel. Jan und Dusan hatten zwar von der kühlen Schönheit Alaskas geschwärmt, aber ich hatte mir den Denali noch nicht näher angesehen. Die Carstenz-Pyramide in Papua dagegen hat mich vom ersten Moment an fasziniert: eine steile Felswand, durch die der Aufstieg zum Gipfel führte. Das war genau, was ich liebte:

Felsklettern. Ich war meiner Passion, die ich vor vielen Jahren an einer Kletterwand im Fitnessstudio in New York entdeckt hatte, treu geblieben, trotz Umzug und Familie und Kindern. Mindestens zwei Mal die Woche hing ich in der Wand im Kletterzentrum in Thalkirchen und möglichst oft auch in den Felswänden im Süden von München. Aber der Weg zur Carstensz-Pyramide führte durch fast hundert Kilometer Dschungel und Hochmoor. Die einheimischen Stämme bekriegten sich und niemand wagte sich durch den Dschungel zum Berg. Die wenigen internationalen Expeditionsanbieter, die die Carstensz-Pyramide im Programm führten, flogen ihre Teams mit dem Hubschrauber ins Basecamp, an den Fuß der Nordwand auf viertausend Meter Höhe, um von dort direkt aufzusteigen. Das fand ich absurd, um die halbe Welt zu fliegen, um dann in drei Tagen durch eine steile Felswand zum Gipfel zu steigen und zurück nach Hause zu fahren. Ich wollte durch den Dschungel wandern, mit den Papuanern am prasselnden Feuer sitzen und zu Fuß ein Abenteuer bestehen, von dem ich eine beinahe romantische Vorstellung hatte, seit ich ein Buch über die Erstbesteigung gelesen hatte. Den Mount Vinson in der Antarktis konnte ich mir am wenigsten vorstellen. Dick Bass hatte in seinem Buch beschrieben, wie schwierig es gewesen war, überhaupt jemanden zu finden, der sein Team in die Antarktis flog, um zum Berg zu gelangen. Es hatte ihn ein Vermögen gekostet, und auch jetzt noch war die Expedition zum Mount Vinson nach dem Mount Everest mit Abstand die teuerste von allen Seven Summits. Das war auch ein Grund, warum ich sie mir bis zum Schluss aufheben wollte. Aber als ich Ralf an jenem Nachmittag in Salzburg bei einem Vortrag traf, erzählte er mir mit leuchtenden Augen von seiner Expedition in die Antarktis, von der Stille, der unendlichen Weite und dem Gefühl, dem Himmel so nah zu sein.

»Die Antarktis ist ein Traum. Das ist genau das Richtige nach dem Elbrus. Das wird die schönste Expedition deines Lebens werden. Du wirst schon sehen«, sagte er.

Bergsteigen mitten in einem gefrorenen Kontinent, unvorstellbar kalte Temperaturen, ein Traum? Die Nerven in meinen Fingern und Zehen hatten bei meinen vielen Expeditionen längst Federn gelassen, und schon bei feucht-kaltem Wetter im November in unseren Breitengraden wurden meine Fingerspitzen weiß und taub. Ganz abgesehen von der Vorstellung, noch einmal in meinem Leben drei Wochen ohne eine Schüssel heißes Wasser zum Waschen auszukommen. Ob ich überhaupt den Mut aufbringen würde, so lange allein fortzufahren und meine Kinder und meinen Mann zurückzulassen? Um mir diesen angeblich so wundersamen Kontinent und seinen höchsten Berg genauer anzuschauen, bestellte ich mir die Detailausschreibung der Expedition und begann Berichte anderer Bergsteiger zu lesen. Ich musste mir schnell eingestehen, dass ich fast gar nichts über die Antarktis wusste. Nur dass in ihrem dicken Eispanzer neunzig Prozent der Süßwasserreserven der Erde lagerten und dort weder Eskimos noch Eisbären lebten. In der Schule hatte ich die Tagebücher von Robert Falcon Scott gelesen, der sich 1911 mit dem Norweger Amundsen einen spektakulären Wettlauf zum Südpol geliefert hatte. Amundsens Team erreichte den Südpol zuerst und eilte triumphierend nach Hause. Als Scotts Team einen Monat später am Südpol eintraf, fanden sie zu ihrem Entsetzen ein Zelt vor, auf dem die norwegische Flagge wehte. Auf dem langen Weg zurück kamen alle Teilnehmer tragisch ums Leben. Das hehre Ziel, die Ersten am Südpol zu sein, hatte ihnen die Kraft verliehen, durch die schlimmsten Schneestürme und bitterste Kälte hinauszuwandern, aber als das Ziel verloren war, schien ihnen die Antriebskraft zu fehlen. Das Leben allein zu retten war nicht genug. Ob sie auch gestorben wären, wenn sie die Ersten gewesen wären, fragte ich mich damals. Oder ob sie zum Überleben vorher hätten umkehren müssen. Viele Bergsteiger am Mount Everest sterben, nachdem sie den Gipfel erreicht haben, weil ihnen die Kräfte ausgehen und sie den Weg zurück nicht schaffen, obwohl sie ihr Ziel erreicht haben. Vielleicht hätte das Team von Scott auch mit einem Sieg am Südpol den Rückweg nicht überlebt. Die Worte in seinem Tagebuch haben mich damals zutiefst berührt.

Die Antarktis ist größer als die USA und Mexiko zusammen und erscheint trotzdem in den meisten Weltkarten nur als langgezogener Fleck am unteren Kartenrand. Und auf den ersten Blick wirkt sie wie ein fremder Planet auf Erden, unnahbar und abweisend. Sie gehört niemandem und außer den Pinguinen lebt dort dauerhaft auch niemand. Aus gutem Grund, denn in der Antarktis wächst nichts, kein Baum, kein Strauch, nichts, was man allgemein mit

Leben verbindet. Doch das war nicht immer so, denn die Antarktis ist das Herz von Gondwanaland, der Urmutter unserer Erde, und irgendwo tief in ihrem gefrorenen Inneren liegt wahrscheinlich der erste Stein der Erde. Gebirge so groß wie die Alpen sind unter ihrem Eis begraben, so tief, dass nur die höchsten Gipfelspitzen herausragen. Der Eispanzer, der über der Landmasse des Kontinents liegt, ist im Durchschnitt zweieinhalb Kilometer dick und trotzdem gibt es Täler in der Antarktis, in denen seit mehr als zwei Millionen Jahren kein Niederschlag gefallen ist. Die Hälfte des Jahres ist der ganze Kontinent in tiefste Dunkelheit getaucht, dafür scheint von November bis Februar die Sonne Tag und Nacht. Während der Nordpol auf einer Eisdecke auf Meeresspiegelhöhe schwimmt, liegt der Südpol auf einer Höhe von 2800 Metern. Über ihn brechen die katabatischen Winde, die stärksten der Welt, herein und rasen ungebremst nach allen Richtungen über das weite, eisige Plateau zum Meer. Das macht die Antarktis nicht nur zum kältesten Kontinent auf Erden, sondern auch zum höchsten, trockensten und windigsten.

Von den Seven Summits musste der Mount Vinson am längsten auf seine Entdeckung warten. Der amerikanische Polarforscher Lincoln Ellsworth entdeckte den nach ihm benannten Gebirgszug im Westen der Antarktis, als er 1935 den ersten transkontinentalen Flug über die Antarktis steuerte. Vermessen wurden die hohen Gipfel des Ellsworth-Gebirges erst 1957. Der höchste Gipfel war 4892 Meter hoch und damit der höchste Berg der Antarktis. Benannt wurde er nach Carl Vinson, einem amerikanischen Senator, der die Erforschung der Antarktis förderte. 1966 schaffte eine Expedition des American Alpine Clubs die Erstbesteigung. Als Dick Bass 1983 zum höchsten Berg der Antarktis aufbrach, war seine Expedition erst die dritte, die sich auf den Weg machte, den Gipfel des Mount Vinson zu erklimmen, und die logistische Herausforderung, an den Fuß des Berges zu kommen, war gewaltig. Seitdem haben mehrere Hundert Bergsteiger den Gipfel des Mount Vinson erreicht. Die meisten mit der logistischen Unterstützung von ALE, Antarctic Logistics and Expeditions, dem einzigen kommerziellen Touren- und Expeditionsanbieter der Antarktis. In ihrer Expeditionsausschreibung stand, dass eine Expedition zum Mount Vinson zwar klettertechnisch nicht schwierig sei, aber viel bergsteigerische Erfahrung und Härte erforderte, wegen der Höhe, extremen Kälte und isolierten Lage des Berges. Mit zwei erfolgreichen Achttausender-Besteigungen und mehr als zwölf Expeditionen im Himalaya und den Anden fühlte ich mich gut gerüstet für ein antarktisches Abenteuer. Erfahrungen mit extremer Kälte hatte ich zur Genüge, aber um den physischen Anforderungen gewachsen zu sein, musste ich trainieren, härter als für meine letzten zwei Expeditionen.

In den kommenden Monaten erhöhte ich mein Laufpensum stetig, bis ich ohne Schwierigkeiten fünf Mal die Woche eine Stunde laufen konnte. Um mich gegen die Kälte, minus zwanzig Grad an guten und bis zu minus fünfzig Grad an schlechten Tagen, zu wappnen, musste ich zunehmen, mindestens fünf Kilo. Trotzdem war ich mir nicht sicher, ob die dicken Daunensachen meiner Everest-Expedition warm genug waren, und bestellte mir einen neuen Schlafsack, in dem man Temperaturen bis minus fünfzig Grad aushalten konnte. Nun musste ich nur noch meine Familie überzeugen. In den Expeditionsunterlagen hatte ich gelesen, dass die Todesrate am Mount Vinson bei null Prozent lag. Es war noch nie jemand am Berg gestorben! Damit hatte ich ein nicht zu schlagendes Argument für die Verhandlungen mit meinem Mann. Und die Erfolgsquote der Expeditionsanbieter lag bei fast einhundert Prozent, womit ich für mich irgendwie den Preis von 30.000 Euro rechtfertigen konnte. Das Wetterfenster für eine Besteigung des Mount Vinson liegt im antarktischen Sommer, der von Ende November bis Anfang Februar währt. Ich konnte also über Weihnachten und Neujahr fahren. Ideal, denn für die Feiertage würden meine Geschwister und Verwandten aus aller Welt nach München kommen: Omas, Opas, Tanten, Onkel, Neffen und Nichten. Da würde es gar nicht auffallen, wenn eine fehlte. Die Kinder und mein Mann wären so beschäftigt, sie würden mich gar nicht vermissen. Und so kam es, dass ich Mitte Dezember 2009 zu einem neuen Abenteuer aufbrach.

Antarktis

»Wild wie kein anderes Land unserer Erde liegt es da,
ungesehen und unbetreten.«

ROALD AMUNDSEN, 1911

Mount Vinson

Gipfelsturm, 22. Dezember 2009

Der Wind brach ohne Vorwarnung über uns herein, gerade als wir dem langen Tal entstiegen. Scott hielt an und drehte sich um.

»Die Daunen, schnell!«, rief er in die peitschenden Böen und zog seine Daunenhose aus dem Rucksack. Pauls Schneebrille war vereist. Er hatte schon eine Weile nicht mehr richtig sehen können und war nur dem Seil hinterher gestapft. Scott erklärte ihm in schulmeisterlichem Ton, dass man für solche Zwecke immer ein Baumwolltuch in der Tasche tragen sollte. Aber Pauls Taschen waren vollgestopft mit Powergels. Denise zitterte vor Kälte und war den Tränen nahe. Ihr Gesicht hatte jegliche Farbe verloren und wirkte wächsern unter der Sonnencreme. Ich reichte ihr eine Tasse Tee. Der Wind wurde schärfer, als ich die Daunenhose um meine Beine herum gezippt hatte. Ich zog die Kapuze tiefer ins Gesicht. Mein Körper schüttelte sich vor Kälte und ich musste plötzlich an den Aufstieg am Mount Everest denken. Es war auf dem Weg zu Camp 3, mehr als dreieinhalb tausend Meter höher, dass ich zuletzt so gefroren hatte. Wütend hatte der Wind mir ins Gesicht geschlagen, rau und unerbittlich, und ich erinnerte mich, wie ich mich immer wieder hinter einen Felsen gekauert hatte, um seiner Allmacht zu entkommen. Hier gab es keine Felsen. Paul und Denise kämpften sich umständlich in ihre Daunenhosen hinein. Scott war ungeduldig und zerrte am Seil. Dann kam die Hölle. Wir stiegen in ein steiles Schneefeld ein, in einem Tempo, das mir schon nach zehn Schritten den Atem nahm. Meine Waden brannten vor Schmerz. Dichte Nebelstürme verwehrten uns jede Sicht und ich versuchte, an nichts zu denken und nur Scotts Schritten zu folgen. Nach hundert Schritten war ich mir sicher, Scott würde eine Verschnaufpause einlegen. Tat er nicht. Mein Herz schlug bis zum Anschlag.

Marie hätte dieser Aufstieg nicht gefallen, spätestens hier hätte sie mich entsetzt angeschaut und gesagt: »Mama, ich lieb das nicht.« Das hatte sie mir entgegengeworfen, als wir beim Schlittenfahren immer wieder durch den tiefen Schnee unseren Hang hinaufgestapft waren. Um ihr Mut zu machen, erzählte ich ihr, dass ich am Everest immer dann, wenn es schwierig wurde, meine Schritte gezählt habe.

»25 und dann hab´ ich eine kleine Pause gemacht. Dann ging es ganz leicht.«

Die Idee gefiel ihr und sie zählte die Schritte mit mir. Jedes Mal, wenn wir oben ankamen, war sie so stolz, dass sie es geschafft hatte, und strahlte vor Glück. Als wir zum fünften Mal hinaufstiegen, blieb sie plötzlich mitten im Hang stehen und schaute mich mit Tränen in den Augen an.

»Mama, ich will nicht auf den Ääwärest. Ich lieb das nicht.«

Damals hatte ich sie in den Arm genommen und ihr gesagt, wie tapfer sie war. Nun musste ich tapfer sein. Als Scott nach gefühlten tausend Schritten endlich anhielt, sank ich über meinem Eispickel zusammen, die schlimmste Haltung, um den dringend benötigten Sauerstoff in meine Lungen zu bekommen, aber die einzige, die mir noch möglich war. Die Luft war so trocken und kratzte in meinem Hals, dass ich mich beim Husten fast übergeben musste. Aber dazu war es zu kalt. Die Kälte drang durch die Daunenpolster herein, und als mein Herz sich beruhigt hatte, zitterte ich vor Kälte. Ich schaute Scott mit flehenden Augen an: »Pause, Tee«, murmelte ich, aber er ließ sich nicht erweichen.

»Noch eine halbe Stunde, dann wird es flacher, dann können wir eine Pause einlegen«, entgegnete er und drängte voran.

Mehr als sechzig Schritte am Stück schaffte ich danach nicht mehr, dann musste ich rasten und die anderen mit mir. Jedes Mal, wenn wir weiter unten längere Pausen gemacht hatten, fühlten sich meine Beine anschließend an wie Blei und es war unvorstellbar schwer gewesen, wieder einen Rhythmus zu finden. Hier oben dagegen taten die Pausen gut und die ersten fünfzehn Schritte danach waren wieder kraftvoll, die nächsten fünfzehn schwer und dann war es ein Kampf um jeden weiteren Schritt. Scott gefiel das viele Stoppen nicht, aber wir kamen voran. Manchmal brachen ein paar Sonnenstrahlen durch die Wolken. Der Wind war so plötzlich verstummt wie er gekommen war und der Wolkennebel wärmte sich auf. Wir rasteten lange auf dem flachen Schneefeld unter dem Grat.

»Noch eine Stunde, dann sind wir am Gipfel. Das Schlimmste haben wir schon geschafft«, verkündete Scott, um uns Mut zu machen. Dann mahnte er wieder zum Aufbruch, denn er fürchtete, dass das Wetter sich weiter verschlechtern würde.

Der Gipfelgrat führte durch ein Labyrinth aus Felsblöcken, gefrorenen Schneewechten und abschüssigen Schneehängen, deren Tiefe ich nicht ermessen konnte, da dichter Nebel uns jede Sicht versperrte. Zwischen den dunklen Felstürmen konnte ich das Gestein mit den Händen berühren, mich festhalten. Meine Steigeisen kratzten zwar, aber es tat gut, den Fels zu spüren, festen Boden unter den Füßen, auch wenn es nur kurze Momente waren, durch die ich fast traumwandlerisch stolperte. Danach tauchten wir wieder zurück in konturloses, weißes Nichts. Unnahbar, kalt und abweisend. So hatte ich mir die Antarktis vorgestellt, nichts als Gletscher und Schnee, kein Baum, keine Blume, nur endlose, öde Wüste. Aber die Antarktis ist ganz anders, sie ist faszinierend, unendlich sonnig, außerirdisch still, vollkommen zeitlos und das ergreifendste Abenteuer, das man auf Erden machen kann, eine Expedition über die Grenzen der Landkarte hinaus, bei der das Ziel nicht wichtig ist. Nur dass ich mich ohne das Ziel, den Gipfel des Mount Vinson zu erreichen, niemals auf diesen Weg gemacht hätte.

Punta Arenas, 15. Dezember 2009

Briefing im Croatia Club, dritter Stock. Der Beamer surrte, Teetassen klapperten, etwa dreißig Stühle standen in vier Reihen vor einer Leinwand, dazwischen vom Wetter gezeichnete Bergsteiger, die sich zur Begrüßung gegenseitig auf die Schultern schlugen. Manche umarmten sich in lauter Wiedersehensfreude, andere tauschten Höflichkeiten aus mit Neuankömmlingen. Sandkuchen wurde verteilt, Kekse herumgereicht. »Woher kommst du?«, fragte ein Bergsteiger den anderen. Aus Japan, Mexico, Mumbai, Los Angeles, München, Moskau, Kanada, Irland und England. Nach dem Ziel fragte niemand, denn das stand auf der Leinwand: *Welcome to Antarctica! Journey of a Lifetime.*

Nick wartete geduldig, bis alle Platz genommen hatten und ihre Aufmerksamkeit der Leinwand widmeten. Hätte er nicht diese strenge schwarze Brille getragen, hätte er der Fitnesstrainer unserer Antarktisexpedition sein können, die Muskeln gestählt, die Brust sauerstoffgeschwellt unter einem engen schwarzen Polohemd. Nick war einer der vier Besitzer von Antarctic Logistics and Expeditions und sprach mit starkem britischen Akzent. Es dauerte keine Minute und andächtige Stille breitete sich im Raum aus. Der Stolz, mit dem Nick von der Antarktis sprach, ließ keinen Zweifel daran, dass es sich hierbei um den schönsten Platz auf Erden handelte, einen Kontinent, der allein dem Frieden und wissenschaftlicher Forschung gewidmet war. Das hatten fünfzig Staaten 1961 im Antarctic Treaty beschlossen und ihre Fahnen in einem vereinigenden Kreis um die silberne Kugel am Südpol gestellt.

»Außer der Südpolstation gibt es noch etwa achtzig Forschungsstationen in der Antarktis. Sie sind alle rund um den Kontinent verteilt, an Plätzen, die man vom Meer aus erreichen kann. Und«, betonte er mit einem schelmischen Grinsen, »von Mitte November bis Anfang Februar gibt es ein kleines Camp mitten in der Antarktis.«

Eine Karte des antarktischen Kontinents erschien auf der Leinwand. Wie eine Schneeflocke lag die Insel im tiefblauen Meer. Nur ganz oben in der linken Ecke konnte man den spitzen Ausläufer einer benachbarten Landmasse erkennen. Tierra del Fuego, die Spitze Patagoniens. Nicks Laserpointer wanderte von dort hinaus ins Meer durch die Drakestraße und ging am westlichen Eishorn der Antarktis an Land. Von dort schwebte der kleine rote Punkt über das Ellsworth-Gebirge und landete südöstlich davon in freier, weißer Gletscherwildnis.

»Unser Camp an den Patriot Hills. Im Windschatten der kleinen Bergkette liegt ein Blaueisfeld, das wir als Landebahn nutzen.«

Er erklärte, dass der größte Teil des antarktischen Eispanzers von Schnee bedeckt sei. Eisfelder, an denen das Eis offen an der Oberfläche sichtbar ist, sogenannte Blaueisfelder, entstünden nur dort, wo eine Bergkette den Strom der Winde stört. Der vom Wind verblasene Schnee lagerte sich an der Aufwindzone der Bergkette an, während die andere Seite schneefrei blieb und eine blaue Eisfläche entstand, ideal für eine Start- und Landebahn, die auch von schweren Transportflugzeugen genutzt werden konnte. Die Iljuschin 76TD, ein russisches Transportflugzeug mit Düsenantrieb, konnte mit bis zu siebzehn Tonnen Fracht beladen werden und war für Offstrip-Landungen geeignet. Der Pilot landete auf Sicht. Bremsen konnte er auf dem Eisfeld nicht. Er musste das Flugzeug ausrollen lassen mit dem Motor im Rückwärtsgang.

»Es ist blankes blaues Eis«, warnte Nick, »also Vorsicht, wenn ihr aus dem Flugzeug steigt.«

Im Patriot Hills Camp sollten wir ein paar Tage verbringen und dann bei gutem Wetter mit einer Twinotter weiter ins Ellsworth-Gebirge fliegen.

»Die Twinotter landet direkt vor den Zelten im Basecamp und damit sind wir am Start unserer Mount-Vinson-Expedition. Ab hier geht es zu Fuß hinauf. Technisch ist er nicht besonders schwer und ihr alle habt wahrscheinlich, hoffentlich, schon schwierigeres Bergterrain beschritten; aber die Kälte und heftige Stürme machen ihn zu einem richtigen Abenteuer«, erzählte Nick und blickte in die Runde.

Bedächtiges Nicken. Die Japaner redeten aufgeregt. Die Leinwand zeigte ein Bild vom Basecamp mit der Gipfelspitze des höchsten Berges im Hintergrund.

»Minus vierzig Grad sind normal am Mount Vinson. Es ist eine trockene Kälte, und wenn man warm angezogen ist, spürt man sie kaum. Aber wenn der Wind kommt, ändert sich das dramatisch. Die Stürme der Antarktis sind grausam. Der Wind zerstört alles, auch die Zelte, von denen die Hersteller behaupten, sie seien unverwüstlich. Das gilt nicht für die Antarktis. Deswegen bauen wir um jedes Zelt eine Wand aus Eisblöcken. Lasst euch vom guten Wetter nicht täuschen. Es kann sich schlagartig ändern. Dann seht ihr plötzlich die Hände vor den Augen nicht mehr und auch nicht, wie euer Zelt davon fliegt.«

Stille. Alle schauten auf die Leinwand, die ein Bild mit hohen Iglu-artigen Eismauern zeigte, hinter denen nur die Spitzen der Zelte herausragten.

Nick fuhr fort: »In der Antarktis schneit es sehr wenig. Im Jahresdurchschnitt fallen im Landesinneren nur etwa fünfzig Millimeter Niederschlag. Das bedeutet, dass die weiße Pracht nur sehr langsam wächst. Und da die Antarktis ein sehr empfindliches Ökosystem hat und der Wind alles verteilt, was herunterfällt, gibt es einen wichtigen Grundsatz für jeden, der die Antarktis mit uns betritt. LNT – Leave No Trace. Oder besser gesagt: Alles, was wir in die Antarktis mit hinein nehmen, nehmen wir auch wieder mit hinaus, auch«, Nick hielt kurz inne und hob seinen Zeigefinger, »wenn wir es vorher gegessen haben.«

»Ahs« und »Ohs« aus dem Publikum, die Japaner tuschelten.

»Für den Aufstieg am Berg bekommt jeder von euch diese hier: WAG Bags.« Nick hob eine kleine schwarze Plastiktüte in die Höhe. »Hier kommt das große Geschäft hinein. Wir sammeln die vollen Tüten in Patriot Hills wieder ein und fliegen sie nach Punta Arenas. Das klingt etwas mühsam, aber ihr werdet sehen, der Mount Vinson ist der sauberste Berg, den ihr je bestiegen habt.«

Für das kleine Geschäft zeigte Nick ein Bild von einem markierten Loch im Gletscher. »Es gibt mehrere dieser Peeholes, wo man auch schmutziges Wasser vom Abwasch und kalt gewordenen Tee oder Suppe entsorgen kann. Sie sind mit roten Fähnchen markiert.«

Dann zeigte er uns die Aufstiegsroute. Der Aufstieg führte vom Basecamp zu zwei Höhencamps und dann über ein langes Plateau zum Gipfelgrat, der nach Nicks Worten meist in den Wolken war. Klare Gipfeltage waren selten. Die Aussicht über den ganzen Kontinent von dort war spektakulär, aber Nick hatte sie nur einmal erlebt, obwohl er schon zwölf Expeditionen zum Gipfel geführt hatte. Vom schönsten Ausblick kamen wir zum »Horror« der Antarktis.

»Wir kommen zu einem Thema, das mir sehr am Herzen liegt: Erfrierungen. Ich habe schon schlimme Sachen gesehen und damit ihr gewarnt seid, möchte ich sie euch nicht vorenthalten.«

Die folgenden Bilder zeigten schwarze Zehen, aufgequollene, wächserne Fingerkuppen, Gefrierblasen an Nasen und Wangen und ähnliche Horrorbilder.

»Niemand muss mit Erfrierungen aus der Antarktis zurückkehren. Sie resultieren aus Fehlern, die wir alle vermeiden können. Das Wichtigste ist, wachsam zu sein, die ersten Anzeichen zu erkennen und sofort entgegenzuwirken. Bei Erfrierungen entsteht ein hölzernes Gefühl. Es fühlt sich zunächst nur taub an. Schmerzen tut es erst, wenn das Fleisch wieder auftaut. Bitte seid sehr achtsam. Passt vor allem auf eure Zehen und Finger auf.«

Nick trat zur Seite und überließ uns dem Eindruck der Bilder. Eines zeigte die Oberschenkel eines Expeditionsteilnehmers, dem das Innennetz der Trainingshose, die er als lange Unterhose angezogen hatte, in die Haut gefroren war. Es sah grauenhaft aus.

Am Ende seiner Präsentation stellte Nick uns Andrej vor, einen großen, breitschultrigen Russen, der zur Crew der Iljuschin gehörte. Er war für die Sicherheit der Iljuschin und ihrer Passagiere verantwortlich.

»Wir kommen zur Millionenfrage, Andrej. Wann fliegen wir?« Andrej lachte und schüttelte den Kopf. »Ich weiß es nicht. Nach Plan können wir morgen starten, wenn das Wetter gut ist. Gutes Wetter heißt nicht, dass das Wetter hier in Punta Arenas gut ist, das ist egal. Es muss in Patriot Hills gut sein. Der Wind darf nicht zu stark sein und das Windfenster muss groß genug sein, damit die Iljuschin landen und zwei Stunden später wieder ausfliegen kann. Übernachten kann unser Flugzeug in der Antarktis nicht. Die Gefahr ist zu groß, dass sich Eis am Rumpf der Maschine festsetzt und wir nicht mehr abheben können. Wir müssen also Geduld haben. Manchmal sitzen die Teams zehn Tage in Punta Arenas, bevor wir fliegen können.« Nick fügte hinzu: »Und manche Teams sitzen nochmal genauso lang in Patriot Hills, um wieder zurück zu kommen. So ist es und wir haben keinen Einfluss darauf. Das Wetter oder besser gesagt der Wind macht, was er will. Er ist der Alleinherrscher der Antarktis und nach ihm müssen wir uns richten. Andrej macht die Koordination für den Flug. Er ist in ständigem Kontakt mit Patriot Hills und unserer Wetterstation und wird euch morgen früh um sieben Uhr anrufen, falls wir fliegen. Wenn nicht, ist die nächste Call Time um zehn Uhr. Haltet euch bitte zu den Anrufzeiten in der Lobby eures Hotels bereit. Wenn wir den Startschuss zum Fliegen bekommen, muss alles sehr schnell gehen.« Damit war er am Ende seiner Ausführungen und bedankte sich. Alle klatschten und allgemeine Unruhe brach aus.

Schon während der Präsentation hatte ich mich umgesehen und die anderen Bergsteiger studiert. Wer waren meine Mitstreiter am Berg? Ein Teil der Anwesenden hatte sich für »Ski the last degree« angemeldet. Sie würden mit dem Schlitten vom 89. Breitengrad in zehn Tagen zum Südpol wandern. Zum Mount Vinson wollten sich vier Teams aufmachen: ein internationales Team mit russischem

Bergführer, ein japanisches Team von vier Männern, ein amerikanisches Ehepaar mit eigenem Bergführer und das Team, zu dem ich gehörte, mit drei Bergsteigerinnen. Scott, einer der Bergführer, den ich beim Frühstück getroffen hatte, hatte es mir erzählt. Ein reines Frauenteam! Ich muss ihn mit großen Augen und offenem Mund angestarrt haben.

»Ja, nur Mädels«, wiederholte er. »Wir hatten auch noch nie ein reines Frauenteam«, bestätigte er meine Überraschung darüber.

Nun stellte Scott uns einander vor: »Kruschnaa, Cristina, Helga – ihr seid ein Team. Patchi wird eure Bergführerin sein. Sie ist toll, ein Kraftpaket und schon seit drei Jahren im Bergführerteam am Mount Vinson. Sie ist im Moment mit einem Team dort und wird euch im Basecamp erwarten.«

Cristina war mir schon auf dem Flug nach Punta Arenas aufgefallen, weil sie gelbe Everest-Boots auf dem Schoß hielt. Sie war Mitte dreißig und kam aus Mexico. Krushnaa war kaum zwanzig Jahre alt und in Mumbai zuhause.

»Und das ist mein Team, Paul und Denise«, sagte Scott und winkte zwei Bergsteigern zu. Die beiden gesellten sich zu uns und stellten sich vor. Sie kamen aus Los Angeles und hatten während des Vortrags in der ersten Reihe gesessen. Paul war Investmentbanker, einsneunzig groß, gut aussehend, frisch rasiert mit weißer Baseballkappe. Denise wirkte auf den ersten Blick etwas blass und schien eher wortkarg. Die beiden waren seit fünf Jahren auf Seven Summits Tour. Der Mount Vinson sollte ihr sechster Gipfel werden. Danach fehlte ihnen »nur« noch der Everest.

Kruschnaa machte sich zusammen mit Andrej auf den Weg zum Flughafen, um ihr Gepäck, das noch nicht angekommen war, zu suchen. Sie war besorgt, denn sie hatte nur die Kleider, mit denen sie in Mumbai ins Flugzeug gestiegen war, und die waren nicht geeignet für minus fünfzig Grad. Alle anderen zerstreuten sich in die Stadt, um letzte Einkäufe zu erledigen, das Gepäck zu sortieren und alles für das Antarktisabenteuer vorzubereiten.

Am Abend trafen wir uns in einem kleinen Restaurant am Hafen zum Essen. Bei Steak und gegrilltem Fisch schauten wir hinaus über die dunklen Gewässer der Magellanstraße, einer Meerenge zwischen dem südamerikanischen Festland und der Insel Feuerland, an der Punta Arenas liegt. Sie verbindet kurz vor dem südlichsten Zipfel Südamerikas den Atlantischen mit dem Pazifischen Ozean. Der Portugiese Fernão de Magalhães, der 1519 im Dienste der spanischen Krone mit einer Schiffsflotte zu einer Weltumsegelung aufgebrochen war, hatte die Durchfahrt entdeckt. Nick erzählte, dass sie immer noch benutzt wurde, weil man damit den unberechenbaren Naturgewalten der Drakestraße, einer der gefürchtetsten Wasserstraßen der Welt, aus dem Weg gehen konnte. Kurz vor Mitternacht kam dann der lang ersehnte Anruf vom Flughafen, Kruschnaas Gepäck war da. Unsere Antarktisexpedition konnte beginnen.

16. Dezember 2012

Ich war früh auf, hatte meinen Rucksack gepackt und saß schon vor sieben Uhr mit Scott in der Lobby, aber kein Anruf kam. Statt dessen gab es Frühstück. Unsere zweite Chance würde um zehn Uhr kommen. Wir warteten ungeduldig. Um halb elf rief Andrej endlich an und sagte, dass das Wetter nicht gut sei und wir nicht fliegen könnten. Um zwölf Uhr würde er uns wieder anrufen. Um 12:15 Uhr klingelte das Telefon an der Rezeption. Andrej war dran und rief nur kurz: »Macht euch bereit, in einer halben Stunde kommt der Bus und holt euch ab.«

Scott schüttelte den Kopf, weil er es nicht glauben konnte. Es war seine fünfte Saison in der Antarktis und so schnell war er noch nie ausgeflogen.

Wir waren eine lustige Gruppe, die angeführt von Andrej durch den Flughafen wanderte, oder besser gesagt knirschte, denn alle hatten die Expeditionsstiefel an, die Japaner dazu sogar die Daunenanzüge, und watschelten, Reisepass in der Hand, im Gänsemarsch hinter unserem Anführer her. Draußen auf dem Rollfeld stand, stolz alle anderen Flugzeuge überragend, die Iljuschin, das schönste Flugzeug, das ich je gesehen hatte: den Kopf hoch gestreckt mit gläsernem Hals und breiten Schultern, aus denen die Flügel hinausragten. Eine schmale Leiter führte hinauf in den Rumpf, in den ein Abenteurer nach dem anderen verschwand. Drinnen hieß uns Anatoli, der Flugkapitän, willkommen. In der Mitte des riesigen Rumpfes reihten sich wie in einem Kino in purpurfarbenem Samt acht Stuhlreihen hintereinander, auf denen wir

Platz nahmen. Für diese Saison waren zum ersten Mal Stuhlreihen eingebaut worden, früher mussten die Abenteurer noch seitlich auf umklappbaren Holzbänken an der Wand sitzen, erklärte Andrej. Wir waren insgesamt zwanzig Fluggäste: Denise, Paul und Scott, vier Japaner, Kruschnaa, Cristina und ich, ein internationales Mount-Vinson-Team mit Noel, Pat, Vladimir, Pjötr und Victor, dem russischen Bergführer, eine Südpolexpedition mit vier Engländern und Nick.

Andrej zeigte uns die Sicherheitsvorkehrungen, Sauerstoffmasken und Schwimmwesten. »Unsere Flugzeit beträgt insgesamt etwa fünf Stunden. In einer halben Stunde werden wir in Ushuaia zwischenlanden und zwanzig Wissenschaftler aus Argentinien mit an Bord nehmen. Dann geht es hinaus über den südlichen Ozean Richtung Antarktis. Es sind 1200 Kilometer bis Patriot Hills. Ihr könnt jetzt die Stöpsel in die Ohren stecken. Es geht gleich los.«

Obwohl die Iljuschin archaisch wirkte, hob sie erstaunlich sanft ab und schwebte zu ohrenbetäubendem Grollen, das durch die orangefarbenen Ohrenstöpsel nur wenig gedämpft zu uns drang, hinauf in die blauen Lüfte. Nur ein kleines Fenster weit oben in der Seitenwand ließ erahnen, wo wir waren, dem Himmel auf jeden Fall näher. Zwanzig Minuten später landeten wir in Ushuaia. Die Tür öffnete sich zu grauem Nieselregen und zwanzig Männer in gelbschwarzen Daunenanzügen kletterten an Board und nahmen Platz. Andrej wiederholte sein Sicherheitsbriefing. Dann ging es wieder hinauf, diesmal Richtung Antarktis über das wilde Südmeer. Nick und Andrej servierten Sandwiches und Cola. Abwechselnd schauten wir aus dem kleinen Fenster in den blauen Himmel hinaus. Als wir schon mehrere Stunden geflogen waren, lud uns Anatoli in kleinen Gruppen in sein Cockpit ein. Die Aussicht war gigantisch. Wir konnten am Horizont schon die ersten Eisschollen erkennen. Weil wir vor Neugierde platzten, redeten wir so lange auf Andrej ein, bis er uns einen Einblick in den gläsernen Hals der Iljuschin gewährte. Wir krochen vorsichtig auf Händen und Knien nach vorne und konnten durch die dicken Glasfenster hinunterschauen. Zwischen den Federwolken, die über weite Teile des Meeres zogen, konnte man sehen, wie die Eisschollen sich langsam verdichteten, größer wurden, Inseln formten.

Plötzlich rief Cristina: »Eisbär.«

Alle zuckten. »Wo? Wo?«

Dann brach sie in schallendes Gelächter aus. Eisbären gibt es in der Antarktis nicht. Nur Pinguine, aber die konnte man aus dieser Höhe nicht sehen. Eine Stunde später schwebten wir im Sinkflug zur Landung, setzten plötzlich auf und holperten in rasendem Tempo über die unebene Blaueispiste. Nach einer Weile wurde das Ruckeln sanfter und wir rollten hinaus, weiter und weiter, bis die Iljuschin zum Stehen kam. Lautes Klatschen, Erleichterung. Andrej öffnete die Tür, hängte die Leiter ein und grelles Licht drang zu uns herein, als er von der Tür zurücktrat. Es war 22 Uhr und die Sonne stand hoch am Himmel.

»Willkommen im antarktischen Sommer«, sagte Andrej.

Vorsichtig stiegen wir über die Leiter auf das blanke blaue Eis hinaus. Die Sonne blendete. Eine weiße, weite Wüste breitete sich nach allen Richtungen aus. Nick ging voraus und wir wanderten wie ein Schwarm Pinguine hinterher zu unser Kolonie, Patriot Hills Camp. Die Kälte war klirrend und trocken, aber die Strahlen der Sonne wärmten. Die Weite wurde nur von ein paar dunklen Hügeln gebrochen, die wie Rückenflossen einer Delfinschule aus dem Gletscher ragten und dann wieder im Eismeer verschwanden.

Patriot Hills Camp, 1500 Meter

Nach einer viertel Stunde tauchten die Zelte einer einsamen Oase auf. In der Mitte stand das Küchenzelt, daneben gab es zwei Toilettenhäuschen, links davon waren ein Werkstattzelt für die Mechaniker, ein Kommunikationszelt mit Satellitentelefon und ein kleines Sanitätszelt, rechts standen in ordentlichen Reihen etwa dreißig kleine Zelte, sogenannte »clam tents«, weil sie die Form einer Muschel hatten und dadurch besonders windbeständig waren. Dort wohnten die Mitarbeiter und Abenteurer jeweils zu zweit. Nick führte uns direkt ins Küchenzelt. Es gab einen Vorraum, wo wir unsere Daunenjacken aufhängen und die Stiefel mit einem Besen vom Schnee befreien konnten, bevor wir in das Hauptzelt traten. Dieses war etwa sechs Meter breit, mindestens zwanzig Meter lang und fast drei Meter hoch, hell und himmlisch warm. Dort standen mehrere lange Tische mit Stühlen, die genug Platz für alle Bewohner des Camps boten. Im hinteren Teil befand sich eine offene Küche, in der gekocht wurde und jeder sich selbst bedienen konnte. Es gab Iljuschin Stew, ein besonders leckeres Gulasch für die Neuankömmlinge. Wir stürzten uns darauf, als hätten wir seit Tagen nichts gegessen. Eigentlich hätten wir hundemüde sein sollen, aber das Sonnenlicht, das durch die helle Zeltplane drang, hielt uns wach. Erst als Scott kam und sagte, dass es schon weit nach Mitternacht sei, brachen wir auf, um unsere Zelte und unser Gepäck für die Nacht zu suchen.

Cristina und ich teilten uns ein Zelt. Es war gemütlich, hatte zwei Betten mit richtigen Matratzen und einen kleinen Tisch mit Waschschüssel. Auspacken und Zähneputzen dauerte in der eisigen Kälte nur fünf Minuten. Dann lagen wir schon eingemummt in unseren Schlafsäcken. Die Augenmaske verdunkelte die antarktische Mitternachtssonne und ich lauschte den Geräuschen der sogenannten Nacht. Knirschende Stiefel im gefrorenen Schnee verloren sich in der Ferne, Stimmen unterhielten sich leise wie Flüstern im Wind, plötzlich schlug eine Tür, Schritte kamen näher, hielten inne, ein Murmeln, Schritte entfernten sich. Jemand suchte sein Zelt. Sie sahen alle gleich aus und standen in ordentlichen Reihen jeweils fünf Meter voneinander entfernt. Es wurde stiller und stiller im Camp. Irgendwann schlief ich ein und wachte erst zu Cristinas Wecker wieder auf. Warum sie ihn gestellt hatte, wusste sie selber nicht, denn wir hatten keinen Plan für unseren ersten Tag in der Antarktis. Im Küchenzelt stand das Frühstück bereit, frisches Obst, Müsliflocken, Toast und Eier mit Speck. Es gab keine festen Zeiten für das Frühstück, jeder kam, wann er wollte, und nahm sich, was er mochte. Dadurch, dass die Sonne immer schien, gab es keine Not, den Tag in Stunden einzugrenzen, und ich spürte, wie sich schon beim ersten Frühstück eine herrliche Zeitlosigkeit in mir ausbreitete und Urlaubsstimmung einzog.

Als auch die anderen aus unserer Gruppe eingetrudelt waren, kam Lee, die Camp Managerin, an unseren Tisch und stellte sich vor. Sie wies uns kurz in die Gepflogenheiten des Camplebens ein: »Es kann sein, dass ihr über eine Woche hier seid, bevor wir euch zum Basecamp ausfliegen können, also gibt es ein paar Regeln. Jeder, der das Camp verlässt, trägt sich bitte vorne auf dem Schwarzen Brett ein, wer, wann, wohin und vor allem die geplante Rückkehr. In einem Schneesturm kann man leicht verloren gehen. Wenn wir wissen, wohin ihr aufgebrochen seid, dann können wir euch suchen. Wenn ihr wollt, könnt ihr auch ein Funkgerät mitnehmen. Die gibt es bei Brad im Kommunikationszelt. Dort ist auch das Satellitentelefon. Einziges »No Go« sind die Landebahnen für die Twinotter. Sie sind mit schwarzen Markierungsfähnchen gekennzeichnet. Sonst könnt ihr überall herumwandern. Es gibt keine Gletscherspalten hier auf dem Plateau.«

Sie empfahl uns noch, ausreichend Sonnencreme aufzutragen, immer die Sonnenbrillen aufzusetzen, genügend Proviant und Wasser auf Wanderungen mitzunehmen, und warnte uns vor dem schwierigen Abschätzen der Zeit und der Entfernungen in der Antarktis.

»Nehmt immer eure Daunen mit. Schon beim kleinsten Wind spürt ihr die bittere Kälte. Im Moment ist es sehr warm, aber das kann sich blitzschnell ändern.«

Im Küchenzelt war auch eine Bücher- und Spieleecke eingerichtet, wo wir uns bei schlechtem Wetter die Zeit des Wartens vertreiben konnten. Einmal in der Woche sollte es einen Filmabend geben.

Wanderung in die Patriot Hills

Beim Frühstück schlug Scott vor, eine Wanderung in die Patriot Hills zu unternehmen, und alle waren sofort begeistert dabei. Die vier Japaner, Tanaka, Suzuki, Oche und Kent, Denise und Paul, Kruschnaa, Cristina und ich traten kurze Zeit später in voller Expeditionsmontur mit Rucksäcken, Steigeisen und Skistöcken ausgerüstet zum ersten antarktischen Ausflug an. Wir konnten Nick überreden, mit uns zu kommen, worüber sich alle freuten, denn er wusste fast alles über die Antarktis und wir hatten tausend Fragen. Wir folgten dem Trampelpfad zur Blaueislandebahn. Die Sonne leuchtete durch das blankgefegte Eis und ich hatte das Gefühl, dass wir in die Untiefen des gefrorenen Wassers hinunterschauen konnten. Wenn ein Delfin oder ein Wal unter uns vorbei geschwommen wäre, wären wir wahrscheinlich nicht erstaunt gewesen.

Auf den ersten Blick wirkte die Gletscherlandschaft wie eine flache Ebene. Als wir an den Patriot Hills an Land gingen und ich zurückschaute, konnte ich sehen, dass das starre Eismeer sich in weiten Wellen auf und nieder drückte, als wäre die See bei sanftem Wellengang erfroren. Die Wellen hatten uns an den Strand gespült und die zerborstenen Felsbrocken unter unseren Steigeisen knirschten wie Muscheln und zerbrochene Korallenstücke. Es war ein komisches Gefühl, vom Eis auf den Fels zu steigen. Es fühlte sich an, als hätten wir plötzlich festen Boden unter den Füßen. Wir nahmen die Steigeisen ab und zogen die Daunenjacken aus. Die Sonnenstrahlen waren warm und der dunkle Felsboden schien die Wärme einzufangen. Die Luft war still. Wir stiegen über ein breites Geröllfeld auf. Das Camp, das unten vom Strand aus nicht zu sehen gewesen war, weil die Wogen es verdeckt hatten, tauchte wieder auf. Jedes Mal, wenn ich mich umdrehte, um zurückzuschauen, wurde es kleiner, sodass die Zeltoase bald nur noch zu erkennen war, weil die lange, blaue Landebahn dicht daneben lag. Diese war kantig ausgeschnitten, etwa vier Kilometer lang und wurde von drei Schneeraupen bewacht, die sie stets von heranwehendem Schnee befreiten. Die Landebahn war der einzige Beweis, dass der Mensch in die Stille der Eiswüste eingedrungen war und einen Platz zur Besitzergreifung herausgeschnitzt hatte. Unser Camp dagegen sah aus, als hätte jemand achtlos ein paar Steine in den Schnee geworfen.

Wir stiegen über ein Schneefeld zum Gipfel der Patriot Hills auf. Der Ausblick auf die andere Seite der Hügelkette war spektakulär und wir standen lange Zeit am Gipfel und schauten staunend hinaus. Vor uns fielen Steilhänge in die Tiefe, bis sie etwa achthundert Meter weiter unten im Gletschermeer verschwanden. Ein paar Kilometer entfernt ragte eine Berglandschaft aus dem Meer, ein gewaltiges Gebirge mit türkisblauen Gletschern und dunklen Felswänden, unberührt und still. Ich hatte viele Vorstellungen von der Antarktis gehabt, aber nie diesen außerirdischen Zauber, den sie ausstrahlte. Eine Schöpfung des Himmels, liebevoll geformt, schroff und rau und zutiefst berührend. Es wirkte, als wären die Bergketten gerade erst aus dem Urmeer aufgetaucht, als reckten sie ihre felsigen Köpfe zum ersten Mal in den Himmel. Und wir durften dabei sein, zuschauen, wie sie das Licht der Welt erblickten.

Nick erzählte uns von Gondwana, dem Urkontinent, der sich vor über zweihundert Millionen Jahren auf der Südhalbkugel der Erde befand. Die antarktische Landmasse war ein Teil dieses Megakontinents gewesen, wie auch Afrika, Australien, Madagaskar und Indien. Antarktika, das damals im Herzen von Gondwana in Äquatornähe lag, war im Erdmittelalter, vor zweihundert bis dreihundert Millionen Jahren, ein warmer Ort gewesen, mit großen Urwäldern und Dinosauriern.

»Das konnten Wissenschaftler anhand von Fossilfunden nachweisen. Auch hat man in der Antarktis die gleichen Gesteinszusammensetzungen gefunden, die es auch in Afrika und Indien gibt. Die Kontinente waren in ihrer Entstehungsgeschichte also sicher miteinander verbunden«, wusste Nick.

Nach dem Auseinanderbrechen Gondwanas prallte Afrika dann auf Europa und faltete die Alpen auf, und Indien auf Asien, wodurch der Himalaya in die Höhe wuchs. Antarktika aber driftete südwärts und erreichte vor etwa hundertzwanzig Millionen Jahren die Südpollage.

»Aus dem tropischen Paradies wurde langsam eine Eiswüste, wobei die geringe Sonneneinstrahlung nur ein Grund dafür war. Erst vor etwa dreißig Millionen Jahren, als sich die anderen Kontinente ganz von der Antarktis gelöst hatten und die kalten Meeresströme ungehindert um den Kontinent zirkulieren konnten, hat sich die Eisdecke geschlossen. Inzwischen ist der Eispanzer der Antarktis an manchen Stellen über viertausend Meter dick«, führte Nick weiter aus.

Der Wind hob an zu einer leichte Brise, die herrlich kühlte. Wir feierten unseren ersten Antarktisgipfel mit einer Tasse Tee und Keksen und folgten dann dem Grat der Hügelkette weiter hinaus. Manchmal ging es über schmale Schneefelder hinab, manchmal über schroffes Felsgeröll und dann wieder hinauf auf den ausgesetzten Grat, über den wir stolzierten wie Götter, die ihr Reich besichtigen. In der Ferne konnte man eine schmale Spur sehen, die vom Camp in gerader Linie hinaus führte. Es war die Absturzstelle eines kleinen Flugzeugs, das seit vielen Jahren dort im Eis lag, erzählte Nick. Wir wollten es in den nächsten Tagen genauer in Augenschein nehmen. Die Idee, einfach den Rucksack zu packen und durch die Eiswüste zu wandern, war wunderbar, wo wir doch vielleicht noch viele Tage in Patriot Hills verbringen würden, vor oder nach der Expedition zum Mount Vinson. Das Wetter war herrlich und angenehm kalt. Der Grat fiel langsam ab und unsere Schritte wurden länger. Als wir uns Windy Corner näherten, hob der Wind tatsächlich zu einer kräftigen Böe an, sodass wir die Daunenjacken bis oben schlossen und die Mützen aufsetzten. Der Wind trug in Sekundenschnelle die wärmenden Strahlen der Sonne fort. Um ihm zu entkommen, stapfte Scott mit langen Schritten über ein Schneefeld hinunter auf die eisigen Ausläufer der Landebahn. Wir stiegen hinterher. Mein Magen knurrte. Unmerklich waren die Stunden vorbeigezogen. Die Sonne stand hoch am Himmel, aber es war schon kurz vor sieben und im Camp gab es bald Abendessen.

Wir hatten den ganzen Tag außer ein paar Keksen nichts gegessen und fielen direkt ins Küchenzelt ein. Das Abendessen war noch nicht fertig, aber wir lungerten so lange um den Koch herum, bis er uns eine Schüssel übrig gebliebener Hot Dog Rollen vom Lunch hinstellte.

»Noch zehn Minuten«, brummte er.

Eine Ewigkeit. Wir beschlossen, die Wartezeit mit einem Monopolyspiel zu überbrücken. Paul brachte das Spiel, Denise verteilte das Geld. Das Küchenzelt füllte sich langsam. Ein paar Argentinier setzten sich zu uns, die anderen spielten vor dem Küchenzelt Fußball. Gerade als Kruschnaa die Würfel rollen wollte, rauschte Lee plötzlich ins Küchenzelt. Sie stach auf unseren Tisch zu, hob den ausgestreckten Zeigefinger und holte aus. »Cristina, Kruschnaa, Helga – Abmarsch. Packt eure Taschen, ihr fliegt ins Basecamp. Ihr seid mit den Japanern und Scott in der ersten Maschine.«

Kruschnaa ließ die Würfel fallen.

Cristina maulte, »aber wir haben den ganzen Tag noch nichts gegessen.«

»Essen könnt ihr später, ihr habt fünf Minuten zum Packen, dann holen wir euer Gepäck«, bestimmte Lee.

»Und wir?«, fragte Paul entsetzt und zeigte auf sich und Denise.

»Ihr seid in der zweiten Maschine mit dem russischen Team. Ihr könnt in Ruhe Abendessen«, antwortete Lee und rauschte wieder davon.

Mount Vinson! So schnell hatte niemand von uns damit gerechnet. Der Urlaub war vorbei und wir waren noch keine vierundzwanzig Stunden in Patriot Hills. Wie ein Wirbelwind packte ich meine Tasche. Fünf Minuten später, pünktlich zum Gong, waren wir zurück im Küchenzelt und beluden unsere Teller mit Rinderbraten,

Blaukraut, grünen Bohnen und Kartoffelgratin. Denise und Paul machten lange Gesichter. Ob sie wirklich noch heute fliegen würden? Es war schon kurz vor neun Uhr.

»Eine Stunde Flug zum Basecamp, ausladen, einladen, eine Stunde zurück. Frühestens um halb zwölf wäre die Twinotter zurück«, rechnete Paul. »Ob sie dann um Mitternacht noch mal rausfliegt?«

Denise schüttelte enttäuscht den Kopf.

Die Twinotter hatte nur acht Sitze und jeder bekam einen Fensterplatz. »Sauerstoffmasken gibt es keine, so hoch fliegen wir nicht«, verkündete Megan, Copilotin und Purser. »Bitte während des ganzen Fluges angeschnallt bleiben, passend zur Reise der Film Antarktika, der im Fenster läuft, essen und trinken könnt ihr das, was ihr mitgebracht habt.«

Wenige Minuten später brummten die Motoren und die Schlittenkufen bewegten sich über den Schnee. Die Twinotter drehte, beschleunigte und hob ab. Das Camp verschwand im Gletschermeer. Wir hielten auf eine Reihe von Bergketten zu und folgten den Zügen der Felsrücken. Sanft erhoben sich die Gipfelspitzen aus dem Meer, umspült von weißem Eis, das aussah wie Sand, der sich an die Küstenlinien zu schmiegen schien. Manchmal sahen die Felswände aus wie mächtige Schutzwälle einer Burg, dann brachen einzelne Flanken ab und tauchten wieder unter. Die Winterlandschaft brach sich im Licht von strahlendem Kreideweiß bis zum kalten Blau der Schattenwände. Am Horizont erhoben sich Federwolken in schmalen Streifen und darüber Himmelsblau, tiefer und tiefer, bis die Sonne blendete. Wir waren schon fast eine Stunde geflogen, als sich das Meer unter uns änderte. Wilde See brauste auf, dunkelblaue, gebrochene Linien durchzogen das aufgesprungene Eis. Der Gletscher brach in unordentlichen Wellen von den Vorbergen des Ellsworth-Gebirges herab und dann waren wir mittendrin. Gewaltige Felswände, tiefe, dunkle Täler, schroffe Bergkämme. Wir tauchten ein in die höchste Bergkette der Antarktis und landeten wenig später auf einem kleinen Hochplateau am Fuße eines gebirgigen Amphitheaters im Schnee.

Basecamp Mount Vinson, 2100 Meter

Die fünfköpfige Basecamp Crew erwartete uns, wie es sich eigentlich nur für ein Fünfsternehotel gebührte, vor dem unsichtbaren Tor des Luxusresorts. Sie standen in einer ordentlichen Reihe nebeneinander und winkten, als wir auf die Landebahn staubten: Fran, die Köchin aus England, Chris, Basecamp Manager aus Montana, Tim, Bergführer aus Colorado, Namgya, Bergführer aus Nepal, und mitten drin Patchi aus Chile, unsere Bergführerin. Sie strahlte über das ganze Gesicht und war mir sofort sympathisch. Während die anderen anpackten, um das Flugzeug zu entladen und das Gepäck auf Schlitten zu verteilen, rief Fran mit erhobener Stimme und hochtonigem britischem Akzent: »Tea is ready!«, und stapfte allen voran auf dem kleinen Trampelpfad Richtung Camp. Direkt vor uns, hoch am Himmel, lugte die Gipfelspitze des Mount Vinson über einen felsigen Grat und hieß uns willkommen. Links und rechts neben dem Pfad standen kleinere und größere Zelte, die einen für die Crew, die anderen Zweimannzelte für uns. Mittendrin residierte Fran in einem langgezogenen rosafarbenen Zelt, das Küche, Wohnstube, Kommunikations- und Essenszelt in einem war. Es war gemütlich. Durch den hellen Stoff des Zeltdachs drang das Sonnenlicht und ein kleiner Gasofen nahm die frostige Kälte. Fran servierte Tee. Tanaka reichte eine Tüte getrockneter Silberfische in die Runde, die knusprig und salzig wie Chips schmeckten. Oche, der älteste von den Japanern, lächelte versonnen. Er hatte einen weißen längeren Bart und verschmitzte Knopfaugen. Meine Kinder hätten ihn bestimmt mit großen Augen angestrahlt, denn in seinem roten Daunenanzug sah er aus wie der Weihnachtsmann, auch wenn sein Bart etwas mager war. Er knetete beständig seine Hände, oder besser gesagt, die Stümpfe der Fingerknochen, in die eine und dann in die andere seiner Handflächen. Seine Finger hatte er im Jahr zuvor am Mount Everest verloren. Er erzählte, dass sein Sauerstoffgerät plötzlich nicht mehr funktioniert hatte und er an der Zweiten Stufe umkehren musste. Die schlimmsten Schmerzen hatte er in Camp 3, als er mit einem der Sherpas versucht hatte, die Finger in einer Wasserschüssel wieder aufzutauen. Kent und Tanaka waren weiter zum Gipfel gestiegen. Oche wollte zurück zum Everest, trotz seiner Hände.

»Nächstes Jahr, Suzuki und ich!«, rief er und hielt seinen Handstumpf wie eine Faust in die Luft. Suzuki, der jüngste im Team, war erst zwanzig Jahre alt und strahlte über das ganze Gesicht. Die vier waren Freunde aus dem japanischen Alpinclub.

Kurz vor Mitternacht ging der Ofen aus und wir machten uns auf zu unseren Zelten. Es herrschten minus 25 Grad im Basecamp, weil es durch die umliegenden Fels- und Gletscherwände vom Wind geschützt war, und fühlte sich nicht zu kalt an. Zweimal in der Nacht würde die Sonne für kurze Zeit hinter einem der Gipfel verschwinden und unseren Platz in Schatten tauchen, hatte Fran gesagt. Dann würde es richtig kalt werden im Camp. Ich teilte mir ein Zelt mit Kruschnaa und wir richteten uns ein. Viel Platz war nicht für unsere Ausrüstung, aber das meiste zogen wir ohnehin an, um der Kälte zu trotzen. Kruschnaa rollte sich samt Daunenjacke und -hose in ihren Schlafsack wie ein Murmeltier. Später im Halbschlaf hörte ich noch das Aufbrausen der Twinotter im Schnee und Stimmengewirr. Der Rest unseres Teams war gelandet. Eine Weile später brummte das kleine Flugzeug wieder ab und die knirschenden Schritte im Schnee verloren sich in den Sonnenstrahlen der Nacht.

Basecamp, 18. Dezember

Wir trafen uns zum Frühstück im Küchenzelt. Chris servierte Pfannkuchen, Tee und Kaffee. Scott, Denise und Paul waren ausgeschlafen. Unsere Teams waren komplett. Tim und Namgya würden mit den vier Japanern in einem Team gehen, Scott mit Denise und Paul, und Patchi mit Kruschnaa, Cristina und mir. Das Wetter hätte schöner nicht sein können und Chris bestätigte, dass es für die nächsten Tage so bleiben sollte. Warm und windstill, sodass wir die Gelegenheit beim Schopf packen sollten. Tim, Namgya und Patchi beschlossen, schon nachmittags mit uns zum Low Camp aufzusteigen. Scott wollte mit Denise und Paul erst noch die Tourenski testen, ein paar Abfahrten wagen und dann am nächsten Tag zu uns aufschließen. Low Camp lag sechshundert Meter höher und etwa fünf Stunden Fußmarsch entfernt. Der Aufstieg führte direkt auf die Branscomb-Wand zu und dann links an ihr entlang, insgesamt fast acht Kilometer auf ein höheres Gletscherplateau. Im Low Camp wollten wir zwei Nächte verbringen, um uns an die Höhe zu gewöhnen und dann weiter zum High Camp auf 3800 Meter aufsteigen. Bis zum Low Camp konnten wir unser Gepäck, Zelte, Vorräte, Schlafsäcke und die Kletterausrüstung auf Schlitten transportieren, beim Aufstieg zum High Camp allerdings mussten wir alles im Rucksack tragen, weil die Wand, durch die die Route führte, für Schlitten zu steil war. Das würde ein langer, harter Tag werden, und es war besser, wenn wir uns davor ausreichend an die Höhe gewöhnt hätten, meinten Patchi und Tim. Vom High Camp aus führte der Gipfelanstieg wieder an der Branscomb-Wand entlang, diesmal in entgegengesetzter Richtung und über tausend Meter höher, sodass wir vom Gipfel direkt auf unser Basecamp hinunterschauen konnten. Es gab auch eine Abkürzung durch eine steile Schnee- und Eiswand, die der direkte Weg hinauf zur kleinen felsigen Gipfelpyramide gewesen wäre. Aber die führte über zweitausend Meter in einem Stück nach oben und bot keinen geeigneten Übernachtungsplatz. Zwei Bergführer aus dem ALE Antarktika Team hatten die Wand schon durchstiegen. Aber für uns war sie nicht geeignet. Oder besser gesagt, wir nicht für die Wand.

Ich packte alle schweren Sachen meiner Ausrüstung in einen großen Seesack und schnürte ihn auf dem Schlitten fest. Nun musste ich nur noch einen leichten Rucksack tragen. Ich war zum ersten Mal mit Schlitten unterwegs und nicht sicher, ob ich ein gutes Zugpferd abgeben würde. Kruschnaa hatte den Schlitten kritisch beäugt und dann beschlossen, alles in ihrem Rucksack zu tragen. Sie wirkte kräftig, war nach eigenen Worten die stärkste Frau in der indischen Bergführerschule, wo sie eine Ausbildung gemacht hatte. Im Jahr zuvor hatte sie den Mount Everest bestiegen und war mit damals neunzehn Jahren die jüngste Inderin gewesen, die das geschafft hatte. Sie erinnerte mich an ein Sherpamädchen und schien Bärenkräfte zu haben. Cristina hatte sich auch dem Schlitten verweigert und ihren Rucksack auf die Schultern gehievt. Er war riesig und überall war noch zusätzlich etwas angebunden, das mit ihren Bewegungen hin- und herschwang. Ihre ganzen Habseligkeiten schienen in diesem Rucksack zu stecken und irgendwie wirkte sie heimatlos und überfordert. Ihr Daunenanzug war mindestens eine Nummer zu groß und ließ sie noch schmäler wirken als sie war. Und viel war nicht dran an ihr, aber sie war zäh und entschlossen, dies allen zu beweisen. Patchi war sich nicht sicher, ob Cristina das schaffen würde, aber sie schüttelte nur gutmütig den Kopf, nachdem sie vergeblich versucht hatte, Cristina zu einem Schlitten zu überreden. Sollte Cristina unter dem Gewicht ihres Rucksacks zusammenbrechen, könnten wir immer noch unsere beiden Schlitten stärker beladen, sagte sie zu mir und zwinkerte. Sie war wunderbar unkompliziert. Beim Frühstück hatte sie uns erzählt, dass sie schon ihre dritte Saison in der Antarktis verbrachte. Sieben Mal war sie mit Teams am Gipfel des Mount Vinson gestanden.

Fran hatte uns nach dem Frühstück noch in ihre unterirdische Schatzhöhle geführt, wo wir aus Kartons Schokoladen, Kekse, Trockenobst und Chips aussuchen durften. Auch hatte sie jedem von uns drei WAG Bags in die Hand gedrückt. Ich hatte mittags noch mit meinem Mann und den Kindern am Satellitentelefon gesprochen. Zu Hause war es »monsterkalt«, hatte Luca gesagt. Sie saßen am Kamin und warteten schon sehnsüchtig auf das Christkind.

Am frühen Nachmittag wanderten wir unter strahlendem Sonnenschein auf einen schmalen Trampelpfad hinaus. Wir waren bald allein mit unserem Berg in der Stille des höchsten antarktischen Gebirges. Überall sonst auf der Welt wären wir auf dieser Höhe in ein grünes Tal aufgebrochen, durch Wälder, Almenwiesen und Latschenhänge gewandert. Vogelgezwitscher hätte uns begleitet und das Rauschen der Bäume im Wind, aber hier war nur Stille, nicht einmal das zarte Flügelschlagen eines verirrten Schmetterlings, den die warme Luft herauf getragen hatte, war zu vernehmen. Die Luft war vollkommen still. Hier wuchs nichts und außer uns bewegte sich niemand. Ich lauschte dem Knirschen meiner Schritte im Schnee. Vor mir streifte das rote Seil durch die schmale Trasse aus Fußstapfen und Schlittenkufen. Die Steigung war sanft und mein Schlitten folgte auf Schritt und Tritt, ohne dass ich sein Gewicht spürte. Die Anstrengung, die ich erwartet hatte, blieb aus und eine stille Leichtigkeit machte sich in mir breit. Die Hast und Eile, Kraftanstrengung und Unruhe, die sich in den letzten Wochen zwischen die Vorfreude gedrängt hatte, hatte sich aufgelöst und ich hatte das Gefühl, endlich wieder frei zu sein.

»Nur die Wasseroberfläche kräuselt sich leicht«, hatte der Dalai Lama gesagt, als er erklärte, was passiert, wenn er sich ärgert. »In der Tiefe bleibt das Wasser ruhig.« Peace of mind, Seelenfrieden, nannte seine Heiligkeit die tiefe kraftvolle Ruhe, die jeder Mensch in sich trägt. Das war ein Bild, das ich mir oft vor Augen hielt, seit ich den Dalai Lama in New York im Central Park gehört hatte. Lama Dorje, der ältere Mönch, bei dem ich damals Tibetisch lernte, hatte mich mit in den Park genommen. Die Worte des Dalai Lama hatten mich in seinen Bann gezogen. Am anderen Ende der Welt, wo das Kräuseln der Wasseroberfläche schon lange zu Eis erstarrt war, hatte ich plötzlich das Gefühl zu erahnen, was er mit Peace of Mind meinte. Eine tiefe Stille, die aus dem Inneren kommt, aus der Meditation, der Kunst, die Gedanken stillstehen zu lassen. Ob das der Zauber der Antarktis war, dass die Zeit stillzustehen schien? Ob die Seele dort endlich frei war, frei vom unaufhörlichen Durcheinander des Lebens?

Wir wanderten auf die große, weiße Branscomb-Wand zu. Darüber schaute noch die steinige Gipfelpyramide des Mount Vinson heraus, aber mit jedem Schritt nach vorne wurde sie kleiner, bis sie schließlich verschwand. Von beiden Seiten fiel der Gletscher zu uns herab, durchbrochen von Spalten und kantigen Eistürmen. Die Sonne brannte, und wir befreiten uns Stück um Stück von den Daunen, Fleecejacken, Schals, Mützen und dicken Handschuhen. Schwitzen in der Antarktis! Ein paar Monate zuvor hatten die Huber Buam, zwei Extrembergsteiger aus Bayern, Schlagzeilen gemacht, weil sie mit nacktem Oberkörper muskelstrotzend im Eis der Antarktis fotografiert worden waren. Wir hätten uns auch bis auf den Bikini entkleiden können. Nicht sehr lange, denn im Schatten war es empfindlich kalt. Nur die Sonnenseite glühte. Meine rechte Hand, die im Schatten ging, musste frieren, die linke schwitzte im leichten Handschuh. Genauso ging es meinen Ohren, das eine fror bläulich schimmernd, das andere brannte feuerrot in der Sonne. Unter der Branscomb-Wand holten wir die Japaner ein. Sie hatten ihre Oberkörper aus den Daunenanzügen geschält. Die wattierten Ärmel hingen seitlich herunter und ließen sie aussehen wie Pinguine. Sie standen um ihre Schlitten und schmausten ihr Lunchpaket. Als wir weiterwanderten, zogen Schleierwolken vor die Sonne und die Spanne zwischen Hitze und Kälte wurde erträglicher.

Low Camp, 2700 Meter

Mitten auf einem weiten Plateau, in respektvoller Distanz zu den unordentlichen Felstürmen und Gletscherabbrüchen der steilen Branscomb-Wand, stand Low Camp. Es war bis an die Zähne bewaffnet, um dem antarktischen Wind zu trotzen. Meterhohe Mauern aus Eisblöcken waren um das Herz des Camps errichtet. Dazwischen war Platz für fünf Zelte und unser Küchenzelt, dessen spitzes Dach wir über einer offenen Eishöhle aufstellten. Durch die bunten Bahnen des Zelts schien die Sonne. Wie bei einem Indianerzelt war im Dach ein Schlitz, durch den die Dämpfe der Kochtöpfe gegen den Himmel wehen konnten. Etwa dreißig Schritte vom Camp entfernt befand sich eine weitere von Menschenhand errichtete Eismauer, die eine Fläche von etwa einem Quadratmeter an drei Seiten umschloss. Wer darin stand oder hockte konnte vor neugierigen Blicken geschützt seine Notdurft verrichten und hatte gleichzeitig einen hervorragenden Blick zum High Camp, das über der Felsenkrone der Branscomb-Wand stand.

Es war leichter gewesen als erwartet, den Schlitten zu ziehen, denn die Kufen waren ohne große Kraftanstrengung über den hart gefrorenen Schnee geglitten. Der Aufstieg in einer Seilschaft bedeutete immer den Verlust von einem Stück Freiheit, aber wir hatten ein für alle angenehmes Tempo gefunden und waren schnell vorangekommen. Um Mitternacht gab es Rindfleischeintopf und Kartoffelpüree. Die Köche von Patriot Hills hatten für uns gekocht, alles tiefgefroren und wir mussten nur noch aufwärmen, was wir essen wollten. Und es schmeckte unvergleichlich besser als jedes Tütenfutter. Alle blickten glücklich von ihren Tellern in die Runde. Auf dem kleinen Gaskocher brodelte der Wassertopf und jeder hielt eine dampfende Tasse in den Händen, um die Finger zu wärmen. Patchi warnte uns, dass die Nacht kalt werden würde, weil die Sonne von drei Uhr nachts bis elf Uhr morgens hinter der Branscomb-Wand verschwinden würde. Aufgeheizt von der Sonne war das Zelt noch warm, als wir hineinkrochen, und ich schlief mit offenem Schlafsack ein. Als ich mitten in der Nacht aufwachte, war die Sonne fort und das kalte, blaue Licht des Schattens lag über unserem Camp. Es war so kalt, dass ich meine Daunenjacke noch über den Schlafsack legte und trotzdem fror. Schneekristalle hatten sich an der

Zeltdecke gebildet und mit jeder Bewegung brachen sie ab und rieselten in mein Gesicht. Ich rutschte tiefer und tiefer in meinen Schlafsack, um der antarktischen Kälte zu entkommen.

Rasttag, Low Camp

Namgya war mit den Japanern gleich nach dem Frühstück aufgebrochen, um zum anderen Ende des Hochplateaus zu wandern. Miamor war fort und Cristina wischte eine Träne aus ihren Augen. Wir hatten beim Frühstück herausgefunden, dass Kent, der stille, schwermütige Kent, der immer so aussah, als würde er gleich in Tränen ausbrechen, in Wirklichkeit Miamor hieß, »meine Liebe« auf Spanisch. »Miamor« hatte Cristina gehaucht und sich weit nach vorne gelehnt, um ihm tief in die Augen zu schauen. Sie konnte, wenn sie wollte. Kent hatte zwar aufgeblickt und seine Augen etwas weiter als sonst geöffnet, aber der feurige Liebhaber, den sie hoffte aus ihm herauszuholen, war nicht erschienen. Oche, Tanaka und Suzuki lachten Tränen, nachdem Oche, der gut Spanisch konnte, Cristinas Worte übersetzt hatte. Als Patchi Kent dann auch noch eine Quesadilla in die Hand drückte und »Miamor« flüsterte, war keiner mehr zu halten. Kent lächelte müde und schien das Aufsehen, das sein Name erregte, nicht zu verstehen. Dann sank er wieder in sich zusammen und blickte unbeteiligt in die Runde. Cristina aber war zu Leben erwacht und erst als Kent im Schlepptau der anderen das Camp verlassen hatte, kam sie wieder zu sich und hörte auf zu lachen. Die dünne Höhenluft hatte uns schon ergriffen. Es war warm und gemütlich in der Sonne und es gab nichts zu tun. Kruschnaa hatte sich gleich nach dem Frühstück in ihren Schlafsack verkrochen, aber Cristina und ich waren abenteuerlustig. Wir überredeten Patchi, den Japanern zu folgen und auch einen Ausflug zu machen.

Wir seilten uns an und folgten den Spuren im Schnee. Es war so warm, dass ich nur eine Lage Fleece unter meiner Jacke trug. Die Daunen steckten im Rucksack, falls der Wind kommen würde. Wir wanderten über den Gletscher. Spalten waren nicht zu sehen, aber es gab sie überall. Der Wind hatte ein unordentliches Wabenmuster, Sastrugi oder Windangeln genannt, in den Schnee gefräst, das aussah wie die schuppige Rinde einer alten Kiefer. Es gab Stellen, da bohrten sich nur die Spitzen der Steigeisen ins harte Eis. An anderen Stellen brach die Oberfläche ein wie die dünne Eisdecke eines Sees und zersplitterte mit lautem Krachen in tausend Einzelstücke. Das jagte mir jedes Mal einen Schrecken ein, weil ich das Gefühl hatte, ich würde gleich zwischen zwei Eisschollen im kalten Wasser versinken. Das war natürlich Unsinn, denn es waren nur wenige Zentimeter tiefe Luftblasen, die vom Eis überzogen waren, aber es dauerte eine Weile, bis ich mich daran gewöhnte. Die kleinste Brise Wind war erfrischend kühl. Aber kaum war es etwas mehr als ein Hauch, musste ich schon meinen Schal um den Hals wickeln und die Daunen anziehen. Nach zwei Stunden erreichten wir das Ende des Hochplateaus. Zwischen den Felswänden, die es begrenzten, befand sich eine Öffnung, zu der wir aufstiegen. Der kleine Pass führte auf eine Schneewechte hinaus, eine Aussichtsplattform, die den Blick auf das antarktische Tiefland freigab. Vor uns fiel der Gletscher hinunter in die Täler des Mount-Vinson-Massivs und floss dann hinaus in die weite, weiße Wüste. Eine perfekt geformte Steinpyramide reckte ihren Kopf vor uns aus dem Eis, den Blick auf die zerborstene dunkle Steilwand des Mount Shinn gerichtet. Mount Shinn, der dritthöchste Berg der Antarktis, stand hinter uns und war mit dem Mount Vinson über die Branscomb-Wand verbunden. Wir schauten lange hinaus über Antarktika, weit über die blankgefegten Ebenen. Auf den ersten Blick sah es aus als, würde eine Decke tiefer Wolken über der Welt liegen, aber je länger ich hinausschaute, desto klarer konnte ich die Gletscher erkennen, die den Kontinent bis zum blauen Band am Horizont bedeckten. Die Stille hatte etwas Erhabenes, Großartiges, Majestätisches. Der Wind hielt inne. Nichts bewegte sich. Die Welt hatte angehalten und die Zeit, die sonst im Sekundentakt tickte, breitete sich aus, mit herrlicher Gleichgültigkeit gegenüber den Nöten und Sorgen, die sie sonst dem Menschen bereitete, im weißen Licht des antarktischen Sommers.

Kaum waren wir zurück im Camp, tauchte ein neuer Schlittenzug unter der Branscomb-Wand auf. Im Gänsemarsch zogen die eingemummten Bergsteiger des russischen Teams ihre hochbeladenen Schlitten hinter sich her. Victor, der Expeditionsleiter, schritt allen voran in seinem dicken roten Daunenanzug, zufrieden wie der

Weihnachtsmann mit seinem Rentiertross. Die Japaner hatten den Angeseilt-im-Team-über-den-Gletscher-wandern-Test noch nicht zur vollen Zufriedenheit ihrer Expeditionsleiter Tim und Namgya absolviert und brachen unter heiterem Gelächter vor dem Abendessen noch einmal zu einem Workshop auf. Scott, Denise und Paul waren schon nachmittags angekommen und hatten ihre Zelte neben uns eingerichtet. Wir halfen Patchi beim Kochen. Später saßen alle im Daunenanzug mit Handschuhen, Wollmütze und dicken Stiefeln dicht gedrängt zu Gulaschsuppe und Pasta im kleinen Küchenzelt, das die Temperatur einer Tiefkühltruhe hatte und uns nicht lang verweilen ließ.

Aufbruch zum High Camp

Am nächsten Morgen waren unsere Rucksäcke schwer bepackt: Zelte, Schlafsäcke, Isoliermatten, Daunenanzüge, Socken und dicke Fleecelagen, Daunenfäustlinge, Balaclava, Kameras und Notfallapotheke, tiefgefrorene Essensvorräte, Schokolade, Kekse, Sonnencreme und Schneebrillen, Thermoskannen, Wasserflaschen, Eispickel und Teleskopstöcke. Alles, was wir für den Aufstieg zum Gipfel in gutem oder schlechtem Wetter brauchten. Und der Unterschied war gewaltig, denn wenn der Wind es wollte, konnten die Temperaturen schnell Richtung minus fünfzig Grad rutschen, und darauf mussten wir vorbereitet sein. Wir würden mindestens drei Nächte im High Camp verbringen, einen Tag zum akklimatisieren, einen für den Aufstieg zum Gipfel und eine dritte Nacht, um uns vom Aufstieg zu erholen, plus einen Reservetag. Das Wetter sah vielversprechend aus, kaum Wind und tiefblauer Himmel, so weit das Auge reichte.

Nach einer Stunde hatten wir den steilen Schneehang der Branscomb-Wand erreicht. Dort starteten die Fixseile und der schwierigere Teil des Aufstiegs begann. Während der ersten Seillänge versuchten wir angeseilt im Team an den Fixseilen aufzusteigen. Patchi voraus, Kruschnaa hinterher, dann ich und zum Schluss Cristina. Das ging nicht lange gut. Kruschnaa hantierte so umständlich abwechselnd mit ihrer Steigklemme und dem Karabiner am Seil herum, dass Patchi sie schon bald wie ein Maultier hinter sich herzog und wir dabei immer langsamer wurden. Cristina schnaubte ungeduldig hinter mir und trat dabei ständig auf das Seil, sodass ich immer wieder abrupt nach hinten gerissen wurde. Dabei hing mein Rucksack mit dem Gewicht eines riesigen Kartoffelsacks an meinen Schultern. Wir wollten beide so schnell wie möglich aufsteigen, aber Kruschnaa diktierte das Tempo, weil der Langsamste das immer tut und eine Seilschaft sich nicht selbst überholen kann. Cristina hatte schon gefühlte hundert Mal entnervt nach Patchi gerufen und diese zu mehr Geschwindigkeit gedrängt, aber Patchi konnte nichts tun, weil Krushnaa sich so langsam bewegte. Es dauerte keine halbe Stunde, da kündigte Cristina die Seilschaft und stieg mit hochrotem Kopf an mir vorbei direkt auf Kruschnaa zu, als wollte sie diese packen und in den Abgrund stürzen. Sie schnaubte kurz, schüttelte den Kopf, stach ihren Eispickel mit voller Kraft in den gefrorenen Schnee und begann auf Spanisch Richtung Patchi loszuschimpfen, während sie weiter zu ihr aufstieg. Der Drache war erwacht. Bei dreißig Grad Steigung war das noch nicht besorgniserregend. Falls Cristina das Gleichgewicht verloren hätte, wäre sie mitsamt ihrem Riesenrucksack wieder hinuntergerollt, in die Arme des russischen Teams, wo die Männer sie bestimmt aufgefangen hätten. Aber Cristina wusste, was sie tat, und als sie ihre Ausführungen beendet hatte, wusste auch Patchi, dass Cristina allein am Seil aufsteigen konnte und nicht doppelt angeseilt werden musste. Ich hob die Hand, um Patchi zu signalisieren, dass ich Cristina begleiten würde.

»Ich werde auf sie aufpassen!«, rief ich Patchi zu.

Cristina blitzte mich mit entsetzten Augen an. Patchi verstand, dass auch meine Geduld nicht ewig halten würde, sollten wir uns weiter in diesem Schneckentempo bewegen, und zuckte die Schultern. Kruschnaa setzte sich in den Schnee, sichtlich erleichtert, dass sie endlich verschnaufen konnte. Patchi war zwar nicht glücklich über unsere Trennung, aber sie ließ uns schließlich gehen.

»Wartet bitte am Felsvorsprung auf uns, wir müssen als Team zusammenbleiben!«, rief sie noch hinterher und wir versprachen, dies zu tun.

Das Gefühl für die Zeit verschwimmt in der Höhe. Distanzen sind in der dünnen Luft nur schwer einzuschätzen. Alles scheint immer näher als es ist, und dazu kommt, dass die Schritte unmerklich langsamer werden, je höher man aufsteigt, weil die Anstrengung, die jegliche Fortbewegung erfordert, stetig zunimmt. Als ich beim Einstieg in die Wand zu den Felsen hinaufgeschaut hatte, dachte ich, wir würden in einer Stunde leicht dort oben sein, aber wir brauchten mehr als zwei. Als wir die Felsen erreicht hatten, packten wir die Thermoskannen aus und machten es uns in der Sonne gemütlich. Cristinas Laune hatte sich zusehends gebessert. Sie war in einem erstaunlichen Tempo vor mir aufgestiegen, auch wenn ihre Bewegungen fahrig waren und sie so aussah, als würde sie jeden Moment unter dem Gewicht ihres XL-Rucksacks zusammenbrechen. Das russische Team rückte als erstes zu uns auf. Ordentlich angeseilt, mit gleichmäßigem Abstand, stieg einer nach dem anderen hinter Victor her, der ein strenges Tempo vorgab. Die Männer keuchten zwar und hatten hochrote Köpfe, aber sie beschwerten sich nicht. Männer sind wahrscheinlich doch disziplinierter, was Seilschaften angeht.

»Paaaatchiiiiiii«, klang die gequälte Stimme von Cristina erneut von unten herauf. Diesmal blieb Patchi ungerührt. Sie hatte uns nach der Pause in den Felsen wieder ans Seil genommen, denn der Aufstieg in den letzten zwei Seillängen war steiler als zuvor und diesmal bestand sie darauf, dass wir als Team zusammenbleiben. Kruschnaa war langsamer, als wir alle gedacht hatten, und Cristina ungeduldiger als erträglich. Sie hatte ihre Kopfhörer auf und stapfte wütend hinterher. Wir hatten die Lasten verteilt und Plätze getauscht, so dass Kruschnaa jetzt hinter mir war, um die Teamarbeit zu verbessern, aber wir kamen nur langsam voran. Die anderen Teams waren längst über den Grat entschwunden, als wir das Ende der Fixseile erreichten. Ich hatte gedacht, dass das High Camp vom Grat aus schon zu sehen wäre, aber der kleine Trampelpfad, dem wir folgten, verschwand am Horizont und mit ihm die orangefarbenen Fähnchen, die den Weg markierten. Ich begann meine Schritte zu zählen und ermunterte Kruschnaa dasselbe zu tun, damit wir endlich einen gleichmäßigen Rhythmus finden konnten.

»And one, and two, and three, and four«, begann ich zu zählen, bis fünfzehn, dann über den Eispickel lehnen, die Schultern entlasten, zwanzig Mal tief einatmen und wieder fünfzehn Schritte. Es wurde besser, für alle, für eine Weile. Dann wurde Kruschnaa noch langsamer und stockte zwischen den Schritten. Bald schafften wir nur noch acht Schritte am Stück. Cristina bellte von hinten wie ein

Straßenköter. Ich schaute hinaus. Es hatte keinen Sinn, sich aufzuregen. Mount Shinn ragte vor uns in den Himmel hinauf. Unter uns brach der Gletscher auf und die scharfen Eiskanten leuchteten in hellen Blautönen. Die Luft war warm und wir hatten Zeit. Cristina nicht, sie war genervt und stapfte auf der Überholspur an Krushnaa vorbei. Als Patchi das sah, wurde sie wütend.

»Cristina, willst du Kruschnaa und ihren Rucksack zum Camp tragen oder was hast du vor? Reiß dich zusammen. Es ist für uns alle schwer. Gib ihr was zu trinken und pass auf, dass sie durchhält«, ermahnte sie Patchi.

Cristina schnaubte, aber sie wagte es nicht, Patchi zu überholen. Sie stapfte wütend neben Krushnaa her, das Seil in der Hand, und machte ihr den Aufstieg zur Hölle.

Die Rettung kam von oben. Über der nächsten Bergkuppe tauchte plötzlich ein Bergsteiger auf und winkte.

»High Camp! Ihr habt es fast geschafft!«, rief er.

Ein erleichtertes Grinsen erhellte Kruschnaas Gesicht und sie setzte sich in den Schnee. Cristina befreite sich vom Seil, murmelte entschuldigend etwas von Blasen an den Füßen und stapfte davon. Ich setzte mich zu Kruschnaa. Wenn wir schon fast da waren, brauchten wir uns nicht mehr zu beeilen. Die Sonne würde hier oben ohnehin nicht untergehen, wenigstens nicht bis Februar.

High Camp, 3600 Meter

High Camp lag in einer windgeschützten Mulde etwas unterhalb des Grats der Branscomb-Wand. Am Grat hatte der Wind die Felsen blankgefegt, sodass sie wie die kantigen Türme einer Festung hervorstachen. Hinter ihnen fiel die steile Branscomb-Wand tausend Meter in die Tiefe, auf den Gletscherboden, wo Low Camp lag. Wie eine dicke weiße Schlange wand sich das Band des Gletschers durch bläulich marmorierte Hügel, in denen das alles überstrahlende Licht der Sonne selbst die Schatten zum Leuchten brachte; manchmal versperrte ihm die dunkle Rückenflosse einer kantigen Bergkette den Weg, dann schwappte das weiße Band an ihren Flanken hinauf, brach in tausend geriffelte Gletscherspalten auf und suchte sich einen neuen Weg durch das Labyrinth des Ellsworth-Gebirges, bis es in der Ferne mit dem antarktischen Gletschermeer verschmolz. Ich stand lange zwischen den Felsen und schaute hinaus. Die Sonne wärmte mein Gesicht. Die Nacht war so kalt gewesen, dass ich mit Daunenjacke, Schal, Mütze und zwei heißen Wasserflaschen in meinem Schlafsack gelegen und trotzdem gefroren hatte. Die Japaner waren am Morgen zum Gipfel aufgebrochen, mit Cristina im Schlepptau. Sie hatte so lange auf Tim und Namgya eingeredet, und ihnen hoch und heilig versprochen, eine vorbildliche Seilpartnerin zu sein, bis diese sich schließlich hatten erweichen lassen. Das Wetter hätte besser nicht sein können. Kein Lüftchen rührte sich und nach allen Seiten leuchtete ein strahlend blauer Himmel. Ich wäre am liebsten mit ihnen gegangen, aber ich hatte Kopfschmerzen und war froh über den Rasttag im High Camp, den Patchi uns verordnet hatte. Als wir beim Abendessen in unserer Küchenhöhle saßen, trottete eine müde Seilschaft zurück ins Camp. Die Bärte der Männer waren angefroren, aber ihre Gesichter glühten vor Stolz.

»Es war sehr, sehr kalt am Gipfel und viel Wind«, berichtete Tanaka.

Alle wurden umarmt und beglückwünscht. Tanaka und Miamor hatten den siebten ihrer Seven Summits geschafft. Das Gipfelteam feierte noch lange in die Nacht, während wir schon in den Daunen lagen und erst noch von unserem Gipfelsturm träumten.

22. Dezember

Der Wind kam in der Nacht und rüttelte an unserem Zelt. Chris, unser Basecamp Manager, der das Wetter für uns beobachtete, hatte gesagt, dass der Wind meist der Vorbote für schlechtes Wetter sei, und so war es auch. Die eisigen Böen, die den Japanern am Tag zuvor auf dem Gipfelgrat entgegengeweht hatten, waren in der Nacht in tiefere Lagen gefallen und hatten viele Wolken mitgebracht. Die Sonne war verschwunden und unser Camp war über Nacht in kalten Nebel getaucht. Die Wetteraussichten für die nächsten Tage waren plötzlich schlecht: starke Winde und bittere Kälte über viertausend Metern Höhe. Wir beschlossen beim Frühstück, so schnell wie möglich zum Gipfel zu starten, bevor sich die Bedingungen weiter verschlechterten.

Schon kurz nach unserem Aufbruch trennten sich die Wege in unseren Teams. Krushnaa kämpfte am Morgen mit Übelkeit und Schwindel und bewegte sich im Schneckentempo. Meine Füße wurden kalt und kälter, aber Krushnaa wollte nicht umkehren. Als Scott uns einholte, bat Patchi ihn, mich in sein Seilteam aufzunehmen, und so schloss ich mich Paul und Denise an. Wir trabten davon und Patchi stieg langsam mit Krushnaa hinterher. Das war das Beste für alle, denn wenn man zu langsam oder zu schnell geht, wird der Körper zu kalt oder überhitzt und man verbrennt unnötig viel Energie, die einem dann für den Aufstieg fehlt. Findet man einen guten Rhythmus im Seilteam, können einem auch die eisigsten Temperaturen wenig anhaben.

Als wir nach sechs Stunden Aufstieg den Gipfelgrat betraten, ließ der Wind nach. Die Sonne wanderte wie ein voller Mond durch die dichten Nebelschwaden und wärmte die Luft. Es war nicht der schönste Gipfeltag, aber als wir uns dem Ende des Grats näherten, brach der dichte Wolkennebel auf und für ein paar Sekunden blitzte die Sonne zu uns herunter. Eine kleine Schneewechte ragte ein wenig höher hinauf als die anderen, hinter ihr fiel eine steile Wand in diffuses Grau. Wir hatten den höchsten Punkt der Antarktis erreicht, aber der Blick hinaus über das Ellsworth-Gebirge, den ganzen Kontinent, der uns zu Füßen lag, blieb uns verborgen, wie ein Geheimnis, das die Götter sorgsam hüteten. Wir drückten unsere Daunenjacken aneinander und umarmten uns. Denise und Paul packten ihre Sponsorenfahnen aus und wir schossen Gipfelfotos in den Nebel, mit erhobenen Eispickeln, stolz und glücklich, dass wir es geschafft hatten. Wir standen auf dem Gipfel des höchsten, kältesten, windigsten und trockensten Kontinents der Erde und froren erbärmlich, wie es sich für die Antarktis gehörte. Ich drehte mich in alle Himmelsrichtungen und dankte dem Windgott der Antarktis für seine Milde.

Auf dem Weg hinunter kam Patchi uns entgegen. Krushnaa hatte sich erholt und stieg nun freudestrahlend an uns vorbei. Eine Stunde später standen auch sie am Gipfel. Abends waren alle wieder vereint im Camp. Wir feierten bis spät in die Nacht mit Tee und Keksen. Wir hatten Glück gehabt. Der Windgott der Antarktis hatte uns geschont.

High Camp, 23. Dezember

Um die Gipfelkrone des Mount Vinson hatte sich eine Lenticulariswolke in Form eines riesigen weißen Wals gebildet, dessen Schwanzflosse gegen den blauen Himmel schlug. Noch schien die Sonne in unser kleines Camp und half uns beim Packen. Als wir High Camp verließen, waren alle Vorräte und Zelte wieder in der Eishöhle verstaut. Nur die meterhohe Eisblockwand des stillen Örtchens stand wie ein Fort, die rote Markierungsfahne hoch im Wind, dem nahenden Sturm zu trotzen. Dann wanderten wir an den Flanken des Mount Shinn vorbei über den Gletscher hinunter. Tief hinein in die Schatten des Morgens, die Sonne immer einen Schritt hinter uns. Es war herrlich kühl. Einen Arm um das Fixseil gewickelt stiegen wir in großen Schritten über das steile Schneefeld ab. Die Sonne hatte gerade Low Camp erreicht, als wir unser Gepäck auf die Schlitten schnürten und talwärts zogen. Die Luft war still und die blank gefegten Schneefelder strahlten im Sonnenlicht. Unsere Schritte waren leicht und mein Herz tanzte vor Glück. Wir hatten es geschafft. Alle hatten den Gipfel erreicht und alle Nasen, Zehen und Finger waren wieder warm. Die Gletscher der Branscomb-Wand glühten in den Farben des Himmels, der sich in den gefrorenen Eistürmen spiegelte, von zartem Hellblau bis tiefem Türkis. Die schwarzen kantigen Felsen thronten über dem Gletscher wie die Mauern einer Burg. Die Gipfelkrone war in den weißen Schwaden der walförmigen Wolke verschwunden, bedrohlich und geheimnisvoll. Meine Schritte wurden länger und ich spürte wieder den Zauber des eisigen Kontinents, die wunderbare Stille der unendlichen Weite, die Ruhe, die mir aus tiefster Seele sprach.

Als wir die Branscomb-Wand hinter uns ließen, überholten uns Denise, Scott und Paul. Sie waren mit Tourenski zum Low Camp aufgestiegen und brausten nun an uns vorbei. Kurze Zeit später verschwanden die drei im Nebel und waren plötzlich wie von Erdboden verschluckt. Eine dichtes Wolkenband verdeckte das Land unter uns bis zum Horizont, nur die Gipfelspitzen ragten heraus und wir, aber nicht lange. Es wurde kühl, als wir in die Wolke eintauchten. Die Konturen der Berge um uns verschwammen. Millionen von winzigen Eiskristallen brachen die Sonnenstrahlen und verströmten ein goldenes warmes Licht. Als ich mich umdrehte, konnte ich Patchi am Ende des Seils nur noch als Silhouette erkennen.

Unsere Schritte waren schneller und schneller geworden, meine Fußsohlen brannten, aber wir waren noch lange nicht zu Hause. Der Hang neigte sich, nicht wirklich steil, aber so weit hinab, dass der Schlitten von selbst beschleunigte. Krushnaa, die hinter mir ging, musste ihn mit dem Seil festhalten, damit er mir nicht in die Fersen rutschte.

Plötzlich rief sie: »Komm, wir setzen uns drauf und lassen uns von ihm hinunterfahren.«

Patchi war dagegen, aber Krushnaa hatte sich schon hinter mir auf den Schlitten gesetzt und als ich die Füße hob, nahm er Fahrt auf.

»Run, Patchi, run!«, rief Kruschnaa aus vollem Halse.

Patchi lachte und beschleunigte ihre Schritte. Der Schnee war weich und pulvrig. Die Teams vor uns hatten eine gute Spur hinterlassen, der wir nun folgten. Immer wenn wir schneller wurden, musste Patchi laufen. Wir konnten sie nicht überreden, sich auch auf ihren Schlitten zu setzen und mit uns hinunterzufahren. Sie hatte Angst, dass wir vom Weg abkommen würden. Also rief Kruschnaa immer wieder unter lautem Gelächter: »Run, Patchi, run!«

Wir mussten so lachen, dass wir immer wieder vom Schlitten fielen. Dann konnte Patchi uns einholen und wir starteten neu, tiefer und tiefer hinein in dichte Nebelbänke Richtung Basecamp.

Basecamp, Weihnachten

Es war eiskalt und ungemütlich, als wir am nächsten Morgen aus den Zelten krochen. Aber es war nur ein kurzer Sprint ins Küchenzelt, wo es nach Pfannkuchen duftete. Chris schüttelte den Kopf, als Paul ihn nach den Wetternachrichten fragte.

»Wir können nicht fliegen, solange wir in dieser Nebelsuppe sitzen. Es wurden heftige Winde vorausgesagt, aber hier unten bewegt sich nichts. Die Twinotter fliegt auf Sicht und kann in solchen Verhältnissen nicht landen. Es schaut so aus, als werden wir Weihnachten hier verbringen müssen.«

Keiner war besonders enttäuscht, denn das Küchenzelt war warm und Fran kochte wie eine Fee. Wer seine Kräfte stärken wollte, konnte sich draußen an der Klimmzugstange austoben. Und wir hatten jede Menge Schlitten. Es dauerte nicht lange, bis Kruschnaa, Cristina und ich Scott überredet hatten, eine Schlittenpartie zu unternehmen. Die Japaner schlugen die Einladung aus. Das russische Team lag noch in den Zelten, erschöpft vom vielen Gipfelbier, das sie am Abend zuvor getrunken hatten, aber Paul und Denise zogen mit uns los. Der Schnee war feinster, luftiger Pulverstaub. Je höher wir aufstiegen, desto wärmer und heller wurde der Nebel, bis die ersten Sonnenstrahlen zu uns drangen. Kopfüber mit dem Bauch auf dem Schlitten liegend stürzten wir uns hinab, einer Robbenfamilie im antarktischen Meer nicht unähnlich schwankten wir bäuchlings von einer Seite zur anderen im Versuch, nicht zu weit vom Pfad abzukommen und in den Tiefen des offenen Gletschers wegzutauchen. Kruschnaa war die Erste, die sich im Sledboarding versuchte und sich in Surfermanier auf den Schlitten stellte, die rote Leine in der Hand wie der Weihnachtsmann. Paul fuhr mit solch rasender Fahrt ins Basecamp hinab, dass er in seinem Schwung die Toilettenfahne mitriss. Wir lachten ohne Ende, noch lange danach, als wir schon längst wieder bei Fran in der Küche saßen. Es ist wahr, die Höhe sorgt für einen Aufschwung der Gefühle, vor allem der Glücksgefühle. Ungewaschen und immer noch im Gipfeloutfit saßen wir abends am Weihnachtstisch. Rote Servietten, geschmortes Rindfleisch mit Nudeln, Plastikbecher mit Rotwein. Zum Nachtisch gab es Christmascake mit Himbeeren und Schlagsahne.

Erster Weihnachtstag

Wir hatten bis spät in die Nacht Monopoly gespielt. Paul hatte die Bank unter sich, Denise die Immobilien und Cristina übersetzte die Karten, denn das Spiel war auf Spanisch. Als alle Straßen verkauft waren, formten wir Bündnisse durch Heirat oder Patchwork, zum Entsetzen von Scott, der viele der teuren Straßen gekauft hatte. Er nahm die Regeln sehr genau und hatte schon heftig protestiert, weil Cristina die Karten immer so übersetzte, wie es für sie günstig war, jedenfalls schien es ihm so. Was immer Scott Sorgen machte, beflügelte Cristina. Sie hatte angefangen, ihn Scotch zu nennen, und trank Rotwein auf sein Wohl. Denise, Paul und ich waren eine Patchwork-Familie, die sich verschiedene Straßenzüge teilte, um Häuser darauf zu bauen, und immer an Scott verdiente. Cristina hatte sich mit Kruschnaa zusammengetan, verdiente aber auch an der Bahnhofsallianz mit Denise. Scott hatte sich jeglichen Heiratsanträgen erfolgreich verwehrt und sich von seinem letzten Geld ein Hotel auf seine Schlossallee gebaut. Er rieb sich schmunzelnd die Hände, als Cristina auf seiner Allee landete. Sie hatte kein Geld mehr, jedenfalls nicht so viel, um die Miete zu bezahlen. Ihr Ende nahte; da war sich Scott sicher und er grinste überlegen.

»Ah, geliebter Scotch«, hauchte sie, als sie zu ihm aufschaute. »Endlich bin ich bei dir. Schöne Hotels!«, flüsterte sie und klimperte mit ihren Wimpern. Scott lächelte siegessicher und streckte die Hand aus.

»Von mir willst du Geld?«, entrüstet stemmte Cristina plötzlich ihre Fäuste in die Hüften.

Scott nickte. »Viertausend, und damit bist du pleite.«

»Oh wie kannst du nur!«, fuhr Cristina ihn jaulend an. »Erst die große Liebe, dann das Baby. Das ist dein Kind, das ich hier im Kinderwagen schiebe und du kümmerst dich überhaupt nicht. Und jetzt willst du auch noch Geld von mir.« Hysterisch weinend warf sie sich nach vorne und vergrub ihr Gesicht schluchzend in ihren Armen.

Ich hielt meinen Bauch vor Lachen, Denise und Paul ebenso, selbst die kühl kalkulierende Kruschnaa prustete los. Scott wurde blass und starrte Cristina an. Mit ihrem Spanglish war er vielleicht nicht ganz mitgekommen. Paul half nach.

»Du hast ein Kind mit Cristina?«, fuhr er ihn an und schüttelte den Kopf. »Zahlst keine Alimente, aber machst einen auf dicke Hose in der Schlossallee. Hey Bruder, so geht das nicht.«

Scott lief hochrot an und wandte sich an die anderen.

»So geht das Spiel nicht! Sie muss bezahlen, wenn sie auf meine Straße kommt!«, rief er entrüstet und schaute, um Zustimmung heischend, in die Runde.

Cristina hatte längst den Faden der Regeln verloren und bog sich vor Lachen. »Dein Baby, Scotch, dein Baby. Es ist doch dein Baby.«

Als wir spät nach Mitternacht aus dem Küchenzelt stiegen, war die Sonne gerade hinter einem der Bergkämme verschwunden. Die Nebel hatten sich gelichtet und die Gletscher leuchteten in hellen Himmelstönen. Auch die Piloten in Patriot Hills hatten Weihnachten bis spät in die Nacht gefeiert und vor zwölf Uhr mittags war niemand ansprechbar. Noch war die Luft klar, aber von den Tälern zogen schon wieder die ersten Nebelschwaden herauf. Fran holte ein Stück Rinderbraten aus dem Eiskeller und drei Flaschen Champagner für ein weiteres Weihnachtsmahl. Wenn die Nebel bis zu unserem Camp aufstiegen, und danach sah es aus, würden wir wieder nicht fliegen können. Damit rückte auch die Schüssel heißes Wasser zum Waschen, die uns in Patriot Hills erwartete, erneut in weite Ferne. Mit jeder Stunde, die der Funkspruch weiter nach hinter verschoben wurde, kamen die Nebelwolken näher und wir stellten uns auf eine weitere Nacht im Basecamp ein. Fran servierte Rinderbraten als Weihnachtsgans und reichte Champagner zum Trost.

Abends zog der Nebel sich plötzlich zurück. Um sieben Uhr kam der Funkspruch, dass die Twinotter im Anflug sei. Wir packten in wilder Hast, glücklich und traurig, dass wir Basecamp verlassen mussten. Der Schnee wirbelte auf und die rote Twinotter landete vor unseren Zelten. Wir verabschiedeten uns von Fran, Chris, Tim, Namgya und Patchi. Dann hob die Twinotter ab und wir folgten dem Gletscherabbruch in die Tiefe, hinaus in die weite Eiswüste.

Zwischenlandung am Union Glacier

Achtzig Kilometer entfernt von Patriot Hills gab es ein zweites blaues Eisfeld. In den vergangenen Monaten waren die Räumfahrzeuge von Patriot Hills immer wieder zum Union Glacier gefahren, um eine neue Landebahn vorzubereiten. In wenigen Tagen sollte die Iljuschin die Landebahn testen. Mark, einer der Mitbesitzer von ALE, hatte seit November an ihr gearbeitet und zeigte sie uns stolz. Anders als in Patriot Hills lag das blaue Eisfeld vom Union Glacier nicht quer sondern fast parallel zum Wind, der in der Antarktis nur aus einer Richtung wehte, nämlich vom Südpol nach außen zum

Meer. Mit der neuen Landebahn würde man die Flüge besser planen können, weil die Iljuschin mit Gegen- oder Rückenwind starten und landen konnte, aber nur schwer mit Seitenwind. Der starke Seitenwind war das Problem der Landebahn in Patriot Hills. Die Iljuschin konnte oft tage-, manchmal wochenlang nicht landen, weil die Winde zu stark waren, und musste samt Crew tatenlos in Punta Arenas warten. Nun kam alles auf den Testflug der Iljuschin an.

Patriot Hills, Zweiter Weihnachtstag

Wir hatten noch drei Tage Zeit, bevor die Iljuschin uns wieder abholen würde, mindestens, denn unser Rückflug war zwar für den 29. Dezember gebucht, aber nicht der Wind. Als wir uns am nächsten Morgen zum Frühstück trafen, war der Himmel bewölkt. Wir überlegten gerade, wohin wir unseren nächsten Ausflug machen sollten, als Lee an den Tisch kam und uns zur Besichtigung der Eishöhle von Patriot Hils einlud. Unter einem fast unscheinbaren himmelblauen Zelt mitten im Camp führten zwanzig Stufen hinunter ins Eis, in ein Labyrinth von Gängen, die mit der Hilfe von Kreissägen im Laufe der Jahre aus dem Eis geschnitten worden waren. Die Gänge, in deren Seitenwände Regale gefräst waren, wurden mit Weihnachtslichterketten beleuchtet. Bei stetigen minus 22 Grad lagerten dort die gesamten Vorräte der Eisoase: Tunfischdosen, Nudelpackungen, Kekskartons, Schachteln mit Schokoladentafeln und anderen Süßigkeiten, Chips, Suppentüten, Dosen von geschälten Tomaten, eingeschweißte Rinderfilets, gefrorene Lachsseiten, Teebeutel, Marmelade, Honig, aber auch zusammengefaltete Zelte, Matten, Toilettenpapier, Plastiktüten und Gasflaschen.

»Ende Februar wird das ganze Camp wieder zusammengepackt und hier unten eingelagert. Oben auf dem Eis würden weder die Zelte noch irgendetwas anderes die Winterstürme überleben«, erklärte Lee.

Nick hatte gerade seine Mannschaft um sich versammelt, als wir zurück ins Küchenzelt kamen. Er winkte uns dazu. »Ich habe wunderbare Nachrichten. Die Iljuschin ist gerade am Union Glacier gelandet.« Er strahlte über das ganze Gesicht. Alle klatschten.

»Die Arbeit von vielen Wochen und Jahren der Planung hat endlich einen großen Meilenstein erreicht. Die neue Landebahn ist eröffnet und der Pilot ist sehr zufrieden mit den Landebedingungen am Boden«, verkündete Nick und bedankte sich bei allen, die tatkräftig mitgeholfen hatten, vor allem bei den Mechanikern und Pistenraupenfahrern, die im Turnus zum Union Glacier gefahren waren, um die Landebahn vorzubereiten.

Da die Iljuschin noch am selben Tag nach Punta Arenas zurückfliegen musste, konnte sie uns mitnehmen, bot Nick uns an.

»Ich weiß, ihr habt eigentlich noch drei Tage, bevor ihr ausfliegen solltet, aber ich kann euch nicht garantieren, dass die Iljuschin so schnell wieder kommt. Für die nächsten Tage ist schlechtes Wetter mit starken Winden vorausgesagt, deswegen haben wir den Testflug vorgezogen. Ihr solltet vielleicht die Gelegenheit beim Schopf packen.«

Es war fast ein trauriger Moment. Unser Antarktisabenteuer sollte so plötzlich zu Ende gehen? Als ich daran dachte, dass ich zu Sylvester zu Hause sein könnte, um mit meiner Familie zu feiern, fiel mir der Abschied leichter. Wir gaben Nick ein »thumbs up« und packten unsere Taschen. Eine Stunde später schwirrte der silberne Iljuschin-Vogel durch die Luft und landete auf dem blauen Eisfeld. Wir stiegen ein und winkten, bis Andrej die Tür verriegelte. Ich schaute noch einmal durch das kleine Fenster hinaus und wusste tief im Herzen, dass ich wieder kommen würde.

»Auf Wiedersehen Antarktis – stillster, einsamster, himmlischster Kontinent auf Erden.«

So erholt und glücklich wie von der Antarktis kam ich noch nie von einer Expedition zurück. Mein Mann meinte sogar, ich würde von innen leuchten. Beim nächsten Mal wollte er mitkommen.

Ozeanien

»... und da baumelt dann Ihre Seele oder Ihre Frau, weil sie sich das alles ganz anders vorgestellt hat.«

HARALD SCHMIDT, WELTREISE

Carstensz-Pyramide

Gummistiefel und Nudelsuppe

Blaue Lagunen mit weißen Palmensträncen, dahinter das dunkle Dschungelherz der Insel, geheimnisvoll verschleiert in dichtem Wolkennebel. Nur selten geben die Wolken die Sicht frei auf den höchsten Berg Ozeaniens, der aus dem gebirgigen Rückgrat von Neuguinea ragt. Der niederländische Seefahrer Jan Carstensz hatte Glück. Als er 1623 an Neuguinea vorbeisegelte, entdeckte er über den Dschungelwäldern eine schneebedeckte Gipfelkrone, die hoch in die blauen Lüfte des Himmels ragte. Zu Hause wurde er ausgelacht, als er davon berichtete. Ein Gletscher mitten in der Südsee, nur vier Grad südlich des Äquators? Das glaubten ihm seine Landsleute nicht. Jan Carstensz aber hatte nicht gelogen, und so wurde die Steinpyramide mit dem weißen Haupt im Maoke-Gebirge von Papua über dreihundert Jahre später nach ihm benannt. 1962 machten sich Heinrich Harrer, Philip Temple, Russel Kippax und Albert Huizenga mit der Hilfe von über hundert einheimischen Trägern auf den Weg durch den Dschungel und kletterten schließlich durch die steile Nordwand hinauf. Sie waren die Ersten, die den Gipfel der Carstensz-Pyramide erreichten.

Neuguinea ist die zweitgrößte Insel der Welt und liegt im Norden von Australien, von dessen Festland sie infolge der steigenden Meeresspiegel nach der letzten Eiszeit getrennt wurde. Der Meeresspiegel stieg um etwa hundert Meter und schuf eine flache Meeresstraße, die Arafura-See, zwischen der Insel und dem Festland. Neuguinea und Australien, Neukaledonien, Neuseeland und Tasmanien stammen aus der kontinentalen Erdkruste des einstigen Kontinents Gondwana und gehören mit mehr als 7500 Inseln des Pazifiks zu Ozeanien, dem kleinsten Kontinent der Erde. Von den Seven Summits ist die Carstensz-Pyramide mit ihren 4884 Metern Höhe zwar auch die Kleinste, aber technisch betrachtet ist sie die

Anspruchsvollste. Ihre Nordwand ist steil und enthält Kletterpassagen bis zum fünften Schwierigkeitsgrad. Die größte Herausforderung – wenn auch nicht bergsteigerisch – besteht jedoch darin, den Berg zu erreichen. Das gelingt nur dem, der bereit ist, hundert Kilometer durch dunkle Dschungelwälder und riesige, sumpfige Hochmoorlandschaften in das karge Gebirge im Herzen der Insel zu wandern. Das Maoke-Gebirge liegt im westlichen Teil von Neuguinea, in der Provinz Papua, die seit 1963 zu Indonesien gehört. Lange Zeit war es aus politischen Gründen unmöglich, den Berg über den Landweg zu erreichen. Indonesien hat die vormalige holländische Kolonie West-Papua 1969 durch den sogenannten Act of Free Choice in einer fragwürdigen Abstimmung übernommen und regiert aus Sicht vieler Papua wie eine Kolonialmacht. Immer wieder gibt es Konflikte zwischen den staatlichen Behörden und den Ureinwohnern. Jahrelang mussten die Bergsteiger, die sich an die Carstensz-Pyramide wagen wollten, mit dem Hubschrauber ins Basecamp fliegen. Abgesehen von den Schwierigkeiten mit der Anpassung an die Höhe, die sich durch einen Flug vom Meeresspiegel auf viertausend Meter Höhe ergibt, ging mit einer »Helikopterbesteigung« natürlich auch ein großer Teil des Abenteuers verloren, nämlich die Zusammenarbeit mit der einheimischen Bergbevölkerung. Und das wäre gerade in Papua ein Abenteuer, das man auf der ganzen Welt nicht wieder finden würde, hatten mir Denise und Paul schmunzelnd erzählt, als wir am Weihnachtsabend im Basecamp des Mount Vinson zusammensaßen. Sie waren ein paar Monate zuvor durch den Dschungel zum Berg gewandert und hatten auf ihrer Expedition keine Spur von Feindseligkeiten erlebt. Der Weg schien frei zu sein.

Nach meiner Rückkehr aus der Antarktis rief ich Ralf an und fand heraus, dass er im Herbst eine Expedition zur Carstensz-Pyramide plante. Ich meldete mich sofort an und bekam den letzten Platz im Team. Ralf hatte zehn Jahre zuvor bereits eine Expedition zur Carstensz-Pyramide geleitet, diese war aber noch vor dem ersten Dschungelcamp gescheitert, weil die einheimischen Dani sich geweigert hatten, die von der indonesischen Regierung erteilte Genehmigung anzuerkennen, und keine Träger zur Verfügung stellten. Nach tagelangen Verhandlungen musste Ralfs Team erfolglos wieder abreisen. Diesmal war er zuversichtlich, jemanden gefunden zu haben, der sein Team durch den Dschungel zum Berg führen würde.

Oktober 2010, Timika, Papua

Nach zwei schier endlosen Nachtflügen und einem Akklimatisierungstag in Bali landete unsere Expedition endlich in Timika, einer kleinen Stadt im Süden von Papua. Statt einer weißen Göttin mit Pferd und Karren und wehendem Haar, die uns am Flughafen in Bali begrüßt hatte, stand in Timika ein riesiger, sonnengelber CAT Minenbagger auf dem Podest vor dem Flughafen und hieß uns willkommen. Aus gutem Grund, wie wir später erfahren sollten, denn im Maoke-Gebirge befindet sich die größte Gold- und Kupfermine der Welt. Unser Expeditionsleiter und Dschungelführer empfing uns im Hotel Komoro Tame in einer großen, in dunklem Holz getäfelten Halle. Dr. Weiglein, Tropenmediziner und seit dreißig Jahren in Papua heimisch, war mindestens einen Meter fünfundachtzig groß, hatte streng nach hinten gekämmtes, blond-graues Haar und stechend blaue Augen. Er war um die sechzig Jahre alt und wirkte auf den ersten Blick fremd im dunklen Holz der Hotelhalle. Er hätte besser in einen alten Bergsteigerfilm des letzten Jahrhunderts gepasst, zu Heinrich Harrer und Luis Trenker, obwohl er ein hellblaues, tropisch anmutendes Hemd mit weißen Blumen trug. Beim Mittagessen stellte Dr. Weiglein uns Barnabas vor.

»Barnabas ist der Enkel des obersten Stammesführers von Papua«, erzählte er stolz und klopfte Barnabas dabei freundschaftlich auf die Schultern. Barnabas knurrte und schaute grimmig unter seinen buschigen Augenbrauen hervor. Er war einen Kopf kleiner als Dr. Weiglein, aber um einiges kräftiger und trug einen dicken, schwarzen Oberlippenbart. Sein Blick verfinsterte sich, als sich alle Augen auf ihn richteten, und er wirkte plötzlich verkleidet in seinem grauen Polohemd und der dunklen Hose.

»Barnabas hat eine Genehmigung für die Mine und darf dort mit dem Auto fahren«, erklärte Dr. Weiglein bedeutungsvoll. »Er wird unser Gepäck und unseren Proviant durch die Mine zum Basecamp transportieren und uns damit den Ärger mit über achtzig Trägern, die wir sonst für den Anmarsch brauchen würden, ersparen.«

Es war ein besonderes Privileg, die Mine betreten zu dürfen, denn die Minengesellschaft hieß fremde Besucher nicht gerne willkommen. Die Minenstadt Tembagapura, in der fast zwanzigtausend Minenarbeiter lebten, war nur achtzig Kilometer von Timika entfernt. Dort gab es einen Personenaufzug, der die Arbeiter direkt hinauf in die Abbaugebiete auf viertausend Metern Höhe brachte. Die Goldader Papuas war in den dreißiger Jahren entdeckt worden. Seit 1973 wurde abgebaut. Der Erzberg, wie sein Entdecker ihn benannt hatte, war der direkte Nachbar der Carstensz-Pyramide und das Basecamp im Gelben Tal lag nur eine Stunde Fußweg von der Mine entfernt.

Illaga, 2450 Meter

Die Missionare, die seit den dreißiger Jahren im Hochland von Papua wirkten, hatten viele der ehemals unerforschten Täler geöffnet und mehr als hundert Landebahnen in den Dschungel gebaut. Da es kaum Straßen in Papua gab, waren die Kleinflugzeuge der Missionare die einzige Möglichkeit, sich auf der Insel zu bewegen. Wir stiegen am frühen Morgen in eine Twinotter und folgten dem Lauf eines breiten Flusses, der sehr gerade durch das dunkle Grün des Dschungels floss. Sein Wasser hatte eine unnatürliche graue Farbe, ein paar tote Bäume standen noch aufrecht darin, viele lagen seitlich im Flussbett.

»Der giftige Abraum der Mine«, erklärte Dr. Weiglein trocken.

Weiße Wolkenschwaden stiegen aus den Wäldern auf und gewährten uns nur kurze Einblicke in die geheimnisvollen Tiefen des gebirgigen Urwalds. Graue Felswände, durch deren steile Rinnen schmale Wasserfälle in uneinsehbare Täler rauschten, Flüsse, die sich schlangenartig durch den dunkelgrünen Teppich des großen Waldes wanden, und überall dichte Nebelschwaden, die das fremde Land in schwarze Schatten hüllten. Erst nach einer halben Stunde tauchte plötzlich eine helle, grüne Oase mit kleinen Feldern und strohbedeckten Hütten unter uns auf. Fünf Minuten später landeten wir auf einer geteerten Piste mitten im Großen Tal des Baliem-Flusses, wo das Hochlandvolk der Dani lebt. Eine Horde von dunkelhäutigen Männern mit krausem, schwarzem Haar und wolligen Bärten eilte herbei und half das kleine Flugzeug von den schweren Taschen und Seesäcken zu befreien. Es war ein wildes Durcheinander, die Aufregung war groß, denn scheinbar landeten nicht oft »Außerirdische« wie wir im Hochlanddschungel. Unser Team war stattlich: insgesamt achtzehn Bergsteiger, zehn Deutsche, die meisten aus dem südlichen Raum, und fünf Schweizer. Geführt wurde die Expedition von Ralf und seiner Frau Gerlinde, die beide schon alle Achttausender im Himalaya bestiegen hatten, und einem Schweizer Bergführer namens Tom. Es handelte sich dabei aber eher um die emotionale Führung unseres Teams, jedenfalls bis zur Carstensz-Pyramide, denn keiner von unseren Bergführern kannte den Weg und es gab weder zuverlässige Karten der Region noch sprach einer von ihnen die Sprache der Einheimischen. Die tatsächliche Führung der Expedition hatte Ralf deswegen Dr. Weiglein übertragen. Er kannte den Weg, die Einheimischen, deren Sprache und die Gefahren, die im Dschungel und Hochmoor lauerten.

Drei blau gestrichene Holzhütten säumten die Landepiste und Dani, klein und groß, in bunten Röcken, bedruckten T-Shirts und Fußballshorts, erwarteten uns in der Sonne. Einige der Frauen hatten Babys im Arm, andere saßen auf Holzplanken und häkelten bunte Tragetaschen. Viele Männer trugen lange Muschelketten um ihren Hals. Mit den großen Strickmützen, unter denen sich dem Aussehen nach ein aufgetürmter Haufen von Dreadlocks befand, sahen manche aus wie Mitglieder einer Reggaeband. Sie hockten mit beiden Füßen auf dem Boden, die Arme auf den Oberschenkeln abgestützt, und schauten uns abwartend an. Es war warm auf 2300 Metern Höhe und wir gesellten uns zu ihnen auf die Bretter vor den Hütten. Sie waren freundlich und wehrten sich nicht gegen unsere neugierigen Blicke. Vielleicht, weil sie genauso neugierig waren wie wir. Hinter der Landebahn fiel das Land hinab in ein weites, grünes Tal. Verteilt zwischen einem dichten Teppich von Feldern, Wiesen und hohen Bäumen blitzten Hütten und umzäunte Gärten hervor. Dicke Nebelwolken hingen über den Wäldern, die das Große Tal begrenzten. Die Twinotter rollte die geteerte Piste hinunter und schwang sich in die Lüfte davon. Zu Fuß waren es hundert Kilometer bis zur Carstensz-Pyramide.

Dr. Weiglein und Barnabas waren beschäftigt, die Seesäcke und Vorräte auf die Rücken und Köpfe der einheimischen Männer zu verteilen, während wir uns weiter und weiter von der Landebahn entfernten, um das fremde Land zu erkunden. Als Dr. Weiglein bemerkte, dass sich unser Team in wohlige Entdeckerfreuden zu zerstreuen drohte, blieb ihm nichts anderes übrig als die »Urlaubler« zur Ordnung zu rufen, um das hehre Ziel, den Marsch zur Carstensz-Pyramide, aufzunehmen.

Er schrie plötzlich im Befehlston: »Frrrrreunde, packt eure Rucksäcke. Wir marschieren!« Das Haupt erhoben, das Haar im Wind stolzierte er daraufhin über die Landebahn und verließ das geteerte Gelände durch ein Holzgatter. Wir folgten ihm geflissentlich den breiten, lehmigen Pfad bergab ins Tal, überquerten einen Fluss über eine Holzbrücke und stiegen danach an Feldern und Wiesen vorbei bergauf in grüne Hügel. Die Dani waren mit uns von der Landebahn aufgebrochen. Alle waren barfuß, bis auf einige Männer, die alte Gummistiefel trugen und scheinbar einen höheren Stand im sozialen Geflecht des Stammes hatten. In einer Stunde erreichten wir das kleine Dorf Pinapa und schlugen auf dem Bolzplatz vor der Kirche unser erstes Camp auf. Die Kirche von Pinapa war ein länglicher imposanter Bau mit vielen kleinen Fenstern, die aus den schwarzen Holzwänden starrten. Das Dach glänzte silbern und ein großes, weißes Kreuz hing über der Eingangstür. Um das Gebäude herum wuchsen rote Geranien aus kleinen Beeten, was das Ganze noch fremder wirken ließ. Wir stellten unsere Zelte in das dicke Gras auf dem Bolzplatz. Jeweils zwei Personen teilten sich ein Zelt und ich richtete mich mit Ulf, einem Arzt aus Speyer, häuslich ein. Viel hatten wir nicht dabei, denn jeder musste sein persönliches Gepäck für die nächsten drei Wochen selbst auf dem Rücken tragen. Nur die Zelte und unser Proviant für den Marsch zur Carstensz-Pyramide sollten von elf Trägern transportiert werden. Unser Team hatte sich schon gut zusammengefunden. Einige Bergsteiger kannten sich von anderen Expeditionen, viele waren schon im Himalaya und in den Anden gewesen und brachten viel Expeditionserfahrung und großen Abenteuergeist mit, was unserem Team zugute kommen sollte.

In einer runden Holzhütte, aus deren mächtigem Strohdach noch das Wasser des letzten Regengusses verdampfte, wurde gekocht – und zwar im Dunkeln, denn die Hütte hatte keine Fenster, nur einen Eingang und einen Ausgang, die spärliches Licht ins Hütteninnere dringen ließen. Über dem Feuer hing ein schwarzer Topf, in dem eine Suppe brodelte. Theron, unser Expeditionskoch, schnitt grünes Kraut und Zwiebeln. Der Rauch in der Hütte war so stark, dass ich es nur wenige Minuten aushielt. Auch, das muss ich zugeben, schreckte mich ein älterer Herr, der mit geringelter Wollmütze und einem langen krausen Bart gegenüber von Theron am Feuer saß. Er hatte ein scharfes und sehr großes Messer in der Hand, mit dem er im Stroh stocherte und mich mit prüfendem Auge beobachtete. Ich fühlte mich nicht wirklich willkommen und stahl mich hinaus ins Freie. Dr. Weiglein hatte uns erzählt, dass einige Stämme in Papua noch bis vor wenigen Jahrzehnten Kannibalen waren. Nicht in dem Sinne, dass sie Fallen gestellt und sich gegenseitig gefangen hätten, um das Opfer zu verspeisen, sondern als Ordnungsritual bei Verstößen gegen die Regeln der Stammesgemeinschaft, zum Beispiel bei einem Mord. Da wurde dann ein verfeindeter Stamm zum Essen eingeladen. Nach dem Essen wurde der Mörder den Kriegern des verfeindeten Stammes übergeben, die ihn auf der Heimreise an verschiedenen Stationen über dem Feuer brieten und aufaßen, an der ersten Feuerstelle die Arme und Schultern, an der zweiten Feuerstelle den Kopf und Rumpf. Dr. Weiglein behauptete, selbst Knochen und abgenagte Körperteile an den beschriebenen Feuerstellen gesehen zu haben. Manche Waldnomaden hätten Menschen auch als Proviant mitgeführt, erzählte er. Die Hochlandstämme, denen die Dani angehörten, hätten das nicht getan. Aber auch sie bekriegten sich häufig untereinander und handelten mit Frauen und Schweinen, um Streitigkeiten zu regeln. Bei den Asmat, die in den südwestlichen Mangrovensümpfen Papuas zu Hause waren, gab es angeblich die Tradition der Kopfjäger. In manchen Stämmen dort wurden junge Männer erst zum Mann, wenn sie einen Krieger aus einem verfeindeten Stamm getötet hatten. Erst dann durften sie eine Frau nehmen, die dann die obersten zwei Wirbel des Getöteten an einer Kette um den Hals trug. Es waren schauerliche Geschichten, die Dr. Weiglein an unserem ersten Abend in der Hotelbar zum Besten gegeben hatte, und fast alle aus unserem Team hatten bis tief in die Nacht förmlich an seinen Lippen gehangen. Als wir im Großen Tal landeten und die einheimischen Dani bekleidet und freundlich gestimmt antrafen, war die Erleichterung in unserem Team zu spüren. Richie, der mit Ralf vor zehn Jahren schon einmal in Papua gewesen war, erzählte, dass die Dani damals noch anders ausgesehen hätten. Die Männer waren nur mit einem Penisköcher bekleidet und die Frauen trugen nichts außer einem kurzen Bastrock. Inzwischen schienen die Missionare sie nicht nur mit Saatgut, Medikamenten und heiligen Schriften zu versorgen, sie hatten ihnen scheinbar auch erklärt, dass es sich nicht geziemte, nackt herumzulaufen.

Theron, den man von den anderen Männern leicht unterscheiden konnte, weil er einen roten Trainingsanzug trug und sein krauses Haar kurz geschoren hatte, servierte das Mittagessen in einem Seitenhaus der Kirche. Es gab Gemüsesuppe mit Nudeln und gekochte Süßkartoffeln. Den Nachmittag verbrachten wir auf dem Bolzplatz. Die Kinder der Dani tollten durch das Gras. Eine kleine Horde von ihnen versammelte sich schnell um Urs, einen Zahnarzt aus Zürich. Nicht, weil sie Zahnschmerzen hatten, sondern weil Urs auf seiner Mundharmonika spielte. Ein paar der größeren Jungs schauten neugierig zu, wie Dieter, der auf den ersten Blick sehr streng wirkte, in sein Tagebuch schrieb. Bald kugelten sie sich vor Lachen und drängten wie ein Bienenschwarm um ihn, ohne dass man von außen sehen konnte, was da so spannend war. Ich hatte mich mit den anderen Bergsteigern an einen Holzzaun gesetzt und beobachtete das bunte Treiben. Plötzlich wanderte ein einsamer Mann, nackt bis auf den Penisköcher und eine schwarze Strickmütze, mit seiner Machete über der Schulter ins Camp.

»Der ist bestimmt auf der Suche nach etwas Suppenfleisch«, flüsterte Richie und stieß mich in die Seite.

Ich wollte gerade etwas dagegenhalten, da blieb der Dani-Krieger stehen und schaute uns neugierig an. Er stützte seine Machete neben sich auf den Boden und grinste freundlich in die Kameras, die sich auf ihn richteten. Der Penisköcher reichte ihm fast bis zum Hals, ein Zeichen von seinem hohen Rang im Stamm, erklärte Dr. Weiglein. Der Penisköcher ist eine langgezogene, getrocknete Kürbisfrucht, die zum Schutz über besagtes Körperteil gesteckt und mit einer Schnur um den Bauch festgebunden wird, sodass der Köcher in die Höhe ragt. Dr. Weiglein erzählte, dass es im Hochland kein Großwild gab und die Dani keine Jäger seien. Sie züchteten Schweine und lebten ansonsten von dem, was sie in ihren Gärten anbauten, hauptsächlich Süßkartoffeln. In Pinapa gab es auch ein großes Gehege mit schwarzen und weißen Hasen und Hühnern sowie eine Reihe von Bienenkästen. Nabin, Therons Küchenassistent, brachte ein Netz voll grünem Kraut, das er am Bach geschnitten hatte. Zum Abend-essen briet Theron das Kraut mit Zwiebeln in der Pfanne und ser-vierte es mit Reis. Wir hatten Heißhunger und tranken viel Tee dazu. Der Wind rauschte durch die hohen Baumwipfel und aus allen Himmelsrichtungen zogen dunkle Wolken heran. Da wir uns so nahe am Äquator befanden, war es um sechs Uhr finster. Der volle Mond stieg langsam durch die Wolken auf. Die Grillen zirpten laut und hoch. Wir lagen schon in den Schlafsäcken und lauschten ihrem Gesang. Am späten Abend kam Barnabas mit der guten Nachricht vom Polizeichef zurück, dass sowohl die Polizei als auch die Stammesführer die erteilten Genehmigungen anerkannt hatten und der Weg für unseren Aufstieg frei war. Noch mussten die Trä-ger ausgesucht werden, die uns begleiten sollten. Eine schwierige Aufgabe, denn viele der Männer wollten mitkommen und alle Clans und Familiengemeinschaften mussten berücksichtigt werden, was oft zu Streitigkeiten führte. Etwa sechshundert Dollar verdiente jeder für den Anmarsch zum Basecamp an der Carstensz-Pyramide und zurück. Viel zu viel, wie Dr. Weiglein behauptete. Als die nächt-liche Versammlung zu Ende war und die letzten Schritte in der Ferne durchs Gras raschelten und verschwanden, fing es an zu regnen, in dicken Tropfen, die aufs Zelt klatschten.

Pinapa Camp

Um halb sechs wurde es hell, eine halbe Stunde später gab es Früh-stück, Süßkartoffeln aus dem Feuer, weißes Toastbrot und Erdnuss-butter. Dr. Weiglein nannte es Kraftfutter. Die bevorstehende Etappe würde die härteste werden, mit über tausend Höhenmetern und einem beschwerlichen Aufstieg durch steilen Dschungelwald. »Acht bis zehn Stunden. Schwierig, aber machbar«, schnaubte er in seiner abrupten Art, um uns Mut zu machen.

Als die ersten Sonnenstrahlen auf die Wiese fielen, waren die Dorfbewohner mit ihren Kindern zurück. Barnabas sprach mit unserer Trägermannschaft. Die elf auserwählten Männer waren in knielangen Shorts und T-Shirts angetreten, als wären sie zu einem Fußballmatch gekommen, nur, dass sie alle eine Machete über der Schulter trugen. Um halb acht wurde das Gepäck verteilt. Die Männer schnürten die Zelte und unseren Proviant in gehäkelte Netze und schwangen sie auf den Rücken. Wir taten dasselbe mit unseren Rucksäcken. Dr. Weiglein schlug die Hacken zusammen und befahl zum Abmarsch.

Die kleinen Gärten und Hütten von Pinapa lagen schnell hinter uns und wir stiegen auf einem schlammigen Pfad dem Wald entgegen. Hier und da kreuzten rosafarbene Schweine grunzend den Weg, die Nase am Boden. Die Sonne war warm, aus den Wäldern dampfte die Feuchtigkeit der Nacht und ich trug nur ein dünnes Baumwollhemd und hochgerollte Trekkinghosen. Wir waren fünf Gummistiefelträger im Team, Robert, Michael, Fredy, Ulf und ich. Ralf, Gerlinde und Dieter trugen spezielle Bergstiefel, die höher geschnitten waren und in der Zentrifuge den Schlamm- und Wassertest erfolgreich bestanden hatten. Die anderen hatten Wander- oder Bergstiefel mit Gamaschen, die sie vor dem feuchten Terrain schützen sollten. Ich hatte meine Bergstiefel durch die Mine geschickt. Vierzehn Tage und fast zweihundert Kilometer in Gummistiefeln zu wandern war ein Wagnis, aber ich war zuversichtlich. Denise hatte gesagt, sie hätte sich für den Anmarsch zur Carstensz-Pyramide nichts sehnlicher gewünscht als ein Paar Gummistiefel. Und würde sie es nochmals tun, was sie niemals täte, würde sie in Gummistiefeln gehen. Das war ein Wort. Ich hatte über hundert Gummistiefel in den verschiedenen Geschäften Münchens probiert und war schließlich in einem Laden für Jagdausrüstung fündig geworden. Die Kautschukstiefel passten perfekt, waren kniehoch und leicht. Das Schönste an ihnen war, dass ich mit Genuss in jede Schlammpfütze hineinsteigen konnte. Das Platschen kitzelte im Ohr und ich spürte ein kindliches Vergnügen, tollpatschig und unvernünftig zu sein. Die Bergstiefelträger hingegen mussten versuchen, den Pfützen auszuweichen, und mühevoll einen einigermaßen trockenen Weg durch das feuchte Terrain finden. Die meisten fluchten schon nach wenigen Metern, schüttelten entsetzt erst den einen, dann den anderen Wanderstiefel, um ihn vom Schlamm zu befreien, bevor die braune klebrige Masse in die Tiefen der Nähte dringen konnte. Das war nervenaufreibend und erst der Anfang.

Je weiter wir uns vom Dorf entfernten, desto wilder wurde die Vegetation. Der kleine Trampelpfad wand sich durch hohes Elefantengras und auswuchernde Farne. Wie Urwaldwächter ragten vereinzelte Bäume weit in die Höhe mit schlanken Stämmen und wilden Blätterkronen. Richie, ein Wanderstiefelträger, der tunlichst bemüht war, mit Dr. Weiglein Schritt zu halten, füllte gerade seine Flasche an einem Bach. Als er mich sah, eilte er mir entgegen, um mir seine Stöcke zu reichen, aber kaum hatte ich sie in der Hand, fing mein Fuß an zu rutschen. Ich verlor das Gleichgewicht, schlitterte über die bemoosten Steine und landete längs im Bach. Das kalte Wasser rauschte in meine Gummistiefel und ich war von oben bis unten nass. Eleganter Anfang! Noch keine Stunde unterwegs, ein nicht mal zehn Zentimeter tiefer Bach und schon steht fest, wer sich am dümmsten anstellt. Die anderen hinter mir lachten.

»So bringen die Gummistiefel natürlich nichts«, meinte Richie und half mir dann doch, sie auszuleeren und mich wieder aufzurichten.

»Die Sonne wird's trocknen«, brummte Dr. Weiglein, drehte sich um und wanderte weiter.

Ich hatte mir den tropischen Dschungel romantisch vorgestellt, mit einer wunderbaren Vielfalt an Bäumen und Farnen, wo es raschelte und knisterte, exotische Vögel zwitscherten und Affen sich durch die Lianen schwangen – wie ich es bei meiner Kilimandscharo-Expedition erlebt hatte. Vielleicht würden wir gemeinsam ein Lied singen, um die Schlangen zu verscheuchen. Dass es eine steile Kletterpartie durch ein Labyrinth von Unterholz sein würde, hatte ich nicht gedacht. Wir stiegen über umgefallene Bäume, die Dani-Träger barfuß voraus, wir hinterher, ungelenk und schwerfällig. Die Äste schlugen uns ins Gesicht und ständig blieb der Rucksack mit dem Regenschirm irgendwo hängen und man war gefangen. Der Schlamm, der sich in den Untiefen des abschüssigen Waldbodens sammelte, war von Wurzelwerk durchwachsen. Einmal versank Dr. Weiglein direkt vor mir samt Gummistiefeln knietief in einem Schlammloch. Er verlor das Gleichgewicht, wankte auf einem Bein und konnte sich gerade noch mit einer Hand an einem Ast festhalten. Er fluchte laut, zog den Gummistiefel aus der schlammigen Masse heraus und entleerte ihn. Dann stapfte er missmutig weiter. Die Sonne leuchtete durch die Blätterkronen. Manchmal zwitscherte ein Vogel aus den Tiefen des Waldes, sonst war es still. Die Bäume wuchsen kreuz und quer, umrankt von Schlingpflanzen, Richtung Waldkrone hinauf. Die Stämme waren moosbedeckt und von den Ästen hingen lange Bartgeflechte. Überall wucherten grüne Farne aus dem toten Laub des Waldbodens. Umgestürzte Bäume versperrten immer wieder den Weg, manchmal waren sie meterdick und mit glitschigem Moos bewachsen, über manche mussten wir balancieren wie über eine Hängebrücke, um tiefe Schluchten, die der abfließende Regen in den Boden gegraben hatte, zu überwinden. Alles leuchtete in tiefsten Grüntönen und der Blick verlor sich oft im Dickicht. Jeder versuchte, seinem Vordermann dicht zu folgen, um nicht verloren zu gehen. Waren die Schritte der anderen verklungen und der grüne Mantel des Urwalds geschlossen, war man verloren. Das Sicherste war, einem der Dani-Träger auf den Fersen zu bleiben. Leicht war das nicht, denn sie bewegten sich lautlos und mit der Geschwindigkeit einer Raubkatze durch den Dschungelwald. Solange der Himmel über den fernen Baumkronen noch ein tiefes Blau zeigte, war alles gut. »Wenn der Regen kommt«, hatte Dr. Weiglein uns gewarnt, »wird der Pfad im Morast versinken und den ein oder anderen mit sich in die Tiefe reißen.« Wir mussten uns beeilen.

Gegen Mittag erreichten wir eine Lichtung im Wald. Das Feuer brannte schon, als wir eintrafen, und mit ihm stiegen dicke Rauchschwaden gegen den Himmel auf. Theron kochte Tee und packte unser Mittagessen aus, Würstchen und Toastbrot. Die Träger warfen ihre Süßkartoffeln ins Feuer. Die meisten in unserem Team waren beschäftigt, Stiefel und Socken vom Schlamm zu befreien und sie in der Sonne zu trocknen. Dr. Weiglein verteilte süße Mürbteigtörtchen, die mit braunen Bohnen gefüllt waren und himmlisch schmeckten. Eine Stunde später brachen wir wieder auf. Der Himmel war bald nicht mehr zu sehen, der Pfad führte steil hinauf in das Dickicht des mächtigen Waldes. Die Luft war schwül. Immer wieder brachen tierartige Schreie durch das Unterholz. Ich zuckte jedes Mal zusammen, dachte, es wäre etwas passiert. Kurz darauf traf ich dann meist einen der Dani-Träger, der seine Traglast vom Rücken genommen hatte, eine Zigarette rauchte und nach den anderen rief. Die Dani waren freundlich, grinsten schelmisch, wenn ich bei ihnen stehenblieb und auch meinen schweren Rucksack für einen Moment absetzte oder wenigstens an einen Baum lehnte, um das Gewicht von den Schultern zu nehmen. Wir hatten schon über neunhundert Höhenmeter geschafft, als plötzlich Donner durch den Wald grollte.

Die kleinen Himmelslöcher weit über den Baumkronen waren schwarz und der Wind bewegte die Blätter. Kurz darauf fielen dicke Tropfen durch die Blätterkronen und die Luft kühlte sich merklich ab. Ich nahm meinen Regenschirm aus dem Rucksack und drückte ihn durchs Unterholz, um nicht nass zu werden. Dann begann sich der Wald zu lichten.

Kerbencamp, 3400 Meter

Eine Stunde später traten wir aus dem Wald in ein grünes Tal und schritten durch tiefes Gras ins Kerbencamp. Der Sturm war vorbeigezogen und es tröpfelte nur noch leicht. Aus einem Feuerplatz stieg Rauch auf. Dr. Weiglein brummte jedem Neuankömmling entgegen: »Gut gemacht!«

Bei der letzten Gruppe, die er geführt hatte, waren manche Bergsteiger erst nach Einbruch der Nacht erschöpft im Camp angekommen. Wir hatten den Aufstieg in sechseinhalb Stunden geschafft. Ralf glühte vor Stolz, dass er ein so starkes Team hatte. Wir bauten unsere Zelte auf. Kaum standen sie, drängten die ersten Regenwolken heran. Die Dani hatten ihre Traglasten fallen lassen und waren mit Machete und Beil bewaffnet in den Wald gezogen. Schrille Schreie hallten aus der Ferne, dann dumpfe Schläge, das Krachen eines umstürzenden Baumes, und wenig später brachten zwei Männer den gefällten Baumstamm ins Camp. Innerhalb von nur einer Stunde waren zwei Stämme von drei Metern Höhe in den Boden geschlagen, ein Querbalken darüber gelegt, die Seiten mit kürzeren Stämmen befestigt und eine große blaue Plastikplane über den Giebel gezogen. Das Haus für die Nacht stand. Einige Männer fädelten noch Zweige in die Seitenwände, andere schleiften Feuerholz für die Nacht heran. Die Dani waren nur mit T-Shirt und Shorts bekleidet, manche hatten dünne Jacken, die meisten waren barfuß. Sie warfen ihre Süßkartoffeln ins Feuer und streckten die nackten Füße den Flammen entgegen. Wir lagen schon in unseren Schlafsäcken im Zelt, als Theron uns zum Abendessen rief. Es gab Nudelsuppe, Brunnenkresse und Süßkartoffeln. Der fast volle Mond stieg über dem Urwald auf und leuchtete geheimnisvoll durch die hohen Wolkenschleier. Unsere erste Nacht in der Wildnis.

Aufbruch zum Flusscamp

Die Dani hatten bis tief in die Nacht hinein am Feuer gesungen, melodisch und weich, wie die tiefen Brummgesänge der tibetischen Mönche, dazu prasselten die Flammen im Hintergrund. Trotzdem war die Nacht unendlich lang gewesen. Ich hatte mich tausend Mal hin- und hergedreht und nach zwölf Stunden Halbschlaf taten mir alle Knochen weh. Meine Matratze war zwar fast drei Zentimeter dick, aber ich konnte die Grasbuckel unter unserem Zeltboden spüren. Die Sonne brannte durch die Nebelwolken. Der Morgen war trocken. Alle hatten schon vor dem Frühstück die Rucksäcke gepackt und die Zelte abgebaut.

»Frrreunde, sechs Stunden. Mehr brauchen wir nicht. Heute Nacht schlafen wir unten am Fluss, wunderschön«, verkündete Dr. Weiglein nach dem Frühstück, dann drehte er sich auf dem Absatz seiner Gummistiefel um und stürmte davon.

Wir stiegen auf durch lichten Urwald und folgten dem Einschnitt der Kerbe zwischen zwei Felskämmen. Mal versanken meine Gummistiefel im Schlamm, dann rutschte ich wieder über Wurzeln und Grasbüschel und zog mich an hervorstehendem Gebüsch nach oben. Je höher wir stiegen, desto mehr weitete sich die Kluft zwischen den Bergkämmen, und bald traten wir aus dem Unterholz hinaus. Der Pfad schlängelte sich durch dichtes Steppengras, überall sprossen Baumfarne aus dem weichen Boden. Bald war der Untergrund so trocken, dass ich meine Gummistiefel gegen Turnschuhe tauschte und leichten Fußes den anderen folgte. Stunde um Stunde wanderten wir hinauf und hinaus und ließen das Große Tal weiter und weiter hinter uns. Immer wieder stiegen in der Ferne Rauchwolken eines Feuers in die Lüfte und mein Herz sprang auf. Mittagspause. Aber das Mittagessen ließ auf sich warten, immer waren es nur die Träger, die einen trockenen Haufen abgestorbener Farne entzündet hatten und ihre Zigaretten rauchten. Endlich, mein Magen knurrte schon lange, sah ich die bunten Jacken von Dr. Weiglein und Richie, die sich im Gras niedergelassen hatten. Ich streckte meine müden Beine in die Sonne. Theron servierte Nudelsuppe. Dr. Weiglein verteilte Würstchen.

Am Nachmittag betraten wir eine Hügellandschaft und folgten den Spuren eines alten Handelspfades, der nach den Worten von

Dr. Weiglein über die ganze Insel führte. Der Trampelpfad zog sich in weiten Bögen durch tiefliegende Täler und verschwand dann auf einer Anhöhe. Jedes Mal tauchten wir wieder ein in die Stille, wanderten schweigend in eine Senke hinunter, um am anderen Ende den nächsten Kamm zu erklimmen. Die großen Urwaldbäume waren verschwunden und wir hatten unmerklich das Hochland von Papua betreten, das sich auf einer Höhe zwischen dreieinhalb- und viertausend Metern bis zum Maoke-Gebirge ausbreitete. Zwischen vereinzelten Baumfarnen stachen schroffe, hellgraue Felsformationen aus dem Heidegras und streckten ihre kahlen Köpfe gegen den Himmel. Manche waren schlank und groß wie Totempfähle, andere sahen aus wie Grabmäler einer Königsfamilie. Manchmal fühlten sich die Täler, durch die wir wanderten, an wie eine verlassene Ruinenstätte, durch die sich jeden Moment eine Horde von Affen schwingen würde, aber außer ein paar Vögeln, die durch die Luft zwitscherten, regte sich nichts. Der Regen hatte die Felsen ausgewaschen und mit steilen Rinnen durchzogen, die in verschiedenen Grautönen leuchteten. Manche Felsformationen sahen aus wie Miniaturen kantiger Gebirgsmassive. Als wir nach vielen Stunden den letzten Kamm erreicht hatten, brummte mein Kopf vor Schmerzen. Die dünne Höhenluft machte mir zu schaffen. Da tauchte plötzlich das lang ersehnte Flusstal auf, wo wir die Nacht verbringen sollten. Der Abstieg war steil und die Höhenmeter, die wir tagsüber mühsam errungen hatten, waren schnell verloren, aber meine Kopfschmerzen wurden leichter. Unten angekommen folgten wir einem Fluss, der sich wie eine Schlange durch hohes Gras wand und lustig über große Steine plätscherte, und näherten uns endlich dem Paradies, das Dr. Weiglein uns versprochen hatte.

Flusscamp, 3400 Meter

Es war noch früh am Nachmittag, als wir das Camp am Fluss erreichten. Die Sonne brannte vom Himmel und es war so warm auf den Kieselbänken, dass sich die Mutigen gleich aufmachten, ein Bad zu nehmen. Selbst der sonst so steife Dr. Weiglein ließ alle Hüllen fallen und stieg in die kalten Fluten, sodass sich schließlich auch die Zögerlichen im Team aufrafften und die seltene Gelegenheit nutzten, um sich zu waschen. Als die letzten Träger ins Camp kamen und alle mit dem Aufbauen der Zelte beschäftigt waren, schlichen Gerlinde, Christine und ich auch zum Fluss und taten es den Männern gleich. Das Wasser war eiskalt und herrlich erfrischend. Der Duft von wohlriechendem Shampoo breitete sich im Camp aus und jeder warf seine Wäsche zum Trocknen über die hohen Grasbüschel. Auf einer Anhöhe stand ein altes Dani Camp und die Träger mussten diesmal nur die blaue Plastikplane über die Balken spannen und Feuerholz sammeln. Die Sonne verschwand schnell in den Wolken und mit ihr die Wärme. Bald saßen alle um das Campfeuer.

»Dingin« bedeutet »kalt sein« oder »frieren«. Das sagte einer der Träger, als ich meine Hände dem Feuer entgegenstreckte und mich schüttelte. »Dingin«, sagte er sanft und machte mir Platz neben sich. Als ich mir die Augen rieb, lachte er. »Asap, asap.« Er drückte dabei seine Augen zusammen und bedeutete mir, den Kopf tiefer zu halten. Nur wenn man sich in die getrockneten Grasbüschel kauerte, brannte der Rauch nicht in den Augen und es war himmlisch warm. Die Dani waren lustig. Wenn ich meinen Kopf schüttelte, weil ich nicht verstanden hatte, was sie sagten, wiederholten sie die Worte, wieder und wieder, als würde ich so den Sinn verstehen. Wie Kinder, die nicht wussten, dass es verschiedene Sprachen gab. Ich hätte zu gern gehört, was sie sich erzählten, aber ich hatte in Vorbereitung auf die Expedition nach Papua kein Wörterbuch gefunden. Es gibt über achthundert Papua-Sprachen, von denen die Sprache der Dani mit über 200.000 Sprechern vielleicht die am weitesten verbreitete ist. Dr. Weiglein sprach Dani. Es klang befremdlich aus seinem Mund, denn die Sprache war weich und rund in ihren Klängen mit vielen »a«s und »i«s, ganz im Gegensatz zum eher harten Klang des Hochdeutsch, das er mit uns sprach.

Theron schnitt Zwiebeln und röstete sie im Wok über dem Feuer, dann warf er die Flusslinsen, eine Art Nesselspinat, hinein und es duftete lecker. Dazu gab es Reis, Nudelsuppe und Tee. Die Nacht war warm und sternenklar. Auf dem Grat der Hügel vor uns leuchtete das weiße Licht des Mondes. Wir standen lange zusammen vor dem Zelt der Dani und lauschten dem Prasseln des Feuers. Michael rauchte mit den Dani-Trägern eine Zigarette. Er wohnte mit Robert zusammen in einem Zelt. Beide kannten sich von anderen Expeditionen. Robert war mir gleich sympathisch, weil er ein sonniges Gemüt hatte und eine wohltuende Ruhe ausstrahlte. Steffen und Richie hatte ich vor vielen Jahren in Pakistan auf einer Expedition zum Gasherbrum kennengelernt. Richie führte selbst viele Touren für den DAV und hatte sich schon beschwert, dass Dr. Weiglein als Führer der Expedition nicht so schnell gehen sollte. Trotzdem hechtete er ihm hinterher, bemüht, immer vorne dabei zu sein. Er war Architekt und peinigte Dr. Weiglein stets mit Fragen zur den Parametern der bevorstehenden Route. Höhenmeter, Kilometer, Aufstiegsmeter, die dieser immer mit einem mürrischen Kopfschütteln abwehrte. Steffen war Lehrer und lobte die Muße seines Beamtenstatus, die ihm die vielen Bergtouren erlaubte. Es fiel ihm leichter, sich dem strengen Regiment von Dr. Weiglein unterzuordnen. Christine und Peter waren ein kauziges Ehepaar. Sie hatten sich von anderen Dschungeltrekkern überreden lassen, statt der Wanderstiefel für den Trek zur Carstensz-Pyramide Sandalen und Neoprensocken zu tragen, und hatten schon beim Aufstieg durch den Wald gelitten. Die Sandalen waren rutschig, die Neoprensocken nass und der Schlamm drückte von allen Seiten hinein, selbst in das Innenleben der Socken. Christine, die auch unsere Expeditionsärztin war, hatte schon Blasen an den Füßen und wir waren noch mindestens vier Tage Fußmarsch vom Berg entfernt. Ulf war ein angenehmer Zeltgenosse, der schon weit um die Welt gereist war und viel erzählen konnte. Er war erst vor kurzem in den Ruhestand gewechselt und engagierte sich als Trekkingguide beim Alpenverein und anderen Tourenanbietern. Ulf war ein genügsamer Mensch, asketisch und in seiner Gefühlslage eher trocken und nüchtern. Ihm schmeckte die Nudelsuppe, und wenn es mal nur trockenen Reis und Würstchen gab, beschwerte er sich nicht. Mir fiel es schwerer, mich an die kargen Rationen aus Therons Küche zu gewöhnen. Auf anderen Expeditionen hatte ich immer einen großen Vorrat an eigenem Proviant dabei. Aber diesmal hatte ich mich ganz auf die Expeditionsleitung verlassen, auch weil ich sonst den extra Proviant in meinem Rucksack hätte tragen müssen. Und vielleicht hatte ich mich zu sehr an die kulinarische Fülle, die ich in der Antarktis vorgefunden hatte, gewöhnt und nicht mehr daran gedacht, wie sparsam die Verpflegung auf Expeditionen sein konnte. Nun musste ich hungern, zumindest bis wir das Basecamp erreicht hatten und der Nachschub aus der Mine kam.

Als wir zu unseren Zelten in die Nacht zurückstolperten, zogen die ersten Wolken heran und dämpften das weiße Licht des Mondes. Die Wettergötter waren mit uns. Noch. Neben uns rauschte der Fluss und die Grillen zirpten im hohen Gras.

Aufbruch

Zum Frühstück stellte Ralf zwei Rollen Pumpernickel neben das weiße Toast und die Erdnussbutter und alle stürzten sich darauf, sodass kein Körnchen übrig blieb. Er entschuldigte sich, dass er nicht mehr aufbieten konnte, und tröstete uns damit, dass es nur noch drei Tage bis zum Basecamp seien.

Dr. Weiglein beschrieb die bevorstehende Etappe in einem knappen Satz: »Heute geht es steil bergauf zum Hochplateau und dann immer geradeaus.«

Richie stand gestiefelt und gespornt neben ihm und nickte ungeduldig.

»Wie viele Höhenmeter bis zum Hochplateau? Wie lange werden wir heute gehen?« Er wollte genau wissen, was auf ihn zukam.

»Sechs Stunden, vielleicht acht, wir werden sehen«, sagte Dr. Weiglein knapp, drehte sich um und marschierte davon. Richie murrte. Aber es half nichts.

Wir folgten dem Flusslauf und stiegen durch hohes Gras. Es hatte die ganze Nacht geregnet und erst mit dem ersten Morgenlicht aufgehört. Der kleine Fluss unseres paradiesischen Tals war zu einem reißenden Strom angeschwollen. Unser Trampelpfad endete abrupt an einer Felswand und wir starrten plötzlich ratlos in die kalten Fluten. Richie, Dr. Weiglein und Ralf suchten nach einer geeigneten Stelle, um den Fluss zu queren. Sie liefen links am Flussbett entlang, dann rechts. Ralf versuchte über die fast zehn Meter hohe Felswand zu klettern. Ohne Erfolg. Immer wieder endeten die Versuche mit Kopfschütteln.

»Schwierig«, murmelte Dr. Weiglein.

Drüber konnten wir nicht, drunter konnten wir nicht, außen herum konnten wir nicht, also mussten wir mittendurch. Theron, der als Letzter vom Camp aufgebrochen war, fackelte nicht lange. Er warf seinen Rucksack auf die andere Seite, zog seine Gummistiefel aus und watete mutig mitten durch die Fluten. Und uns blieb nichts anderes übrig, als es ihm gleich zu tun. Kneippkur am Morgen.

Wir stiegen auf durch einen Palmenhain, höher und höher Richtung Plateau. Der Pfad führte an einer steilen Schlucht entlang. Ein falscher Schritt auf den nassen, schlammbeschmierten Felsen und wir würden erst unten, weit unten, wieder Boden unter den Füßen finden: im Fluss, und der war kalt. Das Rauschen der tosenden Wassermassen, die talwärts drängten, schallte herauf und füllte die kühle Morgenluft.

Ich hatte gedacht, dass das Hochplateau, das sich auf 3900 Metern Höhe erstreckte, trocken sein würde und ich wieder in Turnschuhen laufen könnte, aber dem war nicht so. Wir betraten eine hochalpine Graslandschaft und der Boden war nass wie ein Schwamm, übersät von kleinen Seen und Tümpeln. Tausende von sternchen-, farn- und schneeflockenartigen Gewächsen in allen Farben bedeckten den Boden. Selbst in den braunen Wasserbetten wuchs Moos, das übersät war mit weißen und purpurroten Blumen. Die Dani liefen barfuß und hatten mehr Halt als wir. Das Gehen auf dem weichen Boden war anstrengend, so als würde man in Sand oder matschigem Schnee laufen. Die Füße sanken in den weichen Untergrund und federten nicht zurück. Meine Waden schmerzten und das Hochplateau schien endlos. Jedes Mal, wenn wir uns einem Horizont näherten, tauchte die Landschaft vor uns wieder sanft hinunter und ein weiterer Horizont erschien. Der bunte Regenschirm von Dr. Weiglein tanzte durch die Wiesen. Der Himmel hing schon wieder voller Wolken.

Nach vier Stunden kamen wir an einen See und machten Rast. Dr. Weiglein verteilte wieder Toastbrot und seine rosafarbenen Würstchen, die manchen Expeditionsteilnehmern schon zum Hals heraushingen. Die kleinen Törtchen, auf die ich mich schon gefreut hatte, waren längst aufgegessen. Ralf versuchte, uns mit einem Stück Salami zu trösten. Einige im Team waren schon sehr blass, geplagt von Durchfall und Magenverstimmungen. Wir hatten alle auf einen sonnigen Tag gehofft, um unsere nassen Jacken und feuchten Schlafsäcke in der Mittagssonne zu trocknen, aber die

Wolken hatten sich zugezogen und ließen die Sonne nicht durch. Wir kamen bald zum großen Wasserfall, dem Highlight des Tages, wie Dr. Weiglein in der Mittagspause verkündet hatte. Mitten im flachen Hochplateau fiel der Boden plötzlich in die Tiefe, als hätte er sich auf magische Weise geöffnet. Ein breiter Wasserstrahl rauschte mit lautem Tosen über bemooste Felswände und Grasmatten dreißig Meter hinunter und verschwand in einer dunklen Schlucht.

Es fing an zu tröpfeln. »Wird nicht schlimm«, prophezeite Dr. Weiglein.

Fünf Minuten später holte ich meinen Schirm heraus. Das vertraute Klopfen des Regens war zurück. Die Schweizer zogen ihre Militärponchos an und verschmolzen mit den trüben Farben des Hochplateaus. Wir wanderten weiter, müde, hungrig und in einer Stimmungslage zwischen Gereiztheit und ausgewachsener Verdrossenheit, weil die meisten von uns sich diesen Tag ganz anders vorgestellt hatten und ein Ende noch lange nicht abzusehen war. Dr. Weiglein hatte am Wasserfall nur gemurmelt: »Drei Stunden bis zum Camp.«

Aber bei diesem »Sauwetter«, wie Robert es nannte, fühlte sich jede Stunde wie eine Ewigkeit an. Das Land war weit, der Horizont im Nebel verschwunden. Wir marschierten weiter über Anhöhen und durch seichte Täler, durch kurzbeinige Baumfarne und matschige Wiesen. Niemand versuchte mehr, den Pfützen auszuweichen und den Schlamm von den Stiefeln zu schütteln. Sogar Ralfs Bergstiefel, die den Wasserwiderstandstest mit Erfolg bestanden hatten, waren durch und durch nass und mit Schlamm verklebt. Es regnete in Strömen und die Luft war kalt und feucht. Die, die versucht hatten, unter ihren Goretexjacken dem Regen zu trotzen, waren längst durchnässt. Fredy, Tom und Urs schwitzten unter den Militärponchos und waren auch nass. Nur die Regenschirmträger waren noch einigermaßen trocken, wenigstens oben. Aber das war eigentlich egal, denn wir mussten durch den nächsten Fluss, und der war diesmal breiter als alle anderen zuvor. Wir zogen die nassen Hosen und Schuhe aus, obwohl es eigentlich keinen Unterschied machte. Das Wasser war eiskalt. Wir hätten alle eine Tapferkeitsmedaille verdient, aber Dr. Weiglein marschierte weiter, ohne unsere Heldentat auch nur mit einem einzigen Wort zu würdigen.

Als wir um vier Uhr nachmittags einen kleinen Wald erreichten, hörte der Regen kurz auf und wir schafften es, auf dem abschüssigen, durchweichten Boden unsere Zelte aufzustellen. Dann klatschten die dicken Tropfen wieder auf uns nieder. Es war trotzdem warm im Zelt, und ich streckte meine müden Beine aus. Ulf schälte sich missmutig aus seinen nassen Kleidern und schimpfte vor sich hin. Sein Poncho, den er bei einem Discounter erstanden hatte, hatte ihn kläglich im Stich gelassen. Er war nicht nur bis auf die Haut nass und zitterte vor Kälte, er war auch enttäuscht und traurig und fühlte sich am Ende seiner Kräfte.

»Diese Expedition übersteigt nicht nur meine schlimmsten Erwartungen, sie übersteigt auch jegliche menschliche Vorstellungskraft«, klagte er vorwurfsvoll und versank dann in den Tiefen seines Schlafsacks.

Der Regen trommelte trotzig auf unser Zeltdach. Wie es den Trägern gelungen war, ein Feuer zu entfachen, war mir ein Rätsel. Der Waldboden war durchtränkt, aber als ich aus dem Zelt stieg, hatten sie ihr Haus für die Nacht errichtet. Aus der Feuerglut prasselte die Flammenbrunst und hielt den Schlägen des Regens, die auf die blaue Plastikplane donnerten, entgegen. Wir saßen an diesem Abend eng zusammen unter dem Dani-Zelt. Es gab Woknudeln mit süß-saurem Fleisch und Süßkartoffeln, nicht zuviel davon, aber wir teilten brüderlich und tranken viel Goldblümchentee, der nach Honig und Kräutern schmeckte, um den Magen zu füllen. Selbst Ulf hatte sich aus seinem Schlafsack gewagt und wärmte seine Füße am Feuer. Käuzchenrufe hallten verstohlen aus dem Wald, der sich in Nebelschwaden hüllte und gespenstisch wirkte. Am nächsten Morgen würden wir zum ersten Mal die Carstensz-Pyramide sehen, versprach Dr. Weiglein.

»Wenn der Regen von uns ablässt«, murmelte Ulf trotzig.

Dr. Weiglein schüttelte den Kopf. »Die Carstensz-Pyramide ist wie der Kirchturm von Papua. Sie fängt alle Wolken ein, deswegen regnet es jeden Tag und umso mehr, je näher wir dem Kirchturm kommen«, erklärte er und machte damit unberechtigte Hoffnungen zunichte.

Waldcamp, 3700 Meter

Es hatte die ganze Nacht geregnet. Wir lagen so abschüssig im Zelt, dass ich gegen die Zeltwand gerutscht und mein Schlafsack durchnässt war. Im Morgengrauen ließ der Regen nach und um sechs Uhr gab es Frühstück. Es war kalt und schattig im Camp und wir standen frierend um die kleine Plastikplane, auf der das Frühstück aufgebaut war. Es gab Müsliflocken und Weißbrot mit Pflaumenmarmelade, was die Stimmung im Team anhob. Langsam lösten sich die Wolken auf und immer mehr Blau breitete sich am Himmel aus. Über dem Wald stieg die Sonne auf und mit ihr die gute Laune in unserem Team. Noch war nicht alles verloren. Mut und Tapferkeit kehrten zurück und bei manchen sogar die Abenteuerlust. Auch Ulf hatte sich von seiner dunklen Stimmung befreit und lächelte mich wieder an.

»Schlimmer kann es nicht mehr werden«, sagte er entschlossen und schwang seinen Rucksack auf die Schultern.

Wir wanderten durch hohes Gras hinunter zum nächsten Fluss und standen schon bald wieder unschlüssig, manche ungläubig, vor dem Unvermeidlichen, denn weder flussauf- noch flussabwärts fand sich eine geeignete Stelle für die Überquerung. Diesmal brachte Theron einen Holzpfahl aus dem Wald mit. Er stach ihn in die Fluten und schwang sich mit einem Satz hinüber. Da stand er dann im Sonnenlicht wie ein Held und nahm die freudigen Zurufe der Träger und unsere tiefe Bewunderung entgegen. Für manche in unserem Team sah es verführerisch einfach aus. Da sie Theron an Körperkraft und Muskeln in nichts nachstanden, beschlossen sie, es ihm gleichzutun.

»Das wäre doch gelacht«, rief einer noch.

Theron stellte den Mutigen seinen Holzpfahl zur Verfügung. Trotzdem fehlte ihnen etwas, denn sie landeten alle auf halbem Weg im Wasser und konnten sich gerade noch, tropfnass und enttäuscht, manche laut fluchend, ans andere Ufer retten. Die, die zurückgeblieben waren, ließen die Schultern hängen. Der kleine Funke Hoffnung, dass es vielleicht doch so leicht war, wie es aussah, war dahin. Da fasste Theron sich ein Herz. Er stach den Holzpfahl ein zweites Mal in die Fluten und schwang sich zurück zu uns. Dann lud er sich mehrere Rucksäcke auf den Rücken um sie per Stabhoch- und

-weitsprung hinüber zu transportieren, damit diese wenigstens trocken blieben. Wir zogen Schuhe, Strümpfe und Hosen aus. Erst flogen die Regenschirme, dann Stiefel aller Art über den Fluss, danach wateten wir halbnackt an der starken Hand eines Trägers durch die Fluten.

Die Sonne hatte inzwischen den kalten Morgen vertrieben, sodass wir leichten Herzens zum nächsten Hochplateau aufstiegen. Oben standen schon die Dani-Träger und rauchten ihre Zigaretten. Als wir uns näherten, riefen sie laut und aufgeregt. »Ndugu-Ndugu.« Erhabener, schneebedeckter Ort der Götter!

In weiter Ferne war ein graues Felsgebirge zu sehen, das hervorstand wie die Rückenknochen eines gigantischen Dinosauriers. Die Carstensz-Pyramide leuchtete zusammen mit dem ganzen gewaltigen Hofstaat Papuas im Morgenlicht. Endlich konnten wir unseren Berg sehen, und ich spürte, wie mein Herz einen Sprung tat. Noch trennten uns zwei Tage Fußmarsch von der steilen Nordwand, aber durch meine Finger zuckten schon die gestählten Klettermuskeln. Obwohl noch unzählige Bergkämme und Täler, bewaldete Anhöhen und grasbewachsene Senken vor uns lagen und unzählige Flüsse, die wir durchqueren mussten, waren meine Schritte auf einmal leichter. Wenigstens solange, bis mich meine Füße wieder in die Talsenken trugen und unser Berg hinter den grünen Anhöhen verschwand. Einer der Flüsse, die es zu queren galt, war so breit und reißend, dass Ralf und die Träger ein Seil spannen mussten, ehe wir uns in die Fluten wagen konnten. Einmal wurde ein Rucksack mitgerissen, mal ein Bergschuh davon getragen. Der Größe unseres Teams ist es zu verdanken, dass sich immer jemand fand, der hinterhersprang und das verloren geglaubte Gut rettete. Der Himmel zog sich zu, gegen Mittag drängten die ersten Nebelschwaden heran und der Regen kam zurück.

Es gibt unvorstellbar viele verschiedene Arten von Sumpf, Matsch, Schlamm, Morast und Moorlöchern in Papua und genauso viele Geräusche, wenn der Fuß hineinsinkt und wieder herausgezogen wird. Meist konnte man nicht ermessen, wie tief die unschuldige braune Wasserpfütze war, oft schlingerte man unverhofft hinein, blieb stecken, verlor den Halt, der Fuß sank tiefer, dicker zähflüssiger Schlamm sickerte in den Stiefel und die Hand, die sich in der Not an einer bemoosten Wurzel halten wollte, um das Gleichgewicht wieder herzustellen, rutschte ab und man landete rücklings mit dem Hinterteil im Dreck. Einmal verlor Peter seine Sandale in einem Schlammloch. Die braune zähe Masse hatte zwar seinen Fuß wieder freigegeben und auch die Neoprensocke, aber die Trekkingsandale behalten. Er wollte gerade seine Jackenärmel hochkrempeln und sich auf die Knie niederlassen, um nach ihr zu suchen, als Theron herbeieilte. Er deutete auf das Schlammloch. Peter nickte. Dann stach er mit der Machete hinein, rührte eine Weile und förderte die Sandale wieder zu Tage. Peter war glücklich und bedankte sich. Er war von Natur aus ein heiterer Mensch und grämte sich nicht so schnell, was ihm in den Widrigkeiten des Hochmoors zugute kam. Anderen fehlte diese Leichtigkeit. Sie wanderten lustlos voran und fluchten, wenn ein Stiefel im Sumpf stecken blieb. Auch mir ging es nicht besser. Nach sieben Stunden Auf und Ab auf anstrengenden Pfaden im feuchten Unterholz war meine Geduld zu Ende. Ein dröhnender Schmerz breitete sich in meinem Kopf aus. Das Sättigungsgefühl der dünnen Nudelsuppe, die Theron zum Lunch serviert hatte, hielt der Anstrengung nicht stand und mein Magen fühlte sich leer und hohl an. Meine Beine waren so müde, dass ich mich am liebsten hingesetzt hätte, um so zu tun, als hätte ich alles nur geträumt. Ich dachte lange Zeit darüber nach, warum ich mir das antun musste, wieso ich nicht daheim bei Marie und Luca und meinem Mann geblieben war. Was musste ich mir eigentlich beweisen am Ende der Welt, im Sumpf von Papua? Längst war der bunte Regenschirm von Dr. Weiglein in der Ferne verschwunden. Ich trottete vor mich hin und meine Laune wurde schlechter und schlechter. Jeder Bergkamm schien der letzte zu sein und der Ausblick auf die Carstensz-Pyramide war natürlich erhaben, aber dann ging es wieder einen verschlungenen, rutschigen Pfad hinunter. Als ich am nächsten Fluss ankam, waren die anderen schon darüber gesprungen und schwangen gerade ihre Rucksäcke wieder auf den Rücken. Ich warf meine Wasserflasche hinüber ins Gras, dann ließ ich meinen Rucksack von den Schultern fallen. In dem Moment flog meine Wasserflasche zu mir zurück und Michael grinste mich feixend an. Ich war so wütend, dass ich meine Stöcke packte und sie in seine Richtung schleuderte. Ich hatte Glück, denn er duckte sich im letzten Moment und die Stöcke flogen über seinen Kopf hinweg. Dann holte ich die Wasserflasche und warf sie hinterher und traf wieder nicht. Robert fing meinen Rucksack auf und reichte mir die Hand zum Sprung. Er sah mich mit großen Augen an.

»Was ist denn los, Prinzessin? Hast du keinen guten Tag?«, fragte Michael.

»Nein, ich habe keinen guten Tag und ich werde mich auch nicht entschuldigen. Schade, dass ich dich nicht getroffen habe«, sagte ich mit Tränen in den Augen.

Dann zog ich meinen Rucksack wieder an und steckte die Wasserflasche ein. Ich habe einen Scheißtag, dachte ich im Stillen, aber das geht dich gar nichts an. Mein Vater hat immer gesagt, dass Aggression gut sei, dass sie den Kämpfer in einem zum Vorschein bringt, aber in dem Moment fehlte mir jeglicher Sinn für den Kampf. Was gab es da schon zu gewinnen? Ich hatte mir das Dschungelabenteuer ganz anders vorgestellt, hatte gedacht, dass meine Seele baumeln würde in der unberührten Natur am Ende der zivilisierten Welt, frei von den Fesseln des alltäglichen Lebens. Aber das war nicht so. Ich fühlte mich eingesperrt und überhaupt nicht frei.

Michael kramte in seiner Jackentasche, zog eine Tüte Gummibären heraus und bot sie mir an, und weil mein Magen knurrte, nahm ich gleich eine Handvoll.

»Danke, tut mir leid«, presste ich hervor und wanderte davon.

Der letzte Fluss hatte wie versprochen einen Baumstamm als Brücke und damit hatte niemand einen Grund, weiter zu jammern, auch ich nicht. Danach betraten wir die Larsson-Drainage. Das Sumpfgebiet war nach einem amerikanischen Missionar benannt. Das Wasser vom weiter oben liegenden Larsson-See floss durch das Gestein unterirdisch ab und überflutete die tiefer gelegenen Wiesen. Die Landschaft erinnerte mich an Patagonien – das helle Gras, die dunklen Felsenwände, die aus weißen Nebelschwaden auftauchten und dann wieder verschwanden. Ich setzte einen Fuß vor den anderen und lauschte den Geräuschen meiner Gummistiefel. Marie und Luca hätten die größte Freude gehabt und ich beschloss, dass ich mit ihnen in einen Sumpf gehen würde, sobald ich wieder zuhause war; irgendwie tröstete mich dieser Gedanke. Als wir schließlich im Abendlicht im Camp ankamen, brannte das Feuer schon. Die Nebelwolken lösten sich auf und zum Abendessen standen wir im Kreis über dampfenden Nudelsuppentöpfen.

Ulf hatte diesmal einen ebenen Platz für unser Zelt gefunden und wir waren beide so müde, dass wir herrlich ausgestreckt sofort einschliefen.

Aufbruch vom Larsson Camp, 3600 Meter

Wir träumten von Pfannkuchen und Rühreiern mit Speck, aber es gab nur Wonderbread mit Erdnussbutter zum Frühstück. Die Nacht war trocken geblieben und die Sonne wärmte uns zum Frühstück. Die Carstensz-Pyramide schien uns wohlgesonnen. Die letzte Etappe stand bevor, »eigentlich nur eine halbe«, sagte Dr. Weiglein, denn für den Aufstieg über den Neuseeland-Pass würden wir nicht mehr als fünf Stunden brauchen, wenn wir die Mittagspause ausließen. Der Pass lag 4500 Meter hoch und dahinter lag schon das Basecamp.

»Wir müssen es vor dem Regen schaffen, sonst wird der Abstieg über die steilen Felswände gefährlich«, brummte er unwirsch und marschierte davon.

Mein Rucksack wog schwer auf den Schultern und mein Kreislauf war schwach. Ich ließ die Ungeduldigen an diesem Morgen gerne vorauseilen und reihte mich zusammen mit Ulf hinten bei den Nachzüglern ein. Gerlinde bildete wie immer die Nachhut. Sie hatte die Geduld eines Engels und strahlte eine bewundernswerte Ruhe aus, die wohl tat. Langsam folgte ich Ulf über die bleichen Kalkfelsen, die aus den Grasbüscheln ragten und aussahen wie Skelette aus der Urzeit. Dann stiegen wir ein in dichten Dschungelwald. Lange hellgrüne Moosflechten hingen von den Ästen und schwebten in den Sonnenstrahlen, die durchs Dickicht fielen. Zwischen den Wurzeln versumpfte der Wald in dickflüssigem Schlamm. Das war gefährlich, denn die Wurzeln waren rutschig und immer wieder glitten meine Gummistiefel beschleunigend darüber, um dann in einem Loch zu versinken. Wenn ich sie wieder herauszog, klangen sie wie eine schlechtgelaunte Waldkröte, die sich lauthals beschwerte. Luca hätte sich gekugelt vor Lachen, vor allem wenn er Ulf und mich gesehen hätte. Wir krochen auf allen vieren voran, mal vorwärts hinauf, dann rückwärts hinunter, umklammerten Baumstümpfe und Wurzeln, um nicht abzurutschen, und zogen den Kopf tief zwischen die Schultern, um den Rucksack durch die niedrigen Äste, die uns den Weg versperrten, zu drücken.

An einem grünen See entstiegen wir dem Sumpfwald. Ein paar Enten quakten in der Ferne und ich war bestimmt nicht die Einzige, die dabei an einen Braten zum Mittagessen dachte. Hinter dem See stieg eine steile Felswand etwa zweihundert Meter in die Höhe. Durch die mussten wir klettern, um den Grat zu erreichen. Zwischen den Felsen, die sich unordentlich übereinander stapelten, wuchsen Baumfarne und Gräser. Ein Kletterpfad führte in steilen Serpentinen mittendurch. Die Sonne brannte von oben herunter, aber an den Sonnenschirm war nicht zu denken, denn ich hatte keine Hand frei. Mein Herz pumpte und ich drängte voran, zog mich über die Kletterpassagen hinauf und ließ bald die Nachhut hinter mir. Als wir die letzten Meter der Felswand erklommen hatten, lag der Larsson-See vor uns. Sein Wasser schimmerte grün im Sonnenlicht. Hinter dem See ragten mächtige Felstürme in den Himmel und die Landschaft sah auf einmal aus, als stünden wir vor den steinernen Giganten der Dolomiten. Der Ngga Pulu, der zweithöchste Gipfel Papuas, stand ganz links, neben ihm reihten sich wie Geschwister nackte Felsgipfel in einer Kette aneinander, die nach den Wochentagen benannt waren: Sonntags-, Montags-, Dienstagsgipfel und so weiter. Zwischen den Zacken der zerklüfteten Felskronen leuchteten die Schneefelder der Gletscher. Unser ganzes Team stand und staunte. Die Carstensz-Pyramide war nicht zu sehen. Sie stand hinter der gewaltigen Felsmauer. Um zu ihr zu gelangen, mussten wir den Neuseeland-Pass queren, der wie eine Zahnlücke über uns im Grat zu sehen war. Ich schaute zurück über das Hochmoor, die unendlichen Anhöhen und Wälder, durch die wir gewandert waren, fast hundert Kilometer, Millionen Regentropfen, manche Sonnenstrahlen. Wir hatten es fast geschafft. Wir füllten unsere Wasserflaschen an einer Quelle, die aus den Felsen sprudelte, und wanderten am Seeufer entlang. Der feine Kieselsand war hell und im flachen Wasser blühten Moosblumen in zarten Rosa- und Orangetönen. Hoch über uns lag der Neuseeland-Pass, kalt und grau. Dr. Weiglein war weit voraus und stieg mit seinem bunten Schirm einen felsigen Hügel hinauf. Der Anfang war nicht so schwer, Schritt für Schritt, Höhenmeter um Höhenmeter. Ich folgte einem älteren Dani-Träger. Er hatte einen gehäkelten Sack auf dem Rücken, den er mit einem breiten Band über der Stirn trug. Seine Machete und einen grünen Regenschirm hielt er in einer Hand, die andere reichte er mir ab und zu, um mir über die steilen Felsen hinauf zu helfen. In seinem Sack waren Zelte und Süßkartoffeln. Er trug dunkelgrüne Gummistiefel, die ihm sichtlich zu groß waren und an den Zehen und an der Ferse einen breiten Schlitz hatten, wo das Wasser hinein- und wieder hinauslaufen konnte. Sein Bart war grau und seine Augen leuchteten dunkelbraun und warm. Wenn er rastete, spannte er den Schirm auf und setzte sich neben seinen großen Sack, egal ob die Sonne schien oder es in Strömen regnete. Da saß er dann ganz still und schaute mit Wohlwollen nach draußen. Ich hatte mich in den vergangenen Tagen oft zu ihm gesetzt. Er war älter als die anderen Träger und war diesen Pfad sicher schon öfter mit anderen Expeditionen gegangen. Jemand hatte ihm die Gummistiefel geschenkt. Ich hatte Dr. Weiglein gefragt, wie alt unsere Träger waren. Er vermutete zwischen zwanzig und dreißig Jahren, aber Liribu Wanimba, den ich nach seinem Namen gefragt hatte, schien älter. Fragen konnte man die Dani nicht, denn sie wussten es selbst nicht, schienen das Leben nicht wie wir in Jahren zu rechnen. Die Lebenserwartung in Papua lag bei etwa fünfzig Jahren, meinte Dr. Weiglein und zuckte die Schultern, weil es nicht wichtig schien.

Die Wolken hüllten uns ein wie dampfende Ströme, die uns höher und höher hinauf in die schroffen Felsabbrüche zogen. Es war kalt und feucht und das Licht, das sich in alle Richtungen brach, ließ die Landschaft matt und diffus erscheinen. Die steilen Felswände verschwanden nach oben im grauen Nichts. Kein Baumfarn, kein Gras, nicht eine Moosflechte wuchs mehr aus dem steinigen Boden und es schien, als wären wir auf einem fremden Planeten gelandet. Wir folgten einem ausgetretenen Pfad, bis wir die Höhe des Passes erreicht hatten. Auf der anderen Seite ging es hinunter, aber der bunte Regenschirm von Dr. Weiglein war nirgends zu sehen. Die Vorhut war voraus gestürmt, um vor dem drohenden Regen im Camp zu sein, und wir waren uns nicht sicher, durch welche Felsenschlucht sie abgestiegen war. Es schien zwei Wege zu geben, die nach unten führten. Wir beschlossen, auf die Träger zu warten. Kaum hatten sie zu uns aufgeschlossen, fielen die ersten Tropfen. Die Steinwüste war gespenstisch und wir hängten uns dicht an die

Dani, um nicht verloren zu gehen. Als wir den Einstieg zum Tal erreichten, rauschte das Wasser unter unseren Füßen über die dunklen Felsplatten hinab, die teilweise sehr steil in die Tiefe führten. Aber der Stein war schroff und selbst die Gummistiefel fanden erstaunlich guten Halt. Bald regnete es in Strömen. Alle anderen hatten längst die Schirme weggesteckt und die Kapuzen über den Kopf gezogen. Die Schweizer wandelten in ihren Militärponchos. Ich blieb unter meinem Schirm wie die Dani auch. So hatte ich zwar nur eine Hand frei, um über die Felsplatten zu klettern, aber ich blieb dabei entschieden trockener. Es war berauschend schön. Der Wassermantel der Felsen glänzte schwarz und die Regenbogenfarben meines Schirms spiegelten sich in ihrem Glanz. Die Regentropfen prasselten auf den Schirm und die Schreie und Rufe der Träger durchdrangen nur sanft das Hintergrundrauschen. Die Jacken der anderen leuchteten wie Schmetterlinge aus dem grauen Schleier der Nebelwolken. Die dunklen Felswände stiegen neben uns in unergründliche Höhen. Ein jeder reichte einem anderen die Hand, um zu helfen, zu stützen, abzufangen. Tom lief immer voraus, um den besten Abstiegsweg zu erkunden, und lotste das Team voran, Gerlinde kümmerte sich um die, die Angst hatten, deren Schuhe rutschiger und deren Erschöpfung größer war. Und dann tauchten plötzlich die grünen Seen des Gelben Tals im Nebel auf.

Bei unserer Ankunft im Basecamp waren die anderen schon beschäftigt, ihre Zelte aufzubauen, und die besten Plätze auf der steinigen unebenen Grasfläche waren besetzt. Ulf und ich suchten lange nach einem geeigneten Platz für unser Zelt. Wir wanderten hin und her, mal war es zu steinig, dann zu uneben oder hochwassergefährdet. Als ich endlich im Zelt lag, fiel ich sofort wie ein Murmeltier in tiefen Schlaf.

Basecamp, 3850 Meter

Am späten Nachmittag standen alle versammelt vor dem Kochzelt. Viel Holz gab es nicht, denn wir hatten die Baumgrenze weit unter uns gelassen. Nur ein paar alte Balken, die vor Jahren heraufgetragen worden waren, um eine Hütte zu bauen, lagen herum. Diese hatte Nabin mit seinem Beil in kleine Stücke zerschlagen, um ein notdürftiges Feuer zu entzünden und Tee zu kochen. Die Dani-Träger hatten sich weiter unten eine Höhle gesucht, aus der sie erst wieder kommen würden, wenn wir den Rückmarsch antraten. Vor uns fiel das Gelbe Tal in die Tiefe bis zu einem kleinen See, von wo aus eine breite Trasse zur Mine hinaufführte. Die riesige Gold- und Kupfermine war Quelle unendlichen Reichtums und zugleich der größten Umweltzerstörung Papuas. Nach der Entdeckung der Mine 1936 wurde der Berg, in dem die Goldader steckte, langsam abgetragen. Der Radius der Mine betrug schon acht Kilometer und Dr. Weiglein hatte erzählt, dass man die Lücke, die durch das Abtragen des Berges in der Bergkette entstanden war, aus weiter Ferne sehen konnte. Wir schauten sehnsüchtig hinüber. Dr. Weiglein war gleich nach der Ankunft im Basecamp mit Theron zur Mine aufgebrochen, um unser Gepäck und den Essensnachschub zu holen. Seitdem waren vier lange Stunden vergangen und weder Dr. Weiglein noch Theron noch unser Gepäck waren aufgetaucht. Unsere Mägen knurrten, denn wir hatten seit dem Frühstück nichts mehr gegessen, überhaupt hatten wir seit einer scheinbaren Ewigkeit nichts »Gscheids«, wie Robert es nannte – und er meinte damit Schweinebraten, Schnitzel, Knödel oder irgendwas, in das man gerne seine Zähne sinken ließ – mehr gegessen. Die Nudelsuppe konnten fast alle im Team inzwischen nicht mehr sehen. Bald würde die Nacht hereinbrechen und wir würden verhungern. Ein Warnschild verbot uns strengstens, uns der Mine zu nähern, aber mehr als einmal überlegten wir, ob wir es nicht trotzdem tun sollten. Bestimmt saß Dr. Weiglein dort in der Minenkantine und schlug sich den Bauch voll mit Köstlichkeiten.

Plötzlich rief einer, der ein Fernglas hatte: »Ich sehe Theron, und er trägt etwas auf dem Kopf.«

Nabin sprang auf und lief ihm entgegen. Eine viertel Stunde später stiegen sie zu uns auf mit einem großen Sack voller Lunchboxen: Reis, Hühnchen, schwarz geräucherter Fisch, gekochtes Gemüse. Wir halfen Theron, das Essen aus den Boxen zu befreien und stürzten uns dann darauf. Es war so lecker und ich war glücklich, dachte ich doch, dass wir nun für den Rest der Expedition kulinarisch versorgt seien. Dr. Weiglein hatte uns schließlich in den Tagen zuvor, wenn das Essen karg war und nur aus Reis, Wasserlinsen und Nudelsuppe bestand, immer wieder versichert:

»Wenn wir im Basecamp sind, werden wir über die Mine bestens versorgt!«

Er hatte viele kulinarische Köstlichkeiten gekauft und sie durch die Mine hinaufgeschickt, damit wir sie nicht über das Hochland tragen mussten. Und diese Aussicht hatte uns über so manche lange Durststrecke hinweggetröstet.

Gegen Abend ließ der Regen nach und die Wolken lichteten sich. Das Gelbe Tal sah aus, als hätte eine Bombe eingeschlagen. Außer ein paar Grasbüscheln wuchs nichts auf dem steinigen Boden. Die Felswände, die uns umgaben, waren steil und schwarz wie Ruß. Sie umrundeten uns dämonisch von allen Seiten. Nur direkt vor uns war der Blick offen, hinaus auf die Mine. Dort, über den Abraumterrassen, ging die Sonne in den Wolken unter, leuchtend rot und orange, bis nur noch das gelbe Licht der Minenarbeiter gespenstisch durch die Nebelschwaden drang. Wir saßen noch lange eng zusammengedrängt mit unseren Stirnlampen auf kleinen Dreibeinhockern um Gerlinde und Ralf herum, die eine Karte von der Route durch die Nordwand ausgebreitet hatten. Von Zeit zu Zeit heulte eine Sirene, dann krachte es wie Donnerhall zu uns herüber. Es wurde gesprengt, der ganze Berg in kleine Stücke zerborsten, um das Gold zu Tage zu fördern. Als wir zu unseren Zelten gingen, hatten die Wolken sich vollkommen aufgelöst und im Himmel standen der halbe Mond und seine Sterne.

Wolkenverhangen erwartete uns der nächste Morgen. Noch hatten nur wenige aus unserem Team ihr Gepäck mit der Kletterausrüstung bekommen. Dr. Weiglein war wieder unterwegs zur Mine, um sich zu kümmern. Trotzdem brachen nach dem Frühstück alle auf, um die Nordwand der Carstensz-Pyramide zu inspizieren und Seile und Kletterausrüstung zum Einstieg der Wand zu bringen. Ein kleiner Trampelpfad führte an den grünen Seen vorbei zu einem mächtigen Felsentor, durch das wir schritten. Die Felswände stiegen fast hundert Meter senkrecht neben uns in die Höhe, dann lehnten sie sich zurück und das Tal öffnete sich wieder. Auf steinigen Pfaden umrundeten wir drei weitere Seen. Der Startschuss für den Gipfelsturm war unmerklich gefallen und jeder strengte sich an, um zu beweisen, dass er das Recht hatte, ins erste Gipfelteam zu kommen. Ralf hatte am Morgen gesagt, dass er schon in der nächsten Nacht mit den Stärksten im Team den ersten Gipfelversuch wagen wollte.

Richie eilte allen voraus, Dieter hinterher, Steffen und Michael waren vorne dabei, und auch ich ließ mich vom bevorstehenden Gipfelfieber mitreißen und versuchte, mit den anderen Schritt zu halten. Die Wolken hingen schon tief, als wir zwei Stunden später vor der Nordwand standen. Das Felsgeröll am Einstieg der Wand war mit toten Handschuhen gepflastert, die ihr Leben nass und durchgescheuert vom Aufstieg zum Gipfel beendet hatten. Ein dickes helles Seil führte über eine senkrechte Wand hinauf in die Nebelwolken. Ralf stieg mit einem neuen Seil voraus, Gerlinde sicherte ihn. Die beiden wollten sich die Qualität der Fixseile anschauen, bevor wir uns ihnen anvertrauten. Ich setzte mich mit meinen Gummistiefeln unter den Regenschirm und schaute sehnsüchtig hinterher. Mein Gepäck mit der Kletterausrüstung war noch nicht angekommen. Richie und Dieter hatten ihres schon und nutzten die Gelegenheit, um beim Anbringen neuer Seile zu helfen. Kaum waren die Gipfelstürmer in den Nebelschwaden der Wand verschwunden, wurde es merklich kühler und die Regentropfen verwandelten sich in Schneegeriesel, das auf meinen Regenschirm trommelte. Michael, Robert und ich machten uns auf den Rückweg.

Als wir im Camp eintrafen, hatten die Träger zur Freude und Erleichterung aller gerade das restliche Gepäck aus der Mine heraufgetragen. Bergstiefel, Kletterschuhe, Gurte und Handschuhe für den Aufstieg und auch Rasierer und Shampoos. Viele wagten sich freudig in die kalten Fluten des Baches, der von den Seen durch unser Camp floss. Ich füllte den wässrigen Goldblümchentee in meine und Ulfs Wasserflaschen und wusch mir damit vor dem Zelt die Haare. Ulf schüttelte den Kopf.

»Ein Teebeutel für einen Liter Wasser, das schmeckt doch nicht. Den Tee trinkt eh keiner. Oder soll ich Dr. Weiglein fragen, ob ich warmes Wasser zum Haarewaschen bekomme? Dann dreht er mir sicher den Hals um«, entgegnete ich trotzig.

»Das stimmt«, sagte Ulf und lachte. Vom übrig gebliebenen Tee wusch er sich die Füße, obwohl er von solchen Extravaganzen im Grunde seines Herzens nichts hielt.

Die Gipfelvorhut, die am Nachmittag zurückkehrte, berichtete, dass die Fixseile in gutem Zustand seien. Die Route war ausreichend gesichert und gut zu klettern. Tom und Ralf waren bis zur Tyrolean Traverse, einer Art Seilbrücke, gestiegen, um nach dem

Rechten zu sehen, und Dieter war sogar bis zum Gipfel gegangen. Es gab einige kleine Schneefelder auf dem Grat, aber Steigeisen brauchten wir dafür nicht, berichtete er. Vom Ausblick über Papua konnte Dieter nichts erzählen, denn der Gipfel war in Nebel gehüllt, als er oben stand.

Zum Abendessen brachte Ralf die neuesten Wetternachrichten mit: »Charly Gabl, unser Wetterpapst in Innsbruck, sagt für morgen durchwachsenes Wetter an, ab zwölf Uhr mittags starken Regen, zwölf Liter in der Stunde. Danach kommt ein stabiles Hoch ohne Regen, das etwa zehn bis zwölf Stunden halten soll. Es sieht so aus, als wäre übermorgen der bessere Gipfeltag.«

Viele nickten bedächtig und dann begannen die Diskussionen. Wir waren im regenreichsten Gebiet der Welt. Konnte man dem Wetterbericht trauen? Konnte man in Papua überhaupt das Wetter vorhersagen? Charly hatte gesagt, dass es schwierig sei, eine zuverlässige Vorhersage zu erstellen. Ein stabiles Hoch, der Ausblick vom Gipfel wäre gigantisch.

»Ein richtiger Rasttag nach dem anstrengenden Marsch wäre gut vor dem Aufstieg«, meinte Ulf und entschied sich für den zweiten Gipfeltag. Seine Beine waren noch müde. Viele schlossen sich ihm an. Ralf wollte Handzeichen sehen, wer in der kommenden Nacht einen Gipfelversuch wagen wollte, um die Teams einzuteilen.

»Hätten wir denn noch einen dritten Gipfelversuch, falls das Hoch am zweiten Tag nicht kommt und wir in einem Regensturm umkehren müssen?«, fragte Steffen.

»Ja«, sagte Ralf, »wir haben drei Tage für einen Gipfelversuch eingeplant, bevor wir zum Rückmarsch aufbrechen müssen.«

Das erleichterte vielen die Entscheidung. Der Aufstieg durch die Nordwand war auch für gute Felskletterer eine Herausforderung, über sechshundert Höhenmeter vom Fuß der Wand bis zum Gipfelgrat in steilem Klettergelände. Von den achtzehn Bergsteigern in unserem Team blieben nur sechs übrig, die in der kommenden Nacht aufsteigen wollten: Ralf, Gerlinde, Tom, Richie, Werner und ich.

»Falls um zwei Uhr die Sterne am Himmel zu sehen sind, kann ich dann auch noch mitkommen?«, fragte Robert. Ralf nickte und Steffen schloss sich an, die Sterne in der Nacht entscheiden zu lassen.

Auf dem Rückweg zu den Zelten pochte mein Herz. Gipfelsturm. Ich wollte auf jeden Fall im ersten Team dabei sein. Falls sich das Wetter verschlechtern würde, könnte ich auf halbem Weg umkehren. Ich hatte das Gefühl, dass ich trotz der spärlichen Verpflegung genug Kraft hatte, auch für einen zweiten oder dritten Versuch. Und ich hatte meine Kletterausrüstung noch nicht zur Wand gebracht. Allein der Weg dorthin würde sich somit für mich schon lohnen. Ich war zweimal am Berg, am Cho Oyu in Tibet und am Gasherbrum in Pakistan, nicht im ersten Gipfelteam mitgegangen, einmal, weil mein Los nicht gezogen wurde, einmal, weil das Wetter schlecht vorausgesagt war. Beide Male hatten die Bergsteiger im ersten Team den Gipfel erreicht und das zweite Team nicht. Beide Male hätte ich darum kämpfen können, im ersten Team dabei zu sein, und hatte es nicht getan. Damit war meine Entscheidung klar. Ulf dagegen hielt große Stücke auf Wetter-Charly und er brauchte dringend einen Rasttag.

Gipfelsturm

Vier Sterne standen am Himmel, als ich um halb drei aus dem Zelt kroch. Ralf hatte ans Zelt geklopft und mich geweckt. Ulf hatte sich einfach umgedreht und den Ruf zum Gipfelsturm ignoriert. Hohe Wolkenschichten verdunkelten die anderen Sterne, und als ich zum Küchenzelt stolperte, war ich mir nicht sicher, ob der Himmel aufreißen oder sich weiter zuziehen würde. Es gab Tee und Nutellatoast. Wir saßen auf Dreibeinhockern unter der Plastikplane und aßen schweigend im Schein der Stirnlampen. Die Wolken zogen hin und her. Das Wetter sah nicht vielversprechend aus, aber auch nicht schlecht. Um drei Uhr brachen wir auf in die Dunkelheit. Wir waren zu acht: Ralf, Gerlinde, Werner, Richie, Robert, Steffen, Tom und ich. Das Camp war still, als wir auf dem Trampelpfad an den kleinen Seen entlang stiegen. Die Nacht war kalt, aber durch die Bewegung wurde mir warm und ich zog schon bald meine Daunenjacke aus.

Zwei Stunden später erreichten wir mit dem ersten Tageslicht den Fuß der Nordwand. Ich zog meinen Klettergurt an und setzte meinen Helm auf. Richie stieg als Erster in die Wand ein. Das Wetter hätte besser sein können, aber die Wand war trocken. Nach der ersten Seillänge konnten wir die Stirnlampen löschen. Blaues Licht durchflutete den Gebirgskamm und gab den Blick frei in einen wolkenverhangenen Morgen. Der Fels war griffig und ich fand guten Halt. Wir stiegen in den ausgewaschenen Rinnen Richtung Himmel hinauf. Ich schob die Steigklemme am Fixseil nach oben und kletterte hinterher. Die Steigklemme würde mich bei einem Sturz schützen, denn die scharfkantigen Felsen würden im Ernstfall schwere Verletzungen hinterlassen. Das Klettern war herrlich, einzig das Atemholen verlangsamte mein Tempo, denn wir waren nach ein paar Seillängen schon auf über 4500 Metern Höhe. Gerlinde blieb geduldig hintendran und tat so, als würde sie auch alleine nicht schneller aufsteigen. Als wir etwa die Hälfte der Wand durchstiegen hatten, rasteten wir auf einem Felsvorsprung. Die Nordwand fiel in steilen Rinnen unter unseren Füßen in die Tiefe und leuchtete in den blauen Grautönen des Morgenlichts. Das Tal war noch dunkel, aber gegenüber strahlten schon die Schneefelder der Gebirgskette, die am Ende des Tales im Ngga Pulu gipfelte. Falls wir nach der Carstensz-Pyramide noch Zeit hatten, wollten wir den Aufstieg zum Ngga Pulu wagen und auf die schneebedeckte Gipfelkrone steigen, die Jan Carstensz vor dreihundert Jahren gesehen hatte, als der Berg noch höher als die Carstensz-Pyramide war.

Beim Einstieg in den langen, steilen Kamin zum Grat begannen die Wolken auseinanderzubrechen, und erste blaue Himmelsfenster öffneten sich über uns. Der Wind, der uns am Grat erfasste, schob die Wolken fort und ließ uns hinausschauen über die Dschungeltäler von Papua, aus denen weiße Nebelschwaden dampften. Der Grat war schmal, der Fels von Wind und Wetter zerborsten. Zu beiden Seiten fielen Felswände steil in die Tiefe. In den Nischen der großen Felsblöcke lag Schnee. Der schroffe Gebirgskamm hinter uns versank in der Ferne im Wolkenmeer. Nur die riesigen Terrassen der Mine schimmerten kupferfarben und zeugten vom Eingriff der Menschen.

Vor uns lag die Crux der Carstensz-Pyramide, eine zwanzig Meter tiefe Schlucht, die den Gipfelgrat entzweite. Diese mussten wir überwinden, um auf der anderen Seite unseren Weg zum Gipfel fortzusetzen. Es wäre mühsam gewesen, sich zwanzig Meter in die Tiefe abzuseilen, und noch mühsamer, auf der anderen Seite wieder hinaufzuklettern. Und es waren nur etwa zehn Meter, die uns von den Felsen auf der anderen Seite trennten. Zu weit, um zu springen, aber nah genug für eine Tyrolean Traverse. Andere Bergsteiger vor uns hatten sie schon eingerichtet und Seilstränge über den Abgrund gespannt. Tom hatte die Seile am Tag zuvor getestet und für sicher befunden. Nun mussten wir sie nur noch überqueren. Ich klippte meine Selbstsicherung mit einem Karabiner in eines der Seile, schraubte ihn zu, befestigte dann einen zweiten an der Seilrolle und lehnte mich rücklings nach hinten über den Abgrund. Das Seil straffte sich, die Rolle schnurrte an ihm entlang und ich zog mich Armlänge um Armlänge an den frostigen Seilen hinüber. Es war nicht so schwer. Da ich mich rücklings fortbewegte, konnte ich den Abgrund unter mir nicht sehen. Tom erwartete mich am anderen Ende und half mir, auf den Felsvorsprung zu klettern. Dann sauste die Rolle zurück. Gerlinde war an der Reihe. Als auch sie den Abgrund überwunden hatte, stiegen wir weiter am Grat entlang. Noch fünfzig Höhenmeter trennten uns vom Gipfel. Die Wolken zogen sich schon bedrohlich über uns zusammen. Richie kam uns entgegen und mahnte uns zur Eile, denn es drohte ein Wettersturz. Es war nicht leicht, sich zu beeilen. Die dünne, trockene Luft brannte im Hals und die schneebedeckten Felsen waren rutschig. Jeder Schritt musste sitzen, bis wir an den Punkt auf dem Grat kamen, wo es nach allen Seiten nur noch hinunter ging. Ralf und Werner blickten uns freudestrahlend entgegen. Als wir auf ihn zugingen, hob Ralf die Arme in den Himmel.

»Das ist der Gipfel. 4884 Meter über dem Meer, der höchste Punkt von ganz Ozeanien!«, rief er.

Der Gipfel war nur ein kleiner Felsen, der etwas höher stand als die anderen, aber die Widrigkeiten, die wir auf uns genommen hatten, um ihn zu erreichen, waren groß gewesen, und ich spürte, wie sich in meiner Brust eine unbändige Freude ausbreitete. Die Sonne brach plötzlich durch die Wolken und drängte sie beiseite, damit wir feiern konnten. Ganz Papua lag zu unseren Füßen, der Dschungel, der Regen, der Schlamm, die nassen Wiesen. Eine halbe Stunde lang war der Himmel über uns blau und wir konnten weit über den schmalen Gebirgskamm hinaus auf das Wolkenmeer schauen, das den Urwald bedeckte, weiß und weit. Es fühlte sich an, als gäbe es nur eine einzige Bergkette auf der ganzen Welt, die über den Wolken stand, und in deren Mitte standen wir. Wir schossen Gipfelbilder in alle Richtungen, um das Wunder festzuhalten. Die Gletscher des Ngga Pulu blitzten in der Sonne schräg gegenüber, und einen Moment lang hatte ich das Gefühl, dass wir die Arafura-See am Horizont sehen konnten. Dann zogen sich die Wolken wie ein magischer Vorhang wieder zusammen. Die Sonne verschwand und wir waren eingehüllt in Nebelschwaden. Die grünen Seen unter uns waren nicht mehr zu erkennen, nur noch schwindelerregender Abgrund durch dunkle Felswände. Ein neuer Regensturm war im Anflug und wir brachen schnell auf, um zurück in die Nordwand zu steigen, bevor sein Grauen sich entfalten konnte.

Für den Aufstieg durch die Wand hatten wir nur drei Stunden gebraucht. Der Abstieg ging noch schneller. Wir zogen uns über die Tyrolean Traverse hinüber und erreichten mit großen Schritten die Aufstiegsrinne. Dort schwangen wir uns an den Seilen in die Tiefe. Als wir um halb elf den Fuß der Wand erreichten, begann es zu tröpfeln. Wir klatschten in die Hände und dankten den Wettergöttern. Dann spannten wir die Regenschirme auf und wanderten zurück ins Basecamp. Es gab Tee und Nudelsuppe für die Gipfelstürmer. Dr. Weiglein war nirgends zu sehen und auch der kulinarische Nachschub aus der Mine ließ weiter auf sich warten. Es nieselte den ganzen Nachmittag, aber der gewaltige Regensturm, den Charly angekündigt hatte, kam nicht.

Ngga Pulu, 4862 Meter

Erst in der Nacht wurde der Regen stärker und trommelte so laut auf unser Zelt, dass wir die Bagger, Sirenen und Sprengungen der Mine nicht mehr hören konnten. Der Aufbruch für das zweite Gipfelteam wurde von halb drei auf halb fünf verschoben und der Regen ließ tatsächlich nach. Im Nebelniesel drängten sich alle Stirnlampenträger unter dem kleinen Stück Plastikplane zusammen zum Frühstück. Ob die zwölf Stunden Sonne nun kommen würden, die Charly versprochen hatte? Das Carstensz-Team brach zuerst auf. Das Ngga-Pulu-Team, dem sich mit Ausnahme von Gerlinde, Tom und Ralf alle Gipfelstürmer des Vortags angeschlossen hatten, trödelte. Noch versuchte Richie, Dieter zum Mitkommen zu überreden, aber er weigerte sich entschieden, sodass wir schließlich ohne ihn aufbrachen. Der Regen hatte sich zurückgezogen und ein schöner Tag schien sich anzubahnen. Der kleine Bach im Camp war angeschwollen. Wir folgten seinem Lauf im Morgenlicht. Die sonst so dunkle Passage durch die steilen Felswände leuchtete hell in der Sonne. Das Carstensz-Team hatte schon fast den Einstieg zur Wand erreicht, als die Nordwand in unser Blickfeld rückte und uns für einen Moment den Atem raubte. Wir standen ungläubig da und starrten in die Felswand. Die ganze Steinpyramide war weiß gefrostet, die steilen Rinnen schneeverkrustet, tiefgefroren. Es war ein prachtvoller Anblick, aus sicherer Entfernung! Wehe denen, die dort hinaufsteigen wollten. Wir hatten in den Tagen zuvor immer nur vom Regen gesprochen, aber keiner hatte je an Schnee gedacht.

»Da wird das Wasser fließen, wenn die Sonne kommt«, meinte Richie trocken.

Als wir die oberen Seen erreichten, war alles tief verschneit und erinnerte an Weihnachten. Still und selig strahlte der Morgen, als hätten die Wettergötter ihn nur für uns geschaffen. Die senkrechten Felsenwände glänzten schwarz, was den Kontrast zum Schnee noch verstärkte. Dampfend bewegten sich die Nebelschwaden in den Strahlen der Sonne. Wir folgten dem Bach, der durch die schneebedeckten Felsen rauschte, tiefer und tiefer hinein in das Carstensz-Tal, Richtung Ostgrat des Ngga Pulu. Zu Männchen aufgetürmte Steine markierten den Weg, manche sahen aus wie Schneemänner. Die Sonne brannte sich ein Loch durch die Wolken und es wurde heiß. Der Schnee reflektierte von unten wie ein Hochofen. Wie es dem Carstensz-Team wohl erging? Wir konnten die Wand nicht mehr sehen.

Wir waren schon eine Weile aufgestiegen, als plötzlich zwei Steinmännchen in verschiedene Richtungen zeigten, das eine hinauf, das andere weiter am Bachlauf entlang Richtung Ostgrat. Dieser sah bedrohlich aus. Die Steinplatten waren durch den aufliegenden Schnee bestimmt rutschig und Richie entschied sich für die westliche Variante über den Gletscher. Robert und ich folgten ihm. Steffen und Werner stiegen weiter durch ein schmales Tal Richtung Ostgrat auf, um den Weg zu erkunden. Aus beiden Himmelsrichtungen zogen dunkle Wolkentürme heran und bedrängten die Sonne, bis sie verschwand. Wir seilten uns an und betraten den

Gletscher. Der frische Schnee war weich und fast knietief. Richie stapfte voran. Das Plätschern des Baches hatten wir unter uns gelassen und es breitete sich eine wunderbare Stille aus. Wir stiegen an blauen Gletscherspalten mit scharfen Eiszapfenzähnen vorbei, höher und höher den Wolken entgegen. Gegenüber, am Ostgrat, konnten wir Steffen und Werner sehen, die über den steinigen Grat kletterten. Sie winkten manchmal und hielten die Daumen hoch zum Zeichen, dass alles gut war. Als wir uns dem Gipfel näherten, drängten sich dichte Wolken um uns. Irgendwann blieb Richie stehen und schaute auf seinen Höhenmesser.

»4860 Meter. Die Felsen da drüben, das müsste der Gipfel sein«, sagte er. In den letzten hundert Jahren war die Gletscherkrone des Ngga Pulu so stark geschmolzen, dass er um fast fünfzig Meter geschrumpft war. Der höchste Punkt im Felsgrat, den der Gletscher freigegeben hatte, schaffte es nur noch auf eine Höhe von 4862 Metern. Damit war der Ngga Pulu jetzt der zweithöchste Gipfel in Papua. Werner und Steffen standen schon auf dem Gipfelfelsen, als wir hinaufkletterten.

»Juhu, der zweithöchste Gipfel Ozeaniens!«, rief Robert.

Er nahm seinen Eispickel und schwang ihn in die Luft. Die Wolken versperrten die Sicht auf das Hochland. Wir wussten, dass wir direkt zum Larsson-See hinunterschauen konnten, aber vor uns ging es nur steil in dunkle Felswände hinab. Darunter verlor sich alles im Nebel. Richie schwang auch seinen Eispickel in die Höhe für ein Gipfelfoto. Plötzlich surrte es in den Wolkenschwaden. Die Luft knisterte und zuckte. Richie ließ seinen Eispickel fallen und warf sich auf den Boden. Er robbte durch den Schnee und schrie: »Wir müssen raus hier. Die Luft ist aufgeladen. Beeilt euch!«

Roberts Kopf surrte und mein Regenschirm, der aus dem Rucksack ragte, auch. Wir stürzten in Panik hinunter, denn wir wollten keine Blitzableiter sein. Wir folgten Werner und Steffens Fußspuren, auf dem Hintern rutschend, über abschüssige schneebedeckte Felsen. Es begann zu schneien und harte Flocken prasselten auf unsere Jacken. Das Wetter war wild und der Sturm schien sich auszubreiten. Bald konnten wir die Fußstapfen von Werner und Steffen nicht mehr finden und drängten nur noch hinunter. Wir hatten bestimmt eine neue Route entdeckt und das Gletscherteam hatte sogar eine Überschreitung des Ngga Pulu gemacht.

Im Tal begann es zu regnen und an den Seen löste sich die Winterlandschaft wieder auf. Ob es das Carstensz-Team geschafft hatte, zum Gipfel vorzudringen? Als wir am frühen Nachmittag im Basecamp ankamen, war außer Dieter niemand zu Hause. Das bedeutete, dass das andere Team noch mit seiner Winterbesteigung kämpfte.

»Canyoning beim Abstieg, die Armen!«, sagte Dieter.

Ralf kam als Erster zurück. Er hatte sich den Ellbogen bei einem Sturz angeschlagen und verletzt. Als er das Team verließ, hatten die Nachzügler gerade die Tyrolean Traverse erreicht. Michael hatte gespurt. Es war ein harter Aufstieg gewesen.

»Dagegen war unser Aufstieg gestern ein Spaziergang.« Er winkte ab, als wir ihm helfen wollten, seinen Arm zu verbinden, und sagte, es sei nicht so schlimm.

Am späten Nachmittag kamen dann die Helden vom Gipfel zurück, glücklich und vollkommen erschöpft. Ulf ließ sich ins Zelt fallen und schaffte es gerade noch, sich von seinen Bergstiefeln zu befreien.

»Eine Winterbesteigung, das glaubt mir zu Hause keiner«, knurrte er noch, bevor er in seinem Schlafsack verschwand.

Dr. Weiglein, der die letzten zwei Tage in der Mine gewesen war, angeblich um unseren Proviant zu holen, kam am Abend mit leeren Händen zurück. Die Höhle der Träger war vom Regen überschwemmt worden und da alle Expeditionsteilnehmer den Gipfel erreicht hatten, sah er keine Notwendigkeit, länger zu bleiben. Das sahen alle im Team auch so und wir beschlossen, unsere Zelte schon einen Tag früher abzubrechen und den Rückmarsch anzutreten. Natürlich wäre es himmlisch gewesen, durch die Mine in einem halben Tag direkt nach Timika zu fahren, aber so sehr wir uns das auch wünschten, es führte kein Weg an den strengen Kontrollen und mit automatischen Schusswaffen ausgerüsteten Sicherheitskräften vorbei. Einmal war es Dr. Weiglein gelungen, einen Verletzten durch die Mine zurückzubringen.

»Aber das war ein wirklicher Notfall«, sagte Dr. Weiglein erklärend. Alle Blicke wanderten zu Ralf und seinem verletzten Ellenbogen, der in einen weißen Verband gewickelt war, aber der schüttelte nur traurig den Kopf, und so blieb uns nichts anderes übrig, als noch einmal sieben Tage durch den Dschungel zu wandern.

Aufbruch

Als wir um sechs Uhr morgens aufwachten, schien zum ersten Mal die Sonne auf unser Zelt. Über uns nur blauer Himmel. Es war warm und alle breiteten ihre nassen Sachen zum Trocknen aus, während wir frühstückten. Um neun Uhr brachten die Träger, angeführt von Dr. Weiglein, unser Gepäck zur Mine für den Rücktransport. Wir packten unsere Rucksäcke und stiegen Richtung Neuseeland-Pass hinauf. Die Carstensz-Pyramide strahlte noch leicht vom Schnee bezuckert in ihrem grauen Felsenkleid, elegant und unnahbar. Der schwierige Aufstieg des letzten Tages hing allen in den Knochen, trotzdem stiegen wir tapfer durch die kargen Felsen hinauf. Als wir den Pass erreicht hatten und durch die Mondlandschaft wanderten, erfassten uns die Wolken und trieben uns kühle, feuchte Nebelschwaden entgegen. Am Larsson-See drehte ich mich noch einmal um und schaute zurück. Die Gipfel des Maoke-Gebirges waren nicht mehr zu sehen. Der Abstieg durch die steile Felswand hinunter zur Larsson-Drainage war ein rutschiges Abenteuer. Unten lauerte schon das Hochmoor mit seinen nassen Wiesen und unendlichen Bächen und Flüssen.

Wir erreichten das Larsson Camp am Nachmittag. Die Sonne schien auf unseren Platz zwischen den Baumfarnen und die Dani entzündeten sofort ein großes Feuer. Endlich gab es wieder Holz. Theron hatte am See Brunnenkresse geholt und zauberte uns ein leckeres Abendessen mit Reis, gebratener Kresse und süß gewürzten Fleischbrocken. Allerdings gab es für jeden nur ein etwa daumengroßes Stück und den großen Hunger mussten wir mit Nudelsuppe stillen. In der Suppe, die Theron wie jeden Tag aus den gleichen Päckchen in den Topf schüttelte, schwammen auch winzige rote Fleischstücke, aber deren Herkunft war nicht definierbar und die Zähne konnten darin nicht versinken. Im Sonnenuntergang leuchteten die Wolken kurz in roten Farbtönen und eine romantische Stimmung breitete sich aus. Nachts grollte der Donner und Regenschauer trommelten auf das Zeltdach. Ulf war müde und zählte schon die Stunden, die wir noch brauchen würden bis zur geteerten Landebahn in Illaga.

Wir starteten früh in den nächsten Morgen, denn es war der große Tag der unzähligen Flüsse. Der Regen kam schon am Vormittag. Über den ersten Fluss konnten wir noch über einen schwarzen Baumstumpf balancieren, aber danach blieb uns nichts anderes übrig, als die Fuß- und Beinkleider auszuziehen und in die kalten Fluten zu steigen, was einige immer noch mit ausgiebigem Murren und lautem Jammern taten. Bei den meisten hatte sich jedoch inzwischen eine wohltuende Gleichgültigkeit breitgemacht. Sie kämpften nicht mehr, denn es gab außer Nudelsuppe nichts zu gewinnen. Die persönlichen Vorräte an Powerbars, Schokolade und Gummibären waren längst zu Ende gegangen und die Sonne kam trotz Bitten und Beten nie, wenn man sie brauchte. Die meisten im Team zogen sich auch nicht mehr aus, bloß weil die Querung eines Flusses anstand, denn die Stiefel, die Socken wie auch die Hosen waren ohnehin schon nass und noch nässer konnten sie nicht werden. Theron sprang als Einziger immer noch mit seinem Holzstab über die Fluten, aber niemand versuchte mehr, es ihm nachzumachen. Wir waren müde. Allein Richie blieb wie am ersten Tag unermüdlich Dr. Weiglein auf den Fersen. Am Nachmittag regnete es in Strömen, sodass wir noch vor dem knorrigen Waldcamp eine alte Dani-Behausung aufsuchten und unsere Zelte aufstellten. Zum Abendessen gab es Nudelsuppe und Reis. Als wir Dr. Weiglein fragten, wo denn der Proviantnachschub aus der Mine war, zuckte er mit den Schultern und sagte: »Wir haben genügend Nudelsuppe und da ist auch Fleisch drin.«

Am nächsten Tag stiegen wir zum Hochplateau auf. Das Wetter zog hin und her, mal schien die Sonne, dann prasselte der Regen wieder auf meinen Schirm. Als wir am Waldcamp vorbeiwanderten, war unser Team noch zusammen, doch dann trennten sich unsere Wege unmerklich. Die Schnellen waren wieder voraus und eilten Dr. Weiglein und den Trägern hinterher, während sich die anderen in kleine vereinzelte Grüppchen teilten. Es gab viele Pfade durch das hügelige Unterholz der Baumfarne und sumpfigen Wiesen, kleinere und unscheinbarere, und bald wanderte jeder vor sich hin, ohne auf die Umgebung oder die anderen Wanderer zu achten. Ich war mit Robert und Dieter abgedriftet, nur einen Schritt vor den anderen setzend, bis wir auf einmal allein waren, vor uns niemand und hinter uns auch nicht. Wir warteten, schauten prüfend in alle Richtungen, irgendwo musste doch ein Regenschirm auftauchen. Nichts.

Ich rief: »Hallo, hallo, hört uns jemand?«

Nichts. Robert stieg durch einen flachen seeartigen Wiesensumpf, Dieter wanderte zwischen den Baumfarnen auf einen Hügel. Nichts. Weit und breit nicht eine Menschenseele. Wir waren irgendwo und wussten nicht wohin. Eigentlich hätten wir nur dorthin zurückgehen müssen, wo wir hergekommen waren, um zu prüfen, ob wir eine Abzweigung verpasst hatten. Aber auch das war nicht möglich, denn unsere Fußspuren waren im nassen Gras nicht zu sehen und wir waren uns nicht einig, wo genau wir hergekommen waren. Es war überhaupt kein Pfad zu erkennen und die Sonne war nicht zu sehen. Dieter, der vorneweg gegangen war, gestand, dass er eigentlich schon lange nicht mehr einem sichtbaren Pfad gefolgt war. Er war einfach nur den anderen nachgelaufen, die irgendwann nicht mehr vor uns waren. Und dann waren wir plötzlich allein. Dr. Weiglein hatte uns an einem der Abende vorher erzählt, dass er bei seinen Expeditionen in Papua schon über hundert Erstkontakte gemacht habe, in abgeschiedenen Tälern und Dschungelwäldern. Das heißt, er war aus der Landkarte hinausgewandert und hatte Einheimische getroffen, die noch nie zuvor einen weißen Menschen gesehen hatten oder überhaupt einen Menschen, der nicht zu ihrem oder einem befreundeten oder verfeindeten Stamm gehörte. Das schien für Dr. Weiglein sehr aufregend gewesen zu sein, obwohl er uns nicht erzählt hatte, warum.

»Stell dir vor, die Blätter der Baumfarne biegen sich auseinander und da steht plötzlich Dr. Weiglein vor dir, in Gummistiefeln«, sagte Robert, als wir darüber sinnierten. Er lachte laut.

»Mit seinem Regenschirm«, fügte Dieter hinzu. »Und kurz bevor ihn die Kannibalen in den Kochtopf stecken, schüttelt er eine Tüte Nudelsuppe aus der Hosentasche und sagt: ‚Da ist auch Fleisch drin.‘« Ich musste meinen Bauch halten vor Lachen.

»Das war dann wahrscheinlich doch aufregend für ihn«, meinte Robert und bog sich vor Lachen. In heiterer Stimmung harrten wir der Dinge. Wir beschlossen zu warten, in der Hoffnung, dass sich jemand zu uns verirren würde. Und es dauerte gar nicht lange, da hörten wir Rufe.

»Hallo, hallo, ist da jemand?«

»Jaahaa, hiiiieeeer«, riefen wir zurück. Über einem Hügel tauchten zwei auf, die sich auch verlaufen hatten. Dann lichteten sich die Nebel und in weiter Ferne sahen wir bunte Regenschirme. Jetzt mussten wir nur noch die Richtung halten und uns einen Weg durch das Hochmoor bahnen.

Stunden später waren fast alle wieder zusammen. Theron kochte Nudelsuppe und alles war wieder wie früher. Nur Erich, einer der Schweizer, wurde vermisst und ein Suchtrupp losgeschickt. Als Erich plötzlich zwischen zwei Baumfarnen hervortrat, mussten nur noch die gefunden werden, die ihn suchten. Das dauerte eine Weile. Danach beschlossen wir, zusammenzubleiben.

Die Sonne schien, als wir ins Palmental abstiegen und unser Camp am Fluss bezogen. Außer den Dani stürzten sich alle in die Fluten, um sich zu waschen. Als es abends wieder Nudelsuppe gab, standen die Vorzeichen auf offene Meuterei, aber da alle frisch gewaschen waren, packte niemand die Fäuste aus.

»Zwei Tage noch«, tröstete mich Ulf, als mein Magen im Schlafsack knurrte.

Wir wanderten schon am frühen Morgen durch das hohe Gras am Fluss. Die Sonne schien und je näher wir unserem Ziel kamen, desto heiterer wurde die Stimmung. Die grauen, vom Regen ausgewaschenen Felsentürme der Stalagmitentäler standen still und einsam, als wir durch sie hindurchwanderten. Ralf verteilte seine letzte Stange Salami zum Mittagessen und selbst die Dani nahmen dankbar das kleine Stückchen an, das jedem zustand. Danach ging es wieder in den Sumpf. Es wurde wärmer, waldiger und schlammiger. Die Sträucher kratzten an den nackten Beinen und ich dankte dem Himmel für meine Gummistiefel. Plötzlich ertönten die Rufe der Träger.

»Illaga, Illaga.« Am Horizont tauchte das von allen heißersehnte Große Tal auf, die Heimat der Dani. Wir stellten unsere Zelte im Kerbencamp auf. Die Träger gruben ihre zurückgelassenen Süßkartoffeln aus und strahlten plötzlich über das ganze Gesicht. Theron kochte Wasserlinsen und ... Nudelsuppe. Die Dani sangen lange in die dunkle Nacht im Schein des Campfeuers. Erst sanfte Abendlieder mit tiefen Stimmen und später laute Lieder, die nach Stammeskriegen und wilden Tänzen klangen. Später hallten laute Rufe durch die Nacht und ließen uns zwischendurch zusammenzucken, dann hörten wir nur noch das Feuer knistern.

Wie ein Scherenschnitt stand der Schatten der Bergkette über dem Illaga-Tal. Die Sonne hatte uns noch nicht erreicht, aber Theron war wieder am Kochen. Am Abend zuvor hatte es, so erfuhren wir, Ärger gegeben. Es fehlten auf einmal zwei Erdnussbuttergläser, nicht dass irgendjemand ihnen nachgetrauert hätte. Als Dr. Weiglein die Träger damit konfrontierte, behaupteten sie zu ihrer Verteidigung, der weiße Mann hätte sie verspeist. Nicht irgendeiner, sondern der sehr weiße, mit dem hellen Haar und einer blauen Jacke. Richie sah zwar aus wie beschrieben, war aber der Erdnussbutter auch in kleinsten Mengen nicht zugetan.

Richie protestierte: »Nein, das war ich nicht.«

Als sich dann auch noch herausstellte, dass das letzte Kilo Zucker wie vom Erdboden verschwunden war, tobte Dr. Weiglein. Und Theron musste in der Abenddämmerung durch den steilen Dschungelwald ins Dorf hinunter steigen, um den fehlenden Zucker zu ersetzen. Die meisten von uns hatten davon nichts mitbekommen, denn sonst hätten wir Theron zuliebe, der uns allen ans Herz gewachsen war, auf den Zucker für unseren Tee und Kaffee am nächsten Morgen verzichtet. Aber das konnten wir nicht. So war Theron nach Sonnenuntergang hinabgestiegen und schon um Mitternacht mit einer Tüte Zucker zurückgekehrt. Nun verstand ich auch die lauten Rufe, die wir in der Nacht gehört hatten, und die aufgeregten Gespräche der Träger, die viel länger als sonst am Feuer gesessen hatten.

Therons Rache kam am Morgen. Auf dem imaginären Frühstücksplan stand Nudelsuppe und trockene Müsliflocken für die Vegetarier unter uns. Das Weißbrot, wofür die Erdnussbutter gedacht gewesen wäre, war schon seit Tagen aus. Das Wasser in dem großen Topf brodelte sanft über dem Feuer. Theron schnitt mit ruhiger Hand die Tüten auf und rührte den Inhalt in den Topf. Fünf Minuten aufkochen, fertig. Mit zufriedener Miene stellte er den dampfenden Topf vor unsere Füße.

»Nicht schon wieder Nudelsuppe«, stöhnte einer.

Andere schüttelten murrend den Kopf und wandten sich erst einmal dem Kaffee zu. Mit Blick ins Illaga-Tal, dem Land der Süßkartoffeln, entschieden viele voreilig, das Frühstück diesmal auszulassen, den sicheren kulinarischen Hafen Illagas schon wähnend. Peter stapfte als Letzter heran, nahm seinen orangefarbenen Teller wie jeden Morgen und lud sich Suppe auf. Auch Ulf, der beim Essen nicht so zimperlich war, griff zu. Die Suppe war dicker als sonst, irgendwie mehliger in der Farbe. Beherzt griff auch Fredy, der Vegetarier, zum Löffel und stellte sich dann, wie am Abend zuvor, mit dem Rücken an einen Busch. Dort fischte er die kleinen Fleischstücke mit dem Löffel heraus und beförderte sie in einem Schwung über seine Schulter in den Dschungel.

»Gut für die Nagetiere«, sagte er zufrieden und grinste. Plötzlich hielt er inne, starrte in seine Nudelsuppe und rief entsetzt: »Eine Rosine!«

»Eine Rosine? In der Suppe?«, fragte ein anderer.

»Ja, da sind Rosinen drin«, sagte Peter und schmunzelte.

Ulf runzelte die Stirn. »Rosinen?«

Alle Augen richteten sich auf den Suppentopf. Und ganz klar zu erkennen schwammen dort zwischen den roten Fleischklößchen dunkle rosinenförmige Stücke in der Suppe. Die, die gerade versucht hatten, ihr Herz noch ein einziges Mal für die Suppe zu erwärmen, wandten sich nun voller Abscheu ab.

»Was machen denn Rosinen in der Suppe?«, fragte einer mit Blick Richtung Feuerstelle.

»Es gibt kein Müsli mehr«, sagte Florian, der gerade enttäuscht aus der Küche kam. »Alles fort.«

Wir horchten auf. Theron!

Dr. Weiglein, der etwas abseits stand und seine Suppe löffelte, war still geworden. Vor wenigen Minuten hatte er uns noch ermuntert: »Frrrreunde, esst Suppe, gibt Kraft. Wird nochmal eine schwierige Etappe heute.« Nun war er verstummt. Irgendwann murmelte er, die Küche hätte wohl aus Versehen die Müsli- und die Suppenpackungen vertauscht.

»Sie können ja nicht lesen und die Packungen sehen alle gleich aus.«

Dann sind da auch Vollkornflocken und Nüsse drin, oder?«, fragte einer.

Andere nickten entsetzt. Robert schmunzelte und machte ein Foto vom Suppentopf. Das war der endgültige Beweis für den »Saufraß«, wie er ihn immer nannte, der uns seit Tagen das Dschungelleben erschwerte.

Der Wald war herrlich. Die Sonne leuchtete durch das dichte Grün und die Luft war angenehm kühl. Der viele Regen hatte den Boden aufgeweicht und wir schlingerten durch das Unterholz hinunter. Die moosbewachsenen Baumstümpfe waren glitschig und der Rucksack erschwerte das Vorankommen, weil man damit immer wieder in den überhängenden Ästen stecken blieb.

»Vorsicht, rutschig«, warnte Michael und wand sich geschickt durch eine schlammbedeckte Wurzelkrone. Prompt rutschte Robert aus und landete auf dem Hosenboden. Er hing an einer Astgabel und fluchte.

»Hab ich doch gesagt. Rutschig, aufpassen«, rief Michael.

Schallendes Gelächter kam aus den hinteren Reihen.

»Sag mir lieber, wenn es nicht rutschig ist«, schimpfte Robert.

Der Urwald war steil und abschüssig und erforderte strengste Konzentration. Längst waren die Stiefel und Hosen der meisten schlammverschmiert, aber da es unser letzter Tag war, kümmerte es niemanden mehr. Wir versammelten uns wieder auf der Lichtung zur Mittagspause. Eine Rauchsäule stieg aus dem Feuer auf. Die Hälfte war geschafft. Dr. Weiglein hatte uns früh überholt. »Muss mich um die Küche kümmern«, hatte er im Vorbeigehen gemurmelt und war Richtung Tal verschwunden. Alle saßen müde auf ihren Rucksäcken und starrten ins Feuer. Die Mägen knurrten, Mittagessen gab es nicht, und so drängten Richie und die Vorhut voran, weiter hinunter, um dem unseligen Urwald zu entkommen.

Als der Wald sich lichtete, tauchten die hohen Elefantengräser wieder auf, Palmen, Wege, Wasserpfützen und dann die ersten Felder. Schweine kreuzten unseren Weg und die Hütten der Dani dampften aus der Ferne. Zivilisation, endlich. An einem Bach in der Sonne wuschen wir uns die Füße und den Schlamm vom Leib. Dani-Frauen und ihre Kinder schauten uns zu und kicherten. Die Dorfbewohner, die uns zwei Wochen zuvor verabschiedet hatten, begrüßten uns neugierig. Wir schafften es gerade noch auf den Bolzplatz von Pinapa, bevor der Regensturm aus den schwarzen Wolken über uns hereinbrach. Die Letzten, die zusammen mit Gerlinde eintrudelten, waren bis auf die Haut durchnässt.

Wir standen am Abend lange zusammen unter dem Sternenhimmel. Dr. Weiglein hatte im Dorf sechs Hühner erstanden, die zerkleinert im Suppentopf schwammen. Dazu gab es Süßkartoffeln und Wasserlinsen. Barnabas und andere wichtige Männer aus den Dörfern des Großen Tals waren gekommen, um uns zu beglückwünschen. Die Träger, die uns begleitet hatten, grinsten schelmisch, als Richie ihnen entgegentrat. Der weiße Mann, der die Erdnussbutter liebte. Wir verteilten alles, was wir nicht mehr mit nach Hause nehmen wollten: Gummistiefel, durchweichte Bergstiefel, die nicht gehalten hatten, was ihre Erzeuger versprochen hatten, Regenschirme, Rucksäcke, Hemden, Jacken, Militärponchos. Die Träger nahmen sich, was sie brauchen konnten. Lirimbu Wangbu bekam meine Trekkinghose. Seine Augen leuchteten, als ich sie ihm reichte, und er zog sie gleich über seine Shorts. Als am späten Abend der Regen kam, störte sich niemand mehr daran. Ich fiel zum ersten Mal vollgestopft wie eine Weihnachtsgans in den Schlafsack und dankte den Göttern, dass wir dem Dschungel entkommen waren.

Zwei Wochen später war ich bei einer Freundin zum Geburtstag eingeladen. Obwohl mein Mann der beste Koch der Welt ist, hatte ich es nicht geschafft, die acht Kilo, die ich in Papua verloren hatte, wieder zuzunehmen. Ich war immer noch schlank wie eine Gazelle. Während ich bei meinen Vorträgen oft mitleidig angesprochen wurde, ob es mir gut gehe, weil ich so schrecklich dünn sei, trafen mich in der Modewelt neidvolle Blicke. So auch an diesem Abend. Die Redakteurinnen, Designer, Stylisten, Fotografen und Artdirektoren, die meine Freundin eingeladen hatte, saßen alle an einer langen Tafel und speisten von Häppchen zu Häppchen. Während die meisten sich tapfer zurückhielten und von Salatblatt zu Salatblatt wanderten, genoss ich das Buffet in vollen Zügen und ließ auch den üppigen Nachtisch nicht aus. Irgendwann setzte sich eine der Moderedakteurinnen zu mir und starrte mich an. Sie trug ein kurzes Seidenkleid mit schwarzen Leggings und mindestens sechzehn Zentimeter hohe Louboutins. Um sich gewickelt hatte sie einen gefiederten Pelzschal, den sie ständig hin- und herschob, um ihre fülligeren Hüften zu kaschieren.

»Wie machst du das nur?«, fragte sie entnervt und musterte mich mit strengem Blick von oben bis unten, ob ich irgendwo vielleicht etwas versteckt hatte. Ich lächelte sie an. Dann lehnte ich mich nach vorne und flüsterte: »Dr. Weiglein.«

»Dr. Weiglein?«, fragte sie erstaunt. Sie kramte in ihrer Tasche und zückte ihr iPhone. »Kannst du mir seine Nummer geben?«

Ich schaute sie mit großen Augen an.

»Magst du Nudelsuppe?«

Sie nickte.

»Dann kauf dir die besten Gummistiefel, die du finden kannst. Ich schick' dir seine Nummer.«

Nordamerika

Denali

Als Raven ein junger Mann war, paddelte er mit seinem Kanu über die weite See, um eine Frau zu heiraten. Als die Frau sich weigerte, seine Hand zu nehmen, versenkte Raven sie im Schlamm. Dann begann er, nach Hause zu paddeln. Die Mutter der Frau hatte zwei Braunbären und in ihrem Zorn befahl sie ihnen, den jungen Mann zu ertränken. Wütend begannen die Bären, am Rand des Sees zu graben, bis riesige Wellen über das Wasser tobten. Aber Raven nutzte seine Zauberkraft, um einen schmalen Pfad durch die Wellen zu bahnen, und paddelte weiter. Schließlich war er so erschöpft, dass er seine Harpune in einen Wellenberg warf und ohnmächtig niedersank. Als er wieder erwachte, hatte das Wasser sich in einen großen Wald verwandelt; und die Welle, in der seine Harpune stecken geblieben war, war zu Denali erstarrt.

LEGENDE DER ATHABASCA-INDIANER

Denali

Der Mount McKinley wurde nach dem 25. Präsidenten der Vereinigten Staaten von Amerika, William McKinley, benannt. Für die Athabasca-Indianer, die Ureinwohner Alaskas, hieß der mächtige Berg immer nur Denali, der »Hohe«. Sein Haupt dominiert die tausend Kilometer lange Alaska-Kette, wie es sich für einen König gebührt, und die eisigen Schneemauern und Felswände seines Hofstaats schützen ihn wie eine Festung. Mit seinen 6194 Metern Höhe ist er eigentlich ein kleiner Sechstausender, aber sein Ruf als kältester und unberechenbarster Berg der Welt eilt ihm voraus. Mein Respekt vor dem Giganten hoch im Norden unfern des Polarkreises war mit den Jahren stetig gewachsen. Zu seinen Füßen, in der arktischen Tundra, ist niemand zu Hause. Tiefer unten in den Wäldern wohnen die Grizzlybären, aber die würden niemals auf die Idee kommen, in das eisige Königreich des höchsten Berges von Nordamerika hinaufzusteigen. Auf der Normalroute über den West Buttress ist der Denali technisch kein schwieriger Berg, aber er ist ein harter Berg. Vom Basecamp am Kahiltna-Gletscher sind es viertausend Höhenmeter bis zum Gipfel und jeder Bergsteiger muss Proviant und Ausrüstung selbst hinauftragen beziehungsweise mit dem Schlitten ziehen. Von rund tausend Bergsteigern, die jedes Jahr den Aufstieg wagen, erreicht nur die Hälfte den Gipfel.

Alaska ist der nördlichste Bundesstaat der Vereinigten Staaten von Amerika. Sein Name kommt aus dem Eskimo-Aleutischen und bedeutet: »Land, in dessen Richtung der Ozean strömt«. Eingebettet zwischen dem Nordpolarmeer und dem Pazifischen Ozean grenzt Alaska im Osten an Kanada und im Westen an Russland. Die USA kauften das Land 1867 vom russischen Zarenreich für 7,2 Millionen Dollar. Alaska war die einzige Überseekolonie Russlands, aber für die aufstrebende Weltmacht war sie kaum rentabel und schwierig zu verwalten. Da die Passage durch das Eismeer zu gefährlich war, führte der einzige Weg von der damaligen russischen Hauptstadt Sankt Petersburg quer östlich durch das Land über die Tschuktschensee und dauerte mehr als ein halbes Jahr. Mit der Zeit wurden die Pelztiere, insbesondere der Seeotter, infolge der Bejagung immer seltener und das Hoheitsgebiet für Russland immer schwieriger zu unterhalten. Zudem machten die einheimischen Indianer den Russen Schwierigkeiten. Um die Staatskasse nach dem verlorenen Krimkrieg wieder aufzufüllen, stimmte Zar Alexander II. einem Vertrag zu, Alaska an die Vereinigten Staaten zu verkaufen, sehr zum Ärger der amerikanischen Steuerzahler, die ihre Steuergelder für ein wertloses, eisbedecktes Ödland verschleudert sahen. Wenige Jahre danach wurde in Alaska Gold entdeckt und später das Schwarze Gold – Erdöl.

Mai 2011, Talkeetna – Ort, wo am Fluss Nahrung gelagert wird

In meiner Vorstellung war Talkeetna ganz weit draußen, tief in der Wildnis von Alaska versteckt, im Schnee versunken mit einer einzigen Bar, wo es Bier und Steaks gab und vollbärtige Bärenjäger zu Hause waren, die ab und zu mit ihrer Twinotter ein paar hartgesottene Bergsteiger hinauf zum Kahiltna-Gletscher flogen. Talkeetna war in Wirklichkeit ganz anders, ein kleines Städtchen mit Cafés und Souvenirläden, Künstlergalerien, Hotels, Holzbänken an der Straße und einer Eisdiele – ein ideales Basecamp für Angler, Rafter und Bergsteiger auf dem Weg in die Wildnis. Der kleine Ort hatte etwa fünf Straßen, einen Bahnhof, einen Flughafen für Kleinflugzeuge und ungefähr dreißig Häuser. Der Frühling war noch nicht angekommen, als wir Mitte Mai in Talkeetna eintrafen. Obwohl die Sonne kraftvoll durch die dürren Äste der Bäume schien, schlief in den Schatten der Häuser der Winter, weiß und kalt, und weigerte sich zu weichen.

Frank, Gerald, Philip und ich hatten uns zusammengetan und wollten den Denali in einer privat organisierten Expedition in Angriff nehmen. Wir waren um elf Uhr in Frankfurt abgeflogen und durch die Zeitverschiebung schon kurz nach Mittag in Anchorage, der größten Stadt von Alaska, gelandet. Von dort waren es nur vier Stunden Fahrt bis Talkeetna, und pünktlich um 18 Uhr saßen wir im Swiss Alaska Inn bei Vern und Renamary zum Abendessen. Es gab Burger, Pommes und Bier, wie sich das für Alaska gehört. Eine Stunde später fielen wir erschöpft ins Bett.

Ich hatte Gerald zwei Jahre zuvor auf einer Bergtour durchs Höllental kennengelernt. Befreundete Bergsteiger hatten ihn zum Aufstieg auf die Zugspitze mitgebracht. Obwohl Gerald in einer kurzen Läuferhose zum Gipfel stieg und dabei ein Stirnband trug, war er mir sympathisch und wir trafen uns danach zu vielen Touren. Gerald kannte die Allgäuer Alpen wie seine Hosentasche und auf welchem Gipfel wir auch landeten, er kannte die Namen aller anderen Berge und Gipfelgrate, soweit das Auge sehen konnte. Er war immer der, der anrief, einen Plan hatte und andere begeistern konnte, auch noch am Abend eines langen Tages, wenn alle anderen schon lange am Ende ihrer Kräfte waren. Dann sprang er von Stein zu Stein, hinauf und hinunter, nahm den Geschwächten die Rucksäcke ab, verteilte Leckereien und schwor, dass es nicht mehr weit sei. Gerald war Anfang fünfzig und hatte sein eigenes Ingenieursbüro, vor allem aber war Gerald mit Leib und Seele Läufer. Er trainierte jeden Tag für Ultramarathons und Bergläufe. Für den Hundertkilometerlauf von Biel wollte er mich als Versorgungsfahrerin auf dem Rad anheuern. Da ich nicht länger als eine Stunde auf dem Rad sitzen konnte und der Lauf mindestens acht Stunden dauern würde, fiel ich aus. Auch für den TransAlpine Run hatte Gerald versucht, mich zu begeistern; aber sosehr ich die Berge auch liebte, das Laufen war immer schon eher eine Pein für mich, reines Mittel zum Zweck, um fit zu werden für Bergtouren in großer Höhe.

Frank war oft bei unseren Touren dabei. Wir stellten schnell fest, dass sich unsere Wege schon ein paar Mal fast gekreuzt hatten. Frank war am Shishapangma an dem Tag, an dem wir zum Basecamp aufgestiegen waren, abgereist. Und auch am Cho Oyu wären wir uns fast begegnet, wenn der Schneesturm nicht gekommen wäre. Frank war Anfang vierzig und arbeitete bei Bosch als Ingenieur. Vom Denali träumte er schon lange. Frank brachte seinen Arbeitskollegen Philip mit in unser Team. Philip führte Touren für den Deutschen Alpenverein und war begeisterter Skitourengeher. Er war Anfang dreißig und hatte viel technische Eis- und Felserfahrung in den Alpen gesammelt, war aber noch nie auf über fünftausend Metern Höhe gewesen. Gerald hatte einen Sechstausender in Ecuador bestiegen und wusste, dass er mit der Höhe gut zurechtkam. Alle drei wohnten im Allgäu.

Im späten Herbst 2010, als der Schnee schon das weite Land bedeckte, trafen wir uns in einer Vollmondnacht in der Jagdhütte von Geralds Vater, um unseren Plan zu schmieden. Meine Kinder Marie und Luca sowie Tobi, Franks Sohn, trugen Laternen, Gerald zog den Schlitten mit Brennholz, und Philip und ich stapften mit gefüllten Rucksäcken hinterher durch den Schnee. Am Feuer schenkte Frank Glühwein aus, Philip knackte über hundert Walnüsse und die Kinder tobten mit Gerald durch den Wald, um den Fuchs zu suchen. In jener Nacht beschlossen wir, unseren Traum vom Denali in die Tat umzusetzen. Ob es wirklich Geralds Traum war, auf den Denali zu steigen, weiß ich bis heute nicht, aber wir schafften es, ihn zu überreden, mit uns zu kommen. Die Aufgaben zur Vorbereitung unseres großen Abenteuers waren schnell verteilt. Frank wollte mit den Rangern in Alaska Kontakt aufnehmen und sich um die Genehmigungen kümmern, Philip um Flüge und Hotel, Gerald um die technische Ausrüstung und ich wollte Erfahrungsberichte von befreundeten Bergsteigern einholen und Zelte, Kocher und ein Satellitentelefon organisieren. In den Monaten danach trafen wir uns immer wieder zu diversen Skitouren, um zu trainieren und unsere Ausrüstung zu testen. Philip hatte eine Pulka, mit der wir unsere Kinder den Berg hinaufzogen und mit viel Geschrei wieder hinunterfuhren. Wir bauten unsere Zelte in seinem Garten auf, feuerten die Kocher an und diskutierten endlos über den Proviant, den wir für drei Wochen mitnehmen wollten. Alles musste leicht sein. Am Denali gab es keine einheimischen Helfer und auch keine Maultiere oder Yaks, die unser Gepäck hinauftragen würden – nur eine Beaver oder Twinotter, die uns zu den Gletscherausläufern fliegen würde.

Sonntag, Tag 1, Talkeetna Ranger Station

Bilder von blauen Gletschern und blankgefegten Felsgraten, ein schwarzes Bärenfell und zwei ausgestopfte Krähen zierten die Wände der kleinen Ranger Station. Zwei Männer in dunkelgrünen Uniformen begrüßten uns an der Rezeption und nahmen uns in die offizielle Liste der Denali-Bergsteiger auf. Wir bezahlten jeweils zweihundert Dollar und bekamen das Permit für unser Team »Germany 1«. Die Saison am höchsten Berg Alaskas währt von Mitte April bis Ende Juli, wobei der April meist noch zu kalt und der Juli schon zu warm ist – so warm, dass die Spalten sich auf dem Kahiltna-Gletscher bedrohlich weiten und den Aufstieg erschweren. Wir hatten lange hin- und herüberlegt, viele andere Bergsteiger befragt und uns schließlich für eine Besteigung Mitte Mai entschieden, weil der Berg uns zu dieser Zeit am sichersten schien und das Wetter annehmbar zu sein versprach. Die Ranger waren verantwortlich für den Nationalpark und jeder, der auf den Denali steigen wollte, musste erst zur Einweisung in der Ranger Station antreten. Um Punkt acht Uhr erwartete Brandon uns im Konferenzraum, um uns in die Bergsteigerwelt des Denali einzuführen.

»Haltet den Berg sauber. Das ist unser Credo.« Brandon betonte jedes Wort mit seinem ausgestreckten Zeigefinger, der wie ein Taktstock auf und ab durch die Luft sauste. Dann griff er unter den Tisch und zog einen grünen Plastiktopf hervor.

»CMC – Clean Mountain Can oder auch ›shit box‹ genannt«, erklärte Brandon.

Der Topf sollte uns als Toilette in alle Camps begleiten. Er war mit einer schwarzen Plastiktüte auszukleiden, das große Geschäft sei darin zu verrichten und dieses dann vorschriftsmäßig in einer Gletscherspalte zu entsorgen. Gerald blickte ihn entgeistert an, Frank grinste, Philip klopfte prüfend auf den Topf und ich nickte zum Zeichen, dass wir dieses Credo sehr ernst nehmen würden. Brandon lächelte zufrieden und startete seine Powerpoint-Präsentation, um uns die Aufstiegsroute zu zeigen.

»Landung im Basecamp auf dem Kahiltna-Gletscher, 2200 Meter. Lisa ist Campmanagerin. Bei ihr checkt ihr ein. Sie verteilt die Benzinkanister und Pulkas und kümmert sich um die Rückflüge vom Gletscher. Sie wird euren Abfall vor dem Rückflug wiegen, um sicherzustellen, dass ihr alles, was ihr mitgebracht habt, na ja, fast alles, wieder mit hinausnehmt.«

Vom Landeplatz führte die Aufstiegsroute über den Heartbreak Hill hinunter. Warum er Herzensbrecherhügel genannt wurde, würden wir erst beim Rückweg herausfinden, sagte Brandon augenzwinkernd. Danach ging es über den Kahiltna-Gletscher hinauf.

Neun Kilometer bis Ski Hill Camp auf 2400 Metern Höhe, vier Kilometer bis Kahiltna Pass Camp auf 3000 Metern, zweieinhalb Kilometer bis Motorcycle Hill Camp auf 3400 Metern. Von dort weiter über den gefürchteten Motorcycle Hill steil hinauf zum Squirrel Hill und um Windy Corner herum zum Med Camp auf 4350 Metern Höhe.

»Am Windy Corner müsst ihr eure Daunenjacken griffbereit haben, denn dort ist es selbst bei schönstem Wetter kalt und windig«, warnte Brandon, als er uns mit dem Laserpointer an Windy Corner vorbeiführte.

Im Med Camp gab es eine Ranger Station, wo der aktuelle Wetterbericht an einer Tafel angeschlagen wurde. Die fünfte Etappe führte hinauf über die Headwall, eine steile, eisige Passage, die mit Fixseilen gesichert war, zum High Camp auf 5200 Metern Höhe. »Oben, unter den Felsen legen viele Teams einen Speicher oder Cache an«, erklärte Brandon.

Ich schrieb fleißig mit, zeichnete die Aufstiegsroute in mein Tagebuch und markierte die einzelnen Cache-Plätze, die Stellen an der Aufstiegsroute, wo Ausrüstung und Proviant in ein Schneeloch vergraben und zwischengelagert werden konnten.

Beim Aufstieg vom High Camp zum Gipfel ermahnte uns Brandon zu besonderer Vorsicht. »Die Autobahn ist die Schlüsselstelle. Die lange Traverse zum Denali-Pass sieht von unten nicht steil aus, aber sie wird nicht umsonst Autobahn genannt. Wer dort stürzt, beschleunigt so schnell, dass weder Steigeisen noch Eispickel den Fall stoppen können, und es geht über tausend Meter in die Tiefe«, bemerkte er trocken.

Ich hatte von der »Autobahn« schon gehört. Anfangs hatte ich gedacht, mit Autobahn sei ein besonders breites Wegstück benannt, an dem man gut und sicher überholen konnte. Aber das Gegenteil war der Fall. Befreundete Bergsteiger, die ich während der Vorbereitung auf die Expedition zur Route befragt hatte, hatten mich eindringlich vor der Autobahn gewarnt.

»Es gibt einige Firnanker auf der langen Traverse. Seht zu, dass euer Seil immer wenigstens an einem Anker eingehängt ist. Vielleicht solltet ihr noch ein paar davon mitnehmen und sie selbst einschlagen. Passt bitte auf, vor allem auf dem Rückweg, wenn ihr müde seid. Macht hier keinen Fehler«, hämmerte uns Brandon ein.

Vom Denali-Pass ging es vorbei an den Zebra Rocks, über das Football Field, den Pig Hill, der eine richtige Schinderei zu versprechen schien, zum Gipfelgrat.

»Wir haben Bergrettung am Denali, aber jedes Team sollte einen guten Plan haben, sich selbst zu helfen, bevor wir kommen müssen. Der Gipfeltag ist bei weitem der gefährlichste Tag am Berg. Über die Hälfte aller tödlichen Unfälle und die meisten Erfrierungen passieren an diesem einen Tag«, warnte Brandon und zeigte uns eine Reihe von grauenhaften Bildern von Erfrierungen, schwarzen, aufgequollenen Zehen und Fingern, Nasen und aufgeplatzten Lippen.

Damit verabschiedete sich Brandon und wünschte uns eine sichere Expedition.

Wir eilten zurück ins Hotel. Noch lagen unsere Schätze ausgebreitet, wenn auch schon zu ordentlichen Haufen sortiert, auf den Betten. Tütensuppen, Vollkornbrotscheiben in Zweierpacks, Nutella, Zuckertüten, Trockenfleisch, Wonderbread, über hundert Müsliriegel, Powerbars, Gels und Gummibärchen, Schokolade, Rosinen, getrocknete Mangos und Nüsse und mehr. Vieles davon hatten wir erst im großen Supermarkt in Anchorage gekauft. Nun musste alles so verpackt werden, dass wir nach der Landung auf dem Gletscher unsere Schlitten gleich bepacken und losziehen konnten. Zwei Stunden später standen wir gestiefelt und gespornt auf dem Parkplatz vor unserem Hotel. Der Shuttle von K2 Air Taxi kam pünktlich, um uns abzuholen. Am Flughafen stapelten wir unser Gepäck im Hangar. Bill, ein enthusiastischer junger Mann mit roten Haaren, begrüßte uns und führte uns zur Waage. Geflissentlich wog er jede Tasche, jeden Rucksack, die Skiausrüstung und Eispickel und jeden von uns in voller Bergsteigermontur. Gerald brachte in amerikanischen Maßen 179 Pfund und einen Rucksack mit 29 Pfund auf die Waage, Philip 206 + 22, Frank 190 + 27 und ich 140 + 26, insgesamt ein Kampfgewicht von 819 Pfund. Dazu kamen noch 384 Pfund Expeditionsgepäck. Ein Team von vier Bergsteigern plus drei Wochen Expeditionsausrüstung: 1.203 Pfund, das entsprach 545 Kilogramm. Philip rechnete schnell aus, dass abzüglich der Ski jeder von uns etwa vierzig Kilo im Schlitten ziehen musste, hinzu kamen vier Gallonen, etwa fünfzehn Liter, Benzin, die wir von Lisa im Basecamp bekommen würden.

Auf dem geteerten Rollfeld parkten die Kleinflugzeuge der verschiedenen Airlines. Im Flughafenkiosk bezahlten wir für unseren Flug plus Gepäck pro Person 250 Dollar und waren damit offiziell zum Abflug bereit. Nur das Wetter spielte nicht mit. Oben auf dem Kahiltna-Gletscher war es zu windig und die Sicht schlecht, sodass unser Abflug vorerst auf unbestimmte Zeit verschoben wurde. Um zwei Uhr sollten wir wiederkommen. Vielleicht würde sich das Wetter bis dahin bessern. Gerald war enttäuscht, denn laut seinem ambitionierten Plan sollten wir noch am Tag Eins zum ersten Camp auf dem Gletscher aufsteigen. Wir trösteten ihn damit, dass die Sommertage in Alaska lang waren und wir spät abends auch noch genügend Licht zum Aufstieg haben würden.

Als wir um zwei Uhr zum Flughafen zurückkehrten, war das Wetter trüb und es nieselte leicht. Oben am Kahiltna-Gletscher aber hatte der Wind sich gelegt und die Sonne hielt ein Wetterfenster für den Landeanflug bereit. Wir mussten uns beeilen. Wir liefen zum Hangar und schleiften unsere Taschen hinaus aufs Rollfeld. In zehn Minuten hatten wir die Beaver, ein kleines, einmotoriges Transportflugzeug, das nicht viel größer als ein Geländewagen war, beladen. Gerald saß vorne neben Jeff, unserem Piloten, Frank, Philip und ich hinten. Wir hoben ab über die Wälder, folgten einem Fluss und schwebten dann mit knatterndem Motor über das weite schneebedeckte Land der Grizzlybären. Ob sie aus ihrem Winterschlaf schon erwacht waren? Ich starrte angestrengt hinaus. Die ersten Berge waren wolkenverhangen, und als die Nebel sich endlich lichteten, waren wir schon mittendrin im arktischen Herz Alaskas. Unter uns tauchten zerborstene Gletscherflüsse auf, neben uns steil zerklüftete Felswände. Je tiefer wir in die Gletscherwildnis vordrangen, desto mehr brach die Sonne durch die Wolken und gab den Blick frei auf die Alaska-Kette, die sich über den ganzen Horizont ausbreitete. Der Denali thronte wie ein König über allen anderen Bergen. Nach fünfzig Minuten Flug setzte Jeff zur Landung auf einem Seitenarm des Kahiltna-Gletschers an, wo kleine bunte Punkte den Rand des Gletschers säumten: Basecamp.

Basecamp Kahiltna-Gletscher, 2200 Meter

Nach dem Entladen des Flugzeugs checkten wir ordnungsgemäß bei Lisa ein und sagten ihr, dass wir gleich aufbrechen wollten. Sie gab uns den Wetterbericht, der für den nächsten Tag viel Sonne und wenig Wind vorhersagte.

»Das gilt allerdings nur für unten im Tal, oben am Berg, auf über viertausend Metern Höhe toben eisige Winterstürme«, sagte sie warnend.

Wir nahmen vier orangefarbene Pulkas und die vorbestellten Benzinkanister entgegen und verabschiedeten uns. Die Kanister waren schwer, jeder wog über vier Kilo, aber sie würden uns leicht für drei Wochen reichen. Gerald war strikt dagegen gewesen, so viel Benzin mitzunehmen, denn wir würden nach seinen Berechnungen niemals mehr als zehn Tage für die Besteigung brauchen, aber Franks, Philips und meine Bedenken hatten gesiegt. Wir waren in Alaska, am vielleicht kältesten Berg der Welt und auf das Wetter war kein Verlass. Es konnte gut sein, dass wir für mehr als eine Woche in einem der Camps eingeschneit werden würden – und dass uns das Benzin ausging war das Letzte, was wir riskieren wollten. Dann hätten wir nichts mehr zu trinken gehabt. Flüssiges Wasser gab es auf dem Gletscher nicht, alles, was man zum Trinken brauchte, und das sollten mehr als drei Liter am Tag sein, mussten wir aus dem Schnee schmelzen.

Die Pulkas zu beladen ist eine Kunst für sich. Pulkas sind Kunststoffwannen, die flach auf dem Schnee liegen, ähnlich einem Plastikkinderschlitten, nur länger und schmäler. Das zu ziehende Gepäck muss möglichst kompakt und bodennah im Schlitten verstaut werden. Die schwere Tasche unten, Benzinkanister hinten und obendrauf die leichten Sachen. Alles musste gut festgeschnürt werden, damit nichts verloren ging, sollte der Schlitten umkippen.

Am späten Nachmittag waren wir startbereit. Jeder hatte etwa fünfzehn Kilo im Rucksack und zwischen vierzig und fünfzig Kilo im Schlitten. Philip führte unsere Seilschaft an, gefolgt von Frank und mir, das Schlusslicht machte Gerald. Wir mussten angeseilt gehen, da, wenn auch für uns weitgehend unsichtbar, unzählige Spalten den Gletscher durchzogen. Es war warm und windstill, als wir aufbrachen. Die Sonne drang durch die Wolkenschwaden und Schneekristalle knisterten in der Luft. Wir rutschten den Heartbreak Hill hinunter und verloren dabei fast zweihundert Höhenmeter. Als wir die Talsohle erreichten, bogen wir in einer weiten Kurve Richtung Norden auf den Hauptgletscher. Die erste Etappe lag vor uns, acht Kilometer und vierhundert Höhenmeter. Unsere Karawane glitt leise über das breite Gletscherband, das sanft und sehr gemächlich in leichten Hügeln anstieg. Manchmal lichteten sich die Nebelwolken und gaben den Blick in steile Felswände frei, manchmal tauchten in der Ferne wie eine Fatamorgana weiße Gipfelpyramiden unter strahlend blauem Himmel auf, dann verschwanden sie wieder. Einmal donnerte eine Lawine durch die Stille, sonst begleitete uns nur das leise Schnurren der Schlittenkufen.

Es war schon halb neun, als wir die Mauern aus Eisblöcken sahen. Aus ihnen ragten orangefarbene und rote Zeltdächer empor. Ein paar Teams hatten sich im Ski Hill Camp für die Nacht niedergelassen und waren in ihren Zelten verschwunden. Weil alle Plätze in den Eismauern besetzt waren, beschlossen wir, unsere Zelte dicht an einer der dicken Außenmauern aufzustellen. Um wenigstens halbwegs vor dem Wind geschützt zu sein, schaufelten Gerald und Philip zwei Plattformen von etwa einem Meter Tiefe aus dem Schnee. Frank und ich feuerten die Kocher an. Als wir die Zelte aufgebaut hatten, begann es leicht zu schneien und eine sanfte Brise flatterte durchs Camp.

Das Zelt, das ich mir mit Gerald teilte, war eigentlich ein Dreipersonenzelt und wir hatten so viel Platz, dass es sich anfühlte wie in einem gemütlichen Wohnzimmer. Meine Daunenmatratze war herrlich weich und ich dankte Gerlinde, die ich bei meiner Expedition zur Carstensz-Pyramide kennengelernt hatte, für den Tipp. Mein Seven-Summits-Abenteuer währte nun schon fast fünfzehn Jahre und ich hatte insgesamt über elf Monate in einem Zelt auf einem Berg geschlafen. Doch dies war das erste Mal, dass ich auf einer mit Daunen befüllten Luftmatratze schlief, die meinem Bett zuhause verdächtig nahe kam. Gerald war glücklich, dass wir nur sechsunddreißig Stunden nach unserem Abflug in Frankfurt schon die erste Etappe geschafft hatten. Ein Nachbar schnarchte in der Ferne. Ich drückte mich selig in die weichen Daunen meines Schlafsacks und schlief gleich ein. Als ich spät nachts hinaus musste, leuchtete der volle Mond am Himmel über dem Ende des Tals. Die Nacht war still. Dünne Wolkenstreifen zogen durch das Mondlicht. Es war eiskalt.

Montag, Tag 2

Um sieben Uhr morgens rieselten Schneekristalle, die sich in der Nacht an der Decke gebildet hatten, durch unser Zelt. Gerald war schon früh draußen gewesen und berichtete glücklich von einem strahlend blauen Himmel, der über uns leuchtete. Unser Camp lag noch im Schatten und so frühstückten wir im Zelt. Gerald aß sein Müsli und ich verschlang vier dicke Weißbrotscheiben mit Nutella und Erdnussbutter. Ich hatte es trotz drastischer Anstrengungen nicht geschafft, die notwendigen extra fünf Kilo, die ich für die Kälte und Härte des Berges brauchen würde, zuzunehmen. Also musste ich versuchen, während des Aufstiegs nichts von meinem Körpergewicht zu verlieren. Gerald hatte so viel Essen dabei, dass wir drei Monate in der Wildnis hätten überleben können; dennoch war er fest entschlossen, in zehn Tagen zum Gipfel und und wieder zurück zu kommen. Wir schmolzen viel Schnee, um die Thermoskannen und Wasserflaschen zu füllen, und packten dann unsere Siebensachen wieder zusammen.

Die Aufstiegstrasse führte aus dem Camp hinaus und in sanften Hügeln hinauf. Einige Bergsteiger waren lange vor uns gestartet und zogen ihre Schlitten über das weite Gletscherband bergan, allerdings kamen sie langsam voran und machten immer wieder Rast. Unsere Nachbarn, acht Bergsteiger und ein Expeditionsleiter, ließen ihre Zelte stehen und packten nur die Rucksäcke. Sie wollten einen Teil ihres Gepäcks zum nächsten Camp tragen und nachmittags zurückkehren. Sie reihten sich gerade in die Seilschlange ein, als wir unsere Schlitten beluden. Wir hatten beschlossen, mit Sack und Pack in einem Schwung zum übernächsten Camp aufzusteigen. Das kleine Kahiltna Pass Camp wollten wir überspringen, denn laut Marschroute waren es nur knapp sieben Kilometer bis zum Motorcycle Hill Camp, allerdings über tausend Höhenmeter. Ich sah der Idee mit gemischten Gefühlen entgegen, denn ich wusste, dass die Höhe und ein schneller Aufstieg mich mit Kopfschmerzen strafen würden.

Als die Sonne kam, wärmte sich die Luft in Windeseile und ein wunderbarer Tag breitete sich auf dem Gletscher aus. Während wir die Schlitten bepackten, brach eine Schneelawine durch eine steile Felsschlucht und beförderte eine riesige Staubwolke zu Tale, die über einen Seitenarm des Gletschers rollte. Ungerührt von dem Donnerwetter, das sich zu seinen Füßen abspielte, thronte der Denali mit einer dicken weißen Wolkenhaube im blauen Himmel. Gerald hatte gleich eine Szene gedreht und packte dann zufrieden seine Videokamera ein. Um zehn Uhr zogen wir los. Philip führte unser Team wieder an. Wir wanderten leichten Herzens hinaus und hatten schnell einen guten Rhythmus gefunden. Nach einer Stunde begann der Hügel, der von weitem sanft und sachte den Gletscher hinaufzuziehen schien, sich aufzubäumen. Er war in Wirklichkeit nicht nur viel steiler, sondern auch seitlich abfallend. Mein Schlitten rutschte immer wieder aus der Spur und zog mich den Hang hinunter. Der Klettergurt, an dem mein Schlitten hing, drückte in die wunden Stellen um meine Hüftknochen, die am Tag vorher schon gelitten hatten. Immer wieder rutschten meine Ski nach hinten weg, als hätte ich keine Felle unter den Kufen. Den anderen ging es nicht besser und wir kamen langsamer und langsamer voran. Allein Gerald schien die Anstrengung nicht zu spüren. Im Gegenteil. Schon nach kurzer Zeit begann er von hinten zu poltern, dass ihm das Schneckentempo nicht gefiel und wir uns gefälligst schneller bewegen sollten. Ich jammerte mal laut, mal leise vor mich hin und fand bald einen Schuldigen, die Tourenski. Sie waren alt. Frank hatte sie aussortiert und mir für die Expedition geliehen. Sie hatten mir gleich gefallen, denn sie waren leuchtend pink und meine Everest-Plastikstiefel passten perfekt in die alte Bindung. Aber die Tourenski waren schwer und die Leichtigkeit einer modernen Ausrüstung, die ich für diesen Aufstieg dringend gebraucht hätte, fehlte mir nun. Ich versuchte, tapfer zu sein, drückte die Ski mit aller Kraft in die eisige Spur und ärgerte mich dann umso mehr, wenn ich trotzdem wegrutschte. Es dauerte nicht lange, da hatte Gerald genug. Er klippte sich kurzerhand aus dem Seil und schob an mir vorbei. Ich war erleichtert, denn sein Schnauben in meinem Nacken hatte mich nervös gemacht. Philip drehte sich um und fragte, ob alles okay sei. Ich schüttelte den Kopf.

»Eine Plackerei ist das«, stöhnte ich.

Er nickte zustimmend. Kein Wunder, dass die anderen Teams vor uns so schleppend vorangekommen waren. Auch Frank rutschte immer wieder ab und schimpfte über seine Ski. Gerald hatte mehr trainiert als wir. Er hatte im Sommer alle Männer in seiner Altersklasse beim TransAlpine Run über 320 Kilometer und 15.000 Höhenmeter weit hinter sich gelassen und war in Südtirol als Sieger ins Ziel eingelaufen. Er konnte es leicht mit dem Steilhang aufnehmen. Ich schüttelte mich, schaltete einen Riesengang herunter und versuchte, mich nur noch auf die nächsten Schritte zu konzentrieren. Meine Fußsohlen schmerzten vom ständigen Vor- und Zurückrutschen in den großen Stiefeln. Die Sonne brannte herunter und weit und breit war keine Wolke in Sicht. Wir schnaubten weiter missmutig den steilen Hang hinauf.

Als wir endlich ein kleines Plateau erreicht hatten, legten wir eine lange Pause ein. Frank hatte Migräne, Philip schwitzte und zog sich bis auf das T-Shirt aus. Gerald reichte jedem ein Stück von seinem Müsliriegel und sprach uns Mut zu, als unsere Nachbarn vom letzten Camp im Gleichschritt an uns vorbeistiegen. Ob sie nicht doch die bessere Idee hatten? Vielleicht sollten wir uns auch eines Teils unseres schweren Gepäcks entledigen und in zwei Etappen aufsteigen? Gerald schien meine Gedanken zu erahnen und schüttelte entschieden den Kopf. Er half mir, meine Fersen mit Blasenpflastern zu verarzten, und befestigte Harscheisen an meine Ski.

»Jetzt können sie nicht mehr wegrutschen«, meinte er zuversichtlich.

Nun musste ich nur noch das Gewicht meines Schlittens von den Hüftknochen nehmen. Ich erinnerte mich, dass wir in der Antarktis die Schlitten an den Rucksack gehängt hatten. Der Gurt meines Rucksacks war dicker gepolstert als mein Klettergurt und dann hätte ich auch mehr Spielraum beim Ziehen. So musste es klappen. Die ersten Lektionen waren gelernt, und als wir weiter zogen, kam Wind auf, eine leichte Brise, die die erdrückende Hitze davontrug. Gerald stieg voraus und wir drei am Seil hinterher. Philip war nicht glücklich, dass Gerald ungesichert aufstieg, aber es war für alle leichter und der ausgetrampelte Pfad zeigte keine Spuren von Gletscherspalten. Wir zogen weiter, fünfzig Schritte am Stück, kurze Rast, manchmal schafften wir hundert Schritte, manchmal nur dreißig, je nach Steigung. Je kontrollierter wir jeden Schritt setzten, desto leichter taten wir uns. Es passierte immer wieder, dass wir einen guten Rhythmus fanden und das Tempo anziehen konnten. Und dann stieg wunderbare Erleichterung auf, ein wenig Stolz regte sich in der Brust, der Blick begann hinaus zu schweifen, die Sonne lachte und ein erhabenes Gefühl von Freiheit und Allmächtigkeit breitete sich aus. Die Seele baumelte in der sanften Brise, die kühl vom Gletschereis an unsere Wangen wehte. Die Welt lag uns zu Füßen und getreu folgte der Schlitten auf sanften Kufen unseren Schritten durch das blaue Licht der Gletscherwüste. Philip blickte wohl schon voller Zuversicht Richtung Gipfel hinauf, als sich plötzlich einer seiner Ski verkantete und wegrutschte. Er versuchte hastig, das Gleichgewicht wieder einzufangen, aber sein Schlitten hatte den unerwarteten Schwung genommen und war aus der Aufstiegsspur geschwankt, in der Hoffnung sich von seinem allmächtigen Herrn zu befreien und durch den tiefen Schnee davon zu stauben. Als das Seil straffte und ihn plötzlich stoppte, warf er sich auf den Rücken, störrisch und bockig. Philip, der sein Gleichgewicht wieder gefunden hatte, drehte sich um und befahl den Abtrünnigen mit Hilfe eines kräftigen Rucks am Seil zurück in die Spur. Da lag er nun auf dem Rücken und schleifte hängend und würgend hinter ihm her. Egal, wie Philip das Seil auch drehte und ruckartig nach oben zog, der Schlitten weigerte sich, sich zurück auf die glatten Kufen zu stellen. Erst als Frank zu ihm aufstieg und mit ein paar Schlägen auf den Rücken vom Schnee befreit hatte, nahm das Gefährt seinen Platz in der Seilschaft wieder ordnungsgemäß ein.

»Alles okay Philip«, rief Frank hinauf.

Philip dankte zwar mit aufschwingender Hand und setzte sich in Bewegung, aber nichts war okay. Seine Schritte waren schwer, der Kopf nach vorne gebeugt. Die Zweifel, die Sorgen, den kommenden Herausforderungen nicht gewachsen zu sein, kehrten unaufhaltsam zurück und mit ihnen das Gefühl von Knechtschaft und Schufterei.

Kahiltna Pass Camp, 3000 Meter

Nach fünf Stunden Aufstieg kamen endlich die Eismauern eines Camps in Sicht. Gerald saß auf seinem Schlitten und wartete schon.

Die Wolken hatten die Sonne verdrängt und dichte Nebel waren aufgezogen, als wir zu ihm aufschlossen.

»Das müsste Kahiltna Pass Camp sein, aber ich sehe keine Zelte und diese Burg hier ist unbewohnt. Es zieht zu. Ich denke wir bleiben erstmal hier«, ordnete Gerald an.

Mir fiel ein Stein vom Herzen, auch Philip und Frank waren sofort einverstanden. Wir stapelten die Tourenski im Eingang an die Mauer und betraten die Trutzburg. Vor der Kammer für die Zelte hatte jemand einen Vorplatz gemauert, wo man die Schlitten parken konnte. Seitlich war ein Tisch aus Eisblöcken gemeißelt mit genügend Platz für zwei Kocher. Es war gemütlich. Kaum waren wir eingezogen, kam der Wind und die ersten Schneeflocken wirbelten durch die Luft. Wir kochten Suppe und aßen zum Nachtisch getrocknete Mangos. Kopfschmerzen hatten unser Team erfasst, und nach dem Essen zogen sich alle zurück in ihre Schafsäcke. Allein Gerald war rastlos. Zum Motorcycle Hill Camp waren es nur noch ein paar Kilometer, aber der Weg war steil und unsere Schlitten zu schwer. Wir mussten uns von unseren Lasten befreien. Entschlossen begann Gerald, seine Tasche auszuräumen, und unterzog dabei alles genauer Prüfung. Seine Icebreaker-Stiefel, die er extra für das Leben im Camp gekauft hatte, wogen am meisten und standen, wie er jetzt feststellte, in unnötiger Konkurrenz zu seinen bequemen und auch warmen Bergstiefeln. Sie wurden als erstes aussortiert. Eine große Dose Getränkepulver, ein Glas Nutella, eine riesige Tüte Müsli, ein Stapel Powerriegel, sieben Packungen Spaghetti Carbonara und ein Haufen Tütensuppen flogen auch raus.

»Wer für drei Wochen Proviant mitnimmt, der braucht auch drei Wochen, allein um das alles dort hinauf zu schleifen.« Damit schob er den Plastiksack, in den er alles gestopft hatte, nach draußen. »Das vergraben wir vor der Burg«, verkündete er mit entschlossener Miene und blickte sich dann forschend im Zelt um.

Ich drückte mich tiefer in meinen Schlafsack, um nur ja kein Überflüssigkeitssignal von mir und meinen Kopfschmerzen zu geben, sonst hätte er in seiner Entrümpelungsbegeisterung vielleicht mich auch mit im Cache vergraben.

Am Nachmittag berieten Philip und Gerald, ob sie noch weiter aufsteigen sollten, aber da das Wetter sich verschlechtert hatte, gaben sie den Plan auf und wurden endlich auch faul. Der Wind schlug ans Zelt und der Schnee rieselte leise über die Zeltplane. Gerald saß lange am Kocher, um Schnee zu schmelzen. Ich machte mir eine japanische Misosuppe in der Hoffnung, dass das Sodbrennen, das bei mir mit fortschreitender Höhe aufkam, verschwinden würde, und trank viel Tee. Gerald kochte sich Spaghetti Carbonara. Es war eine Riesenportion und zu später Stunde rief er noch nach Philip, der ihm helfen sollte, die Spaghetti zu vertilgen. Das tat Philip auch, denn er konnte mühelos große Berge an Essen verschlingen, ohne dass es sich auf seinen Rippen zeigte. Wir schalteten das Satellitentelefon an und empfingen ein paar SMS-Nachrichten, dann war das Signal wieder weg. Gerald war glücklich. Seine Frau hatte geschrieben und Jörg, sein Lauf-Freund, der uns mit Wetterprognosen für den Gipfel versorgen wollte.

Dienstag, Tag 3

Wir verließen um zehn Uhr das Camp und packten unser gesamtes Gepäck auf die Schlitten. Es waren nur vierhundert Höhenmeter und zweieinhalb Kilometer bis zum Motorcycle Hill Camp, höchstens zwei bis drei Stunden.
»Besser einmal geschunden als zweimal gelaufen«, hatte Gerald argumentiert. Es war windig und kalt und dichte Nebelschwaden machten die Luft feucht und die Kälte eindringlich. Weit unter uns im Tal schien die Sonne und die Berge zu den Seiten des Gletschers leuchteten. Philip zog wieder voran, Frank und ich reihten uns hinter ihm ein und Gerald bildete das Schlusslicht. Wir hatten geschätzte fünfzehn Kilo im Cache vergraben und unsere Schlitten waren spürbar leichter. Es ging gemächlich bergauf durch graue Wolkenschwaden, die vom Westen über den Kahiltna-Pass drängten. Nach einer Stunde stillen Wanderns und absoluter Einsamkeit kamen uns plötzlich zwei Skifahrer entgegen, schwarze Gestalten, die durch den Schnee pflügten, hinter ihnen dunkel beladene Schlitten. Wenn die Skifahrer zu langsam fuhren, überholten die Schlitten seitlich, rollten über die aufgeworfenen Schneespuren, überschlugen sich, bis sie auf dem Rücken gelandet stoppten und der Skifahrer überholen konnte. Dieser beförderte sie dann mit einem kräftigen Ruck

zurück in die Spur und nahm wieder Fahrt auf. Es war ein lustiges Spiel, wenigstens aus unserer Warte, aber die beiden Skifahrer fluchten und schimpften. Ob sie am Gipfel waren, konnten wir sie nicht fragen, denn sie sausten in schnellem Tempo an uns vorbei und dann verschlang sie der Nebel.

Je näher wir dem Pass kamen, desto kräftiger wurde der Wind. Die Spur war vom Schnee verweht und der Aufstiegspfad wurde zunehmend steiler. Es ging allen an die Kräfte, am meisten Philip, der spuren musste. Irgendwann hob er die Hand und gab auf. Frank zog an die Spitze und stieg langsamer voran. In der Ferne war ein Cache. Das konnte man an den vielen Bambusstangen, die aus dem Schnee ragten, erkennen. Wir wollten dort rasten, aber es dauerte ewig, bis wir das kleine Plateau erreichten. Der goldene Ball der Sonne drang manchmal kurz durch die Wolkenstürme. Die Konturen der umliegenden Hänge zeigten Gletschertürme in blauen Farben, dann verschwand alles wieder und der Wind wehte eisig in mein Gesicht. Laut Philips Höhenmesser war es nur noch eine Anhöhe, die uns vom Camp trennte, kaum mehr als fünfzig Höhenmeter. Gerald ergriff die Chance, trennte sich vom Seil und preschte voraus. Wir zogen langsam hinterher. Eine Viertelstunde später sauste Gerald von oben herab, ohne Schlitten, ohne Rucksack und da wusste ich, dass es nicht mehr weit sein konnte. Gerald hatte schon einen guten Platz besetzt. Es sei herrlich, wir bräuchten nur noch unsere Zelte aufzustellen, berichtete er. Dann nahm er mir den Schlitten ab und befestigte ihn an seinem Gurt. Wie ein Stein fiel das Gewicht von mir ab, eine Befreiung, die so wohl tat, dass ein breites Lächeln über mein Gesicht huschte und ich leichten Herzens weiterstieg.

Motorcycle Hill Camp, 3400 Meter

Motorcycle Hill Camp sah aus wie ein kleines Eskimo-Dorf mit vielen ineinander verschachtelten Eismauern, zwischen denen andere Bergsteiger, die sich bereits häuslich eingerichtet hatten, hin- und herwanderten und schwatzten. Zu drei Seiten war das Camp von Schneehängen umgeben, einer davon war Motorcycle Hill, nach dem das Camp benannt war. Wir stellten unsere Zelte auf einen freien Platz zwischen hohen Eismauern. Mein Kopf brummte vor

Schmerzen und ich machte mich sofort daran, im Kocher Schnee zu schmelzen. Gerald, Philip und Frank fühlten sich fit und beschlossen, weiter aufzusteigen. Schon beim ersten Blick in den Motorcycle Hill war klar, dass wir es niemals schaffen würden, dort mit all unserem Gepäck auf einmal hinaufzusteigen. Es schien sinnvoll, wie Brandon in der Ranger Station vorgeschlagen hatte, in zwei Etappen zu gehen, und nach Windy Corner unter den großen Gletscherspalten einen Cache anzulegen. Dann hätten wir am nächsten Tag leichtere Schlitten und würden es problemlos schaffen, direkt ins Med Camp aufzusteigen. In der Zwischenzeit wollte ich unsere Zelte einrichten und mich um Haushalt und Küche kümmern. Das Tempo, mit dem wir die vergangenen Tage vorangeschritten waren, war für mich grenzwertig und ich spürte, wie wenig sich mein Körper an die Höhe gewöhnen wollte, obwohl ich ihn schon so oft dazu genötigt hatte. Wenn ich versucht hätte, weiter mitzuhalten, wäre ich für die anderen zur Belastung geworden, denn ein jammerndes, von Kopfschmerzen geplagtes Wesen mit aufmunternden Worten anzutreiben ist eine Pein, von der Gefahr der Entwicklung weiterer Höhenkrankheitssymptome ganz abgesehen. Außerdem gab es im Camp viel zu tun. Als Erstes füllte ich unsere Schneesäcke und verstaute sie in den Vorzelten. Dann blies ich die Matratzen auf, legte die Schlafsäcke aus und lüftete unsere Schlafstätten. Die nassen Socken vom Vortag wurden zum Trocknen aufgehängt, Suppentüten, Teebeutel, Zucker und Milchpulver ordentlich sortiert. Gerald hatte in Vorbereitung auf unsere Expedition eine Küchenstation gebaut, auf die er mächtig stolz war. Die Arbeitsfläche, eine Spanholzplatte von etwa sechzig Zentimetern Länge und dreißig Zentimetern Breite, war mit einer silbernen Folie beschichtet. Darauf hatte er drei Schrauben genau in dem Abstand angebracht, dass die zierlichen Füße seines froschgrünen Kochers darin einrasten konnten und somit stabil auf der Arbeitsfläche standen. Daneben war noch genug Platz, um Gewürze und andere Kochutensilien abzulegen oder die Thermoskannen zu füllen. Durch die Befestigung des Kochers auf der Platte war die Gefahr gebannt, dass der Kocher wegrutschte oder umkippte und mit ihm der Inhalt des darauf thronenden Topfes. Das war ein großer Vorteil, zumal die Kochstation meist in einer Nische im Vorzelt ihren Platz fand, wo man immer hinaus- oder hineinsteigen musste. Der Nachteil war, dass die »Einbauküche«, wie Philip sie spottend nannte, relativ schwer war. Frank und Philip hatten nur ein dünnes Holzbrettchen dabei, das gerade unter den Kocher passte. Ich war glücklich über unsere Einbauküche.

Draußen stürmte und schneite es. Ich hatte schon Suppe gekocht, als die Männer endlich am späten Nachmittag, gebeutelt von Wind und Wetter, zurückkamen. Sie waren in nur vier Stunden bis zum Cache aufgestiegen und hatten unsere Habseligkeiten im Schnee vergraben. Jörgs Wetterbericht sagte leichten Schneefall und mäßige Windgeschwindigkeiten für den nächsten Tag voraus, danach sollte das Wetter sich verschlechtern und viel Schnee fallen.

»Wir müssen morgen hinauf«, sagte Gerald bestimmt.

»Wenn das Wetter uns lässt«, fügte Frank stirnrunzelnd hinzu.

Mittwoch, Tag 4, Aufstieg zum Med Camp

Blauer Himmel über uns. Die Zeltplanen hatten die ganze Nacht im Takt der Sturmböen geflattert und geknackt, aber nun breitete sich ein stiller Morgen im Camp aus. Die Nacht war eisig gewesen, so kalt, dass ich über meinen Schlafsack, der mich bis minus vierzig Grad warm halten sollte, noch meine Everest-Daunenjacke gelegt hatte. Gerald schälte sich mutig als Erster aus seinem Schlafsack, um den Kocher anzuwerfen, doch dieser rührte sich nicht, weder auf sein Bitten noch auf sein Drohen. Er war eingefroren und wollte dies auch bleiben, solange die Sonne nicht kam. Mit kalten Fingern und rauer Stimme rief Gerald nach Philip. Ob dieser nicht ein ernstes Wort mit seinem Kocher reden könnte. Das tat Philip auch und nahm sich des Kochers an. Kurze Zeit später kehrte er in den Schoß der Familie zurück und versprühte wieder seine Flammenbrunst. Trotzdem dauerte es noch lange, bis das Wasser kochte, und Geralds Finger blieben kalt.

Erst als die Sonne unser Zeltdach erreichte, stieg eine herrliche Wärme auf und mit ihr die gute Laune. Unser Packtempo änderte sich schlagartig. Ruckzuck waren die Zelte geschüttelt, alle Heringe eingesammelt, die Planen gefaltet und eingepackt. Wir ließen die Tourenski zurück und vergruben im Cache alles, was wir noch an Luxusgütern hatten, sowie den Proviant für den Rückweg.

Um halb elf zogen wir in langen Schritten in den Sonnenhang des

Motorcycle Hills. Am Tag zuvor waren die Männer im Schneesturm aufgestiegen und hatten bitterlich gefroren, nun war es so
warm, dass wir schon beim zweiten Stopp alle Lagen bis auf das
langärmelige Shirt auszogen und die Reißverschlüsse an den Hosenbeinen von oben bis unten öffneten. Manchmal kam eine Windböe,
dann war es schlagartig kalt, aber der Anstieg war so steil, dass uns
trotzdem Schweißperlen über das Gesicht liefen. Mal schafften wir
fünfhundert Schritte am Stück, mal waren es nur fünfzig. Dann
lehnten wir über unseren Eispickeln, um zu rasten. Mein Herz
schlug bis zum Halse, aber jedes Mal, wenn ich mich umdrehte,
wurde das Camp, das wir am Morgen zurückgelassen hatten, kleiner. Jeder Fuß, der vor den anderen gesetzt wurde, war ein Erfolg
und bald landeten wir auf dem schmalen Plateau über dem Motorcycle Hill und feierten unseren ersten Gipfel mit einer Tasse Eistee.

Den zweiten Gipfel feierten wir eine Stunde später. Wir hatten
Squirrel Hill, der dem Motorcycle Hill in nichts nachstand, bezwun-
gen und gönnten uns eine Energiebombe aus Marzipan, Honig und
dunkler Schokolade. Das war wie Weihnachten und Geburtstag
zusammen. Danach schlängelte sich der Trampelpfad zwischen
Gletscherabbrüchen und Seracs gemächlich hinauf und es war
leichter, einen guten Rhythmus zu halten. Am Windy Corner kam,
wie versprochen, der Wind. Er tat gut. Wir hatten schnell die Viertausendmetermarke überschritten und landeten kurz darauf am
Cacheplatz. Bis dorthin hatten Philip, Frank und Gerald am Tag
vorher im Sturm die schweren Rucksäcke getragen und waren
durchgefroren und stolz zurückgekommen. Aber die Belohnung bei
Sonnenschein war größer, denn das Panorama war überwältigend:
Alaska lag uns zu Füßen, schneebedeckte Gipfel, dunkle Felswände,
kilometerlange Gletscherflüsse, die ihre Zehen weit in die dunklen
Wälder streckten. Nur ein paar zarte Federwölkchen zogen über
den Kahiltna-Pass und drängten in die steilen Eiswände des Mount
Foraker. Von dort kam das Wetter, hatte Brandon gesagt. Die Wolken sahen harmlos aus.

Vor uns lag ein Gletscherabbruch, wo das angestaute Eis des
Plateaus, auf dem das Med Camp stand, abfiel und in riesige Spalten
und Eistürme aufbrach. Am Rand des eisigen Labyrinths entlang
führte unsere Aufstiegsroute hinauf. Rote Fähnchen an Bambusstangen markierten den Weg. Windböen rasten über den Schnee

und zogen Schwaden von Pulverschnee mit sich, die zwischen unseren Beinen davonsausten. Obwohl es nicht steil war, kamen wir jetzt nur noch im Schneckentempo voran. Meine Beine fühlten sich an wie Blei, aber sie blieben in Bewegung, Schritt für Schritt. Wir hatten längst unsere Jacken wieder angezogen und niemand schwitzte mehr. Der Wind war eisig und prickelte auf der Haut. So müsste sich wahrscheinlich ein Trek zum Südpol anfühlen: tage-, wochen-, monatelang immer den Wind im Gesicht. Der Südpol war immer noch mein heimlicher Traum. Einmal, irgendwann, das wusste ich, musste ich dorthin, meinen Schlitten durch die Einsamkeit ziehen. Plötzlich brach über uns ein Hubschrauber die Stille. Er war vom Kahiltna-Gletscher gekommen und flog Richtung High Camp. Es sah nach einer Rettungsaktion aus. Er kämpfte mit dem Wind, der auch hoch über uns in weißen Böen über den ausgesetzten Grat raste. Viele Male versuchte er, zu einer Landung anzusetzen. Irgendwann hatte er eine schwarze Box am Seil und flog zurück Richtung Kahlitna-Gletscher. Ob er einen Bergsteiger vom High Camp in Sicherheit brachte?

Med Camp, 4350 Meter

Nach sechs Stunden Aufstieg konnten wir endlich das Camp sehen. Gerald war wieder vorausgeeilt, um uns einen guten Platz zu sichern. Und das hatte sich gelohnt. Wir zogen in eine perfekte Eisburg mitten im Camp ein und mussten nur noch die Zelte aufstellen. Das Med Camp lag auf einem weitläufigen Plateau. Wie eine schützende Mauer standen die steilen Wände des West Buttress vor den Toren des Camps und hielten den Sturmwind in Schach. Windböen, die vom aufgewirbelten Pulverschnee weiß gezeichnet waren, züngelten über die dunklen Felsspitzen des langgezogenen Grats. Im Camp war es warm. Die Headwall, über die man den ausgesetzten Grat erreichen konnte, leuchtete hellblau vom blanken Eis, und ich konnte kleine schwarze Punkte erkennen, die sich abwärts durch die Steilwand bewegten. Die Sonne versank in einem dichten Wolkenmeer, das in den Abendstunden wie eine Flutwelle aus dem Tal heraufgeschwappt war. Wir waren früh in unseren Daunen, denn alle waren erschöpft. In vier Tagen zum Med Camp aufzusteigen war heldenhaft, die meisten Teams brauchten dafür eine Woche. Wir hatten die erste Hälfte des Aufstiegs geschafft, nun begann der gemütlichere Teil: akklimatisieren, Ruhetage, Ausflüge zum nächsten Cache und ins High Camp. Nun hatten wir Zeit, uns an die dünne Luft zu gewöhnen und den Berg langsam kennenzulernen. Gerald wollte davon nichts hören, aber er war an diesem Abend zum ersten Mal auch richtig müde. Zum Essen machten wir uns Vollkornbrote mit Frischkäse, den ich in der Hosentasche aufgetaut hatte, und kochten eine leckere Suppe. Die Stimmen der anderen Bergsteiger, die mit uns im Med Camp wohnten, flatterten durch die Abendluft und vermischten sich mit den fauchenden Geräuschen der Kocher. In der Nacht schüttelte der Wind unser Zelt trotz Schutzmauern so sehr, dass wir fast davongeflogen wären.

Donnerstag, Tag 5

Am Morgen zeigte das Thermometer minus fünfzehn Grad im Zelt. Mein Kopf jaulte bei jeder Bewegung vor Schmerzen, aber ich hatte gut geschlafen und fühlte mich erholt. Gerald wachte auf und war erkältet. Ich hatte ihn am Tag zuvor gerade noch davon abhalten können, sich die Haare zu waschen. Nun hustete er trotzdem und fühlte sich angeschlagen. Missmutig kämpfte er mit seinem Kocher. Unsere Einbauküche war zwar ein Schmuckstück, aber mit zunehmender Kälte weigerte sich der Hauptakteur, seinen Dienst zu verrichten. Erst als Philip ihn in seine Einzelteile zerlegt und ihm eine neue Einspritzdüse verpasst hatte, schnurrte er reumütig und verbreitete schneeschmelzende Wärme. Wir tranken viel heißen Tee und wärmten unsere Finger an der Tasse. Der Sturm hatte nicht nachgelassen, und niemand konnte sich aufraffen, nach draußen zu gehen. Mein Gesicht war von der Höhe geschwollen und das von Philip auch. Wir würden noch ein paar Tage brauchen, bis wir uns an die Höhe gewöhnt hatten.

Erst am frühen Nachmittag brachen wir auf und stiegen mit leeren Rucksäcken hinunter zum Cache. Die Luft war voller Nebel- und Schneestaub, sodass wir kaum fünfzig Meter Sicht hatten. Laut Philips Thermometer herrschten nur minus zwanzig Grad, aber der Wind wehte mit vielen Stundenkilometern, und als wir schwer beladen den Rückweg antraten, mussten wir uns den Böen mit voller Kraft entgegenstemmen und zitterten trotz Anstrengung vor Kälte. Zurück im Dorf begannen Philip, Gerald und Frank, Eisblöcke aus dem Boden zu sägen, um unsere Vorzelte und Kochplätze besser gegen den Wind zu schützen. Keiner wusste, wie lange der Sturm uns im Med Camp festhalten würde. Ich begab mich auf den Weg ins Rangercamp, um unser Team anzumelden und die neuesten Wetternachrichten einzuholen. Die Schneestraßen zwischen den Trutzburgen waren voller Schlaglöcher. So wie wir hatten auch andere Teams vor ihren Mauern Eisblöcke aus dem Boden gesägt, und der Wind hatte die entstandenen Schlaglöcher mit feinem Schneestaub unkenntlich gemacht, sodass ich immer wieder in unsichtbare Tiefen versank. Ich tastete mich langsam voran, bis ich endlich den Funkmast des Rangercamps im dichten Schneetreiben ausmachen konnte. Dahinter stand ein dunkelgrünes mannshohes Zelt. Ich schüttelte den Schnee von mir und trat ein. Im Inneren traf ich einen Ranger namens Mark und meldete, dass das Team »Germany 1« eingetroffen sei. Mark trug uns in die Anwesenheitsliste ein. Er entschuldigte sich, dass die Wettertafel nicht mehr da war. Sie sei in der Nacht im Sturm davongeflogen. Aber den Wetterbericht konnte er mir trotzdem sagen. »Für die nächsten Tage ist Sturm vorausgesagt. Erst am Sonntag soll der Wind nachlassen. Am Montag sonnig und relativ windstill. Dann kommt der nächste Sturm.«

Für den späten Nachmittag hatten Gerald und ich unsere Mitstreiter Frank und Philip zu Tee und Kuchen eingeladen. In Vorbereitung darauf hatte Gerald das Vorzelt herausgeputzt, den Schneesack gefüllt und seine Küche fit gemacht, um Tee zu kochen und die Thermoskannen zu füllen. Ich saß im hinteren Teil des Zelts, eingemummt in meinen Schlafsack, und deckte den Tisch auf meiner Isomatte mit Servietten, Marmelade, Vollkornbrot und Müsliriegeln. Wie er mir später entsetzt erklärte, wollte Gerald nur die Benzinzufuhr zum Kocher etwas höher einstellen, als plötzlich eine Stichflamme Richtung Zeltdecke raste.

»Feuer! Hilfe! Das Zelt brennt. Hilfe! Hilfe!«, schrie Gerald in höchster Not.

Ich ließ alles fallen und befreite mich aus meinem Schlafsack.

»Schmeiß den Kocher raus!«, rief Philip aus dem Nebenzelt.

Als ich meinen Kopf ins Vorzelt steckte, sah ich nur noch, wie

Gerald den Kocher mit einem kraftvollen Fußtritt hinaus in den Wintersturm beförderte.

»Da kannst du dich austoben, verfluchtes Monster, wenn du solche Launen an den Tag legst!«, schimpfte er wutentbrannt hinterher.

Mit gesenktem oder, besser gesagt, mit gesengtem Haupt kroch er zurück ins Zelt. Sein Viertagebart und sogar die Wimpern und die Augenbrauen waren von der Flamme getroffen worden. Aber es war nicht so sehr der körperliche Schmerz, der ihn verletzt hatte. Gerald war zutiefst entsetzt, hatte er doch den Kocher mit größter Sorgfalt aus vielen anderen ausgesucht, dem Versprechen seiner Schöpfer glaubend, dass er, dieses grünfüßige Monster, der beste seiner Art sei und auch in arktischen Temperaturen treue Dienste leisten würde. Und das war eine Lüge gewesen, wie sich nun herausgestellt hatte. Er war betrogen worden.

»Das ist wirklich das Allerletzte, eine Unverschämtheit«, pflichtete ich ihm bei und dachte mit Sehnsucht an meinen kleinen schwarzen Kocher, ein schäbiges, abgenutztes Teil, das wahrscheinlich beleidigt, weil wir ihn so leichtfertig aussortiert hatten, im Cache im Motorcycle Hill Camp begraben lag.

Frank und Philip bewiesen Teamgeist und brachten nicht nur einen kleinen Ersatzkocher, sondern auch volle Thermoskannen und ein Himbeerstreusel-Dessert zum Nachmittagstee mit. Als sich alle Gemüter wieder beruhigt hatten, schmiedeten wir einen Plan für unseren Gipfelsturm.

Freitag: Aufstieg über die Headwall zum Grat, Cache anlegen.

Samstag: Ruhetag im Med Camp.

Sonntag: Aufstieg zum High Camp.

Montag: Gipfel und Abstieg ins Med Camp.

Der Plan war ambitioniert, aber machbar, vorausgesetzt die Winde am Grat waren nicht zu stark. Gerald wäre am liebsten direkt ohne Cache und Ruhetag zum Gipfel aufgebrochen, »um es hinter sich zu bringen«, wie er sagte.

»Ich halte das nicht aus im Camp. Wir können doch nicht ewig nur rumsitzen«, jammerte er und ließ einer Ungeduld freien Lauf.

Frank legte ihm beschwichtigend eine Hand auf die Schulter. »Gerald, es ist der erste Tag, den wir rumsitzen, und den auch nur halb, weil wir heute schon beim Cache waren. Wir haben drei

Wochen für den Denali geplant und wenn wir drei Wochen brauchen, dann ist das vollkommen okay.«

Philip nickte zustimmend. »Komm Gerald, es ist doch ohnehin ein Wunder, dass das Wetter bis jetzt so gut war und wir so schnell aufsteigen konnten.«

Gerald knurrte. Es war der Wettkämpfer in ihm, der den Stillstand nicht mochte, der weiter wollte, kämpfen, vorankommen. Aber ein Berg fordert mehr von seinen Gipfelstürmern als körperliche Fitness und Willenskraft; er fordert auch Geduld und Nervenstärke, die unberechenbaren Launen der Wettergötter anzunehmen, ohne an ihnen zu verzweifeln. Vorwärtsdrang und Stillstand gleichwohl zu ertragen ist vielleicht die größte Tugend am Berg. Kämpfen und loslassen, ohne die Begeisterung zu verlieren. So schwer mir der schnelle Aufstieg gefallen war, umso leichter fiel mir nun das Warten, denn mein Körper brauchte Zeit, um sich an die dünne Luft zu gewöhnen, und meine Seele war noch lange nicht richtig angekommen. Aber das sagte ich Gerald nicht. Stattdessen zuckte ich die Schultern.

»Der Wind herrscht über den Denali und wir müssen uns ihm unterordnen, Gerald. Es hilft nichts, sich zu ärgern.«

Als hätte er die Notwendigkeit erkannt, ein Zeichen zu setzen, brauste der Sturm auf und packte unser Zelt so ruckartig, dass die zarten Eiskristalle, die sich an unserer Decke gebildet hatten, durchs Zelt schneiten. Handhohe Schneewechten türmten sich schon unter der Außenplane und wuchsen am Innenzelt in die Höhe. Der Sturm ließ die ganze Nacht nicht von uns ab.

Freitag, Tag 6

Franks Wecker klingelte um acht Uhr und mahnte zum Aufbruch, aber draußen tobte ein Unwetter und der Wind schlug immer noch in wütenden Böen gegen das Zelt. Das Thermometer von Gerald zeigte minus siebzehn Grad, im Zelt. Innen leuchtete die Luft hell und sonnig, aber das lag daran, dass die Zeltplane orange war. Ein winziger Blick nach draußen genügte, um uns in die eisige Realität zurückzubringen. Wir schälten uns aus den Schlafsäcken, um Frühstück zu machen. Gerald stieg knurrend hinaus ins Vorzelt, und schon bald dampfte es aus seiner Designerküche. Wenn sich schon die Wettergötter unserer nicht erbarmten, so tat es an diesem Morgen wenigstens der neue Kocher. Und das Stimmungstief, in das Gerald seit dem vorherigen Tag gefallen war, begann sich aufzuhellen. Nach dem Frühstück kramte er aus den Tiefen seiner großen Tasche ein kleines Set mit Schaufel und Besen heraus. Damit fegte er den Frost der Nacht, der von der Zeltdecke gefallen war, säuberlich zusammen und beförderte diesen hinaus in den Sturm, bevor die Temperatur im Zelt über den Gefrierpunkt ansteigen und sich der Schnee in Wasser verwandeln konnte. Frank und Philip hatten sich schon mit den anhaltenden Widrigkeiten des Wetters arrangiert und verbreiteten gute Laune, als sie zu uns ins Zelt kamen. Philips und mein Gesicht waren immer noch leicht angeschwollen mit Pausbäckchen und dicken Augen. Unserer Akklimatisierung tat der Extratag im Med Camp gut. Gerald kochte mittags Spaghetti Bolognese für alle und hielt sich tapfer.

Am späten Nachmittag ließ der Wind nach, die Wolken rissen auf und die Sonne strahlte plötzlich mit voller Kraft ins Camp. Gerald wollte sofort aufbrechen und zum Grat hinaufsteigen, um einen Cache anzulegen. Aber wie man an den Schneefahnen über dem Grat sehen konnte, war der Wind immer noch da und stark wie nie zuvor. Er hatte sich lediglich in höhere Lüfte zurückgezogen. Wir wanderten durch das Camp, um zu sehen, wie die Stimmung bei den anderen Teams war. Unsere Nachbarn, ein Team von Amerikanern, waren schon seit zehn Tagen im Med Camp. Sie hatten eine Woche zuvor einen Cache am Grat angelegt und alles für den Aufstieg zum High Camp vorbereitet, aber noch fehlte ihnen ein Wetterfenster. Ein Team mit einem chilenischen Bergführer war seit fünf Tagen da, ebenso wie ein großes Team von Holländern. Sie waren vom Militär, wohnten in weißen Zelten und waren von Kopf bis Fuß in schwarz gekleidet, wie ein Sondereinsatzkommando. Die meisten, die wir im Camp trafen, waren damit beschäftigt, ihre Zelte vom Schnee zu befreien, Eisblöcke aus dem Boden zu sägen, um die Mauern zu befestigen und sich für den nächsten Sturm zu wappnen. Es war wie in dem kleinen gallischen Dorf aus Asterix und Obelix. Die Bewohner hatten dem Ansturm des Windes mit Mut und Tapferkeit getrotzt und den Feind in die Flucht geschlagen. Nun ging das Dorfleben weiter. Es wurde viel Tee getrunken, geschwatzt, um Proviant gefeilscht, Benzinkanister getauscht, der Wetterbericht der Ranger diskutiert. Die meisten hatten sich damit abgefunden, dass ein weiterer Sturm auszuhalten war, bevor der Berg seine Bezwinger in höhere Gefilde würde aufsteigen lassen. Für die Mitte der folgenden Woche war ein Schönwetterfenster vorausgesagt. Einige würden vorher abreisen müssen, weil ihr Proviant nicht reichte. Vom Motorcycle Hill Camp war niemand mehr aufgestiegen, weil die Winde am Windy Corner zu stark waren. Inzwischen warteten unten fast einhundertzwanzig Bergsteiger. Wir hatten Glück gehabt und waren dank Geralds Vorwärtsdrang schon einen Schritt voraus.

Am Abend feierten wir eine Puja und hängten eine Reihe tibetischer Fahnen auf, um den Berggöttern zu danken und sie um ihren Segen für den weiteren Aufstieg zu bitten. Der Gipfel dampfte unter einer Wolkenhaube, aus der Schneefahnen über die ganze Breite des Grats wehten.

Samstag, Tag 7

Kein Hauch von Wind trübte den Morgen. Gerald war in der Nacht lange unter dem Sternenhimmel gestanden und hatte die arktische Landschaft bewundert. Der Mond hatte sich in den Seen der Tiefebene gespiegelt und zu ihm heraufgeblinkt. Meine Kopfschmerzen waren fort. Nach dem Frühstück packten wir unsere Rucksäcke für den Aufstieg zum Grat. Zelt, Schaufel, Eissägen, Kocher, Essen für drei Tage. Um zehn Uhr zogen wir schon die Steigeisen an und verließen frohen Mutes das Camp. Die Sonne wärmte die Luft in Sekundenschnelle und schon nach den ersten Schritten befreite ich mich von meiner Daunenjacke. Gerald stürmte voran und spurte den ersten Hang hinauf. Der Schnee war wadentief. Die Headwall schimmerte über uns in hellem Türkis und bald konnten wir die Steigeisenspuren erkennen. Wir querten den Hang in steilem Gelände, den Eispickel im Anschlag. Unter uns brach der Gletscher auf in riesige Spalten. Jeder Schritt musste sitzen, abrutschen durfte man dort nicht. Als wir die Fixseile erreicht hatten, drehte ich mich um. Med Camp lag weit unter uns. Die bunten Zelte sahen aus wie Frühlingsblumen. Einige Dorfbewohner hatten sich entschlossen, dem Wetter zu trauen, und sich auch auf den Weg gemacht. Man konnte leicht die geführten Teams erkennen, denn sie gingen in ordentlichen Seilschaften und bewegten sich langsam und gleichmäßig. Für viele Bergsteiger, die wir im Med Camp getroffen hatten, war der Denali der erste große Berg. Eine gewaltige Herausforderung, die ich ohne die Erfahrung, über die ich verfügte, nicht hätte annehmen wollen.

Die Headwall war von den Rangern mit Seilen versichert worden, einem Aufstiegs- und einem Abstiegsseil. Ich klippte meine Steigklemme hinein und folgte den Steigeisenspuren – links, rechts – fünfundzwanzig Schritte am Stück, Luftholen, dann wieder links, rechts hinauf. Mit jedem Schritt hob der Wind an. Er wirbelte in herrlich kühlen Böen über die steilen Schneefelder. Ich ließ mich von ihm nach oben tragen und spürte die Anstrengung des Aufstiegs kaum. Über den zerklüfteten Grat flogen Wolkenfahnen, die das Licht der Sonne brachen und eine himmlische Stimmung verbreiteten. Um ein Uhr nahm ich meinen Karabiner vom Seil und stapfte die letzten Schritte hinauf. Gerald hatte unter den Felsen einen windstillen Platz gefunden und sich auf seinen Rucksack gesetzt.

»Super Zeit«, rief er mir anerkennend zu, »zieh gleich deine Daunenjacke an, es ist kalt hier oben.«

Als Frank und Philip kamen, tranken wir im Schutz der Felsen heißen Tee und aßen Müsliriegel. Gerald und Frank wollten unbedingt weiter aufsteigen, Philip weigerte sich strikt. Er traute dem Grat nicht, fand, dass der Wind zu stark war und wir ihm nicht standhalten konnten. Gerald war entschlossen, unseren Cache noch höher, möglichst unter Washburn's Thumb, einem Felsen, der wie ein Daumen aus dem Grat ragt, anzulegen, wie viele der anderen Teams es gemacht hatten. Da Philip nicht zu überreden war, weiter mit uns aufzusteigen, teilten wir den Inhalt seines Rucksacks unter uns auf und seilten uns an. Die Schneefelder zwischen den Felstürmen waren oft nur ein paar Schritte breit, abschüssig und ausgesetzt. Zu beiden Seiten fiel der Grat in die Tiefe. Der Wind stemmte sich uns mit voller Kraft entgegen, als wollte er uns vertreiben aus seinem Reich. Nach nur hundert Metern gaben wir auf. Es hatte keinen Sinn, wir verschwendeten zu viel Kraft und kamen zu langsam voran. Gerald und Frank hackten ein Loch in den harten Schnee, bis es tief genug war, um unsere Sachen zu verschlingen. Wir steckten ein Fähnchen dran und stiegen ab. Die Häupter und

Grate der anderen Berge staubten im Windsturm, nur unser Med Camp lag still und friedlich im Sonnenschein. In großen Schritten wanderten wir dem Leben entgegen, glücklich, dass wir den Aufstieg geschafft hatten.

Nachmittags zeigte das Thermometer in unserem Zelt 25 Grad. Es gab Lasagne aus der Tüte. Philip brachte die neuesten Wetternachrichten von den Rangern.

»Sonntag wolkig mit Windgeschwindigkeiten bis zu sechzig Stundenkilometern, Montag wolkig mit zwanzig bis dreißig Stundenkilometern Wind, Dienstag vierzig bis fünfzig Stundenkilometer.«

Es sah so aus, als ob sich das Wetterfenster für Montag bestätigen würde. Wir beschlossen, am nächsten Tag zum High Camp aufzusteigen und am Montag einen Gipfelversuch zu wagen. Gerald war in Hochstimmung. »Der Berg ruft, am Montag gehen wir zum Gipfel!«

Sonntag, Tag 8

Wir waren schon eine Woche im arktischen Eis und jede Nacht fiel das Thermometer im Zelt weit in die Minusgrade. Der Morgen brach zwar windig, wolkig und ungemütlich an, aber wir mussten den Aufstieg zum High Camp an diesem Tag schaffen, sonst würden wir das kleine Wetterfenster am Montag verpassen. Mit kalten Händen schüttelten wir den Nachtfrost aus unserer Zeltplane. Gerald und Frank packten je eine Plane ein, ich die Heringe und Stangen, Philip seinen Benzinkocher. Die Wettervorhersagen waren gemischt. Jörg hatte in der Nacht noch einmal geschrieben. Laut seinem Wetterbericht sollte das Wetterfenster sicher am Montag kommen, der aktuelle Wetterbericht der Ranger dagegen sah plötzlich schlecht aus, mit geringen Chancen, dass die Winde für den nächsten Tag tatsächlich unter dreißig Stundenkilometer fallen würden. Sie empfahlen den Bergführern, auf ein stabileres Wetterfenster gegen Ende der Woche zu warten. Wir beschlossen trotzdem aufzusteigen und nahmen zur Sicherheit Proviant und Benzin für vier Tage mit.

Als wir um zehn Uhr aufbrachen, drangen die ersten Sonnenstrahlen durch die Nebelwolken. Der Duft von Pfannkuchen lag in der Luft. Unsere Nachbarn, die nun schon seit zwölf Tagen im Med Camp warteten, fanden es nicht der Mühe wert, sich auf den Weg zu machen. Sie hatten sich so an das Campleben gewöhnt, dass es ihnen schwer fiel, dem täglichen Frühstücksritual von Pfannkuchen und Rühreiern mit Speck zu entsagen. Wir hatten diesen Luxus nicht, vielleicht fiel es uns deswegen leichter, unsere relativ kleine Chance beim Schopf zu packen. Es hatte über Nacht geschneit und die Spur, die wir am Tag vorher in den Schnee getreten hatten, war unter zwanzig Zentimetern Neuschnee verschwunden. Gerald störte das nicht, er stürmte voraus und stapfte eine neue Spur. Er wäre am liebsten vom Med Camp direkt in einem Tag zum Gipfel aufgestiegen, um die »Sache«, wie er sie inzwischen nannte, hinter sich zu bringen. In den letzten Tagen hatte er zunehmend mit dem Campleben gehadert. Der Wettkämpfer in ihm konnte nicht ruhen, nicht still sitzen, nicht genießen und sich auf den Berg und seine Launen einlassen. Er wollte hinauf und dann schnell hinausfliegen, heim in den Frühling. Denali, die Muttergöttin Nordamerikas, aber stürmte und schnaubte unter einer dicken Wolkenhaube und forderte die Geduld der Bergsteiger heraus. Angefeuert von den Sonnenstrahlen fegte der Wind an diesem Morgen den Schneestaub in wilden, leuchtenden Fahnen durch die Lüfte. Ich ließ mich wieder von ihm nach oben tragen, auch wenn mein Rucksack mich diesmal schwerer nach unten zog. Vier kanadische Bergsteiger in roten Daunenanzügen waren mit uns aufgebrochen und mischten sich zwischen unser Team. Ich war froh, als wir die Headwall erreichten. Der heranfliegende Schneestaub hatte die ausgetretene Steigeisenspur nicht bedeckt und das Vorankommen war dort leichter zu spüren. Das Seil war in regelmäßigen Abständen mit einem Firnanker im Eis befestigt, sodass man sich den Aufstieg in Zwischenziele einteilen konnte.

Frank und Gerald saßen schon im Schutz der Felsen, als ich den Grat erreichte. Als Philip zehn Minuten später kam, brach Gerald auf.

»Ich grabe schon mal unseren Cache aus«, rief er noch und war davon. Der Wind war ungestüm und ich vermutete, dass Gerald sich einer möglichen Diskussion zum Sinn und Zweck einschließlich ausführlicher Risikobewertung des weiteren Aufstiegs über den ausgesetzten Grat entziehen wollte. Philip sah ihm nach und schüttelte den Kopf. Wir hatten am Tag vorher beschlossen, den Grat angeseilt zu traversieren. Windgeschwindigkeiten von fünfzig Stundenkilometern und mehr konnten leicht einen Bergsteiger samt Rucksack von den Füßen wehen. Als wir den Cache erreichten, hatte Gerald die meisten Vorräte schon in seinem Rucksack verstaut, und ehe wir zwei Worte mit ihm wechseln konnten, rief er, dass ihm kalt vom Warten sei, und eilte davon.

Der Grat zog sich in die Länge. Mein Rucksack war so schwer, dass mir bald der Rücken schmerzte. Wir kamen unendlich langsam voran. Der Aufstieg um Washburn's Thumb war steil und ich stieß die Frontzacken meiner Steigeisen mit voller Kraft in den harten Schnee. Danach schlängelte sich der Pfad wieder sanft durch die Felsen. Weit unter uns lag das kleine Med Camp in der Sonne, darunter brach der Gletscher auf in langgezogene Spalten und wand sich in die Tiefe. Wie in einem riesigen Labyrinth versperrten dunkle Felswände, steile Eismauern und schneebedeckte Anhöhen den Gletscherflüssen den Weg und es dauerte eine Weile, bis wir entdeckt hatten, woher wir gekommen waren.

»Dort hinten sind wir vor einer Woche gelandet«, rief Philip stolz. Er hatte zum ersten Mal die Fünftausendmetermarke überschritten und war glücklich, dass er mit der Höhe gut zurecht kam. Keiner von uns hätte gedacht, dass wir so schnell so hoch kommen würden, außer Gerald, aber der war zu weit voraus, um den himmlischen Ausblick mit uns zu genießen.

High Camp, 5200 Meter

Die Felsen des West Buttress endeten abrupt und wir stiegen hinaus auf ein weites Schneefeld, an dessen Ende High Camp lag. Die Sonne schien, aber wir waren an den Ausläufern des Haubenwolkensturms angekommen und bekamen die eisige Kälte der Gipfelwinde zu spüren. Das Camp war übersichtlich. Es gab drei Eismauerburgen, die alle besetzt waren. Entschlossen, uns von der aufkommenden Enttäuschung nicht unterkriegen zu lassen, entschieden wir uns schnell für das Rangercamp und beschlossen, unsere Zelte im Schutze der Außenmauern aufzubauen und noch zwei Mauern hinzuzufügen. Wir mussten schaufeln, sägen, Blöcke herausheben, aufeinanderstapeln. Philip wollte zuerst ein Zelt aufstellen, aber gerade an der Stelle hatte Gerald begonnen, Eisblöcke aus dem Boden zu sägen.

»Wenn wir die Eisblöcke da herausnehmen, wo wir später die Zelte aufstellen, dann müssen wir die Mauern nicht so hoch bauen«, knurrte er schulmeisterlich.

Philip hatte andere Ideen und begann mit dem Aufbau seines Zeltes. Die beiden kamen sich ins Gehege und füllten die dünne Luft mit schlechter Stimmung. Mein Kopf brummte vor Schmerzen. Wir waren tausend Höhenmeter aufgestiegen und die sauerstoffarme Luft machte allen zu schaffen. Frank hielt sich heraus, wie immer, und schichtete ein paar Eisblöcke, die herumlagen, aufeinander. Da wir bisher keine Gelegenheit zum Bau einer Eismauer gehabt hatten, fehlte uns die notwendige Routine. Jeder wollte nur so schnell wie möglich fertig sein und sich für den Gipfelsturm, der im Moment wie ein wahrer Sturm aussah, ausruhen. Die Mauern mussten stabil sein und dem Wind standhalten, vielleicht für mehrere Tage, auf jeden Fall für eine Nacht. Es war gar nicht so leicht, geeignete Eisblöcke aus dem harten Schnee zu sägen. Sie mussten eine gewisse Dicke haben, um stabil zu sein, aber das Herausbalancieren der schweren Dinger erforderte Teamarbeit. Es dauerte eine Weile, bis alle das verstanden hatten. Gerald hatte das Gefühl, dass er immer die schwersten Rucksäcke trug und wir ihm dafür wenig Anerkennung zollten. Philip murmelte etwas von zu viel Luxus und Einbauküche, aber der Wind trug seine Worte davon, bevor sie Geralds Ohren erreichen konnten.

Einen Schönheitswettbewerb hätten unsere Eismauern nicht gewonnen, aber nach zwei Stunden harter Arbeit waren wir einigermaßen zuversichtlich, dass sie für die Nacht halten würden. Als Gerald den letzten Hering für unser Zelt mit seinem Eispickel in den Boden geschlagen hatte, richtete er sich auf. »Die Zelte sind festgenagelt. Der Sturm kann kommen.«

Wir pusteten die Matratzen auf und rollten die Schlafsäcke aus. Gerald begann Schnee zu schmelzen. Ich machte mich auf den Weg nach draußen, um zu sehen, welche Teams noch im Camp waren und wer den Aufstieg für den nächsten Tag geplant hatte. Der Wind war stark und die Sicht schlecht. Zunächst ging ich zu einem etwas abseits stehenden Mauerwerk. Ich klopfte an die Plane eines roten Zeltes und traf darin vier Amerikaner, zerzauste Männer, deren Fleecejacken und Hosen mit Federn übersät waren. Sie waren seit sechs Tagen im High Camp. Wie sie berichteten, hatten sie eine Überschreitung des Denali gemacht. »Vor einer Woche, bei gutem Wetter«, betonte einer.

Seit sechs Tagen versuchten sie nun im Sturm, den Rest ihrer Ausrüstung Stück für Stück über den Pass zu holen, aber sie kamen nur langsam voran. Am nächsten Tag wollten sie den letzten Cache herüberbringen und dann ins Med Camp absteigen. Der Aufstieg zum Denali-Pass sei schlecht und teilweise gar nicht mit Fähnchen markiert, erzählten sie.

»Der Wetterbericht sagt für morgen Wind mit 25 bis dreißig Stundenkilometern voraus, am Dienstag wird es wieder mehr«, meinte einer der Männer. »Das Wetterfenster für den Gipfel ist definitiv morgen«, fügte er hinzu.

Ich bedankte mich und kroch zurück in den Sturm. In einer Ecke der Mauern hinter dem Zelt lehnte ein Bündel roter Markierungsfähnchen.

»Braucht ihr die Fähnchen noch?«, rief ich ins Zelt.

»Nein, die kannst du haben.«

Ich bedankte mich, nahm die Fähnchen in den Arm und wanderte weiter. Danach traf ich die Kanadier, mit denen wir aufgestiegen waren. Sie waren mit dem Aufbau ihrer Zelte beschäftigt. Auch sie hatten ihre Trutzburg selbst bauen müssen. Sie hatten die gleichen Wetternachrichten wie die Amerikaner und wollten sich uns am nächsten Morgen anschließen. Neben ihnen wohnten zwei Amerikaner, die seit einer Woche auf ihre Chance warteten. Ich erzählte ihnen, dass wir am nächsten Tag einen Gipfelversuch unternehmen wollten. Und dass wir gemeinsam mit den Kanadiern über hundert Markierungsfähnchen hätten und zwölf Firnanker, um die Autobahn zu versichern. Der Mann nickte wohlwollend, kramte dann in seinem Zelt und drückte mir noch vier Firnanker in die Hand.

»Die könnt ihr bestimmt noch gut gebrauchen. Wir kommen vielleicht mit. Mal sehen, wie der Tag morgen wird.« Er war froh, dass wir uns um die Sicherheit der Route kümmern wollten. Ein italienischer Bergsteiger sei vor fünf Tagen an der Autobahn gestorben, erzählte er. Der Italiener war allein vom Gipfel zurückgekommen und auf dem Weg vom Denali-Pass zum Camp abgerutscht. Er konnte seinen Fall nicht stoppen und stürzte Hunderte von Metern in die Tiefe. Die Amerikaner hatten bei der Rettungsaktion geholfen, aber sie konnten nur noch den leblosen Körper des Bergsteigers bergen. Tage zuvor hatte der Hubschrauber ihn geholt und nach Talkeetna gebracht. »Ich habe einen riesigen Respekt vor diesem Berg«, sagte er zum Abschied und verschwand im Zelt.

Der Wind hatte nicht nachgelassen, als ich zurück zu unseren Zelten stapfte. Ich hatte sogar das Gefühl, dass er bedrohlicher aufbrauste als zuvor. Wir hatten vom Schicksal des Bergsteigers an der Autobahn gehört, aber die Worte des Amerikaners hatten mich aufgeschreckt. Ich war froh, dass auch Philip und Frank die Sicherheit über jedes Risiko stellten. Nun mussten wir nur Gerald dazu bringen, mit uns am Seil zu gehen, wenigstens bis zum Denali-Pass, bis wir die gefährliche Autobahn hinter uns hatten. Wir machten kurze Lagebesprechung im Zelt und versanken dann schnell in unseren Schlafsäcken. Der Wind raste die ganze Nacht über uns hinweg, er klang so drohend und laut, dass mir angst und bange war. Immer wieder meinte ich, das Knarzen der Mauer zu hören, als würde sie jeden Moment auf unser Zelt stürzen. Nach einem Wetterfenster sah es gewiss nicht aus.

Montag, Tag 9, Gipfelsturm

Um sieben Uhr morgens stoppte der Wind. Wir schälten uns ungläubig aus den Daunensäcken und horchten hinaus. Völlige Stille, nicht der Hauch einer Böe. Und der Himmel war wolkenfrei. Noch lag unser Camp im Schatten, aber wir starteten voller Zuversicht in den Tag. Drei Lagen an den Beinen, drei Lagen oben, Daunenjacke, Balaclava, Wollmütze darüber, Heizkissen in die Stiefel und Handschuhe, Thermoskanne in den Rucksack, Müsliriegel und eine kleine Wasserflasche mit Tee steckte ich in die Tiefen meiner Daunenjacke für den Weg. Als wir nach draußen stiegen und die Zelte hinter uns schlossen, zogen die ersten Sonnenstrahlen über den Gipfel. Der Himmel war tiefblau. Philip legte das Seil aus. Die Kanadier tauchten einer nach dem anderen auf, unverwechselbar in ihren roten Daunenanzügen, und machten sich fertig. Die beiden Amerikaner entschuldigten sich, dass sie noch etwas Zeit brauchen würden und später aufbrechen wollten. Um halb zehn stapfte Philip los. Er hatte unsere Karabiner eingesammelt und die Firnanker an seinem Gurt befestigt. Wir hatten uns geschworen, aufeinander aufzupassen und der eisigen Traverse zum Denali-Pass mit größter Vorsicht entgegenzutreten. Bei unserem Aufbruch waren meine Finger eiskalt trotz der Heizkissen in meinen Handschuhen. Wir wanderten zuerst in eine flache Senke hinunter und stiegen dann in ein steiles Schneefeld ein. Mein kaltes Herz sprang mir fast aus der Brust, meine Beine waren schwer. Ich war froh um jede Pause, die Philip machen musste, um einen Firnanker in den harten Schnee zu klopfen. Frank und ich hatten die Markierungsfähnchen zwischen uns aufgeteilt. An jedem Anker zog ich eines davon aus meinem Rucksack und steckte es in den Schnee. So würden wir auch in einem Schneesturm den Rückweg zum Camp finden. Das Drama vom Elbrus, als ein Bergsteiger aus unserem Team verloren ging, war mir noch in warnender Erinnerung.

Die Sonne tanzte in weiter Ferne auf den Schneefeldern über dem Denali-Pass. Der Aufstieg war hart, der Schnee manchmal einen halben Meter tief und ich musste aufpassen, dass meine Steigeisen unter dem weichen Schnee den harten Untergrund fanden. Nach einer guten Stunde erreichten wir endlich den Pass. Die eisige Flanke lag hinter uns, die ersten dreihundert Höhenmeter waren geschafft. Wir rasteten in der Sonne, die tatsächlich die Luft mit Wärme füllte. Der heiße Tee aus der Thermoskanne tat gut. Philip verstaute das Seil in seinem Rucksack. Geralds Finger waren angefroren und er jammerte, dass unser Tempo zu langsam sei, um warm zu bleiben. Ich bot ihm Heizkissen für seine Hände an, aber er winkte ab und machte sich als Erster auf den Weg. Der Aufstieg war steil, aber der Schnee war vom Wind hartgepresst und die Steigeisen hielten gut. Schwarz-weiß gestreifte Zebrafelsen säumten den Aufstieg zu Archdeacon's Tower, einem einsamen dunklen Felsenturm. Ab und zu konnten wir zwischen den Felsen zum High Camp hinunterschauen, das verschlafen in der Sonne lag. Ein weites Hochplateau, auch Football Field genannt, erhob sich langsam über den eisigen Grat, und mit jedem Schritt hinaus wurde der Wind stärker. Ich setzte die Daunenkapuze wieder auf und wickelte den Schal enger um meinen Kopf, denn der Wind trug die Wärme der Sonne davon.

Als wir uns dem nächsten Etappenziel, Pig Hill, näherten und die erste Anhöhe hinaufstiegen, wurde der Schnee tiefer, und gerade als wir ihn am meisten gebraucht hätten, verschwand der Wind und die Plackerei begann. Zweihundert steile Höhenmeter bis zum Gipfelgrat lagen vor uns. Ich versuchte, Franks Fußstapfen zu folgen, merkte aber bald, dass ich mich auf meine Schritte konzentrieren und einen eigenen Weg finden musste. Ich setzte mir kleine Ziele, die ich dann versuchte zu übertreffen.

»Er wird nicht umsonst Pig Hill genannt«, hatte Denise mich gewarnt. Die Hitze der Anstrengung stieg mir zu Kopf und ich schälte mich aus der dicken Jacke, befreite mich von Schal und Daunenhandschuhen. Wenn nur der Wind zurückkommen würde, dachte ich sehnsüchtig. Ich zählte die Schritte, stieg mal nach links, mal nach rechts im Zickzack hinauf. Erst als ich den Grat erreichte, kam der Wind zurück und wehte die Anstrengung davon. Die ganze weite Gletscherwildnis Alaskas breitete sich zu unseren Füßen aus. Schneebedeckte Gipfelkronen, mächtige Felswände, dunkle Schluchten, blau schimmernde Gletscherfüße, die mit ihren langen Krallen in die Flussbetten stachen, als wollten sie hinausdrängen in die unendliche Weite der Tundra, deren dunkle Konturen in der dicken Luft des Tieflands verschwammen.

»Noch hundert Höhenmeter«, rief Philip. Die Windböen ließen den Schnee unter unseren Füßen aufstauben, als wir über den schmalen Grat stiegen. Gerald und einer der Kanadier waren weit voraus. Ihre bunten Jacken tauchten immer wieder zwischen den Wechten des Gipfelgrats auf. Wir folgten ihren Spuren, schweren Schrittes durch die Anhöhen hinauf und dann leichten Fußes in kleine Senken hinunter, als würden wir über den gezackten Rücken eines riesigen Dinosauriers steigen. Der Gipfel war nicht zu sehen, aber der Himmel über uns strahlte in tiefstem Blau und ich wusste, dass es nicht mehr weit sein konnte. Mein Herz machte kleine Sprünge, mein Bauch flatterte, und wenn es möglich gewesen wäre, hätte ich vor Anspannung die Luft angehalten.

Plötzlich kam Gerald uns entgegen, die Arme nach oben gestreckt.

»Da seid ihr endlich! Hier ist der Gipfel von Alaska!«

Ich breitete die Arme aus und drückte meine dicke Daunenjacke an seine. Dann begann ich mich zu drehen, in alle Richtungen des

Himmels. Das Gipfelplateau war nicht größer als ein Wohnzimmer, mit einem Ausblick so weit wie die ganze Welt.

Philip strahlte über das ganze Gesicht »Denali!«, rief er hinaus, »mein erster Sechstausender!«

Frank schlug ihm anerkennend auf die Schulter. »Gratuliere, Gipfelstürmer!«

Wir nahmen Philip in die Mitte und drehten uns im Kreis.

»Und Seven Summits für Helga. Das müssen wir feiern!«

Ich spürte, wie sich ein Grinsen in meinem Gesicht ausbreitete, meine Backen glühten vor Glück, aber wirklich fassen konnte ich es trotzdem nicht. Sieben Mal ganz oben stehen und weit über die Welt zu schauen, das war mein Traum gewesen. Nun hatte selbst der eisige Gigant im hohen Norden, den ich so lange gefürchtet hatte, sein mildes Herz gezeigt und uns aufsteigen lassen.

»Danke, Denali, danke, Eisprinzessin!«

Ich kniete nieder und band eine Reihe tibetischer Gebetsfahnen an der Gipfelplakette fest. Der Wind erfasste sie und wirbelte die Mantras durch die blauen Lüfte.

Gerald hatte schon eine Weile am Gipfel auf uns gewartet, bei minus 25 Grad und eisigem Wind. Nun spürte er seine Finger nicht mehr und machte sich schnell auf den Rückweg. Kurze Zeit später traten auch wir schweren Herzens den Abstieg an. Auf dem Grat kamen uns andere Bergsteiger entgegen, dick vermummt, ihrem ersehnten Ziel so nah. Sie bewegten sich langsam und wir spazierten leicht an ihnen vorbei. Es erstaunte mich immer, wie viel weiter meine Schritte beim Abstieg waren, wie schnell der Gipfel in die Ferne rückte, nachdem wir so hart um ihn gekämpft hatten. Er war nur ein flüchtiger Augenblick im großen Abenteuer, Luft, Licht und unendliche Weite, Erleichterung, Stolz und Freiheit, ein Stück Himmel und bevor man ihn wirklich greifen konnte, ließ man ihn schon wieder gehen.

Bevor wir am Ende des Grats in die steile Flanke des Pig Hill hinunterstiegen, drehte ich mich noch einmal um. Einen Blick noch, den Moment festhalten, dann ging es hinab. Auf dem großen Fußballfeld rasteten wir lange. Der Wind hatte angehalten und Philip spendierte eine Runde Gummibärchen. Als wir an den Zebrafelsen vorbeiwanderten, wurden meine Schritte schwerer und ich spürte die Müdigkeit, die aus meinen Beinen aufstieg. Der schwierigste

Teil des Abstiegs lag noch vor uns, und an der Autobahn durfte kein Fehler passieren. Frank wartete am Denali-Pass. Gerald war nirgends zu sehen. Wir seilten uns an und Philip stieg voraus. Kein Hauch von Wind war zu spüren und die Sonne brannte direkt in die Flanke, die wir traversieren mussten. Der Schnee war weich und schwer. Wir hatten am Pass unsere Daunenjacken im Rucksack verstaut, aber schon nach ein paar Hundert Metern zog ich auch Handschuhe, Mütze, Schal und das dicke Fleece aus. Mir war heiß und schwindelig und ich musste mich konzentrieren und die letzten Kräfte mobilisieren. Das High Camp war schon zum Greifen nah, aber ein falscher Schritt und wir waren alle in Gefahr. Die Firnanker waren von Fähnchen flankiert und so konnten wir uns die Schritte einteilen. Manchmal musste trotzdem einer von uns einen Zwischenstopp einlegen. Wir hatten beschlossen, dass wir uns so viel Zeit nehmen würden, wie wir brauchten, um sicher zu sein; und ich spürte, wie gut es tat, dass ich auf Frank und Philip zählen konnte. Seit Gerald mir am Gipfel erzählt hatte, dass seine Finger angefroren und fast taub waren, hatte ich mir Sorgen gemacht, wie wir wohl die Traverse schaffen würden, wenn er nicht in der Lage war, die Karabiner am Seil aus- und einzuklicken. Aber Gerald hatte nicht auf uns gewartet. Als wir in die Traverse einstiegen, hatte ich in der Ferne, knapp über dem Camp eine einsame Figur absteigen sehen. Das musste Gerald sein, der den gefährlichen Klauen der Autobahn schon entkommen war.

High Camp

Ich ließ mich neben Philip und Frank auf einer Eismauer nieder, ein seliges Strahlen im Gesicht und trotzdem unfähig, meinen Rucksack und die Steigeisen auszuziehen. Alle Muskeln in meinem Körper waren erschöpft und auch meine Gedanken drehten sich nicht mehr. Philip packte seine Thermoskanne aus und hielt mir eine Tasse Tee entgegen. »Geschafft! Gerald ist schon am Kochen. Seine Finger schmerzen, aber sonst geht's ihm gut«, vermeldete er mit spürbarer Erleichterung in seiner Stimme. Frank schaute in den Himmel. »Was für ein Glück wir hatten!«

Das Camp war inzwischen zu einem Dorf angewachsen, über

fünfzig neue Bewohner waren dabei, sich einzuquartieren. Zeltstangen stachen in die Luft, Heringe wurden festgeklopft. Die einen sägten Eisblöcke aus dem Boden, andere stapelten sie zu Mauern auf. Überall dampfte es aus den Schmelztöpfen. Die Sonne hatte auch die zurückhaltendsten Gipfelaspiranten heraufgelockt. Selbst unsere Nachbarn aus dem Med Camp hatten ihre Pfannkuchen zurückgelassen, um endlich auf den höchsten Berg Nordamerikas zu steigen. Sie lachten und scherzten. Das schöne Wetter sollte halten und am nächsten Tag sogar noch besser werden. Die Firnanker waren markiert und man konnte vom Camp aus sehen, wo der Pfad durch die Traverse führte. Als Gerald rief, dass die Suppe fertig sei, zog ich endlich die Steigeisen aus und kroch ins Zelt.

Dienstag, Tag 10

Die ersten Sonnenstrahlen drangen durch die Löcher der Eismauern und schickten bunte Lichtwellen in unser Zelt. Der Wind war zurück und schüttelte Eiskristalle von der Zeltdecke. Geralds Fingerkuppen waren angeschwollen und schmerzten. Also kümmerte ich mich um Kocher und Teewasser. Stimmen wirbelten durch den Wind. Steigeisen knirschten im harten Schnee. Als wir unsere Zelte abbrachen, wanderten die Bergsteiger der anderen Teams immer noch unschlüssig im Camp umher. Eine dicke Wolkenhaube schnaubte über die oberen Gefilde des Berges und in den Gesichtern der Gipfelaspiranten machte sich Enttäuschung breit. Der Sturm war zurück und keiner wagte den Einstieg in die schattige Traverse zum Denali-Pass. Wir verabschiedeten uns und wünschten den anderen viel Glück. Dann wanderten über den Grat des West Buttress hinaus, mit stolz geschwellter Brust und dem Wind im Rücken. Zwei Stunden später hatten wir die Headwall hinter uns gelassen und ich setzte mich mit Frank in den Schnee. Die Sonne schien mit voller Kraft und nicht ein Hauch von Wind lag mehr in der Luft. Ich formte kleine Schneebälle und reichte Frank auch einen. Er nahm ihn dankend an und biss hinein. Denali-Eiscreme und großes Gletscherkino. Der Aussicht war herrlich und ich spürte die Leichtigkeit, mit der wir sie nun genießen konnten. Wir hatten es geschafft, den Gipfel, die Autobahn, den windigen Grat der kalten Berggöttin. Nur noch ein paar Hundert Höhenmeter und wir waren zurück im Leben. Wir konnten das irdische Treiben im Med Camp schon sehen, die bunten Zelte, die Menschen, die hierhin und dorthin gingen, schwatzten, Eisblöcke hin- und hertrugen, um den Vorrat für die Küchen aufzustocken und die Behausungen zu verbessern. Aus den Tiefen des Gletschers zogen beständig neue Teams von Bergsteigern mit ihren Schlitten herauf.

»Gerald wartet bestimmt schon«, sagte Frank und stand auf.

»Ich kann noch nicht«, entgegnete ich und blieb sitzen. Ich wollte noch eine Weile hinunterschauen, das Gipfelglück festhalten, bevor der Trubel des Lebens mich wieder einholte.

Das Gipfelglück ist ein besonderer Schatz, lang ersehnt, hart erkämpft, unendlich wertvoll und doch flüchtig. Man muss ihm Zeit lassen, in die Tiefen der Seele einzudringen, sich festzusetzen, Wurzeln zu schlagen. Für den fernen Tag, den man noch nicht erahnen kann, der trotzdem kommt. Der Tag, an dem die Not groß ist und der Aufstieg hart, der Tag, an dem das Leben sich mit voller Wucht entgegenstemmt. Wenn man sich dann, der Anstrengung müde, niedersetzt, alle Kraft verloren glaubt und den Sinn nicht mehr versteht, wird er sich aus der Stille erheben, aufstehen und mit Stolz sein Glück verbreiten. Der Schatz, den man vor langer Zeit eingefangen hat, wird plötzlich leuchten und Zuversicht verströmen. Die Wangen werden glühen und die Begeisterung aufflammen und allen Widrigkeiten begegnen. Und man wird lachen, dass man überhaupt daran gedacht hat, hinzuschmeißen, aufzugeben.

Med Camp

Gerald und Philip hatten schon gekocht. Es gab Hähnchencurry und Malventee mit Eiswürfeln. Wir hatten unseren Extraproviant im High Camp an andere Teams verschenkt, deren Ressourcen knapp waren. Und da wir auch im Med Camp noch reichlich Vorräte hatten, wanderte ich umher und bot unsere Waren feil: zwei volle Benzinkanister und einen ganzen Rucksack mit Expeditionsfutter. Andere Bergsteiger freuten sich über den unerwarteten Luxus. Nur von seiner Einbauküche konnte Gerald sich nicht trennen, die wollte er als Andenken behalten. Eine Stunde später waren unsere Schlitten gepackt und unser letztes Abenteuer konnte beginnen. Wie Rentiere, die Weihnachtsgeschenke aus dem hohen Norden zu allen Kindern bringen, trabten wir hinunter in den Gletscherschlund. Es war nicht einfach, die schweren Schlitten über das abschüssige Terrain zu balancieren, aber im Vergleich zu den Teams, die uns von unten entgegenschnauften, hatten wir es leicht. Die Steigeisen krallten sich in den harten Schnee und wir zogen im Gleichschritt um Windy Corner herum. Der Wind war herrlich kühl, aber die Wärme, die aus den unteren Höhenlagen heraufzog, war schon zu spüren. Ich hatte fast das Gefühl, dass ich die Wälder und den Duft der Nadelbäume schon riechen konnte. Wir hielten nur kurz im Motor Cycle Hill Camp, um unsere Sachen aus dem Cache auf den Schlitten zu verstauen. Dann ging es weiter hinab. Die Kanadier hatten Frank beim Abstieg erzählt, dass es nach dem Gipfel noch eine Wintersportdisziplin am Denali gab, die man auf keinen Fall auslassen durfte: »Ride the Pig«. Angeblich lag schon eine Bewerbung zur Olympiade vor, aber keiner von uns hatte je davon gehört. Es handelte sich um eine Art Pulkarodeln, das sich besonders für abschüssige Gletscherpassagen eignete. Man packte Ski und Stöcke auf den beladenen Schlitten und setzte sich selbst obendrauf. Das Benutzen von Steigeisen und Pickeln war streng untersagt. Gebremst wurde mit den bloßen Stiefelsohlen oder mit vollem Körpereinsatz durch ruckartiges Schwenken zur Seite.

»Auf die Plätze, fertig, los. Wer bremst, verliert!«, rief Philip.

Der Trick war, die Jacke bis oben zu schließen, Mütze und Schal fest zu verschnüren, damit bei einem Überschlag nicht zu viel Schnee in die Innenkleider drang. Aber das wussten wir anfangs nicht und der Schnee zu beiden Seiten der schmalen Trasse war tief. Die Sonne stand noch hoch am Alaskahimmel, als der Startschuss fiel und wir mit Gejohle in die Tiefe staubten. Frank fuhr voraus, elegant mit hoch erhobenem Haupt. Philip rauschte hinterher und überschlug sich schon in der ersten Kurve. Ich musste so lachen, dass ich ihn fast über den Haufen gerodelt hätte und mich gerade noch in eine Tiefschneewechte retten konnte. Philip schüttelte sich wie ein nasser Hund und sprang wieder auf.

Gerald jedoch hatte zuversichtlich seine Ski angeschnallt. Waren doch zwei andere Bergsteiger nur eine Woche zuvor so elegant mit ihren Schlitten an uns vorbei gefahren, als wir uns durch den Sturm zum Motorcycle Hill Camp hinaufgekämpft hatten. Was die konnten, konnte er auch. Er war ein großer Skifahrer und erfahrener Tourengeher, der weder in steilen, vereisten Waldabfahrten noch in harschigem Gelände je gezögert hatte. Das Pulkarodeln, was immer das auch war, entsprach nicht seinen ästhetischen Ansprüchen eines eleganten Abstiegs vom Berg.

»So ein Quatsch«, hatte er gesagt und dabei abfällig den Kopf geschüttelt.

Er klippte die Zugseile des vollbepackten Schlittens an seinen Gurt, stieß sich mit seinen Skistöcken kraftvoll ab und nahm Fahrt auf. Die Tourenski liefen leicht durch den gepressten Schnee, er lächelte überlegen, fast selig, der Fahrtwind tat ihm sichtlich gut. Sein Schlitten beschleunigte und schloss schnell zu ihm auf, doch die harten Kanten der Tourenski stoppten ihn unsacht. Der Schlitten holperte ruckartig und setzte seitlich zum Überholen an. Die Spur war jedoch zu schmal, warf ihn zurück. Die Ski zogen davon, aber nicht lange. Mit neuem Schwung durchbrach der Schlitten die seitliche Barriere und landete im unberührten Schnee. Freiheit! Beflügelt durch die aufstaubende Schneegischt beschleunigte er seine rasende Fahrt und zog siegessicher an Gerald vorbei. Da spannten sich plötzlich die Zugseile und brachten das Gefährt abrupt zum Stehen. Gerald schwankte kurz, erschrocken über das ungehörige Benehmen seines Schlittens, und verlor für einen Moment das Gleichgewicht. Diese Gelegenheit nutzte sein rechter Ski, um sich zu befreien. Er machte sich auf und fuhr davon. Mühelos sprang er über die Seitenbande und raste durch die kühle arktische Luft hinab. Er würde sich nie, niemals von einem Schlitten überholen lassen. Gerald hielt sich noch ein paar Meter tapfer auf dem einen Ski, der ihm geblieben war. Dann stürzte er rücklings in den Schnee. Ich schaute wie gebannt dem flüchtigen Ski hinterher. Niemand würde seine rasende Fahrt aufhalten. Wenn er geschickt manövrierte, würde er es bis hinunter zum Landeplatz schaffen. Fünfzehn Kilometer, vielleicht sogar bis nach Talkeetna. Armer Gerald. Ich sah ihn schon auf einem Ski bis zum Basecamp fahren. Aber die Berggötter hatten ein Einsehen, befahlen den Abtrünnigen auf den Boden zurück, und so landete der Ski kopfüber im Schnee.

Ich rief besorgt hinauf: »Gerald, hast du dir weh getan?«

Gerald schüttelte den Kopf und fluchte lauthals auf den Schlitten, die Bindung, den Ski, den Schnee, die Höhe, den Berg, Alaska und alles, was ihm sonst noch in den Sinn kam. Wie er nur auf die Schnapsidee gekommen sei, überhaupt auf so einen grauenhaften Berg zu steigen. Nein, es sei nie seine Idee gewesen, wir hätten ihn überredet, in jener verfluchten Vollmondnacht.

Ich konnte mich kaum halten vor Lachen. Philip prustete lauthals. Frank, der das Geschehen aus sicherer Entfernung beobachtet hatte, war der Einzige, der tat, was getan werden musste. Er stapfte hinauf an die Stelle, wo Geralds Ski gelandet war und sein Hinterteil aus dem Schnee ragte. Er hob den Ski in die Luft und rief laut: »Hat hier jemand einen Ski verloren?«

Philip schlug in den Schnee vor Lachen. Ich musste mich zusammenreißen, um nicht zu platzen. Gerald hob die Hand.

»Ja, hier«, rief er mit stockender Stimme, als schien er sich nicht sicher zu sein, ob er seinen Ski überhaupt jemals wieder sehen wollte.

Frank stapfte mit dem Ski in der Hand hinauf, half Gerald auf die Beine und überredete ihn, auch im »Ride the Pig«-Wettbewerb mitzumachen.

»Du wirst sehen, das macht richtig Spaß«, sagte er tröstend.

»Spaß«, prustete Philip, »nein, er soll lieber wieder auf die Ski, das macht mehr Spaß.«

Wir lachten ohne Ende. Es ist wahr, dass die Höhenluft die Gefühlsempfindungen verstärkt und die albernsten Menschen noch alberner werden.

Es dauerte nicht lange, da konnte auch Gerald wieder lachen. Wir sausten mit einem Höllenspaß am Kahiltna-Pass vorbei und stoppten erst, als wir die kleine Eisburg erreichten, in der wir unsere zweite Nacht auf dem Gletscher verbracht hatten. Sie war verlassen und hatte den letzten Schneesturm nicht unbeschadet überstanden. Die Kochbänke waren tief verschneit und einige Eisblöcke waren zu Boden gestürzt. Die Trutzburg, die uns so liebevoll aufgenommen hatte, sah aus wie eine Ruine, die der Gletscher wieder vereinnahmt hatte. Wir gruben unseren Cache aus und verstauten die Sachen so gut wir konnten auf unseren Schlitten. Dann ging die wilde Fahrt weiter. Wenn es flach war, kamen wir auf unseren Ski gut voran, aber sobald der Gletscher steiler abfiel, mussten wir uns auf den Schlitten setzen, um die Kontrolle über das störrische Gefährt nicht zu verlieren. Frank drängte voran. Gerald und ich kämpften. Der widerspenstige Schlitten kippte immer wieder um. Der steile Ski Hill gab uns den Rest. Philip war der Einzige, der noch Kraftreserven hatte. Er wartete geduldig auf Gerald und mich und half uns immer wieder, den Schlitten zurück in die Spur zu bringen.

Wir hatten noch mehr als zehn Kilometer bis zum Landeplatz vor uns, als es anfing zu schneien. Bald konnten wir im dichten Schneetreiben kaum noch die Markierungsfähnchen erkennen und unser Traum, bis zum Landeplatz abzufahren, nahm ein jähes Ende. Als die Zelte des Ski Hill Camps auftauchten, waren wir alle erleichtert. Um 21 Uhr stellten wir unsere Zelte neben anderen auf dem Gletscher auf. Es schneite, als stünde Weihnachten vor der Tür. Wir kochten Suppe und schliefen völlig erschöpft ein.

Mittwoch, Tag 11, Ski Hill Camp

Noch neun Kilometer. Wir standen auf, als die Sonne unser Zelt erwärmte und dicke Tropfen von der Zeltdecke auf unsere Schlafsäcke klatschten. Eine dichte weiße Haube lag über dem Gipfel unseres Berges.

»Dort oben waren wir«, rief ich und zeigte hinauf. Mein Herz hüpfte vor Freude. Philip grinste, auch Frank blickte mit Stolz hinauf. Selbst Gerald hatte seine Form wiedergefunden und drehte mit seiner Videokamera eine Szene, in der er den Berg in höchsten Tönen lobte. Wir packten die Schlitten diesmal mit mehr Sorgfalt und zurrten die Taschen fester als am Tag zuvor. Dann schnallten wir die Ski an und brausten davon. Der Gletscher neigte sich sanft ins Tal hinunter und der ausgetretene Pfad wand sich in Schlangenlinien durch die weite Gletscherlandschaft. Man musste nur schneller als der Schlitten fahren. Die Sonne strahlte, die Luft war klar und der Himmel strahlend blau. Der schönste Tag auf Erden. Ich hätte ewig so weiterfahren können, weiter bis Talkeetna, am liebsten bis nach Hause zu meiner Familie in den Sommergarten. Doch dann nahm unsere beschwingte Fahrt ein abruptes Ende. Die Spur, der wir so leicht gefolgt waren, bog plötzlich in eine scharfe Linkskurve. Frank hatte die Ski schon ausgezogen und war dabei, seine Felle wieder aufzuziehen. Heartbreak Hill. Ende der Schlittenfahrt. Wir mussten hinauf, zweihundert Höhenmeter bis zum Basecamp, zu

Lisa und dem Landeplatz. »Warum sie ihn Herzenbrecherhügel nennen, werdet ihr erst zum Schluss herausfinden«, hatte Brandon gesagt. Gebrochen hat er unsere Herzen nicht, aber der Aufstieg zum Landeplatz hat sie höher schlagen lassen, weniger vor Freude als vor Anstrengung. Wir schnauften schwer und sogen noch einmal die Gletscherluft in die Tiefen unserer Lungen, um Schritt für Schritt die Schlitten über die letzte Etappe hinaufzuziehen. Die amerikanische Fahne wehte von ihrem Masten mitten im Basecamp und Lisa hieß uns willkommen. Sie nahm die leeren Benzinkanister entgegen und wog unser Gepäck. Zwei Stunden später landete die rote Beaver auf der holprigen Landebahn. Jeff half einer Gruppe von italienischen Bergsteigern beim Ausladen ihrer Taschen und stellte unsere hinein. Dann hoben wir ab und folgten dem Lauf des Gletscherflusses, der hinunter ins Tal drängte, vorbei an den felsigen Falten der Erde, die die Drift der großen ozeanischen Platte in den Himmel über Alaska geschoben hatte. Denali, die kühle Eisprinzessin der Arktis, strahlte von ihrem himmlischen Thron am Horizont. Unter uns verschmolzen ihre Gletscherfüße zu Flüssen und Seen, die das Blau des Himmels spiegelten. Wälder und Wiesen breiteten sich aus, grün und voller Leben. Der Frühling hatte die letzten Spuren des Winters vertrieben, Blätter und Blumen entfaltet. Es war sommerlich warm, als wir in Talkeetna aus dem Flugzeug stiegen. Jeff spendierte den berühmten »Talkeetna Mountain Pie«, eine Riesenpizza mit Salami, fettig, ölig und leuchtend orange. Wir stürzten uns darauf, als hätten wir seit Wochen nichts gegessen. Das Leben hatte uns wieder. Als das letzte Stück Pizza vertilgt war, hob Gerald sein Glas. »Auf deine Seven Summits, Helga. Gratuliere.«

»Was machst du jetzt eigentlich, wo du sie alle geschafft hast?«, fragte Frank.

»Mit euch feiern!«

»Und was kommt nach den Seven Summits?«, fragte Philip neugierig.

»Mount Kailash in Tibet, der heilige Berg. Davon habe ich immer geträumt. Ich gehe auf Pilgerreise, um den Göttern für dieses himmlische Abenteuer zu danken.«

Epilog

Es war der Ruf des Abenteuers, in eine mir unbekannte Welt aufzubrechen, der mich in die Berge gelockt hat. Die Herausforderung des Aufstiegs, aber auch das Fremde und Geheimnisvolle hat mich fasziniert und angezogen. Die Seven Summits haben mich in die fernsten Regionen der Erde geführt, zu fremden Menschen, Kulturen und Göttern, in unendliche Gletscherwüsten und tiefste Einsamkeiten. Und gefordert, dass ich das Gewohnte zu Hause lasse, um Platz zu schaffen für das Fremde, mich einzulassen auf sieben Abenteuer, zu dem sie mich mit rauer Stimme riefen. Die höchsten Berge wachen über ihre Kontinente wie Könige, erhaben, mächtig und eigenwillig. Den Gott, der sie beherrscht, kannte ich fast nicht mehr. Er war mir fremd geworden in den Jahren in New York, weil ich seine Kraft nur selten zu spüren bekam. Er hat mich Ehrfurcht gelehrt, meine Schwächen entblößt und die Stärken ans Licht gebracht.

Meine Reise zu den sieben Himmeln der Erde hatte weniger mit dem Himmel zu tun und viel mehr mit dem Boden, den ich unter meinen Füßen fand. Auf jeder Gipfelspitze war ich sicher dem Himmel am nächsten und konnte mich drehen und drehen und das weite Land von oben sehen. Ein paar Mal habe ich gar nichts gesehen, weil dicke Nebelschwaden mir den langersehnten Ausblick verwehrten. Trotzdem werde ich den Moment des Gipfelglücks auf keinem dieser Berge je vergessen, das Grinsen, das sich auf meinem Gesicht ausgebreitet hat, den Freudensprung, den mein Herz tat, als ich sehen konnte, dass es nach allen Seiten nur noch hinuntergeht, und manche Träne, die mir dafür über die Wangen gelaufen ist. »Geschafft, geschafft, geschafft!«, klang es dann durch meine Brust. Geschafft, trotz vieler Stunden des Zweifelns und des Ringens, in denen sich alles in mir klein und ohnmächtig angefühlt hat beim Anblick eines Berges, der in allen Maßen zu hoch und zu mächtig war, der mehr Kraft von mir gefordert hat als ich in den Tiefen meiner Seele finden konnte. Geschafft, trotz mancher Stunden, in denen ich am liebsten aufgegeben hätte, wo es mir zu kalt und zu anstrengend war und ich nur noch eines wollte, nämlich nach Hause fahren, in einer heißen Badewanne versinken und niemals mehr an diesen Berg denken. Dass ich das nicht getan habe, habe ich den Menschen zu verdanken, die mit mir aufgestiegen sind, die mir in den schwierigen Zeiten Mut gemacht haben. Gerald, der meinen Schlitten zog, Kassang, der mich Helikopter nannte, Loppsang, der in der Stille der Nacht meine Hand festhielt, und Liribu Wanimba, der sie manchmal mit einem kräftigen Ruck nach oben zog, Bean, der meine gefrorenen Füße taute, und den vielen warmen und manchen kalten Füßen, die unbeirrt den Weg nach oben spurten und mich magisch mit sich aufwärts zogen.

Es waren die Worte von Loppsang an einem stürmischen Nachmittag am Mount Everest, die sich tiefer in meine Seele gebrannt haben als alle anderen. Der Wind schlug ans Zelt, ohne Unterlass, laut und drohend, als würden die Götter die Trommel schlagen. Ein gewaltiger Wintersturm war über den Berg hereingebrochen und hielt uns im Basecamp fest in seinen eisigen Klauen. Es war, als hätte der Berg alles in Bewegung gesetzt, um uns abzuschütteln und nach Hause zu schicken. Schwermut hatte sich in unserem Team ausgebreitet und mit ihr Enttäuschung, Entsetzen und Wut. Ich wollte nur kurz meinen Kopf in die Sherpaküche stecken und Lacchu bitten, meine Wasserflasche mit heißem Tee zu füllen, um mich dann in mein Zelt zurückzuziehen und allein zu sein. Aber Loppsang rief mich zu sich. »Komm, Helikopter, setz dich zu mir.« Dabei klopfte er auf den Platz neben sich. Ich schüttelte den Kopf. Er ließ nicht ab und so setzte ich mich schließlich zu ihm auf die Bank. Was er dort zu mir sagte wird mir niemals mehr aus dem Kopf gehen.

Er sagte: »Weißt du Helga, du musst dir keine Sorgen machen. Chomolungma hat uns den Sturm geschickt, weil sie gemerkt hat, dass wir nicht mehr stark genug sind, damit wir Zeit haben, uns auszuruhen und wieder zu Kräften zu kommen. Und wenn sie merkt, dass wir soweit sind, dann wird sie uns die Sonne schicken, und dann werden wir mit Leichtigkeit aufbrechen und zum Gipfel aufsteigen.«

Ich habe ihn lange angeschaut, vielleicht weil ich hoffte, er würde mir erklären, wie er auf diese Idee gekommen war, aber das tat er nicht. Er hat dem Berg vertraut. Ich glaube, es hat etwas mit Respekt zu tun, mit Ehrfurcht und mit Glauben. Und der geht uns oft verloren, wenn es schwierig wird, wenn ein Sturm kommt und unsere ambitionierten Pläne zunichte macht. Dann fangen wir an, mit unserem Schicksal zu hadern, uns über den Berg zu ärgern, uns in Sorge und Verzweiflung zu winden. Anstatt die Stunden zu nutzen, um uns zu stärken, um dann bereit zu sein, wenn die Sonne kommt. Wie oft in unserem Leben kämpfen wir gegen den Sturm, statt ihm zu vertrauen? Vielleicht sollten wir den Stunden in unserem Leben, in denen wir uns klein und ohnmächtig fühlen, wo wir ringen, hadern und bangen, mehr Vertrauen schenken als allen anderen, denn es sind die Stunden, in denen das Leben uns am Schopfe packt und auffordert, über uns selbst hinauszuwachsen.

Ob ich nun von diesen Bergen erleuchtet nach Hause gekommen bin, weiß ich nicht. Vielleicht leuchte ich manchmal im Dunkeln. Sicher ist das nicht. Ich weiß, dass ich stärker geworden bin, vertrauter mit meinen Stärken und Schwächen und hoffentlich ein wenig gelassener. Manchmal fragt mich jemand, wie ich nach solchen Reisen wieder in den Alltag zurückkehren kann, in den Kleinkrieg, aus dem wir die Dramen der Natur weitgehend verbannt und dafür unsere eigenen geschaffen haben. Es ist mir nie schwer gefallen zurückzukommen. Im Gegenteil, ich war meist überglücklich, wieder nach Hause fahren zu dürfen, meinen Mann und meine Kinder in meine Arme zu schließen, im eigenen Bett zu schlafen, heißes Wasser über meinen Körper rauschen zu lassen, zu essen, was und wann ich will, und mir die Menschen auszusuchen, mit denen ich am Tisch sitze und meine Mahlzeit teile. Ich war nie enttäuscht vom sogenannten normalen Leben, habe mich nicht vor Grauen geschüttelt angesichts der scheinbaren Leichtlebigkeit der Modewelt, in die ich zurückgetaucht bin. Meistens war ich heilfroh, den Naturgewalten entronnen zu sein und das Abenteuer weit hinter mir zu lassen. Oft habe ich mir sogar geschworen, dass dies mein letzter Berg war, dass ich mir solche Strapazen nie mehr antun würde, dass ich nun geheilt sei von meiner Abenteuerlust. Ich fühlte mich manchmal richtig geläutert von einer Expedition, demütiger, friedlicher, als wäre das Ungebändigte fort und ich könnte den Rest meines Lebens zufrieden sein. Mehr als ein paar Monate sind allerdings nie vergangen, bis die Sehnsucht wieder erwacht ist, die Sehnsucht aufzubrechen, auszubrechen, mich von den Fesseln des Alltags zu befreien, die sich fast unmerklich von Tag zu Tag enger um meine Seele schlingen. Dann sind die Widrigkeiten plötzlich vergessen und es zieht mich hinaus, den Wind zu spüren, der zum nächsten rauen Abenteuer ruft.

Bibliographie

Alighieri, Dante (Autor) und Vossler, Karl (Übersetzer), *Die Göttliche Komödie*, Piper Taschenbuch, 2006

Bernbaum, Edwin, *Sacred Mountains of the World*, University of California Press, 1997

Bass, Dick and Wells, Frank mit Ridgeway, Rick, *Seven Summits*, Grand Central Publishing, 1988

Coburn, Broughton, *Everest: Mountain without Mercy*, National Geographic Society, 1997

Dickinson, Matt, *The Other Side of Everest*, New York: Times Books, (1997) 1999

Föllmi, Olivier, *Si loins des Hommes, si près des Dieux*, Éditions de la Martinière, 1997

Gelder, Stuart and Roma, *The Timely Rain – Travels in new Tibet*, New York: Monthly Review Press, 1964

Gratzl, Karl, *Mythos Berg*, Lexikon der bedeutenden Berge aus Mythologie, Kulturgeschichte und Religion. Hollinek, 2000

Harrer, Heinrich, *Ich komme aus der Steinzeit*, Pinguin, 1976

Hemingway, Ernest, *Schnee auf dem Kilimandscharo*, Rowohlt, 1998

Howard-Bury, Charles and Mallory, George Leigh, *Everest Reconnaissance*, London: Hodder & Stoughton, 1991

Hyde-Chambers, Frederick and Audrey, *Tibetan Folk Tales*, Boston & London: Shambhala 1995

Mees, Klaus (Hrsg.), *Grenzerfahrungen in der Todeszone*, Bruckmann Verlag GmbH, 2009

Messner, Reinhold, *Lesebuch*, Bruckmann München, 1985

Noel, Captain John, *The Story of Everest*, Boston: Little, Brown and Company, 1927

Pattison, Eliot, *Das Auge von Tibet*, Rütten & Loening Berlin GmbH, 2002

Reader's Digest, *Antarctica – Great Stories from the Frozen Continent*, Reader's Digest, 1995

Roland, Norbert W., *Antarktis – Forschung im ewigen Eis*, Spektrum Akademischer Verlag, 2009

Rousseau, Jean-Jacques, *Julie oder die neue Héloise*, Briefe zweier Liebenden aus einer kleinen Stadt am Fuße der Alpen, Deutscher Taschenbuch Verlag, München 1988

Shakespeare, William, *King Lear*, New York: Washington Square Press, 1957

Stein, R.A., *Tibetan Civilization*, London: Faber and Faber LTD, 1972

Temple, Philip, *Schnee über dem Regenwald*, National Geographic, 2003

Waterman, Jonathan, *In the Shadow of Denali*, Lyons Press, 1994

Wikipedia

Wise, Tad, *Blessings on the Wind, The Mystery & Meaning of Tibetan Prayer Flags*, San Francisco: Chronicle Books, 2002

Zsigmondy, Emil und Paulcke, William, *Die Gefahren der Alpen*, Nachdruck der 6. Auflage von 1922, Salzwasser Verlag, 2012